KB269860

컴퓨터 게임과 문화

컴퓨터 게임과 문화

| 김원보 · 최유찬 공편 |

이룸

한국 사회에서 컴퓨터 게임에 관한 인문학적 접근이 이루어지기 시작한 지도 십 수년이 되었다. 세월의 두께만큼 우리 사회의 게임 담론도 다양성을 갖추게 되었고, 각 부분을 돌아보면 인식의 진전이라고 평가할 만한 연구 성과도 축적되었다. 그러나 컴퓨터 게임에 관한 연구가 분과학문으로서 확고하게 자리를 잡기까지는 아직도 많은 시간이 필요할 것으로 보인다. 거기에는 게임을 단순한 아이들 놀이 거리로 간주하는 일반인의 관점이나, 게임이 낳는 부작용에 초점을 맞추는 매스컴의 곱지 못한 시선을 극복하는 문제만이 관여되어 있는 것은 아니다. 사회의 제도가 지닌 완고성을 탓할 수만은 없는 담론 주체의 문제가 큰 자리를 차지하고 있기 때문이다.

게임에 관한 연구가 본궤도에 들어서기 위해서는 게임 담론이 제작학을 중심으로 이루어질 필요가 있다. 그러나 현재의 실정은 게임에 관한 인문학적 접근과 제작학 사이에 큰 거리가 있다. 제작자는 인문학의 게임 담론에 관해서 별다른 흥미가 없으며, 인문학자는 게임이 사회에 끼치는 영향이라든가 서사의 구조, 스펙터클의 효과라는 국부적 문제에만 초점을 맞추고 있다. 이러한 사태의 배후에는 한국의 게임 산업이 후발주자였다는 저간의 사정이 크게 작용하고 있지만, 인문학적 담론의 주체가 디지털 기술공학에 대해서 소원한 자리에 있었다는 사실도 간과할 수 없는 요인이다. 몇 개 대학에 어렵게 개설된 컴퓨터 게임 관련 인문학강의가 게임 제작의 실제로부터 겉돌게 되는 원인의 일부도 여기서 찾을 수 있다. 많은 학생들이 게임 제작에 실제적으로 쓰일 수 있는 실용적 지식을 원하지만, 지금까지 인문학 강의는 원론 수준에서 멀리 나아가지 못하고 있다. 이 같은 폐단을 지양하기 위해서는 디지털 기술공학에 익숙하면서도 인문학적 소양을 갖춘 교수자가 필요하지만, 그러한 인재를 찾는 것이 결코 쉬운 일이 아닐 뿐더러 그 상태가 빠른 시간 안에 극복될 수 있으리라는 기대도 하기 어렵다. 이번에 여러 사람의 글을 묶어서 펴내는 이 책은 게임 강의실에서 생기는 이러한 괴리를 조금이나마 해소해보고자 하는 의도의 소산이다.

이 책의 1부는 컴퓨터 게임을 무엇으로 이해해야 하는가 하는 질문에 대한 답변을 하나의 의견으로 제시한 것이다. 게임이 놀이라고 하거나 스토리 텔링이라고 부분적으로 해석하기보다는 그 총체를 무엇으로 보아야 하는가 하는 데 대한 일종의 시험적 가설인 셈이다. 특히 2장 '게임과 신화'는 게임을 기원 신화와 관련하여 설명함으로써 기존의 서사론과 스펙터클론을 변증법적으로 종합하고 있음은 물론, 컴퓨터 게임의 문화적 의미를 인류학적인 차원에서 새롭게 고찰하고 있어 주목된다. 2부는 컴퓨터 게임이 지닌 내적 구조를 톨킨의 문학과 보드게임 〈던전 앤드 드래곤즈〉와 관련하여 해명한다. 컴퓨터 게임이 생성된 역사를 통해 그 구조를 파악하는 역사 체계적 접근이라고 할 수 있다. 3부는 컴퓨터 게임 가운데 고전에 해당된다고 할 수 있는 것들을 구체적으로 분석한 글들로 이루어져 있다. 수만 가지 게임 가운데 어떤 게임을 다루어야 하는가 하는 문제는 강의 과정에서 자주 부닥뜨리는 문제이다. 여기에 제시한 분석들은 게임의 역사에서 기념비적인 작품을 여러 각도에서 분석한 것으로서 각론의 수준에서 참조할 수도 있고 게임의 통시적 전개를 파악하는 데에도 도움이 될 수 있게 배치했다. 4부는 특색 있는 게임들을 장르별로 다루거나 비교적인 시각에서 접근한 분석들이다. 게임의 다양한 세계를 포함하는 데 비중을 두었다. 5부는 게임이 사회에 끼치는 영향을 여러 각도에서 접근한 글들로 구성되어 있다. 게임을 즐기는 입장에서 그 사회적 효과를 검토한 글이라는 데 특색이 있다.

이 책에 실린 글은 편자들이 강의에서 사용한 텍스트와 게임 강의에 참여했던 학생들의 보고서 가운데 상대적으로 우수한 글들로 구성되어 있다. 많은 필자가 참여한 관계로 시각이 동일하지도 않고 논의 수준이 고르다고도 할 수 없지만 컴퓨터 게임에 대한 인문학적 접근에 도움이 되는 내용이라고 생각한다. 글을 수록할 수 있도록 허락해주신 필자들에게 사의를 표하며 잡다한 글을 깔끔하게 책으로 엮어주신 이룸출판사 사장님, 편집부 김승완 씨에게도 고마움을 전한다.

2005. 2. 15.
편자

I. 컴퓨터 게임의 문화적 의미

II. 톨킨의 문학과 게임의 구조

III. 컴퓨터 게임의 고전

〈일러두기〉

* 컴퓨터 게임의 제목은 〈 〉로, 그 외 문학 작품이나 영화 제목 등

　다른 장르 작품의 제목은 『 』로 표기했다.

Ⅰ.컴퓨터 게임의 문화적 의미

1. 컴퓨터 게임과 현대문화

2. 게임과 신화

3. 컴퓨터 게임, 그 퍼포먼셜 내러티브

4. 디지털 문학의 현재와 미래

컴퓨터 게임과 현대문화

1. 게임의 체험

십 수년 전만 해도 아이들의 오락거리 정도로밖에 생각되지 않았던 컴퓨터 게임에 대해서 오늘 학문적인 입장에서 이야기를 하게 되니 시대변화를 실감하게 됩니다. 얼마 전에 민족문학작가회의는 '기초예술의 위기에 대한 보고서'를 낸 적이 있습니다. 작가회의와 같은 공식기구가 기초예술의 위기를 운운할 수밖에 없는 상황이 현재의 우리 문화의 상태입니다. 저 자신 기초예술과 떼려야 뗄 수 없는 관계를 맺고 있는 입장이지만 그 보고서는 오늘의 사회에서 문화가 그만큼 변화의 선두에 서있다는 사실과, 변화의 흐름을 따라가지 못하면 낙오할 수밖에 없는 문화계의 현실을 보여주는 한 사례라고 하겠습니다.

제가 오늘 드릴 말씀은 컴퓨터 게임이 현대문화 속에서 어떤 위상을 차지하는가 하는 문제에 대해서입니다. 저는 오늘의 이야기를 주관적 체험에 대한 술회로부터 시작하려고 합니다. 저를 컴퓨터 게임이라는 낯선 세계에 발을 들여놓게 한 사건이기도 하면서 컴퓨터 게임이 현대문화에서 어떤 작용을 하게 될지 전체적인 윤곽을 파악하는 데 도움이 될 수 있는 전형적인 한 사례로서 제가 겪은 그 특이한 체험에서 이야기를 시작하는 것이 저에게는 여러 가지로 자연스러운 일이기 때문입니다.

십여 년 전 저는 개인적으로 무척 괴로운 상태에 있었습니다. 그 괴로움을 잊기 위해 우연하게 〈삼국지2〉 게임을 배웠고, 시쳇말로 그야말로 지겹도록 해보았습니다. 날밤을 새우고 또 날밤을 새우고, 요즘 게임 중독에 빠진 아이들보다도 더 심하게 게임을 해댔습니다. 처음에는 저의 괴로움을 잘 아는 가족들이 아량을 보여 주었지만 그 일이 몇 달째 계속되자 참지 못하고 '컴퓨터 그만 끄고 잠을 자라'고 짜증을 부리기 시작했습니다. 그 일로 부부싸움을 하기도 했지만 하여튼 억지로라도 잠자리에 누우면 머리 속에서는 〈삼국지〉가 돌아갔습니다. 그리하여 머리 속으로 중국의 넓은 대륙을 헤매면서 천하통일을 몇 번이나 했는지 모릅니다. 그 과정에서 자연히 중국의 전체 지도가 머리 속에 그려졌습니다. 평상시에는 중국 전체를 나타낸 그림이 모니터 화면에 표시되지만 전투가 벌어질 때마다 세부지도가 나타나고 승리를 위해 안간힘을 쓰면서 중국의 전토를 헤매는 동안 갖은 우여곡절 속에서 인상지어진 각 지역의 지형이 저도 모르게 하나의 통일된 그림을 형성해간 것입니다. 그 일이 있은 지 2~3년 뒤 저는 박경리 선생의 『토지』에 대하여 논문을 쓸 일이 생겼습니다. 시일이 촉급한 터라 집중해서 작품을 읽었습니다. 그러나 작품을 다 읽고 나서도 어떤 논문을 써야할지 방향이 서지 않았습니다. 우선 작품이 무엇을 말하려고 하는지 제대로 이해가 안 되었고, 작품의 구조가 왜 그와 같은 형태로 만들어졌는지도 이해할 수 없었습니다. 마음은 조급했지만 강의를 해야 했고 학교의 잡무도 처리해야 했기 때문에 낮에는 깊게 생각할 수 없었습니다. 그래서 집에 돌아가 잠자리에 든 다음부터 생각하기 시작했습니다. 작품의 처음부터 차례차례 사건을 되짚어 보고 왜 그와 같이 이야기를 펼치는지 몇 시간에 걸쳐서 생각하다가 잠이 들곤 했습니다. 그러기를 사나흘, 어느 순간인가부터 문득 소설 전체가 '꿈틀' 하는 듯한 느낌을 받았습니다. 다음날 저는 그 이상한 체험을 대학 동창인 윤덕진 교수에게 이야기했고 그로부터 참조가 될 만한 여러 이야기를 들었습니다. 그리고 그 날도 집에 돌아와 계속 그 이미지를 붙잡고 늘어졌습니다. 처음에는 흐릿하던 이미지가 점차 뚜렷한 형체를 드러냈습니다. 그리고 그것은 나중에는 엄청난 힘을 지니고 돌아가는 큰 소용돌이, 일대장관을 연출했습니다. 그 이미지는 우주 탄생의 대폭발이라고 하는 빅뱅으로부터 튀어나온 불덩이가 사방으로 흩어지면서 곳곳에 은하계와 항성, 블랙홀을 만들어 내면서 퍼져 가고 종국에는 밤하늘의 별들처럼 숨막힐 듯한 고요 속에서 조용히 정지한 채 반짝거리기만 하는 광경으로 이어지는 일종의 우주화였습니다. 그러나 그 장엄한 우주화도 시공간 압축을 하면 단순한 하나의 그림이 되었습니다. 그것은 우리가 너무나 잘 아는 태극의 이미지였습니다. 저는 그 이미지를 설명하기 위해 책 한 권을 써야 했습니다.

뒷날 저는 그 이미지를 『토지』의 전체상全體象 또는 상象이라고 부르게 되었습니다. 또 그와 관련해서 공부를 한 다음에는 그러한 작품 파악 방식이 저에게만 나타난 특이한 체험이 아니라 동서양의 많은 선인들이 이미 오래 전부터 체득하고 있던 독서방식이고 그에 대한 전문적인 문학용어로 '패턴'이나 '원형' 등의 용어가 사용되고 있다는 것을 알았습니다. 소설가인 E. M 포스터는 그것을 '패턴'이라고 했고 노스럽 프라이는 작품으로부터 일정한 거리로 '뒤로 물러서서' 바라보았을 때 파악되는 '원형'이라고 했던 것입니다. 이러한 일종의 신비체험을 한 뒤 저는 종전의 문학연구 방법을 계속 견지할 수 없었고, 의식적으로도 바꾸어 나갔습니다. 작품을 보는 방식이 달라졌고 사물에 대한 견해도 조금씩 바뀌게 되었던 것입니다. 컴퓨터 게임을 연구하기 시작한 것도 그 체험을 학문적으로 객관화하기 위한 한 방편이었습니다. 그리고 몇 년간 공부한 끝에 컴퓨터 게임이 왜 그러한 효과를 나타내는 지도 조금은 이해하게 되었습니다. 종교학자인 정진홍 교수는 "디지털 혁명은 테크놀로지가 아니라 감각, 감성, 느낌의 혁명이다"라고 말했습니다. 저는 이 견해에 동의합니다. 컴퓨터 게임을 통해서 하나의 텍스트에 집중할 수가 있고, 그 집중의 훈련을 통해 대상에 대한 직관의 힘을 키울 수 있습니다. 이처럼 컴퓨터 게임을 하면 사람의 감각, 감성, 느낌이 변화됩니다. 이 말을 다른 말로 하면 좋은 컴퓨터 게임을 만든다는 것은 이 변화된 감각, 감성, 느낌에 적합한 형태로 게임을 만든다는 것을 의미합니다. 아리스토텔레스의 『시학』이 제작학, 곧 시 창작론이었지 않습니까? 컴퓨터 게임의 이론도 게임 제작 이론이지 않을 수 없습니다.

2. 컴퓨터 게임의 특성

저는 게임을 꼭 컴퓨터 게임이라고 표기합니다. 일본에서는 자기들 사정에 따라 비디오게임이라고 하고 어떤 사람은 전자게임, 또 어떤 경우에는 온라인 게임이나 디지털 서사 등의 용어를 사용하기도 하지만 모두 적합하지 않다고 생각하기 때문입니다. 디지털 미디어로서 컴퓨터를 이용한 게임이란 표시가 현재의 게임 현상 전체를 개념으로 나타내는 데 필요한 것입니다. 디지털 미디어는 크게 두 가지 특성을 가집니다. 하나는 디지털화이고 다른 하나는 상호작용의 커뮤니케이션입니다. 물론 상호작용의 커뮤니케이션은 디지털화의 한 효과라고 볼 수도 있지만 관점에 따라서는 동등한 위상에 있는 범주로도 볼 수 있습니다. 여기서 이 두 특성의 의미를 음미할 필요가 있습니다. '1과 0' 또는 'on 과 off' 로 표시되는 디지털 방식은 모든 정보를 통합합니다. 정보란 무엇입니까? 그것은 우리의 감각에 대응하여 존재합니다. 우리의 감각이 수용하지 못하는 정보는 있어도 없는 것이나 마찬가지입니다. 우리는 자외선이 있다는 것을 알지만 특별한 장치를 사용하지 않으면 그것을 분별할 수 없습니다. 이 점에서 예술이 시청각 정보에 주로 의지하고 후각이나 미각정보에 대해서는 상대적으로 소원한 자리에 놓인다는 사실을 상기할 필요가 있습니다. 조각이 시각과 촉각, 미술이 시각, 음악이 청각에 주로 호소하고 문학은 시청각과 언어의 상징적 개념에 의지합니다. 그런데 디지털 기술은 이 모든 감각에 대응하는 정보들을 통합할 수 있는 능력, 자질을 갖추고 있습니다. 뿐만 아니라 디지털 정보는 완전복제, 데이터 검색을 가능하게 합니다. 이것은 예술의 차원에서 이야기하면 근본적으로 정보를 전달하는 매재의 변화에 해당합니다. 음악의 매재가 소리이고, 미술의 매재가 색깔과 형태라는 점을 생각하면 디지털 기술은 기왕의 예술매체들이 지니고 있던 경계를 무화시킨다고 할 수 있습니다. 인간이 지닌 감각의 원형에 접근해 가는 미디어가 디지털 미디어인 셈입니다. 종래의 예술들이 사용하는 매재가 특성에 따라 개별적으로 분리, 분절된 것이라면 디지털 미디어는 그러한 분절된 매재를 통합하는 데 특성이 있는 것입니다. 이에 따라 디지털 미디어에서는 정보의 자유로운 소통, 통합이 가능하게 되었고 이것은 느낌, 감각, 감성의 융합을 함축합니다. 다른 말로 하면 디지털 미디어는 기본적으로 종합예술의 가능성을 담지하고 있는 것입니다.

두 번째로 상호작용의 커뮤니케이션은 정보 생산자와 수용자의 구분을 희석시킵니다. 디지털 미디어 사용자는 능동적 정보검색자일 뿐만 아니라 정보의 생산자가 될 수 있습니다. 기존의 예술에서, 그리고 심지어 현대문화의 총아인 영화에서도 수용자는 항상 수동적인 입장에 놓입니다. 해석은 자유롭게 할 수 있을지라도 주어진 텍스트를 고칠 수 있는 권한은 수용자에게 주어져 있지 않습니다. 이에 비해서 디지털 미디어의 수용자는 텍스트 속에서 또는 텍스트에 대하여 행동할 수 있습니다. 이러한 행동적 개입의 가능성은 디지털 미디어 수용자의 행동방식과 수용방식에 큰 영향을 끼칩니다. 행동적 개입이 가능하기 때문에 미디어를 통해 실연되는 사건에 대하여 수용자가 갖는 느낌이 종래의 문화형식들에서 받게 되는 감응과 달라집니다. 컴퓨터 게임의 가장 중요한 특징 가운데 하나로 손꼽히는 몰입 현상은 이 상호작용의 커뮤니케이션과 긴밀한 관계를 갖습니다. 내가 직접 관여된 사건이라는 조건 속에서 수용자는 훨씬 더 능동적이 되고 절실한 느낌을 갖고 지금 일어나고 있는 사건에 매달리게 됩니다. 지난 월드컵 대회에서 한국의 젊은이들이 붉은 악마가 되어 열광한 사실을 상기해볼 필요가 있습니다. 그 사건은 결코 우연이 아닙니다. 전 세계에서 유독 한국의 젊은이들이 게이머의 능동적 개입을 최대로 요구하는 온라인게임을 가장 선호하는 이유 가운데 한 가지를 거기서 찾아볼 수 있습니다. 하나의 '굿판'이 되었던 붉은 악마들의 행위는 게임에서 익힌 행동적 개입의 방식이 외적으로 표출된 사건이라고도 할 수 있을 것입니다. 정진홍 교수는 월드컵 대회 2년 전에 근대예술의 탈주술화 경향이 디지털 미디어의 등장으로 재주술화 경향을 보일 것이라고 예측한 바 있는데, 이 붉은 악마의 행태도 그 예측의 타당성을 입증해 주는 하나의 방증이 된다고 하겠습니다. 온갖 감각요소를 동원하는 굿의 요건이 디지털 미디어에 갖춰져 있고, 거기에서 행동방식을 익힌 젊은이들이 월드컵 대회를 빙자하여 자기들 나름대로 굿판을 열었다고 해석할 수 있기 때문입니다.

이처럼 상호작용의 커뮤니케이션은 사용자의 행동방식을 바꿀 뿐만 아니라 디지털 미디어에 주어진 텍스트를 수용하는 방식에도 변화를 가져옵니다. 자신이 직접 행동적 개입을 함으로써 현재의 텍스트에 훨씬 더 애착을 가지고 집중하게 되는 까닭에 디지털 미디어에서는 사용자의 반복 수행이 상례적으로 일어납니다. 따라서 수용자는 종국적으로 하나의 고정된 사건의 진행이 아니라 여러 개의 가능한 사건들의 집합을 경험하게 됩니다. 곧 직선적인 사건 전개가 아니라 병렬구조를 서사의 기본 형태로 경험하게 되는 것입니다. 이 병렬구조의 의미는 여러 가지로 음미할 수 있습니다. 우선 텍스트의 형식을 공간구조로 파악하는 단서가 되기도 하고 세계의 고정된 의미를 해체하는 수단이 되기도 합니다.

3. 컴퓨터 게임의 내부 구조

디지털화와 상호작용의 커뮤니케이션은 디지털 미디어를 통한 가상현실의 구성을 가능하게 합니다. 가상현실은 "디지털이나 사이버 기술로 인간의 오감에 해당하는 기능들을 효율적으로 가미하여 사람이 기존의 자연환경에서 느끼는 것과 비슷하게 느낄 수 있도록 조성된 현실"을 말합니다. 가상현실은 현실을 재현하는 기왕의 예술에서도 찾아볼 수 있고 작전을 짜는 데서나 아이들의 인형놀이와 같은 실제 현실의 모의에서도 어느 정도 구현된다고 할 수 있지만 그 용어가 유래한 기원의 역사에서나 용어 사용의 본디 뜻을 고려할 때 컴퓨터의 등장을 선행조건으로 합니다. 이 가상현실의 환경을 구현하는 데는 통상 오감환경제어 기술, 나비게이션 인터액션과 마니풀레이션 인터액션을 가능하게 하는 상호작용 기술, 그리고 컨텐츠라는 세 요소가 필요합니다. 여기서는 기술적 요인을 잠정적으로 고려의 대상에서 배제하므로 컨텐츠의 성격만을 검토하기로 하겠습니다. 여기서 검토되는 컨텐츠의 성격은 게임 시나리오의 작성과 밀접한 관계가 있습니다.

오늘날 우리는 컴퓨터 게임에 매우 익숙해 있지만 최초로 컴퓨터 게임을 만든 사람은 어떻게 해서 그것을 만들려고 발상을 했고, 실제로 제작할 수 있었을까요? 이 질문은 우문일 수 있습니다. 컴퓨터 게임은 어떤 한 사람이 만든 것이 아니고 여러 사람의 손을 거쳐서, 기술의 발전에 상응하여 오랜 시간에 걸쳐 현재와 같은 형태로 만들어져온 것이기 때문입니다. 그러나 게임 시나리오를 쓰고 게임을 실제 제작하려는 사람이라면 누가 어떻게 게임을 현재와 같은 형태로 구상했는가 하고 물어야 합니다. 제가 처음에 게임을 연구하려고 한국 최초의 게임제작자 가운데 한 사람을 만났을 때 그 사람은 〈던전 앤드 드래곤즈〉를 연구해야 한다고 말했습니다. 그러나 지금 저는 그 앞에 한 단계를 더 설정합니다. 게임을 제작·연구하려는 사람이라면 〈던전 앤드 드래곤즈〉를 살펴야 함은 물론 그보다 먼저 톨킨의『반지의 제왕』을 살펴야 한다고 말입니다. 왜 그럴까요? 요즘『반지의 제왕』소설이 나오고 영화가 나오니까 사람들은 선후를 잊어버렸습니다. 게임이 먼저 있었고 그것을 모태로 소설이 생기고, 그 다음 영화가 나온 것처럼 인식하게 되었습니다. 그러나 실제 순서는『반지의 제왕』이란 소설이 먼저 나오고 테이블 토크 롤플레잉 게임 〈던전 앤드 드래곤즈〉가 나오고 그 다음에 컴퓨터 게임이 나왔습니다. 다시 말해서 현재의 컴퓨터 게임의 시조, 원류는『반지의 제왕』입니다. 그러면 하고많은 소설이 있음에도 불구하고 왜『반지의 제왕』을 컴퓨터 게임의 시조, 원형이라고 할까요. 한 마디로 답하면 톨킨의 소설에는 허구적 공간, 자족적 세계가 있습니다. 물론 모든 소설은 그 자체로 허구의 세계이며 자족적 세계라고 할 수 있습니다. 그러나 대부분의 소설은 소설 속에 설정된 세계를 실증하려고 하지는 않습니다. 이에 반해서 톨킨의 소설은 상상을 통해서 완전히 새로운 하나의 세계를 만들어 낼뿐 아니라 그것의 실제 존재를 실증하려고 합니다. 거기에는 오크족이나 호빗족 등 인간과 다른 지적 생명체가 있고 요정이 살고 있는가하면 사우론이란 마왕도 존재합니다. 이 생명체들은 자기들 독자의 언어를 가지고, 역사를 가지고, 고유의 삶의 방식을 가지고 살아가고 있습니다. 톨킨은 자신의 소설에서 이 생명체들이 살고 있는 중간계를 자족적인 세계로 만들어 내기 위해 여러 개의 지도를 그려 보여주고, 각 종족들이나 가문, 왕국의 역사, 언어를 상세하게 설명합니다.『반지의 제왕』에 들어 있는 부록들은 모두 작가가 자신이 창조한 세계를 실증하기 위해 도입한 장치들입니다. 그것은 중국이란 한 세계를 총체적으로 보여주기 위해 본기와 세가, 열전 외에도 표를 집어넣은 『사기』와 유사한 형태입니다. 그런 의미에서 톨킨의 소설 속에 제시되어 있는 자족적인 세계로서 중간계는 지금의 관점에서 말하면 일종의 가상현실입니다. 컴퓨터 게임은 바로 그 가상현실을 디지털 기술로 만들어 낸 것입니다. 그러므로 게임의 세계에는 그 세계에 고유한 규칙이 있을 뿐만 아니라 행동의 방식이 있고 그 행동이 성공하는 조건이 있습니다. 그런 것들을 갖추지 않으면 게임은 가상현실로 성립하지 못합니다.

〈던전 앤드 드래곤즈〉는 『반지의 제왕』에서 전례가 만들어진 자족적 세계 속에서 이루어지는 게임으로 만들어졌습니다. 그러나 이 게임의 최초 형태는 컴퓨터 게임이 아니라 보드게임이었습니다. 컴퓨터가 발달하기 이전에 사람들이 말로 의사를 전하면서 책상 위에서 진행한 롤플레잉 게임, 역할놀이입니다. 컴퓨터가 없기에 게임마스터란 사람이 컴퓨터의 프로그래밍 역할을 맡아 진행하는 것이 다를 뿐 게임의 형식은 동일합니다. 한국의 일반인에게는 낯설지만 이 보드게임은 컴퓨터 게임의 모델이 되었습니다. 컴퓨터 게임의 선구자들은 그 보드게임을 컴퓨터라는 매체에 구현한 것입니다. 이 사실은 우리나라에서도 마찬가지입니다. 그 보드게임에는 독립된 하나의 세계가 있고 생활과 행동의 규칙이 있으며 행동의 성공과 실패를 결정하는 평가의 원칙이 있습니다. 엘프니 드워프니 하는 유사인간이 캐릭터가 되고, 우리나라의 대표적인 게임인 〈리니지〉에서 항상 말썽이 되는 아이템도 상세하게 설정되어 있습니다. 곧 현재의 컴퓨터 게임은 이러한 전례들로부터 아이디어를 이어받아 디지털 기술에 입각하여 만들어진 것이라고 할 수 있는 것입니다. 그렇기 때문에 지금 컴퓨터 게임에 익숙한 사람은 자신도 모르게 이 자

족적 세계에 대해서 일정한 개념을 가지고 있다고 할 수 있지만 컴퓨터 게임
의 원리를 이해하기 위해서는, 가상현실을 창조하는 컨텐츠의 근본개념을
이해하기 위해서는 이 발전단계를 염두에 두지 않으면 안 됩니다.

이 자리에서 하나의 자족적 세계를 만들어내는 컴퓨터 게임의 컨텐츠 구
성원리를 자세하게 설명할 수는 없습니다. 그러나 자족적 세계가 되기 위해
서 기본적으로 요구되는 몇 가지 사항 가운데 중요한 항목은 짚어두는 것이
좋을 것입니다. 게임에는 게임 세계를 가능하게 하는 규칙의 설정과 공간의
창조, 그리고 행동의 목표가 필수요소입니다. 게이머는 주어진 공간에서 규
칙에 따라 자신의 행동목표를 달성하는 것입니다. 모든 요소가 다 중요하지
만 저는 먼저 공간 창조에서 제작자가 유의해야할 한 가지 사항을 강조하려
고 합니다. 그것은 마스터 쇼트와 클로즈업 부분을 적절히 배치하는 문제입
니다. 여러분이 〈스타크래프트〉를 보면 미니맵이 있고 〈디아블로2〉를 보면
캐릭터가 뛰어다닐 때 희미한 지도가 그 위에 겹쳐서 표시되는 것을 볼 수 있
습니다. 이것은 게이머가 자신의 행위가 지닌 전체적 의미를 파악할 수 있도
록 해주는 장치입니다. 전체를 모르면 부분을 제대로 알 수가 없는 것이지요.
클로즈업 장면만 계속되면 게이머는 지치게 되어 있습니다. 컴퓨터 게임의
본질을 어떤 사람은 사냥이라고 하고 어떤 사람은 항행, 공간답사라고 합니
다. 하나의 게임을 오래 하다보면 종국에는 공간만 남습니다. 그 공간은 크게
나누어서 세부 공간과 전체 공간으로 구성됩니다. 게임을 진행할 때는 세부
공간의 이미지가 주도적이지만 게임을 반복수행하는 속에서 점차 전체 공간
이 우위를 차지하게 됩니다. 그리고 사람의 정신의 메커니즘에 따라 전체 공
간이 기억된 다음 세부공간으로 나아가게 됩니다. 그러므로 마스터 쇼트를

어떻게 제시하여 클로즈업 부분과 조화를 이루게 하느냐 하는 문제가 게임 성공의 관건이 되는 것입니다. 두 번째로 시간구성에서 긴장의 조직문제입니다. 원칙적으로 게임에서는 시간구성도 공간구성에 종속됩니다. 규칙을 지닌 하나의 세계, 공간이 주어지고 게이머의 행동에 따라 시간이 구성되는 방식입니다. 그렇기 때문에 제작자는 공간 구성에서 시간 구성을 감안해야 합니다. 그런데 시간구성에서는 긴장의 조직 문제가 가장 중요합니다. 〈스타크래프트〉에서 멀티와 유닛의 성능을 조절해서 끝까지 긴장이 유지되도록 하는 방법을 사용하고 있는 것은 그 한 사례입니다. 〈테트리스〉에서는 단계를 설정하는 것이 긴장 조직의 방법입니다. 이 게임에 익숙한 사람은 천천히 떨어지는 낙하물체를 기다리지 못합니다. 단계가 높아질수록 떨어지는 속도를 빠르게 하고 처리하기 어려운 형태로 낙하물체를 출현시키는 것이 이 게임의 긴장을 조직하는 방법입니다. 어떤 방법을 사용하든지 긴장이 조직되지 않으면 그 게임은 실패작이 되고 맙니다. 긴장이 풀리는 순간 게이머는 게임을 떠날 준비를 하기 때문입니다. 세 번째로 상호작용의 기술에 대한 배려입니다. 게임의 현재는 분명히 놀이입니다. 그러나 놀이라고 해서 스펙터클만으로 수용자를 만족시킬 수 있는 것은 아닙니다. 놀이가 삶의 유희, 살아가는 모습의 모방이라는 것을 생각하면 상호작용의 방법은 곧 세계관의 문제와 연결됩니다. 미국의 〈블랙 앤드 화이트〉같은 게임이 게이머의 선택에 따라 게임의 성격을 달라지게 만든 것은 그 점에 유의한 것입니다. 앞으로 게임의 활로는, 길게 보면 어떤 세계관이냐 하는 데 있다고 생각합니다. 이 점에서는 컴퓨터 게임이나 예술이나 마찬가지입니다.

4. 컴퓨터 게임의 성격과 현대문화

　지난해에 한 게임 평론가는 제가 쓴 『컴퓨터 게임의 이해』가 게임을 서사라고 보고 있다고 비판했습니다. 그의 견해에 따르면 게임은 스펙터클이라는 것입니다. 그와 대조적으로 얼마 전에 출판된 『디지털 스토리 텔링』이란 책에 글을 쓴 한 연구자는 제 책을 인용하면서 게임을 놀이로 보았다고 비교적 긍정적으로 평가했습니다. 저도 사람인지라 비판에는 기분이 언짢고 칭찬에는 공연히 우쭐해집니다만 두 의견 모두 제가 생각하는 것과는 조금 차이가 있는 것 같습니다. 저는 기본적으로 컴퓨터 게임을 스펙터클이라거나 놀이라거나 예술이라거나 엔터테인먼트라거나 하는 데는 별로 관심이 없습니다. 그런 성분들이 컴퓨터 게임에 들어 있는 것이 사실이라면 필요에 따라 서사로 이야기할 수도 있고 스펙터클로 이야기할 수도 있으며 예술로 대우해서 안 될 것도 없다고 생각합니다. 가장 넓은 범위의 개념인 놀이의 역사를 보면 오늘날 예술이라고 하는 것들은 모두 놀이의 원초적 형태 또는 축제에서 갈라져 나온 것들입니다. 그렇다고 한다면 현재의 놀이가 언제까지나 놀이여야만 하는 것도 아니고 예술이 되는 순간 놀이의 성격을 잃는 것도 아닐 것입니다. 더욱이 디지털 시대의 꽃이라고 할 수 있는 컴퓨터 게임은 그 성분을 분석해 보면 예술이 될 자질을 풍부하게 지니고 있습니다. 문학연구자들이 게임을 디지털 서사라는 개념으로 분석하기 좋아하는 이유는 그런데 있는 것으로 보입니다. 그런 한편으로 게임을 스펙터클로 보는 관점도 이해가 됩니다. 오락실의 액션게임이나 슈팅게임의 현란한 색채와 요란한 소리를 들으면서 그것이 스펙터클의 한 양상이라는 것을 부정하는 것은 부질없는 짓일 것입니다.

이런 점을 고려하면 게임이 서사냐 스펙터클이냐 하는 것은 pc방을 검토의 대상으로 삼았느냐 오락실을 주로 살폈느냐 하는 데서 비롯된 견해 차이일 수도 있습니다. 그렇기 때문에 컴퓨터 게임을 좀더 근원적인 시각에서 사고하는 것이 필요하다고 생각합니다. 김우창 선생은 이 시대의 영상문화를 언급하면서 영상의 독자성과 지시성을 구분해 볼 필요가 있다고 말한 적이 있습니다. 영상의 지시성이란 현실 재현의 문제입니다. 이에 비해서 영상의 독자성이란 그러한 연관을 벗어나서 자체성을 추구하는 문제입니다. 이 관점은 컴퓨터 게임에도 그대로 적용될 수 있습니다. 현란한 그래픽과 음향효과의 극대화를 꾀하는 액션게임의 제작을 누가 말릴 수 있겠습니까. 스펙터클은 분명히 게임의 판매고에 영향을 미칩니다. 마찬가지 논리로 〈스타크래프트〉가 자본주의적 생활방식의 알레고리적 표현이라고 해석한다고 해서 억지라고 할 사람도 없을 것입니다. 영상이 자본주의 발달과의 관계 속에서 변화되어 왔다고 한다면 컴퓨터 게임도 그러한 변화과정을 겪을 것입니다.

예술현상 가운데 키치라는 것이 있습니다. '자리해 있는 배경으로부터 분리된 표면적 예술현상'으로서 키치는 이른바 지시성을 크게 잃고 있는 예술활동을 가리킵니다. 그 키치는 20세기 예술의 한 부분을 차지하고 있습니다. 그와 대조적으로 우리의 전통놀이 가운데 삶의 지혜가 가득 담겨 있다고 생각되는 스무고개 놀이는 이제 거의 완전히 사라졌습니다. 진지한 놀이라고 해서 예술로 승격되는 것도 아니고 피상성을 지니고 있다고 해서 놀이로 좌천되는 것도 아닙니다. 이러한 사례에서 볼 수 있듯이 컴퓨터 게임이 앞으로 인간의 문화에서 어떤 자리에 속할 것인지는 속단할 수 없습니다. 다만 우리는 게임의 현상과 그 속성을 고찰함으로써 그것의 가능성과 현대문화에 미칠 수 있는 영향의 범위를 짐작해볼 수 있을 뿐입니다. 여기서는 간단하게나마 컴퓨터 게임이 지닌 가능성과 다른 문화에 미칠 영향을 차례로 살펴보도록 하겠습니다.

첫째로 컴퓨터 게임은 감성융합의 매체인 디지털 기술을 이용하기 때문에 다분히 연극이나 영화 같은 종합예술의 성격을 잠재적으로 지니고 있습니다. 그 내부 구조가 아직 예술이란 이름에 걸맞을 질적 수준을 확보하지 못했다고 하더라도 그것이 제공하는 체험의 강렬도나 현실 지시성은 크게 주목받을 만 합니다. 소설이 패관이나 가담항어의 부류에서 벗어난 것이 그리 오래지 않다는 점을 고려할 필요가 있고 요즘 들어 게임의 영화화, 또는 소설화가 빈번하게 이루어지고 있는 현상도 유의할 필요가 있습니다. 요즘 젊은이들 사이에서 많이 읽히는 환타지 소설은 전적으로 게임에서 사용된 상상력과 장르 문법에 크게 의지하고 있습니다. 이 상상력과 장르문법이 주류적 형식으로 부상할 가능성은 충분히 열려 있습니다.

둘째로 컴퓨터 게임이 제공하는 서사의 병렬구조나 반복수행성은 이 시대의 실재에 대한 사유나 진리에 대한 의식과 매우 긴밀한 관계를 지니고 있습니다. 후세들이 많은 시간적 거리를 두고 21세기의 문화를 조감한다고 했을 때 컴퓨터 게임이 이 시대를 대표하는 예술이 되지 않는다고 누가 보장하겠습니까. 뿐만 아니라 컴퓨터 게임의 텍스트 존재 방식도 디지털 시대의 특징을 압축적으로 보여주는 전범의 성격을 지닙니다. 새로운 예술이 재주술화 경향을 지니게 된다고 할 때 컴퓨터 게임은 가장 많은 가능성을 보여주고 있는 장르입니다. 테드 프리드만 같은 사람은 이 시대의 가장 창조적인 능력들이 컴퓨터 게임 제작에 관여하고 있다고 공공연히 말하고 있습니다. 컴퓨터 게임은 종래의 예술에서 주로 사용되던 시청각 정보 외에도 촉각이나 후각 정보를 이용하기에 가장 적합한 형태의 형식일뿐더러 DDR에서 전례를 찾아볼 수 있듯이 '굿판'이 퍼포먼스의 형태를 띨 경우 컴퓨터 게임은 가장 유력한 장르가 됩니다.

셋째로 컴퓨터 게임은 인간의 감각 자체를 변화시키는 작용을 하게 될 것입니다. 영화세대의 소설이 영상기법을 차용하고 있다는 사실은 잘 알려져 있습니다. 장정일의 소설과 같이 짧게 짧게 이미지를 환기하면서 사건의 진행속도를 빠르게 하는 소설이 근래에 들어 부쩍 늘어나고 있습니다. 또 인터넷이 발달하면서 이모티콘이란 부호가 소설언어로 이용되고 있습니다. 새로운 부호의 등장은 지금까지의 언어로 파악되지 않던 새로운 영역이 감각정보화한 것을 나타냅니다. 제가 앞에서 게임에 대한 체험이 소설 읽기 방식을 변화시켰다고 한 것도 이 감각의 변화와 관련됩니다. 그 변화의 내용을 대강 정리하자면, 우선 텍스트에 대한 파악의 범위가 달라집니다. 『토지』의 독서체험을 가진 뒤부터 저는 작품의 리듬과 패턴을, 좀더 정확하게 말해서 기氣라고 표현해야 마땅할 어떤 힘을 뚜렷하게 느끼게 되었습니다. 다른 독자들이나 평론가들도 리듬과 힘을 느끼고 있는 양태를 여러 곳에서 확인할 수 있지만 저 개인의 체험을 분석 사례로 삼는다 할 때 느끼는 정도에 분명하게 차이가 생겼습니다. 또한 텍스트를 파악하는 속도, 정보의 수용 속도도 달라집니다. 젊은이들이 어떤 사태에 대하여 즉각적으로 반응하는 것을 신중치 못한 태도 탓이라고만 할 수는 없는 것입니다. 그 속도의 변화는 직관이라고 할까 즉관이라고 할까, 사물을 전체적으로 신속하게 포착하는 능력도 신장시켜 주는 것이라고 생각합니다. 저는 개인적으로 게임에 대한 체험을 가진 이후에 베르그손의 직관이론에 대해서 긍정적인 입장이 되었고 『주역』의 상象에 대해서 나름으로 공부하기도 했습니다. 오래 전에 선인들이 지녔던 사물 파악방식의 가치를 새삼스럽게 수긍하게 된 것입니다. 그것은 이 시대가 근대의 분석정신, 감각의 분절화 단계를 지나서 감각융합, 재주술화 시대로 돌입하면서 나타난 양상이지 않은가 하는 느낌을 갖습니다. 이러한 변화들은, 저의 체험에 입각하여 생각했을 때 컴퓨터 게임의 몰입 속에서 자신도 모르게 획득하는 감각능력의 혁신이라고 생각합니다. 또한 컴퓨터에서 많은 정보를 압축하기도 하고 필요에 따라 압축풀기를 시행하기도 하는 것과 비슷하게 어떤 텍스트를 하나의 추상적인 이미지로 압축하기도 하고 상세한 이미지로 풀기도 하는 양상이 빚어지는 것도 디지털 매체의 속성과 연관이 된다고 판단합니다. 이 감각의 변화가 다른 예술이나 문화활동에 일정한 작용을 하리라는 것은 명약관화한 일입니다.

넷째 컴퓨터 게임은 인접 예술 활동을 활성화합니다. 하나의 컴퓨터 게임이 제작되기 위해서는 여러 단계의 작업을 거쳐야 합니다. 기획서의 작성에서부터 게임시나리오, 이벤트 등의 부분 콘티, 애니메이션, 운동 모델링, 디자인 등 여러 부문의 협업이 전제되어야 합니다. 애니메이션만 하더라도 수많은 훈련된 인적 자원을 필요로 합니다. 한국의 게임 산업이 그나마 지금의 위상에 이른 것은 일본 애니메이션의 하청업체 역할을 해온 것이 큰 보탬이 되었다고 할 수 있습니다. 뿐만 아니라 최근에 일어나고 있는 한국영화의 붐도 애니메이션이나 게임, 텔레비전 드라마 등 다른 영상문화의 융성과 한 궤를 이루고 있다고 보아야 할 것입니다. 문학부문으로 관심을 돌리면 환타지 소설 이외에도 시나리오 전반의 활성화, 하이퍼텍스트를 비롯한 디지털 서사의 창작이 증가하는 추세에 있고 그것들을 이론적으로 포착하기 위한 학구적 노력도 크게 늘어나고 있습니다. 디지털 스토리 텔링 학회는 컴퓨터 게임을 이론적으로 연구하는 외에 게임의 실제 제작에도 관심을 돌리고 있습니다. 이화여대에 디지털 문화를 전공하는 학부가 생긴 것이나 한양대, 아주대 등이 정책적으로 디지털 문화의 연구를 장려하고 있는 것도 모두 컴퓨터 게임과 관련된 인접활동으로 볼 수 있지 않을까 생각합니다. 이러한 외면적인 양상 외에도 컴퓨터 게임이 우리 문화의 여러 부문에 미치는 영향은 막대하다고 추측할 수 있습니다. 캐릭터 산업이나 디자인산업, 네트워킹 등은 굵직굵직한 항목으로서 알게 모르게 컴퓨터 게임과 관련된 활동들입니다.

5. 맺음말

지금 현재 가상현실기술이 추구하는 방향은 대체로 세 가지로 볼 수 있습니다. 하나는 몰입감을 증대시키기 위한 방향의 노력이고 다른 하나는 직관적 상호작용성을 증가시키기 위한 방향의 노력입니다. 세 번째는 인공생명체와 같이 가상 객체의 자율성과 지능화를 추구하는 방향의 노력입니다. 이 노력들은 다같이 사람들을 디지털 미디어로 끌어들이려는 동일한 목표를 지니고 있다고 할 수 있습니다. 이 기술적 노력들의 성취는 분명히 모바일 게임 같은 새로운 개념의 컴퓨터 게임을 가능하게 할 것이지만 시간이 지날수록 그 가능영역은 좁혀질 것입니다. 그에 반비례해서 인문학적 상상력이 개입할 여지는 넓혀집니다. 예컨대 몰입감을 증대시키는 데 3D나 스펙터클만이 문제되는 것은 아닙니다. 〈팩맨〉같은 게임이나 〈테트리스〉게임은 흑백 화면에서도 얼마든지 사람들을 몰입할 수 있게 해주었습니다. 다양한 감각정보를 이용한 직관적 상호작용의 증대를 기하기 위해서는 인터페이스의 개선 외에도 이모티콘과 같은 새로운 형태의 메타포를 필요로 합니다. 그렇지만 여기에는 기술적 요인만이 아니라 인간관계에 대한 통찰도 필요합니다. 인공생명체와 같은 가상객체의 자율성을 확보하는 것도 궁극의 목표는 게이머에게 어떻게 새로운 경험을 가능하게 할 것인가 하는 문제입니다. 여기서 새로운 기술에 바탕을 두는 많은 컴퓨터 게임이 있음에도 불구하고 〈스타크래프트〉가 여전히 사람들을 사로잡는 이유를 생각해볼 필요가 있습니다. 제가 분석한 바로는 이 고전적인 게임은 긴장의 조직에서 뛰어납니다. 서양의 연극 전통, 그 극적 구조의 창출이라는 문화적 배경이 〈스타크래프트〉에는 내장되어 있는 것입니다. 이와 비교해서 한국 게임의 대표브랜드가 되고 있는 〈리니지〉가 사람들을 유인하는 요인은 무엇입니까? 거기에는 은연중 우리의 감성이 깃들어 있지 않을까요? 이 점에서 '기초예술의 위기' 라는 상황인식은 역전되어야 합니다. 위기는 기회라는 말이 이만큼 잘 들어맞는 경우를 상상하기란 쉽지 않습니다.

(최유찬)

게임과 신화

1. 컴퓨터 게임에 관한 인문학적 접근

사람들이 컴퓨터 게임에 관해 이야기한다. 여기저기서 너도나도 게임 얘기다. 심지어 게임을 전혀 하지 않는 사람조차 게임에 관해 이야기하고 있다. 최소한, 다른 사람과 공통된 화젯거리를 갖기 위해서라도 게임에 관해 알고자 한다. 오늘자 광고 면에서 본 신작 온라인게임에 관해 이야기하고, 어젯밤의 게임플레이 결과에 관해 이야기하고, 지난주 프로게임리그에 관해 이야기하고, 게임회사의 채용기준에 관해 이야기하고, 게임산업으로 벌어들이는 수익에 관해 이야기하며, 게임으로 인해 발생한 사회문제에 관해 이야기한다. 게임은 백해무익하며 잘해야 어릴 때 가지고 놀다가 철들면 졸업하는 장난감의 일종처럼 여겨지던 것이, 지금은 게임과 게임산업에 관한 최소한의 지식이라도 없으면 시대에 뒤떨어진 사람 취급을 받는 형국이다. 마치 인터

넷에 관해 말하고 멀티미디어에 관해 말하고 IT산업에 관해 말하던 것처럼,
요즘은 게임이 디지털 기술과 관련한 보편적인 이슈가 되어 가고 있다. 이제
게임은 더 이상 낯설거나 특이한 취미도 아니다. 술을 마시고 차를 몰고 헬스
클럽에 다니는 것처럼 게임도 보편적 일상의 한 선택일 뿐이다.

그러나 과연, 얼마나 제대로 알고 있는가? 대부분의 사람들이 접하는 상당
수의 정보들은 유행에 편승해 부풀려진 것처럼 보인다. 웰빙의 개념이 단지
몸에 좋은 음식을 먹는 정도로 편향되고 왜곡된 경우와 그다지 다르지 않다.
사회 전체적으로 게임에 관한 인식은 높아졌지만 온라인 게임, 그 중에서도
MMORPG라는 특정한 장르에의 편중이 일반적이다. 게임에 관한 대중의 이
러한 피상적 이해는, 여러 얄팍한 대중적 트렌드가 그러했듯 머잖아 바람 빠
진 풍선처럼 유명무실화되고, 이내 잊혀져버릴 듯한 불안을 느끼게 만든다.

지금이야말로 컴퓨터 게임이라는 매체에 관한 문화적 논의가 필요한 시점
이 아닌가?

그렇지 않아도, 어떤 형태로든 게임개발에 연관되어 있는 사람이나, 조금
이라도 그러한 방면에 지식이 있는 사람이라면 한결같이 입을 모아 말한다.
내용, 내용, 내용, 내용이 중요하다. 기술은 충분히 갖춰져 있다. 이제 필요한
것은 디지털 기술 외적인 부분, 문화적인 부분이라고. 컨텐츠 전반에 일관성
을 주는 컨셉이 필요하고, 몰입감과 설득력 있는 시나리오가 필요하고, 대중
문화 코드를 꿰뚫는 아트 디렉팅이 필요하고, 보다 선명한 목적동기를 부여
할 철학이 필요하다고.

그렇다면 이것은 디지털 기술 외적인 요소, 공학적 사고 외적인 부분이다.
테크니션은 충분히 갖추어졌고 이젠 아티스트가 중요해지는 지점이다. 인문

학적 고찰이 요구되는 것이다.

그런데 막상 실제적 제작의 측면으로 들어가면 이러한 관점에 대해 회의적인 시선만이 날아 올 뿐이다. 앞서 게임에서의 문화적 비중에 관해 입을 모으던 사람들 대부분이, 이번에는 현실적 상황이나 어려움 등의 이유를 들어 그러한 관점에 대해 회피하거나, 도리어 적의에 가까운 반응을 내보이기까지 한다. 이러한 이중적 태도는 무척 당혹스러운 것이다. 대체 왜 그런 반응이 나타나는 걸까?

왜냐하면 게임 형식은 1차적으로 볼 때 인문학적인 방법론을 필요로 하지 않기 때문이다. 게임은 근본적으로 공학적 로직으로부터 출발한다. 과학적 사고의 산물인 것이다. 따라서 게임 개발자란 기본적으로 공학자이자 엔지니어이지 철학자나 문학가가 아니다. 그러므로 게임 개발이란 과학적 대상으로써 접근하는 것이다. 과학의 대상이란, 들뢰즈가 언급했다시피, 개념들이 아니라 추론체계 안에서 명제들로 제시되는 기능들이다. 과학적 관념은 개념이 아니라 기능과 명제에 의해 규정되는 것이므로, 철학을 필요로 하지 않는다. 다시 말해 게임 개발이란, 게임의 핵심요소라 할 수 있는 재미의 의미나 본질에 관하여 철학적으로 규명할 필요를 요구하지는 않는다. 재미라는 것이 어떤 논리를 통해 발생하고 작용하며, 이러한 재미를 발생시키기 위해 어떤 방법들을 동원할 것인가 하는 문제를 제기할 뿐이다.

그러니까 전통적인 기술자들, 공학적 사고기반하에 게임을 다루는 개발자들은 인문학적 접근시도를 일종의 문화적 관료주의 비슷한 것으로 본다. 카르텔을 형성함으로써 자신들의 지식권력을 폐쇄적으로 유지하고, 그 결과 대중과 문화예술을 동떨어진 것으로 만들어버리는, 그러한 문화권력 집단의 폐해를 우리 사회에서 흔히 목격할 수 있다. 기술자들의 부정적 태도는 인문학적 접근시도가 바로 그런 폐해를 게임이라는 형식에 있어서도 재생산하는 것이 아닌가하는 경계심리에서 비롯된 것이다. 어떤 의미에서, 그들은 '문화적 아티리 쇼크'를 두려워하고 있다. 상당부분 수긍 가는 면이 있다.

그러나 한편으로, 들뢰즈는 기하학적 공간의 예를 들어 과학적 대상에 대한 철학적 고찰이 발생하는 과정에 관해 설명하고 있다, 즉 어떤 대상이 기능들에 의해 과학적으로 구축되고 난 후에는, 기능에는 주어져있지 않은 철학적 개념을 대상 내부로부터 찾아내야 할 필요성이 발생하게 된다는 것이다.

이는 컴퓨터 게임에 대한 인문학적 접근법의 입장을 설명해주고 있다. 그것은 컴퓨터 게임이라는, 공학적으로 구축된 매체형식에서 그 방법론에는 주어져있지 않은 철학적 개념을 찾아내는 과정인 것이다. 게임이라는 형식이 안정적인 구축을 이루고 나면, 그것은 일종의 디지털적인 기능요소를 갖춘 문법이나 연주방식, 조각술 등으로 활용될 수 있을 것이다. 당연히, 그 이후부터 관심의 대상이 되는 것은 그러한 기술로 무엇을, 어떤 범위까지 표현해 낼 수 있는가 하는 문제이다. 공학적 접근법과 인문학적 접근법이 상충하는 것은 아니다. 양자는 서로 다른 벡터를 지닌 채, 게임이라는 형식 내에서 중요한 역할을 한다.

그러면 과연 게임에 있어서 인문학적 접근은 어떠한 방법을 통해 가능해지는가? 컴퓨터 게임에 관해서, 특히 그 창작의 방법론에 관해서 인문학적 접근법이 심각하게 요구되고 있다는 사실은 알았다. 그러나 시작지점을 어디서부터 잡아야 할 것인가? 바꾸어 말하면, 표현범위와 장르형식에 있어 역사상 유례를 찾기 힘들 정도로 방대한 이 새로운 매체에서, 그러한 막대한 하위 장르 전반에 적용될 수 있는 포괄적이며 보편적인 철학적 접근법이 과연 존재할 것인가?

2. 놀이와 스토리텔링

일단 게임이라는 매체의 기본 속성에 관해 생각해 보자. 컴퓨터 게임이라는 매체형식이 가장 기초적인 의미에서 여타의 장르와 구분되는 특징은, 참여성과 상호작용성이라는 요소이다. 그리고 이 참여성과 상호작용성이라는 특징이, 놀이 매체의 성격과 스토리텔링 매체의 성격이라는 두 가지 상이한 요소가 하나의 형식 안에 융합되어 향유되는 것을 가능케 한다.

확실히 컴퓨터 게임이라는 장르가 형성되기 이전까지, 놀이와 스토리텔링 매체라는 각각의 형식은 서로 다른 벡터를 유지한 채 발전되어 왔다고 볼 수 있다. 관객참여연극, 어드벤처 북, TRPG 등과 같이 놀이와 스토리텔링을 결합하는 선구적 시도들이 지속적으로 존재해 왔으며, 그 중 일부는 상당한 성공을 거두기도 했으나, 완벽하게 대중적이며 문화보편적인 형태로 꽃피운 것은 컴퓨터 게임에 이르러서이다.

전통적으로 스토리텔링, 즉 이야기란 형식은 화자로부터 청자에게 일방적으로 전달되는 것이다. 해당 내러티브에 관한 창작과 변형의 결정권은 모두 화자에게 주어져있다. 청자에겐 단순히, 화자가 전달하는 내러티브를 어떤 식으로 수용할 것인가 하는 소극적이며 내면적인 결정권만이 존재한다. 전통적인 의미에서 스토리텔링이란 기본적으로 유일한 과정과 결과에 대한 기술, 선형적이며 결정론적인 성격을 지니고 있는 것이다.

반면 놀이는 어떠한 의미전달자로부터 일방적으로 전달되는 형태가 아니라 그 놀이형식을 향유하는 참여자 전원이 능동적인 방식으로 상황변화에 개입한다. 과정과 결과는 규칙을 통해 조율된 전체 참여자 간의 상호작용에 의해 결정된다. 따라서 놀이는 이러한 참여성과 상호작용성이라는 두 가지 요소를 통해, 무수히 많은 과정과 결과가 도출될 수 있는 비선형적이며 비결정론적인 형식이다.

그러면 놀이와 스토리텔링은, 이러한 형식적 차이를 통해 어떤 기능적 차이를 드러내는가? 그것은 놀이-(광의의)게임과 스토리텔링-의례라는 성격적인 구분이다.

신화학자 레비 스트로스는 게임-여기서는 디지털과 아날로그 형식 모두를 포괄하는, 광의적인 의미로 사용된다-과 의례의 근본적인 차이를, 참가자가 해당 형식을 수행하는 데 있어 나타내는 태도의 차이로 규정짓는다. 외적으로 동일한 형식구조라 할지라도 참가자가 이 형식을 어떤 의미로 받아들이느냐에 따라 게임과 의례로 구분된다는 것이다. 이를테면 그는 뉴기니의 가후쿠-가마족의 예를 들어 이를 설명하고 있다. 이 부족이 축구를 배우게 되었는데, 일단 경기가 시작되자 양 팀의 승부가 똑같아 질 때까지 몇 날 며칠을 계속해서 시합을 하더라는 것이다. 이들이 축구라는 게임형식을 의례로 받아들인 탓이다.

다시 말해서 (광의의)게임은 규칙이 모든 것을 규정하며, 그 규칙에 따라 무한한 수의 승부를 가능하게 한다. 반면 의례 역시 게임처럼 플레이되는 것이지만, 그것은 특별한 시합으로서 모든 승부의 가능성 중에서 선택된 하나이다. 왜냐하면 그 선택된-혹은 선택되어야만 하는-결과는 시합에 참가한 양자 사이에 모종의 균형을 가져오는 유일한 형태이며, 바로 그것이 의례의 목적이기 때문이다.

따라서 게임이 분리시키는 효과를 갖는데 반해 의례는 결합시키는 효과를 갖는다. 왜냐하면 게임에 참가하는 양자는 그 결과에 따라 승자와 패자로 구분되는 반면, 의례에서 양자는 원래 분리되어 있던 쌍방간에 모종의 유기적 관계가 성립되기 때문이다.

이는 로제 카이와의 생각과 일치한다고 볼 수 있는데, 카이와는 놀이와 성스러움이 유사성을 지닌다는 호이징가의 이론을 비판하고, 양자는 구분되는 특징을 지녔다는 주장을 제시했다. 즉 놀이는 규칙만으로 이루어진 절대적 형식이며, 내용이 규칙에 의해 변화되는 반면, 성스러움-의례는 절대적 내용이 규칙을 규정하는 형태를 지니고 있기 때문에 이 둘은 구분된다는 것이다.

여기까지 종합해보면 두 가지 결론을 얻을 수 있는데, 먼저 놀이와 스토리텔링은 근본적으로 길항하는 성질을 지니고 있다는 점이다. 즉 앞서 제기되었던 의문점인, 어째서 놀이 매체와 스토리텔링 매체는 서로 다른 벡터를 지닌 채 발전해 왔는가에 대한 답이 여기에 있다. 두 번째는 놀이의 성격과 스토리텔링의 성격이 형식구조에 의해 구분되는 것이 아니라 참여자의 태도에 의해 결정된다는 점이다. 그것은 수용자 혹은 참여자의 놀이에 대한 태도가 말 그대로 놀이, 광의의 게임에 해당하는 특징을 보이는 데 반해, 스토리텔링에 대한 태도는 성스러움, 즉 의례에 해당되는 특징을 나타내기 때문이다.

놀이는 규칙만으로 이루어진 절대적 형식 내부에서 무수히 많은 과정과 결과가 선택될 수 있다는 점에서 기본적으로 비결정론적이며 비선형적인 성격을 지닌다. 그러나 스토리텔링의 경우, 규칙 이전에 이미 선택되어진 절대적 내용이 존재하며, 거기에서 기대되는 이상적인 과정과 결과는 결정되어 있다. 따라서 스토리텔링은 기본적으로 결정론적이며 선형적인 성격을 지닌다. 그러므로 이 두 형식은 상호 길항하는 성격을 지니는 것이다.

물론 이러한 결론에 관해 다소 반론의 여지가 있을 듯 하다. 그것은 하이퍼텍스트로 요약할 수 있는 비선형적 텍스트의 존재다. 혹은 독자가 분기를 선택하고 여러 종류의 결말을 체험하는 어드벤처 북 역시 비선형적인 내러티브를 구현하고 있지 않는가. 관객참여형 연극이나 TRPG 또한 참여에 의한 비선형성을 드러내고 있다고 볼 수 있다.

하지만 역으로, 스토리텔링 형식에 비선형성이라는 놀이적 성격을 삽입하는, 바로 그러한 특징이 게임의 정체성을 규정하는 기본적 특징 중 하나라고 이해할 수는 없을까? 하이퍼텍스트 형식이 지니는, 규칙의 형태로 존재하는 계열체적 구조에서의 선택적 읽기와 쓰기라는 유희적 성격, 놀이에 가까운 무게중심을 지니는 어드벤처 북스, 사고게임의 형태를 띄는 TRPG. 이러한 특징들은 컴퓨터 게임의 포괄적 성격과도 일치한다. 다시 말해 위의 매체들은 게임과 인접한 어떤 특성들을 지니고 있으며 그들 사이에서 발견되는 일련의 공통점이 게임이라는 매체의 바탕구조를 정의하는 데 유용하게 사용될 수 있다는 것이다.

현재 게임의 발달이 진행됨에 따라 매체의 범위를 규정짓기는 점점 더 어려워지고 있다. 컴퓨터 게임이 지닌 멀티미디어적인 성격 탓에, 예상할 수 있는 거의 모든 종류의 매체와의 하이브리드화가 이루어지고 있기 때문이다. 따라서 개개의 타이틀이 게임인가 아닌가를 구분 짓는 것은 큰 의미가 없을 지도 모른다. 오히려 그보다 해당 타이틀 내부에 구현되어있는 게임적 요소의 존재와 그 비중에 관해 판단하는 편이 나을 것이다.

3. 신화와 의례의 분리

앞서 놀이와 스토리텔링은 길항하는 성질을 지닌다고 했다. 또한 우리는 게임이 이 길항하는 두 요소를 결합시키고 있는 새로운 매체라는 것을 안다. 그러면 어째서 그것이 중요한 관심거리가 되는가? 그것은 게임이 결합시키기 전 이 두 요소가 처음부터 독립된 형식으로 존재했던 것이 아니라, 먼 과거에는 결합된 형태를 취하고 있었다가, 어느 시점을 계기로 분리되었다고 보이기 때문이다.

확실히 인류의 먼 과거에는 놀이와 스토리텔링이 결합된 문화적 양식이 존재하고 있었다. 아니, 현재에 있어서도 일부 전통사회에 여전히 존재하고 있다. 이것이 바로 신화, 신화적 의례라는 문화양식이다.

신화는 논리체계로서의 신화와 그 실천형태인 의례가 일체화되어 작용한다고 볼 수 있는데, 방브니스트씨는 놀이를 신화와 의례가 분리된 현상으로 본다. 그에 따르면, 의례가 절대적 내용인 신화를 잃었을 때, 형식만의 의례는 공허한 행동, 즉 놀이의 형태로 남겨지게 된다. 여기서의 의례는 레비 스트로스의 의례와는 약간 다른 의미로 쓰이는데, 성스러움—절대적 내용이 벗겨지거나 의미를 잃은 형식만의 부분을 말한다. 반대로 의례를 잃은 신화 쪽은, 실제성을 증명하거나 영향력을 드러내 보일 수단을 잃어 헛된 말, 즉 농담이나 민담의 형태로 약화된다는 것이다.

이를테면, 많은 종류의 명절놀이들은 토속신앙에 바탕을 둔 종교적 의례에서 유래된 것으로 보인다. 가령 숨바꼭질과 같은 전통적인 야외놀이는 샤머니즘 의례의 흔적인 것 같다. 일본의 명절날 신사 곳곳에서 볼 수 있는 여자아이들의 카고메 놀이는 원래 영력이 높은 무녀를 뽑는 종교적 의미를 지니고 있었다고 한다. 또 몇몇 전통행사의 경우, 의례와 놀이의 구분이 모호한 중간형태를 띠는 경우도 있다. 다분히 고대적 종교의례의 희석된 형태로 보이는 한국의 마당놀이나 사물놀이에 ‘놀이’ 의 명칭이 부여되어 있는 점이 그렇다. 이러한 민속놀이는 ‘성스러움’ 을 유지할 신화는 거의 박탈당한 상태지만, 절대적 형식으로서의 놀이로 보기에는 여전히 내용적인 부분에 많은 비중을 둔다.

한편 민담이나 전래동화 역시 다분히 신화적 터부에 바탕을 둔 경고나 교훈으로부터 유래된 것 같다. 가령 서구에서 동화를 의미하는 페어리테일 fairy tale은 단어 그대로 요정 이야기인데, 이러한 이야기들은 대부분 터부를 주제삼고 있다. 그것은 주로 금지된 장소의 출입이나 불경시되는 어떤 행위를 범함으로써 겪는 초자연적 비극이나 어려움에 관한 이야기이다. 그리고 신화가 자신의 존재를 드러내 보이는 대표적 방식 중 하나가 바로 터부이다. 즉 이러한 동화나 민담은 정령숭배나 요정신앙으로 파악되는 토속종교의 오래된 흔적인 것이다.

현대에 있어서도 보다 폐쇄적인 원시부족사회의 경우, 신화와 의례가 통합된 양상을 나타내며, 이것이 해당 사회집단을 존속 유지시키는 핵심적 역할을 수행함을 발견할 수 있다. 따라서 인류의 초기문명은 신화와 결합된 의례를 만들어 냈으며, 시대와 환경이 바뀜에 따라 그 역할이 유명무실해진 신화와 의례는 분리되어 원래의 목적의미가 망각된 민담과 놀이의 형태로 남게 되었다는 것, 이러한 시각은 상당한 설득력이 있는 것 같다.

4. 신화의 역할

그런데 어째서 신화가 튀어나오는 걸까? 게임의 인문학적 접근에 있어서 신화학적 관점이 중요하다고 보는 이유는 무엇인가. 놀이와 스토리텔링이 각각 의례와 신화가 분리된 산물이라는 것은 알았다. 그러나 이 두 가지 형식은 분리된 이후, 상당한 시간에 걸쳐 각각의 영역을 확장시키고 발전해 왔다. 놀이는 주어진 내용 없이 완벽하게 자립적으로 기능하는 규칙만의 절대적 형식, 스포츠나 기타 현대적인 놀이 형태들을 만들어냈다. 스토리텔링은 그것의 실제성을 굳이 의례를 통해 확인받지 않아도 문학이라는 체계를 통해 이해될 수 있는 다양한 종류의 이야기 형식을 만들어냈다. 이제 와서 컴퓨터 게임이라는 매체를 통해 놀이와 스토리텔링이 재결합된다 해도, 그것이 반드시 원형적 형태인 신화적 의례로 돌아갈 이유가 있을까? 놀이와 스토리텔링의 재결합이 신화성의 복원을 의미한다고 보는 것은 성급한 추측이 아닌가?

혹은 표면적으로 볼 때, 신화적 모티브가 현재 게임 컨텐츠에서 핵심 트렌드로 자리하고 있기 때문일까. 일견 그렇게 보일지도 모르겠다. 확실히, 판타지가 열병이나 홍수처럼 만연하고 있으니까. 웹사이트 이곳저곳에서 중세풍의 갑옷을 걸친 채 불을 뿜는 드래곤과 싸우는 기사의 모습이 동영상으로 보여지거나, 비현실적인 복장을 한 긴 귀의 여성 엘프가 섹스심벌을 대신해 광고판을 장식하고 있고, 가상의 공간과 미지의 대륙으로 유혹하는 문구들이 시야를 가득 메운다. 마법이나 주술의 개념은 일상의 연장처럼 가상공간 어디에나 널려있고, 초자연적인 생명체들 활보하는 존재하지 않는 세계에 대한 경험담이 게이머들의 화두를 지배한다. 드물게는, 철저한 리얼리즘을 표방하고 유지하는 장르 군이 존재하기도 하지만, 그 역시 종이 한 장의 차이로 초현실적 경계를 넘나드는 경우가 비일비재하다. 참으로, 우리는 디지털 미디어를 통해 신화적 혹은 유사신화적 모티브가 어느 때보다도 막대하게 재생산되는 시대 한복판에 있다. 그리고 모티브가 생산되고 소비되는 중심부에 게임이 놓여있는 것이다.

이러한 신비주의, 초자연주의의 범람이 게임 컨텐츠 전반에 자리매김하고 있기 때문에 게임을 신화적 관점에서 바라보는 것인가? 그렇지는 않을 것 같다. 정확히는 게임이라는 형식자체가 신화적 요구에 의해 고안되어지고 발전되고 있다고 보는 편이 옳을 것이다. 이것은 무슨 이야기인가.

현대인의 심리 속에는 공통적으로, 현재 인류문명을 주도하고 있는 서구적 합리주의와 이성중심의 사고, 과학적 논리 등에 의해 해체되고 파편화 되어버린 고대적 가치, 즉 신화적 사고에 대한 무의식적 동경과 추구가 존재하고, 이 욕구를 가장 효과적으로 구현해주는 매체로서 게임이 활용되고 있다는 이야기다. 다시 말해 게임이라는 형식은 이성과 과학의 그늘에서 현대인이 추구하는 무의식적 욕구, 원초적이고 고대적인 신화적 사고논리를 디지털 기술상에서 재현해주는 시뮬레이터라는 것이다.

정신분석학자 칼 구스타프 융은 인류에게 생물학적, 선사시대적, 무의식적인 마음의 발달을 통해 누적되며, 집단무의식을 통해 공유되는 보편적인 심리상징이 존재함을 발견하고 이를 원형archetypes이라고 이름 지었다. 이처럼 인류의 보편무의식 기저에 자리 잡은 원형들, 마음의 원형질에 가까운 여러 원형들은 의식의 작용과는 별개로 활동하며, 충동, 예감, 미신, 운명 등의 형태로 표출된다고 한다. 그러한 원형의 작용으로 형성된 가장 원초적인 형태의 문화적 도구가 바로 신화다. 여기서의 신화는 방브니스트씨의 분리되어 무력화된 신화가 아니라 '성스러움'을 온전히 보전한, 현실적 영향력의 가능성을 지닌 신화다.

게임은 어떠한 다른 매체보다도 매체의 향유자, 게임 플레이어의 직관적이고 감각적인 반응에 의존한다. 게다가 그것은 플레이어의 목적동기를 불러일으키기 위해서도 이러한 원초적 감각을 가장 직접적으로 그리고 가장 강력한 방법으로 두들긴다. 거의 무의식적으로, 게임의 창조자들은 플레이어의 관심과 흥미를 집중시키기 위해 원형적 상징들을 되살려내고, 플레이어들은 거기에 호응해 자신 안에 잠자던 신화적 본성을 불러일으킨다. 그리고 그 접점에서 새로운 신화들이 창조되는 것이다.

5. 성스러운 시간과 공간

그러면 게임 형식에서 발견되는 신화적 논리는 무엇일까? 물론 그것은 신화 자체의 논리와 일치할 것이다. 신화의 논리란 무엇이며 그것이 게임이라는 형식을 통해서는 어떤 식으로 반영되고 있는가?

가장 먼저 떠올릴 수 있는 것은 신화적 환경과 게임의 환경간의 공통점인데, 구체적으로 말하자면 신화적 시공간과 게임의 시공간이 지닌 유사성을 의미한다.

종교학자 마르치아 엘리아데는 종교적 인간, 즉 신화적 사고를 하는 인간에게는 두 가지 시간개념이 존재한다고 주장한다. 첫 번째는 현대인의 일반적 시간관인 역사적 시간으로, 일상적이고 세속적이며 일방향적인 흐름을 갖는, 비결정적이고 비가역적인 시간이다. 다른 하나는 신화적 사고에서만 존재하는 특수한 시간개념으로, 성스러운 시간이라고 부르는 것이다. 이 성스러운 시간은 일상적 시간으로부터 선택되어 유리된 특별한 시간으로, 그 자체로서 일정한 사건의 잠재성을 지니며, 주기를 지녀 반복체험 될 수 있는 순환적이고 가역적이며 회복 가능한 신화적 시간이다. 그것은 체험하는 바로 그 순간 신화적 사건이 벌어졌던 태초의 시간으로 되돌아가는 신성한 종교적 합일의 순간인 것이다. 모든 종류의 신화적, 종교적 의례는 바로 이러한 성스러운 시간을 재현하는 기능을 한다.

시간에 두 가지 차원이 있다면, 공간 또한 두 가지 차원을 지닌다. 일반적인 공간이란 지리적 공간이다. 지리적 공간에서 공간의 모든 부분은 균질적이고, 어떤 부분이 다른 부분에 대해 더 큰 의미를 지니지 않는다. 그것은 해당 공간에 존재하는 물질적 대상—즉, 물과 식량을 얻을 수 있는 강이나 위험이 도사린 숲—을 통해 발생하는 기능적 의미부여와는 구별되는 문제다. 그러나 신화적 사고 하에 존재하는 공간개념인 성스러운 공간에서는 이것이 다른 방식으로 풀이된다. 성스러운 공간이란 균질적 공간에 특별한 의미를 부여해, 중심과 경계를 지니는 특별한 공간으로 재구축시킨 신화적 공간이다. 즉 성스러운 공간이 통상의 공간과 차별되는 점은 성스러움이라는 특별한 의미가 부여된 대상을 바탕으로 일정한 공간적 경계를 구축하고, 그 내부에 독립된 질서를 세운 비균질적이며 재창조된, 정화된 공간이라는 것이다. 그 형태는 눈에 보이는 성전일수도 있으며, 순전히 관념상으로만 존재하는 구조일 수도 있다. 어느 쪽이든 이것은 신화적 사고를 필요로 한다.

이를 통해 게임의 시공간이 성스러운 시공간, 신화적 시공간과 유사성을 지닌다는 사실을 알 수 있다. 게임의 시간 역시 성스러운 시간과 마찬가지로 일상적 시간으로부터 선택적으로 유리된 특별한 시간이며, 그 자체로서 특정 사건의 발생가능성을 내포한 잠재적 시간이다. 게임 속 사건은 지속적인 플레이를 통해 몇 번이고 반복체험 될 수 있는 가역적인 시간구조 속에서 벌어지며, 또한 게임의 사건은 신화적 사건과 마찬가지로 일종의 도취적이며 유희적인 몰입을 가져오는 축제의 시간을 제공한다.

한편 게임의 공간개념은 버추얼 리얼리티의 개념으로 설명된다. 게임 속 공간은 현실에 대해 유리된 중심과 경계를 지니며, 독자적인 질서를 지니고 있는 가상공간이다. 또한 게임성 자체가 성스러운 공간의 핵심논리인 성역구축의 원리를 반영하고 있다. 탈신비화 과정으로서의 게임행위가 그것인데, 모든 게임은 근본적으로 객관적이고 수동적인 '장소'를 주관적이고 능동적인 '공간'으로 변화시키는 것을 목표로 한다. 즉 게임 속의 공간은 플레이어의 의미부여를 통해 성스러운 공간으로 거듭날 잠재성을 내포한 공간인 것이다.

6. 살해되는 신과 소명영웅

게임의 환경이 신화적 환경과 유사성을 지닌다는 것은 알았다. 그렇다면 그러한 환경 하에서 인간의 직접적인 심리작용과 행동논리는 어떤 형태로 드러나는가? 게임이 나타내는 신화적 알고리즘은 무엇인가?

잘 알려진 바와 같이, 전 세계적으로 존재하는 수많은 신화들에는 어떤 공통점이 있다. 역사, 환경, 문화가 다른 민족이 각양각색의 고유 신화를 지니고 있지만, 그러한 다양성 속에서 발견되는 어떤 보편적인 상징 모티브들이 존재하는 것이다. 뿐만 아니라, 어떤 집단의 문화와 개별적으로 존재하는 내면적이고 생물학적인 '개인의 신화'에 있어서도, 이러한 보편성은 어김없이 발견된다. 그러한 개인적 신화의 대표적인 예가 꿈이다. 실제로 해당 신화적, 문화적 상징을 학습 받지 못한 개인의 꿈에서도 이와 동일한 신화적 성격을 지니는 상징들이 빈번하게 발견된다.

융 학파의 관점으로 볼 때, 집단 혹은 개인이 그처럼 유사한 신화적 모티브를 경험하는 이유는, 그것이 집단의식을 통해 공유되는 원형의 작용이기 때문이다. 따라서 이러한 신화 상의 보편적 모티브들은 원형의 활동이 직접적으로 작용한 인류 공통심리의 1차적 생산물들이다.

컴퓨터 게임이 놀이와 스토리텔링이라는, 서로 길항하는 두 요소를 결합시키고 있으며 이는 성스러움이 박탈당해 의례와 분리되기 이전의 신화가 지니는 특성과 유사하다고 말한 바 있다. 그런데 게임과 신화에는 동일하게, 놀이로서의 측면과 스토리텔링으로서의 측면에 각각 강하게 작용하며, 독립된 벡터를 지니면서도 미묘하게 결합과 상호작용을 하는 두 가지 형식, 두 개의 신화적 모티브가 존재한다. 마치 소우주와 대우주처럼.

이 두 가지 모티브, 두 개의 신화적 차원은 무엇인가. 그것은 살해되는 신의 모티브와 소명영웅의 모티브다.

먼저 살해되는 신의 모티브란, 제임스 조지 프레이저가 그의 저서『황금가지』에서 로마 변경지방 네미의 사제직 계승방법을 예로 들어 설명하고 있는, 주술적 사고에 관한 실천논리라고 할 수 있다. 숲의 왕이라 불리는 인간신으로서의 사제왕, 지속적으로 생명의 위협을 받는 왕이라는 대속자의 개념, 왕을 죽여야 그 자리를 물려받을 수 있는 후임자와 왕을 죽이기 위한 자격으로서 지녀야하는 성스러운 나뭇가지, 그리고 왕의 죽음과 새로운 왕의 탄생을 통해 유지되는 우주순환의 원리. 또한 이러한 주술적 실천논리가 전 세계적으로 존재하며, 이를 상징하는 신화 상의 보편적 모티브를 살해되는 신이라는 개념으로 묶어 설명하는 것이다.

살해되는 신이 나타내는 근본적 논리는 무엇일까? 그것은 재난의 전가이다. 자기 자신에게 부여되는 죄나 불행을 외부의 대상에 투사함으로써 이러한 형이상학적 짐을 덜어내는 것이다. 그에 따라 속죄양의 필요성이 생겨나며, 공감주술이나 터부 등으로 설명되는 주술의 논리가 발생, 적용된다.

따라서 살해되는 신의 논리는 게임에 있어서 스펙터클적인 측면을 구현한다. 가장 단순한 형태의 게임인 〈팩맨〉을 생각해보자. 〈팩맨〉의 컨셉인 숨바꼭질이 의미하는 것은 무엇인가. 끊임없이 다가오는 유령의 위협 속에서 플레이어는 매순간 패배와 지속을 가르는 선택을 해야 한다. 팩맨의 입장은 개체존립의 위협 앞에 놓여진 숲의 왕의 입장과 같다. 상황역전 아이템에 의한 공방은 성스러운 나뭇가지가 지니는 상징적 의미와 유사하다. 팩맨을 통해 플레이어는 죽음의 위협을 통해 역설적으로 증명되는 삶의 실존을 체험한다. 한 마리의 팩맨이 죽거나, 화면상의 도트를 모두 먹어치웠을 때 새롭게 시작되는 게임 스테이지는, 그대로 하나의 우주가 재순환하는 과정을 연상시킨다.

그것은 미시우주와 거시우주를 아우르는 존재론적인 질문을 상징한다. 개체 존립의 위협, 끝없는 긴장과 투쟁으로 이루어진 삶, 죽음의 공포를 통해 확인되는 정체성, 자기보존의 노력, 반복되는 삶과 죽음의 체험, 죽음의 필연성에 대한 이해와 순응, 그리고 죽음을 통한 재생과 개체의 희생을 통한 우주의 순환. 플레이어는 재치와 손놀림을 통해 좀 더 오랫동안 팩맨을 살려둘 수 있다. 하지만 결국은, 언젠가 팩맨은 죽고 게임은 끝난다는 사실을 받아들이게 될 것이다. 왜냐하면, 그렇지 않으면 게임이 다시 시작되지 않기 때문이다. 새로운 게임이 시작되기 위해서, 팩맨은 죽어야만 한다. 팩맨의 플레이어는 팩맨을 상징적인 속죄양, 성스러운 희생자로 삼음으로써 죽음을 통한 재생이라는 우주 순환의 메커니즘을 대리체험하는 것이다.

살해되는 신의 모티브는 하나의 단순하고 명백한 사실만을 보여준다. 속죄양으로서 신은 결국 살해되고, 희생을 통한 재생과 순환이 이루어진다는 사실. 그것은 하나의 사실이자 명확한 실천논리이기 때문에, 구태여 복잡한 이야기가 개입할 필요성은 없다. 게임에 있어서 보다 복잡한 이야기구조, 즉 내러티브적인 측면에 대한 요구는 또 하나의 모티브인 소명영웅이 담당하는 부분이다.

소명영웅의 모티브란 조셉 켐벨이 저서 『천의 얼굴을 한 영웅』에서 언급하고 있는 일련의 신화적 드라마 구조로서, 영웅 신화나 샤머니즘적 접신체험에서 공통적으로 발견되는 어떤 패턴을 의미한다.

신화들 간에 존재하는 일반적인 유사성과 마찬가지로, 대부분의 영웅 신화에서도 공통된 모티브와 유사한 이야기 구조가 발견된다. 즉 영웅의 비정상적인 출생이 언급되고, 적당한 시기에 모험에 관한 소명을 받게 된다는 것, 그리고 소명에 관해 거부나 반발을 시도하기도 하지만 결국 운명에 따르게 된다는 것이며, 이러한 영웅의 모험에는 도움을 주는 초자연적인 조력자가 반드시 존재하게 된다. 또한 영웅은 그 조력자로부터 마법적인 권능을 지닌 무언가를 선사받게 되며, 그와 같은 일련의 도움을 통해 위험과 시련으로 가득한 미궁과 같은 적대적 장소를 방문하고, 관문의 수호자인 무서운 괴물과의 싸움에서 승리하며, 육체와 정신이 파괴와 재생을 경험하게 된다. 결과적으로 영웅은 여신으로서의 여성과의 만남을 얻게 되며, 대립자로서의 아버지로부터 받는 시련을 극복하고 그와의 화해를 통해 자신을 증명한 뒤, 궁극적인 보상을 얻어 귀환하게 된다.

이처럼 모든 영웅 신화가 거의 유사한 구조를 지니는 이유는 무엇인가? 그것은 융 학파의 설명처럼, 영웅이라는 상징이 개인의 자아발달과 관련된 신화적 원형이기 때문이다. 샤머니즘의 접신체험은 이를 보다 직접적인 형태로 경험시켜주는 일종의 개인적 시뮬레이션이라고 할 수 있다. 즉 소명영웅의 모티브는 이니시에이션의 과정과 원리를 일련의 드라마로써 표현하고 있는 것이다.

여기서 주목할 점은, 정도의 차이는 있지만 게임 속에서 발견되는 일련의 이야기 구조는 대부분 이 소명영웅의 구조를 따르고 있다는 점이다. 그것이 가장 선명하게 드러나는 경우가 바로 이러한 '영웅의 모험담'이라는 신화적 모티브를 장르로 발전시킨 롤플레잉 게임이라 하겠다.

　그러므로 앞서 언급한 바와 같이, 소명영웅의 논리는 게임에 있어서 내러티브적인 측면을 구현한다. 영웅신화의 구조를 따르는 대표적 롤플레잉 게임으로서 〈파이널 판타지 7〉의 경우를 생각해보자. 편모슬하에서 자라 세피로스라는 영웅을 동경해 솔져가 되는 클라우드의 모습은, 영웅의 비일반적인 출생과 모험에의 소명을 반영하고 있다. 클라우드의 조작된 과거의 기억이나 때때로 머릿속에서 들려오는 수수께끼의 음성, 아버지를 투사하는 존재인 세피로스에 대한 증오와 동경이 섞인 번민의 감정, 이러한 여러 모티브들은 부성에 대한 극복과 독립, 혹은 화해를 위한 자아탐구의 여행이라는 소명영웅의 기본구조를 구체적으로 나타내고 있다. 클라우드의 모험을 갖가지 형태로 돕는 바렛이나 레드써틴, 캣시, 시드, 부겐하겐 등의 동료들이 초자연적인 조력자로서 신화적 원형의 역할을 고루 분담 수행하는 한편, 별의 의지를 대변하는 존재로서의 여성인 에어리스의 희생과, 클라우드에게 있어 일종의 어머니 역할을 하는 또 다른 여성인 티파의 존재는 그대로 신화적 여신의 모티브를 재현해 낸다. 또한 별의 축복이면서 재앙의 힘도 될 수 있는 마테리아라는 마법적 힘의 결정체는 그대로 영웅에게 주어진 초자연적 권능을 의미하며, 마황이 만들어낸 몬스터나 별의 수호자 웨폰의 존재는 관문의 수호자라는 신화적 상징의 역할을 담당하고 있다. 결국 클라우드와 동료들은 인간의 이기심이 빚어낸 미궁인 마황도시 미드갈을 여행하고, 마테리아의 힘을 이용해 몬스터를 물리치며, 궁극적으로 클라우드 자신이 세피로스 카피가 아닌 클라우드라는 독립된 자아로 거듭나기 위해 극복해야만 하는 아버지와 같은 존재, 세피로스와 맞서게 되고, 최종적인 승리의 댓가로 클라우드는 자신을 되찾으며, 세계는 회복된다.

이처럼 소명영웅의 신화적 구조와 유사한 게임의 내러티브를 통해, 사람들 대부분이 게임 형식의 내러티브적 측면을 통해 무의식적으로 반영하며, 또한 무의식적으로 요구하는 드라마가 무엇인지 짐작할 수 있다. 그것은 바로 개성화 과정이라는 개인적 이니시에이션의 모의체험인 것이다.

그러므로 살해되는 신의 모티브가 주술의 실행이나 터부와 같은 직접적인 실천행위로서의 특징을 지니는 반면, 소명영웅의 모티브는 신화적 영웅담의 대리체험과 같이 어떠한 사건의 발생과 그 근본적 원인 및 갈등의 해결에 관한 체계적 서술과정의 특징을 지닌다고 할 수 있다. 이러한 특징이 실천행위로서의 의례와 논리체계로서의 신화에 각각 부합되는 의미를 제공하며, 살해되는 신의 모티브가 의례의 형식이나 종교적 관습을 규정하는 형태로 놀이의 토대를 만들고, 소명영웅의 모티브가 신화체계의 구비전승을 거쳐 구비문학을 탄생시키는 결과를 낳았다면, 그것이 놀이와 스토리텔링이라는 각각의 문화형식을 발전시키는 계기가 되었을 것이다. 과학적 사고와 이성적 논리에 신화적 사고가 밀려나면서, 신화와 의례가 완전히 분리되고, 그것들은 놀이와 스토리텔링이라는 형태로 오랫동안 떨어져 있었지만, 이제 컴퓨터 게임이라는 디지털 매체의 형식을 통해 재통합의 가능성을 내비치고 있다.

7. 새로운 신화의 그릇

여기까지 이야기했으면 게임에 관한 인문학적인 접근에 있어 신화라는 키워드를 사용한 이유에 대해 짐작할 수 있을 것이다. 아울러 어째서 판타지라는 트렌드가 게임 컨텐츠의 지속적인 테마로 작용하고 있는지 이해할 수 있다.

결국, 신화학적 관점에서 볼 때, 게임이 지니는 최대의 가치는 현대문화에 있어서의 신화적 사고 회복을 통한 성스러움의 복원가능성인 것이다.

물론 이는 게임에 관한 신화학적 접근에 있어 가장 기본적인 사항을 설명한 것일 뿐이다. 게임은 재미와 그에 따른 정신적 몰입이라는, 의식적 판단에 우선한 충동에 기반을 두고 있다. 따라서 현대의 많은 문화매체 중 게임이야말로 신화적 원형을 가장 직접적으로 투사하는 형태이며, 게임을 인문학적으로 접근하는 것은 그대로 신화 자체를 연구하는 것과 동일하다고 할 수 있다.

결국 게임은 전통적인 신화가 인류의 과거에 있어서 지닌 위치만큼이나, 인류의 미래에 있어서 크나큰 비중을 차지할 가능성을 지닌 새로운 신화적 사고의 그릇이 될 것이다.

(김원보)

컴퓨터 게임, 그 퍼포먼셜 내러티브

1. 스펙터클과 서사

　20세기 후반 이래 인류는 새로운 문화체험을 하고 있다. 인류역사의 대변혁을 이끌었던 농업혁명, 산업혁명에 뒤이은 IT 혁명이 바로 그 체험의 원천이다. 그리고 IT 혁명에서 디지털 기술의 등장은 핵심적 사안이라고 할 수 있다. 우리가 일상적으로 사용하고 있는 컴퓨터, 휴대폰, 텔레비전은 말할 것도 없고 통신, 정보, 과학, 예술 등의 제 분야에서 디지털 기술의 등장은 문화혁신의 중추적인 역할을 담당하고 있다. 컴퓨터 게임은 그 가운데서도 디지털 기술공학의 발전에 전적으로 힘입고 있는 이 시대의 대표적인 문화형식이다.

　게임의 외면적 특징은 시뮬레이션과 상호작용이라고 할 수 있다. 화상과 소리, 언어형식이 종합적으로 구현되면서 실제에 방불한 가상현실효과를 내는 것이 시뮬레이션이라고 한다면, 거기에 주체가 직접적으로 개입하여 조작하고 제어하는 행위가 상호작용이다. 컴퓨터 게임의 이러한 두 가지 특성은 다 같이 정보의 디지털화란 기반기술에 의거한다. 모든 정보를 1과 0, 또는 on 과 off 의 형식으로 처리하는 디지털 방식은 종래 서로 분리되어 있던 문화형식의 통합 가능성을 열었고 그 가운데 한 가지 양상으로 컴퓨터 게임이 등장한 것이다.

그러나 컴퓨터 게임에 인문학적으로 접근하는 데는 이미지와 소리, 언어, 데이터가 디지털 방식으로 처리된다는 사실보다도 그것들이 우리의 느낌과 감성, 인지방식을 변화시킨다는 점이 중요하다. 곧 디지털 매체에서는 듣고, 보고, 느끼는 오감의 형식이 혼용될 수 있는 방식으로 문화 텍스트가 생성되고, 그에 따라 인간의 감각능력이 확장될 수 있는 소지가 마련되는 것이다. 그것은 인간 신체의 연장으로서 도구, 개별 감각기관의 확장으로서 라디오나 문자텍스트, 그림의 형식과는 달리 여러 감각들을 동시적으로 작동하게 함으로써 감각능력 자체를 통합하고 총체화할 수 있는 여건을 조성하고 있다. 이 양태는 저 태고시대의 축제, 주술형식으로서 굿으로부터 분화된 여러 문화예술형식이 컴퓨터 게임이란 디지털 문화형식에 이르러 과거의 모습을 복구할 가능성을 시사한다. 디지털 시대의 총아로서 새로 출현한 컴퓨터 게임을 놓고 인문학자들 사이에 그것을 스펙터클로 보아야 하느냐 서사로 보아야 하느냐 하는 논란이 벌어지고 있는 것은, 한편으로는 제 눈의 안경으로 장님 코끼리 만지기를 시도하는 것이지만, 다른 측면에서는 컴퓨터 게임이 지닌 복합성, 새로운 시대의 '굿'이 지니고 있는 퍼포먼스로서의 형식적 특징을 시사하는 예증이 된다.

컴퓨터 게임을 스펙터클이라는 측면에서 접근해야 한다고 주장하는 논자들이 컴퓨터 게임의 서사적 측면을 도외시하는 것은 아니다. 그들은 게임에서 스펙터클과 서사가 긴장된 관계를 조성하는 것이라고 보면서도 스펙터클이 더 주도적인 요인이라는 사실을 힘주어 강조한다.

"허구세계에 살고 있다는 시늉을 하는 것, 즉 대리적인 존재감과 관련된 메커니즘과 즐거움이 여기(컴퓨터 게임: 인용자 주)에서 가장 중요하다. 바로 사람들과 이야기하고 스펙터클한 장소에서 움직이고 물건들을 찾고 분석하는 등의 능력이 최우선적인 것이다. 서사는, 허구세계에 능동적으로 참여하면서 이 미래 대도시의 이국적 시민들과 섞여 스펙터클한 환경을 탐험한다는 좀더 명백한 매혹에 다시 한 번 종속된다"[1]

앤드류 달리는 초기의 영화가 스펙터클을 추구했지만 고전시대의 할리우드 영화는 서사에 집중했고, 디지털 기술이 도입된 근래에 이르러서는 다시 스펙터클을 추구하는 쪽으로 방향선회를 시도하고 있다고 분석한다. 그 관점에서 달리는 컴퓨터 게임을 올바로 인식하기 위해서는 서사보다도 스펙터클에 주안점을 두어야 하고, 나아가서는 서사적 측면보다도 상호작용 자체에 관심을 기울여야 한다고 주장한다. 그는 컴퓨터 게임 매뉴얼에 소개되어 있는 배경스토리란 상황을 설정해주는 역할 외에 특별한 의미가 없으며, 그것을 모른다고 할지라도 게임을 진행하는 데는 아무런 문제가 없다고 설명한다. 게임에서 게이머가 추구하는 것은 깊이 있고 풍부한 서사라기보다는 게임 플레이, 현존

| 1 앤드류 달리, 『디지털 시대의 영상문화』, 김주환 옮김, 현실문화연구, 2003. 206쪽.

감, 운동감각의 대리 경험이라는 주장이다. 이처럼 앤드류 달리가 스펙터클을 반복적으로 강조하면서 서사의 비중을 약화하려고 시도하는 것은 역설적으로 게임을 서사의 측면에서 접근해야 한다고 보는 세력이 완강하게 존재한다는 사실을 입증한다. 실제로 컴퓨터 게임에 대한 인문학적 접근은 그 동안 주로 서사라는 측면에 초점을 맞추어 왔다. 그렇게 된 연유는 컴퓨터 게임에 관심을 기울인 초기의 인문학자 대부분이 문학 부문의 연구자였다는 사실과 불가분의 관계를 지닌다. 팔이 안으로 굽는 이치를 생각하면 컴퓨터 게임이라는 신종 문화형식을 다루면서 연구자들이 컴퓨터 게임이란 낯선 존재를 자신의 전공분야인 문학과의 관련 속에서 파악하려고 한 사정은 충분히 이해가 된다. 그 점에서 스펙터클의 의미에 대한 새로운 강조는 기왕의 편향을 바로 잡는 의의가 있지만 그것이 지나치면 좌에서 우로 급속히 기울 가능성도 크다. 기왕에 컴퓨터 게임을 서사와 관련지어 논의한 이론들이 사상누각이나 헛소문이 아닌 다음에야 그 타당성을 전적으로 무시할 수 없을뿐더러 게임에 대한 총체적인 이해를 위해서도 서사는 불가결한 요소이기 때문이다.

2. 서사로서의 컴퓨터 게임

컴퓨터 게임을 서사의 측면에서 접근하는 근거는 대체로 세 가지 방면에서 찾을 수 있다. 첫째 컴퓨터 게임이 새로운 문화형식으로 성립되는 과정에서 서사에 크게 의지했다는 점이다. 일부 전문가 가운데는 컴퓨터 게임이 순전히 기술공학적인 산물이라는 관점을 제시하는 경우도 있다. 과연 기술공학만을 가지고 컴퓨터 게임이 가능하게 되었을까 하는 문제는 그것이 일종의 '가지 않은 길'이므로 뭐라고 말할 수 없지만, 현실의 컴퓨터 게임의 역사적 생성에는 서사문학이 크게 관여되어 있다. 그 구체적인 사례가 판타지 소설의 원조 격으로 거론되는 J.R.R. 톨킨의 『반지의 제왕』이다. 무수히 많은 소설 가운데 유독 톨킨의 작품만이 컴퓨터 게임의 탄생에 일정한 역할을 했다고 하는 원인에 대해서는 앞으로 엄밀한 학문적 고찰이 있어야 하겠지만, 그것이 『실마릴리온』, 『호빗』 등의 작품과 연관을 맺는 데서 알 수 있듯이 중간계라는 자족적인 세계를 형상화함으로써 시뮬레이션의 원리와 방법을 제시했다는 점, 판타지의 형식을 채택함으로써 뒤이어 나온 많은 컴퓨터 게임의 형식을 직접적으로 계시했다는 점은 강조되어야 할 부분이다. 더욱이 이 작품은 컴퓨터 게임의 원형으로 일컬어지는 〈던전 앤드 드래곤즈〉(D&D)라는 테이블 토크 롤플레잉 게임(TRPG)의 등장을 직접적으로 이끌었고, 그 보드게임에서 여러 종류의 컴퓨터 게임이 파생되었다는 것은 역사가 말해주는 진실이다. 곧 『반지의 제왕』→ 테이블 토크 롤플레잉 게임 〈던전 앤드 드래곤즈〉→ 컴퓨터 게임으로 진행된 역사인 것이다.

둘째로 컴퓨터 게임의 구조를 분석할 때 거기에는 주체 · 객체 관계에 의하여 발생하는 사건이 있으므로 논리적으로 게임은 서사이다. 물론 소설이나 영화에서 나타나는 서사와 컴퓨터 게임에서 발생하는 사건의 성질은 서로 다르다. 기존의 형식들에서 서사는 사건에 대한 '서술'을 함축하지만 게임의 사건은 결코 '서술'되지 않는다는 차이점이 있다. 그러나 좀더 엄밀하게 분석하면 영화의 사건들도 서술된다기보다는 영상이미지를 통해 '보여지는' 것이라는 점에서 소설의 서술형식과 다르고, 그런 측면에서 소설과 게임의 중간지대에 자리 잡고 있다고 볼 수 있다. 그렇지만 게임의 사건들을 서사라고 하는 것은 어떤 면에서 보나 일종의 개념의 전용에 해당되고, 그런 의미에서 게임은 기왕에 서사의 본무대가 되어온 텍스트나 디스코스의 형식이라기보다는 퍼포먼스의 형식이다. 김열규교수는 이 퍼포먼스의 "행동과 육체적 움직임이 짧든, 길든 그 심층에는 내러티브가 잠재"한다고 보고 그것을 가리키기 위해 '퍼포먼셜 내러티브'라는 용어를 사용할 것을 제안하고 있다. 곧 소설이나 이야기와 같이 행동과 분리된 서사형식에 주안점을 두는 '언어주의의 청산과 발전으로서의 광역의 언어현상'을 내러티브로 볼 필요가 있으며, 이럴 경우 입사식, 의례, 축제도 서사에 포함된다는 관점이다. 이 관점을 적용할 때 컴퓨터 게임의 '비서술적' 서사는 다감각적 언어를 사용하는 '퍼포먼셜 내러티브' 형식이라고 할 수 있을 것이다. 오스트레일리아의 마리 매클린은 『퍼포먼스로서의 서사』라는 저작[2]에서 이미 서사 일반을 퍼포먼스로 파악한 적이 있는데, 『인터랙티브 스토리 텔링』의 저자 자넷 머레이처럼 컴퓨터 게임을 인터랙티브 서사라고 파악하는 것도 '인터랙티비티'가 사건에 대한 관객 쪽의 행동적 개입을 의미하는 까닭에 동일한 내용의 인식을 함축한다. 컴퓨터 게임은 그 시뮬레이션의 방식과 주체의 행동적 개입인 실행이 결합함으로써 스펙터클을 산출하는 퍼포먼셜 내러티브 형식인 것이다.

셋째로 컴퓨터 게임은 그 체험의 성격 상 서사이다. 컴퓨터 게임 가운데 가장 서사성이 빈약한 대전격투게임을 마친 후 게이머가 지니게 된 체험을 분

| **2** Marie Maclean, 『Narrative as Performance : The Baudelairean Experiment』, Routledge, 1988. 한국어 번역본은 『텍스트의 역학–연행으로서의 서사』 (한나래, 1997) 로 번역되었나.

석한다고 할 때에도 거기에는 기본적으로 처음과 중간과 끝을 지닌 완결된 행동, 전체적 행동으로 구성된 사건의 구조가 각인되고 있음을 발견할 수 있다. 이 양상은 어드벤처나 롤플레잉, 시뮬레이션 게임에 오면 재론할 필요도 없이 서사의 형식을 띠게 된다. 뿐만 아니라 게임을 진행하면서 게이머가 가지게 되는 긴장은 스펙터클에 대한 기대에서 오는 것이 아니라 다분히 다가올 사건에 대한 공포나 불안과 같은 막연한 두려움에 말미암는다. 스펙터클에 대한 기대만이 결정적인 요인이라면 게이머가 게임을 진행하면서 긴장할 필요는 없다. 그는 오직 설레는 가슴으로 자기 앞에 펼쳐질 스펙터클을 즐기고 향수하면 될 것이다. 다가오는 미래의 사건을 해결하는 데 성공할 것인가 실패할 것인가, 인간의 운명을 손에 쥔 신은 과연 내 손을 들어줄 것인가 아웃을 선언할 것인가 하는 데 대한 불안의식, 그것이 게이머를 사로잡고 있는 것이고 그 때문에 게이머는 긴장을 늦출 수 없는 것이다. 게임에 몰입하여 중독, 마비 등의 특이한 반응을 보이는 젊은이들이 나타나는 것은 주로 이 긴장의 형식으로 인해 야기되는 현상이라는 것을 감안하면 게임의 구조에서 서사가 차지하는 비중을 쉽게 짐작할 수 있다. 〈스타크래프트〉와 같은 게임이 발매된 지 오랜 시간이 지난 후에도, 그래서 스펙터클의 측면에서는 다른 게임에 비해 별로 뛰어날 것이 거의 없는 상태에 이르러서도 여전히 많은 사람이 즐겨 사용하는 소프트웨어가 된 원인은 무엇인가? 이 게임이 지닌 긴장구조가 상대적으로 뛰어나다는 점을 빼놓고서 그 원인을 다른 데서 찾는 일은 결코 쉽지 않을 것이다. 『웰컴 투 게임 시나리오』의 저자 가와베 가즈토 같은 사람이 게임의 제작원칙을 극적 구조를 구성하는 방향에서 풀어내고 있는 것은 이 긴장구조를 컴퓨터 게임의 핵심원리로 삼기 때문이다. 다만 컴퓨터 게임의 서사구조는 체험의 측면에서 기존의 선분적 서사형태와는 달리 병렬 구조를 지니게 되는데, 이것은 해프닝과 같은 퍼포먼스의 형식이 항시 똑같은 형태로 이루어질 수 없다는 사실에서 충분히 유추할 수 있는 양상이다.

3. 게임 서사의 구조

컴퓨터 게임을 서사의 측면에서 접근하는 입장이 게임에서 스펙터클의 요소가 차지하는 중요성을 부정하는 것은 아니다. 사실 게임 제작자들은 아직까지 서사의 내용이나 질을 향상시키는 작업보다도 스펙터클을 증진할 수 있는 방안을 찾는 데 더 많은 노력을 기울인다. 예컨대 게임 제작 실무자들이 모인 자리에서 논의되는 것은 대전격투게임의 타격감을 온라인 게임에서 실현할 수 있느냐, 영상물 등급 심의를 통과하기 위해서는 얼마만큼 외설을 자제해야 하고 잔혹한 장면을 삭제해야 하는가 하는 등속의 문제이다. 이것은 초기 영화사에서, 그리고 디지털 기술이 도입된 뒤 영화계가 스펙터클에 관심을 쏟는 양상과 흡사하다. 컴퓨터 게임이 걸어온 역사를 보면 문자형태에서 화상형태로, 그리고 스크롤 방식, 3D, 온라인 방식을 채택함으로써 감각적 자극의 총량을 늘리는 방향으로 줄곧 진행되어왔다. 기술의 혁신이 게임의 형태를 좌우하는 양상이 당분간 지속될 가능성이 농후한 것이다. 이와 같은 사정을 고려할 때 시뮬레이션에서 공간 구성의 중심이라고 할 수 있는 스펙터클은 시간 구성의 중심인 서사와 함께 여전히 컴퓨터 게임의 양 축을 구성하는 요인이다.

컴퓨터 게임의 스펙터클과 서사를 각기 공간축과 시간축에 해당하는 것으로 배분하는 것은 논란의 여지가 있는 만큼 전략적 선택이다. 디지털 문화형식으로서 컴퓨터 게임의 서사는 통상 이중재현구조로 설명된다. 게이머가 게임을 통해 어떤 사건을 체험할 수 있기 위해서는 데이터베이스에 내장된 프로그램을 실행하여야 한다. 따라서 데이터베이스에는 게이머의 실행을 위해 필요한 자료들과 알고리즘이 갖추어져 있어야 한다. 데이터베이스를 구조화된 자료의 총체라고 하는 것은 그것이 지닌 이러한 형식적 특징을 나타내 준다. 기존의 서사가 하나의 완결된 문장과 같이 처음과 중간과 끝이란 하나의 질서로 묶여져 있는 통사적 형태를 갖추고 있는 데 반해서 데이터베이스의 자료는 백과사전의 항목들과 같이 단순히 나열되어 있을 뿐인 계열체적 형식이다. 곧 게이머의 실행이란 무질서하게 나열되어 있는 데이터베이스의 자료들 가운데서 일정한 항목들을 끌어내 한 데 엮음으로써 통사적 형태를 갖추는 것, 서사를 완성하는 일에 해당한다. 따라서 게임 제작자가 해야 할 일은 게이머가 동원할 수 있는 자료를 완벽하게 갖추는 작업이다. 그러나 게이머가 요구하는 자료가 무엇이 될지 제작자는 어떻게 알 수 있는가?

여기에서 제작자는 불가불 게임의 진행과정을 데이터베이스의 공간 속에 설계해야 한다. 흔히 소설의 3대 요소를 인물과 환경과 플롯이라고 한다. 게임에서도 이 3요소는 중요 성분이다. 환경은 일반적으로 사건이 펼쳐지는 공간이 되고 인물은 행동을 펼치는 유닛, 플롯은 사건의 진행순서라고 보면 된다. 게임에서는 여기에 한 가지 더, 알고리즘이 있어야 한다. 테이블 토크 롤플레잉 게임을 해본 사람이면 금방 짐작하는 일이지만 알고리즘이란 게임 마스터가 하는 역할을 하는 메커니즘으로서, 유닛이 행동을 했을 때 그것의 성공이나 실패를 결정하는 일, 자극이 주어졌을 때 컴퓨터의 반응을 미리 규정하는 작업에 해당한다. 게임의 규칙이 주로 알고리즘이란 작동논리를 통해 구현되는 것이므로 그것은 사건의 전개에서 일종의 운명을 좌우하는 신의 역할을 맡는다. 그러나 이런 개별적 요소들이 갖추어져 있다고 해서 데이터베이스가 완성되는 것은 아니다. 그 요소들은 사건의 진행순서에 따라 적절한 기능을 할 수 있게끔 적재적소에 배치되어야 한다. 〈스타크래프트〉가 지닌 장점은 이와 관련된다. 게임 초기 단계에서는 저글링 러시를 할 수 있는 저그가 유리하지만 드래곤이 나올 때쯤이면 프로토스가 유리하고, 럴커가 나올 무렵이면 다시 저그가 유리해진다. 사이클을 이루면서 반복적으로 우열의 관계가 뒤바뀌는 까닭에 게이머는 쉴 사이 없이 긴장하고 게임에 몰입할 수밖에 없다. 동등한 실력을 가진 게이머들이라면 순간순간의 우열을 결정짓는 것은 데이터베이스를 만든 프로그래머여야 하는 것이다. 그 균형이 무너지면 게이머는 언제라도 게임을 떠날 준비가 되어 있으므로 사건의 전개순서를 감안하여 데이터베이스를 프로그램하는 일은 제작자에게는 사활이 걸린 문제가 된다. 다시 말해서 계열체를 이루고 있는 데이터베이스의 공간 형식은 내적으로는 시간적 형식, 서사구조를 갖추고 있어야 한다는 결론이다. 이것은 게이머의 체험이 시간축을 따라 연속적으로 이루어지지만 기억 속에서는 동일한 평면의 공간적 형식이 되는 것과 논리적으로 대응하는 양상이다.

컴퓨터 게임의 서사를 세부적으로 고찰하려고 할 때 일차적으로 배경스토리와 목표를 주목할 필요가 있다. 배경스토리는 〈테트리스〉 같은 게임에서는 별로 쓸모가 없겠지만 많은 경우 캐릭터의 행동방식이나 세계 상태에 대해서 알려주는 기능을 한다. 헤겔 『미학』의 행위이론에서는 행위에 내포된 요소를 일반적 세계 상태, 상황, 행동으로 나누는 데 배경스토리는 바로 일반석 세계 상태에 해당되고, 게이머에게 지정되는 미션이나 〈스타크래프트〉의 엔터 더 드래곤, 로스트 템플이란 지도는 일종의 상황을 설정하는 역할을 한다. 따라서 배경스토리는 게임을 하는 사람이 크게 의식할 필요가 없는 것이라 해도 결코 쓸 데 없는 군더더기만은 아니고, 게임의 최종목표, 초목표라고 하는 것도 마찬가지다. 마물을 사냥하는 노가다에만 재미를 붙이고 열심인 사람이 있는지는 모르지만 게이머가 게임에 몰입하면서 특정한 대상에 대하여 분노와 기쁨, 연민 같은 감정을 갖는 것은 모두 이 목표로 인해 생기는 현상이다. 감정은 기본적으로 사람의 지향성과 관련되는 사항이다. 내가 하려는 일에 도움이 되면 그 대상이 예뻐 보이고 방해가 되면 기분 나쁜 것이다. 이렇게 보면 게임은 일반적 세계 상태 속의 특수한 상황에서 게이머가 특정한 목표를 달성하기 위하여 행동을 펼치는 구조이다. 행동의 시발점이 되는 상황과 최종적인 도달점은 처음부터 제시되지만 그 중간부분은 비어 있어서 무언가를 채워 넣어야 완성되는 서사구조인 셈이다. 게이머가 실행이란 행동적 개입을 통해 채워 넣어야 되는 것이 바로 이 블랙박스로 되어 있는 중간부분이다. 그러므로 프로그래머가 블랙박스를 어떻게 설계했느냐에 따라 게임의 행동구조, 게이머의 실행으로 창출되는 퍼포먼스의 양상은 크게 달라진다. 〈디아블로〉가 긴 이야기를 배경스토리로 제시하면서도 정작 게임의 행동은 사건의 결말 부분, 디아블로를 해치우는 마지막 단계에 이르러서야 시작되게끔 만들고 있는 것은 그 블랙박스의 설계의도에 따른 것이다. 이 게임이 액션게임이냐 롤플레잉이냐 하는 문제를 가지고 열을 올리는 경우가 있는데 그것은 블랙박스의 성격에 대한 의견이 다른 데서 야기된 사태이다. 또한 게이머가 어떤 선택을 하더라도 종국에는 프로그램 속에 마련된 스펙터클의 범위를 벗어나지 못한다는 의견도 서사의 순서가 어떻게 구성되었는가에 따라 대상에 대한 감각과 인식은 달라진다는 사실을 외면하고 있다.

게임의 행동 구조에 대하여 가와베 가즈토는 그것이 일종의 변증법적 구조이자 프랙탈 구조로 되어 있으며 7단계로 구분된다고 설명한다. 그에 따르면 게임 서사의 첫 단계는 게이머가 풀어야 할 해결과제가 제시되는 발단부이다. 대부분의 게임은 이 해결과제를 처음부터 명확하게 제시하지만 어떤 게임은 그것을 확인하는 데 많은 시간을 소비하게 하는 경우도 있다. 두 번째 단계는 주인공이 처음으로 문제 해결을 위해 행동을 개시하는 착수행동이고, 여기에서 실패한 다음 주어진 상황에서 해결의 단서를 찾아 재행동에 돌입하는 것이 세 번째 단계이다. 네 번째 단계는 또다시 실패한 주인공이 충분한 준비를 한 다음 행동을 펼치기 때문에 어느 정도 성공에 이르지만 그로 인해 오히려 궁지에 떨어진다. 다섯 번째 단계는 주인공이 이제 절체절명의 급박한 상황에 몰리게 되며 여섯 번째 단계는 주인공과 적대역이 행동의 원인이 되었던 근본 문제를 놓고 숙명의 한 판 대결을 벌이는 국면이다. 일곱 번째 단계는 모든 문제가 해결되어 모두가 평화를 되찾게 되는 대단원이다.

컴퓨터 게임 전체를 서사라고 하는 경우 〈테트리스〉나 〈지뢰찾기〉, 〈브레이크 아웃〉도 서사냐? 라고 반문하는 사람이 있을 수 있다. 그러나 문학에서 서사의 원초적인 형태는 어떤 기념물에 써 있는 사물의 이름이나 경구, 격언과 같은 단세포구조에서 시작되고, "태초에 말씀이 계시니라" 정도에 이르면 대서사시의 단계에 이른 것으로 간주된다는 사실이 고려되어야 한다. 축제나 의례를 퍼포먼스 형식을 취한 내러티브라고 보는 것도 결코 견강부회나 아전인수가 아닌 것이다. 하지만 이런 관점에 끈질기게 달라붙을 의혹을 떨쳐 버리기 위해서는 게임이 발전되어온 역사를 통해서 그 서사의 변천양상을 돌아볼 필요가 있다. 이 고찰에서는 특히 퍼포먼스로서 컴퓨터 게임의 특성을 유의해 볼 필요가 있다. 익히 알려진 바와 같이 최초의 게임은 테니스 게임이라고 불리는 〈퐁〉이다. 초록색의 탁구대와 양쪽의 라켓과 공만이 표시되는 이 게임은 매우 단순한 구조이지만 게임이란 퍼포먼스의 조건인 시뮬레이션에 필요한 모든 성분을 갖추고 있다. 탁구대는 행동이 펼쳐지는 장소이며 양쪽의 라켓은 캐릭터로서 주체와 객체를 나타내고, 공은 그들 사이에 주고받는 힘을 표시한다. 공을 받아내지 못하는 쪽은 대전격투게임에서 힘이 다한 캐릭터가 아웃되는 것과 마찬가지로 패배하는 것이다. 이 단계의 게임에는 〈알카노이드〉와 같은 벽돌깨기 게임과 우주를 배경으로 전개되는 〈스페이스 워〉같은 슈팅 게임이 포함된다. 이 게임들의 공통점은 캐릭터나 공간이 구체적으로 묘사되지 않고 상징적인 부호나 숫자, 도상으로 제시되며 사건의 전개도 단조롭다는 점이다. 이 단조로운 게임들을 그 형상의 특성에 따라 구분해보면 가장 추상적인 형식이 최초의 게임인 〈퐁〉이고 벽돌깨기 게임이나 슈팅게임에서는 비교적 주체 객체의 형상이 뚜렷해지고 힘을 주고받는 형식도 다채로워지지만 여전히 그 서사의 전개는 미약하다. 그것들은 캐릭터, 장소, 사건을 단지 추상적으로 상징할 뿐이기 때문에 상징적·추상적 서사형식에 속한다고 할 수 있다.

두 번째 단계에서는 추상적으로 표시되던 사물들이 구체적인 형상의 옷을 입고 사건의 전개가 복잡해진다. 이 단계에서는 정지해 있던 적이 쳐들어온다든가 캐릭터의 모습이 사실적으로 묘사되는 외에 스크롤 방식을 통해서 고정되어 있던 화면이 상하좌우로 확대되고 대상을 포착하는 시점도 위에서 내려다보는 방식, 약간 비스듬하게 내려다보는 방식, 관찰자 시점을 취하는 방식 등으로 다변화된다. 이 단계에 속하는 게임으로는 〈스트리트 파이터〉, 〈철권〉, 〈둠〉, 〈퀘이크〉, 〈팩맨〉 등을 들 수 있는데 단순한 형태에서 복잡한 형태로, 일방적 공격에서 쌍방향 공격으로, 스펙터클이 증대되는 방향으로의 전환을 공통적 특징으로 들 수 있다. 이러한 양상은 대부분 전자공학 및 애니메이션 기술의 발전에 의해 가능해진 변화이다. 이밖에 이 단계에서 주목해야할 점은 대전격투게임에서조차 점차 시나리오라는 이야기구조를 필요로 하는 쪽으로 게임의 성격이 바뀐다는 사실이다. 이렇게 서사성이 증대되는 데는 많은 의미가 함축된다. 이야기는 어떤 것이건 간에 일정한 규모의 복합적인 사건을 대상으로 하고, 사건들 사이의 결합은 어떤 형태로든 인과율을 요구한다. 그래서 이야기구조에서는 지성적 요인이 중요한 요소로 작용하게 된다. 그러므로 서사성이 증대된 게임은 단순히 물리적·생리적 반응에 따르도록 만들어진 게임의 영역을 넘어서지 않을 수 없다.

세 번째 단계에서는 이제 본격적으로 이야기 구조를 도입한 게임들이 등장한다. 어드벤처, 롤플레잉, 시뮬레이션 게임 등 오늘날 게이머들이 익숙하게 알고 있는 대부분의 게임은 1970년대 중·후반 거의 같은 시기에 출현한다. 이렇게 서사성이 증대된 게임들이 같은 시기에 한꺼번에 등장한다는 사실은 단순히 기술적 요인만으로 해명할 수 없는 현상이다. 이 게임들 속에서는 여러 사건들이 연속되면서 갖가지 우여곡절을 낳는 서사구조가 등장하는데 각 장르별로 그 양상은 일정한 차이를 지닌다. 어드벤처 게임은 기존의 서사와 가장 유사한 형태로, 일정하게 사건 전개의 순서가 정해져 있어서 게이머는 퍼즐을 풀든가 과제를 해결하면서 다음 단계의 행동으로 옮겨갈 수 있다. 게이머가 어떤 과정을 거치는가에 상관없이 최종적으로는 게임을 한 사람이면 누구나 동일한 서사구조를 체험하게 되는 형식이다. 따라서 어드벤처 게임에서는 스토리가 정교하게 짜여야 하고 배경장면이라든가 사건의 형식이 스펙터클한 장면들로 구성되는 특징이 있다. 롤플레잉 게임은 어드벤처 게임의 선조적 사건전개가 복잡해진 형식이다. 게이머가 목표지점에 도달하는 방법이 하나로 고정되어 있는 것이 아니라 다양한 노선을 거칠 수 있게 되어 있고, 그 길을 자유롭게 선택할 수 있는 구조이다. 그러므로 같은 게임을 한 사람이라도 어느 노선을 취했느냐에 따라 체험한 사건은 전혀 다를 수 있고, 반복해서 게임을 실행했다면 여러 개의 사건구조가 병렬적으로 나타나게 된다. 어드벤처 게임과 이 게임을 구분하는 데 자유도 문제가 자주 거론되는 것은 게이머에게 주어진 선택지의 성격이 서로 다른 데서 연유한 것으로 그 결과가 서사의 병렬구조로 나타나는 것이다. 롤플레잉 게임은 모든 컴퓨터 게임의 기본 형식이다. 캐릭터의 능력을 향상시키면서 과제를 해결해가는 이 게임의 구조가 모든 이야기의 기본형태인 영웅의 일생을 그리는 전기형식을 취하고 있기 때문이다. 시뮬레이션 게임은 통상 세 가지로 구분된다. 전략전술 게임이 그 하나이고 육성시뮬레이션 게임이 다른 하나이며, 시뮬레이터형 게임이 세 번째 형식이다. 전략전술게임은 고에이사의 〈삼국지〉나 블리자드사의 〈스타크래프트〉가 대표적인 형식이고, 육성시뮬레이션 게임은 〈프린세스 메이커〉, 〈심시티〉, 〈졸업〉 등이 대표하며, 시뮬레이터형 게임은 자동차, 항공기, 탱크, 잠수함의 장비를 조작하는 형태의 게임이다.

컴퓨터 게임의 네 번째 단계는 기존의 형식들을 복합하거나 변용함으로써 이루어진 게임들로 구성된다. 통신망을 통해 게이머와 게이머를 연결하는 온라인 게임, 휴대폰을 이용한 모바일 게임, 가상현실기술을 이용하여 게이머의 신체와 캐릭터를 동화시키는 게임 등이 이 단계의 대표적인 게임들이다. 이 게임들은 대부분 새로운 기술이나 환경을 이용한다는 특징을 지니지만 서사의 내용을 질적으로 변환시킴으로써 게임의 특성을 살리고자 하는 〈블랙 앤드 화이트〉같은 게임도 나타나고 있고, 인간의 오감을 활용하여 게임을 전개할 수 있도록 고안되고 있는 차세대 게임도 이 부류에 포괄할 수 있다.

4. 신화를 재연하는 놀이

컴퓨터 게임은 퍼포먼스를 통해 내러티브를 산출한다. 그 양태가 극단적인 형태로 나타난 것을 우리는 DDR에서 찾아볼 수 있다. 앞으로 오감을 이용한 차세대 게임이 본격화된다고 했을 때 그 양상의 일단은 DDR과 같은 체감게임을 통해 엿볼 수 있다. 이처럼 컴퓨터 게임이 피포먼스의 형식을 지닌다는 것은 문화적으로 어떤 의미를 지니는가? 자기의 전공영역을 떠나 조금만 시야를 넓혀서 돌아보면 우리는 컴퓨터 게임에서 이루어지는 퍼포먼스가 축제의 형식과 일정한 관계가 있다는 사실을 알 수 있다. 축제는 제의, 종교적 제식의례에서 비롯되었다. 그리고 축제는 흥겹고 스펙터클한 잔치라는 겉모습 속에 세계의 질서가 확립된 시원의 역사를 재연하는 의식을 거행한다. 그 제의를 통해 공동체의 질서를 세운 거룩한 역사의 시간을 상기하고 그 세계의 질서 속에 사회성원 전체가 동참한다는 의미에서 치루는 의식이 축제이다. 실제로 우리는 개천절을 기념하면서 홍익인간의 이념을 되새긴다. 또 8월 15일을 국경일로 제정하여 일제의 압박으로부터 주권을 되찾은 사건, 광복을 기념한다. 그것은 모두 한민족 공동체의 시원의 시간과 거기에서 이룩된 질서, 그 질서와 세계가 성립되기까지의 과정을 기억하고 현시점에서 그 과업에 동참하고자 하는 뜻을 밝히는 의식이다. 단군신화에서 볼 수 있듯이, 신화는 이렇게 무질서, 혼돈의 시간으로부터 질서의 세계, 코스모스가 탄생한 역사를 이야기하는 형식이다. 세계 여러 지역의 신화에서 영웅들은 흔히 드래곤으로 표상되는 혼돈의 세력을 물리치고 세계에 질서를 가져오는 주인공이다. 축제는 이 "신화적 사건을 단지 기념하는 행사로 그치지 않으며, 그 사건을 재연하는 데까지 나아가는 것"[3]으로, 그 의식을 통해 공동체의 성원은 '근원적 시간으로의 복귀'를 체험하는 것이다. 신화는 이 축제가 재연하는 사건, 궁극적 실체를 언어적으로 현시하고 표현하는 양식으로 성립한 것이다. 이 사실을 감안하면서 고찰할 때 많은 컴퓨터 게임이 고대나 중세적 세계를 배경으로 하여 세계의 질서를 위협하는 무리들과 싸우는 영웅의 이야기를 줄거리를 가지고 있다는 것은 그것이 신화구조와 밀접한 관련을 가지고 있음을 알려준다. 더욱이 컴퓨터 게임은 게이머의 실행이라는 행동적 개입을 통해 사건을 전개하는 퍼포먼스라는 점에서, 또한 스펙터클을 야기하는 시뮬레이션을 동반한다는 점에서 언어적 국면으로 좁혀지기 진 신화적 사건을 재연하던 축제의 형식과 매우 가까운 거리에 있음을 알 수 있다. 축제가 매년 반복되는 것도 게임이 반복 실행되는 것과 닮은꼴이다. 종교학자 엘리아데는 원시인들의 의식 속에서 새해가 된다는 것은 낡은 세계가 소멸하고 새로운 세계가 도래하는 것을 의미한다고 지적한다. 우리나라에서 설을 명절로 하는 것도 기본적으로는 같은 의미를 지닌다고 할 것이다. 이것

| 3 멀치아 엘리아데, 『성과 속―종교의 본질』, 이동하 옮김, 학민사, 2001. 72쪽

은 게이머가 컴퓨터를 켤 때마다 새로운 세계 속에 들어서는 것과 동일한 양상이다. 근래에 들어서 환타지 문학과 함께 신화가 젊은 세대들에게 각광받는 이유도 이로부터 얼마간 유추해 볼 수 있다.

오랫동안 인류의 생활과 긴밀한 관계를 가졌던 축제가 시간의 흐름 속에서 놀이와 신화로 분리되었다는 것은 익히 알려져 있는 사실이다. 특히 근대사회에 이르러서 놀이는 순수한 오락의 수단으로 전락하고 신화는 소설이라는 서사장르의 전담영역으로 변질되었다. 그것들은 서로 아무런 연관이 없는 독립된 사회적·문화적 제도로서 제각기 자기 영역에서 공고한 성을 쌓아왔다. 그런 세월이 길게 지속되다가 어느 순간엔가 디지털 기술에 의해 컴퓨터 게임이란 신종 문화형식이 등장했다. 이 낯선 사물을 놓고 그것이 스펙터클이냐 서사냐 하고 논란을 벌이는 것은 기존의 제도에 익숙해져서 자신이 소속된 세계의 논리를 다른 영역으로 확장하여 적용한 데 따른 결과라고 할 수 있을지 모른다. 그러나 그 논란은 생활의 분화로 인해 전체에 대한 감각을 잃은, 그래서 문화가 지닌 원래의 의미를 망각한 근대인의 한 표징을 드러낸 것은 아닌가? 오히려 그 제도에 길들지 않은 무구한 사람들이 자신도 모르게 망각의 세계에 파묻혀 있던 인류의 오랜 관습을 무의식의 저 심층 속에서 길어내고 있지는 않은가? 노스럽 프라이와 함께 20세기의 대표적 비평가로 손꼽히는 게오르크 루카치는 자신의 『미학』 첫머리에 다음과 같은 칼 마르크스의 말을 인용하여 인류의 문화형식을 바라보는 자신의 기본 관점을 밝히고 있다.

"그들은 그것을 알지 못한다. 그러나 그들은 그것을 행한다"

(최유찬)

디지털 문학의 현재와 미래

디지털 문학이라는 분야에 관해 별로 재미없는 얘기를 해 보자.

글쎄, 먼저 디지털 문학이라고 하면, 어감부터 다소 경직되고 권위주의적인 느낌이 든다. 이것은 기존의 문학이라는 개념을 가져다 쓸 때 따라붙는 전통적인 문학의 이미지 때문일 것이다. 쓰는 입장에서든 읽는 입장에서든 뭔가 진지하다 못해 경건한 태도로 임해야하고, 신경질적일 정도로 직가주의를 드러내고 또 그걸 받아들이며, 일단 그런 권위적 틀을 조금이라도 벗어나는 경우에 있어서는 천박하며 문학적이지 않다, 라는 딱지를 쉽게 붙여버리는 그런 보수적인 이미지 말이다.

너무 삐딱한 것인가. 하지만 정도야 어떻든 문학하면 사람들이 가지는 일반적인 인상은 여기서 크게 벗어나지 않는다고 생각된다. 또 문학이란 게 어떻든 학문적 체계를 가지는 대상이다 보니 확실히 그런 경향이 있기도 하고 말이다.

그런 선입견의 개입가능성 때문인지, 혹은 어떤 다른 종류의 이유 때문인지는 몰라도, 지금 얘기하고자 하는 이 새로운 서사양식을 굳이 디지털 문학이라는 명칭으로 부르고 싶지는 않다. 그렇다곤 해도 따로 묶어서 지칭할 용어가 없으면 안되니까, 경우에 따라서 디지털 문학이라던가 사이버 서사라던가 혹은 디지털 스토리텔링이라던가 하는 용어들을 사용하기로 하고, 대신 그게 어떤 명칭으로 표현되든, 이 개념이 기존의 문학적 서사양식과 연장선 혹은 공통분모를 지니고 있지만, 그것과 또한 별개로 존재하고 있는 어떤 면에서는 매우 낯선 신천지라는 점을 머릿속에 넣고 있는 편이 좋겠다.

그러니까 일단은 그게 긍정적이든 부정적이든, 먼저 거품을 빼고, 선입견부터 지우고 생각해 보기로 하자. 디지털 문학에서 선입견이란 무엇인가. 가장 간단하게 그것은, 디지털 기기, 워드프로세서를 이용해서 작성한 소설 같은 게 디지털 문학이라고 정의하는 경우일 것이다. 뭐 이것도 물론 디지털적이라 할 수 있겠으나, 단순히 타자기와 컴퓨터라는 도구의 발전만 가지고 특별히 새로운 호칭을 부여할만한 이유는 없을 것이다.

아무래도 디지털 문학을 디지털 문학이라고 부르기 위해서는 제작환경만이 아니라 텍스트 자체의 내용과 형식면에서 기존의 문학과 다른 유니크한 면이 존재해야만 할 것 같다. 먼저 내용면에서? 라고 하면, 그건 의외로 금방 떠오를지도 모른다. 그리고 여기에는 아마도 긍정적, 부정적인 모든 이미지들이 마구 섞여있을 것이다. 현재까지도 엄청난 양이 쏟아져 나오고 있으며, 개중에는 상당히 인정받을 만한 작품들도 있으나, 대개의 경우 '불쏘시개' 라는 그다지 명예롭지 못한 평가를 받는 수많은 인터넷 소설들 말이다.

뭔가 옥시덴탈리즘 가득한 펄프판타지라거나, 게임이나 만화 같은 영상매체를 단순히 텍스트로 옮겨온 듯한 기묘한 2차창작물, 혹은 매 페이지가 이모티콘으로 가득 메워진 소설인지 그림책인지 구별이 가지 않는 그런 것들이 떠오르지 않는가? 또 다시 뭔가 삐딱하게 나가는 듯 하지만 필자도 바로 그런 걸 쓰고 있기 때문에, 이런 표현들이 인터넷 문학 전반이 가지는 가벼움에 대한 비꼼은 아니다.

왜 인터넷 문학이 이렇게 가벼운 성질을 띠는가는 조금 뒤에 다시 설명하겠지만, 아무튼 그러한 내용적 경향은 디지털 문학이 보여주는 주요한 특징 중 하나이긴 하다. 그렇지만 인터넷 문학의 내용적 경향만 가지고 그것을 디지털 문학의 유니크한 특성이라고 정의내리긴 힘들 것이다. 왜냐하면 인터넷 연재소설들이라도 여전히 종이로 된 책으로 묶여져 나오고, 일단 그렇게 출판되고 나면 내용이 어떻든지 간에 기존의 출판소설들과 똑같은 취급을 받게 되니까 말이다.

그럼 정말 디지털 문학이라는 고유영역을 정의할만한 특성은 어디에 있는 걸까? 나는 형식면에서 출발한다고 생각한다.

먼저 본인이 인터넷 연재소설을 쓴다고 가정해 보자. 먼저 구상한 내용을 따라 플롯을 짜고, 인물과 사건과 배경을 배치할 것이다. 이런 일련의 과정을 워드프로세서를 통해 글로 옮기고, 약간의 퇴고를 거쳐 적당한 웹 커뮤니티 소설게시판에 업데이트한다. 성질 급한 사람은 달랑 1회분 쓰자마자 올려 댈 테고, 어느 정도 비축 연재분을 쌓아두고 천천히 정리해 올리는 사람도 있겠다. 여기까지는 신문이나 잡지에 소설을 연재하는 기존의 방식과 비슷하다.

그런데, 인터넷의 특징은 어떤 정보에 대한 네티즌의 반응이 거의 즉각적이라는 점이다. 웬만큼 인지도가 있는 웹 커뮤니티에, 또 업데이트한 소설이 이목을 끌만한 요소가 있다면, 그에 관한 독자들의 평가가 금방금방 리플로 달려 올라올 것이다. 이건 디지털 문학 이전에는 없던 정말 기막힌 경험이 아닐 수 없다. 인터넷이라는 도구를 통해서, 작가와 독자는 거의 실시간으로 대화를 나누는 셈이다.

뿐만 아니라 인터넷은 수평적 공간이다. 인터넷이라는 공간에서, 개인은 현실의 사회적 위치를 떠나 자유롭다. 만약 어떤 사람의 글이 만족을 준다면, 누구도 그 사람의 나이가 어리다거나 어느 학교에 다닌다던가 하는 문제를 제기하지 않는다. 저연령대의 출판 작가들이 요즘은 드물지 않은 것도 바로 그러한 이유에서이다.

그런데 이쯤에서 디지털 문학의 고유하고 중요한 특성이자, 바로 가장 큰 논쟁거리가 되고 있는 문제가 나타난다.

앞서 인터넷이 즉각 반응성과 수평성을 띰으로 인해, 그것이 디지털 문학의 고유특성을 정의하는 첫 번째 기본형식이 된다고 했다. 그런데 이 두 가지 기본형식에 의해서 다음과 같은 상황이 나타나게 된다.

우선, 인터넷의 즉각 반응성에 의해 해당 게시판에서 우선적인 주목도가 작품의 인지도를 높이는 결과를 가져옴으로 해서, 많은 사람들이 글 내용 자체의 연마보다는, 어떻게 하면 가능한 빨리 효과적으로 주목받을 수 있을까에 관한 문제에 치중하게 된다. 자연히 단발적인 재치나, 감각적인 어필, 쉬운 접근도 같은 '어필 테크닉' 들이 텍스트의 충실함에 우선하게 될 것이다. 이것이 전체적인 텍스트의 가벼움을 낳는다.

또한 즉각 반응성의 다른 효과로써, 독자들의 반응이 작가의 창작활동에 실시간으로 영향을 미친다는 것이다. 가령 어느 정도의 인기작에 대해서는 필연적으로 팬들의 내용예상이나 평가 등이 존재하게 되며, 아예 그 선을 넘어서, 자신들이 바라는 상황전개나 결말을 직, 간접적으로 작가에게 요구하게 되고, 작가 또한 정도차가 있을지언정 이러한 독자의 요구를 유, 무의식적으로 수용하게 되면서, 텍스트 자체가 작가 개인의 작품이 아닌 일종의 공동창작물에 가까운 형태를 띠게 된다는 것이다.

한편 인터넷의 수평성은 문학이라는 형식에 있어서 기존의 양식적인 면들을 모조리 파괴하는 효과를 불러온다. 의식적 성장도나 교육의 누적 등을 통해, 단계적 수행을 거쳐 본격적인 작가에 입문하는 문학계의 장인적 특성이 여기서는 완전히 해체된다. 인터넷 소설계에 있어서 단계적 수행이란 것은 더 이상 평가기준이 되질 못한다. 단지 조회수라는 수치와, 그에 따라 부여되는 인지도, 그리고 지지층의 구성, 마치 방문자 수나 링크비율이 그대로 인터넷 랭킹이 되는 웹 사이트의 배틀로얄과 흡사한 형태가 되는 것이다.

여기까지 얘기하고 나니 디지털 문학의 형식적 특성이 대강 감잡혀 오는 느낌이 들 것이다. 결론부터 말하자면, 문득 이런 생각이 들지도 모르겠다. 뭔가 한심하다. 이것만 가지고는, 어떻게 해도 한심하다는 느낌을 지울 수가 없다.

정말 느낌 그대로(대상 범위가 무엇이든) 한심한 걸까? 물론 그렇지는 않다.

디지털 문학이라는 새롭고 미개척적인 이 분야는, 아직 전모가 드러나지 않았다. 우리에게 보이는 현상은 단지 빙산의 일각인 것이다. 분명 위에 나열된 몇 가지 특성들을 기본형식으로 삼고 있긴 하지만, 그를 통해 현재까지 배출된 사소한 결과물들의 합으로 간단히 단정, 추론할 수 있을 만큼, 디지털 문학이라는 장르는 단순하지 않다.

우리가 디지털 문학 혹은 사이버 서사라고 모호하게 뭉뚱그려 명명되는 이 새로운 문학양식의 총체는, 인터랙티브 스토리텔링interactive storytelling이라는 생소하면서도, 인류문화의 발전도상에서 필연적 지향점이 될 하나의 커다란 방향으로 흘러가고 있다. 게다가 그 경계지점에서 전통적인 인문학과 자연과학, 철학과 공학간의 구분이 붕괴하는 현상을 보이기까지 하는 것이다.

뜬금없이 어마어마하게까지 들리지만, 먼저 디지털 문학의 목적점이 된다는 그 인터랙티브 스토리텔링이란 게 대체 뭔가, 라고하면, 별로 어려울 것 없이 컴퓨터게임을 떠올려 볼 수 있다. 〈스타크래프트〉든, 〈라그나로크〉든, 〈테트리스〉든, 〈슈퍼마리오〉든, 〈스트리트파이트〉든 뭐든 말이다. 인터랙티브란 상호작용적이란 의미다. 그리고 게임은 플레이어가 컴퓨터 프로그램 혹은 다른 플레이어와 서로 반응을 주고받으면서 상황을 전개시켜나가는 놀이이다. 거기에 스토리텔링, 즉 이야기가 붙는다는 건, 독자와 반응을 주고받아 상황이 전개되는 이야기 혹은 텍스트라는 의미가 되는 것이다. 어드벤처 게임이나 롤플레잉 게임을 접해본 사람은 더 쉽게 이해할 거라고 생각한다.

그런데 디지털 문학이 상호작용적 이야기, 즉 컴퓨터게임의 특징을 지니는 형태로 지향해간다? 그건 어째서일까. 이는 위의 디지털 문학의 특성을 다시 생각해보면 알 수 있는 내용이다.

먼저 즉각 반응성에 의한 어필 테크닉이란 바로 영상적인 효과를 말하는 것이다. 이것은 게임의 멀티미디어적 성질을 디지털 문학이 닮아간다는 것에 다름 아니다. 즉 텍스트뿐만 아니라 필요에 따라 영상이나 음악 등의 모든 감각적 정보전달매체를 다채롭게 활용한다는 점이다. 보다 빠르고 감각적인 정보의 전달.

또 작품에 대한 독자의 적극적 참여와 작가의 독자 수용은, 바로 상호작용성의 형태를 의미한다. 원래 사람은 어떤 종류의 창작물을 수동적으로 즐기는 것에서, 점점 능동적으로 즐기고자 하는 쪽으로 욕구를 키워나가게 마련이다. 가령 어떤 뮤지션의 팬이 그 뮤지션의 콘서트마다 빠짐없이 찾아가 열심히 즐기는 것은, 단순히 수동적인 팬이기를 넘어서 뮤지션의 창작활동을 함께 하고 싶어 하는 욕구 때문인 것이다. 혹은 어떤 특정 만화나 영화, 게임의 2차 창작물, 즉 동인지나 팬 픽션을 제작하는 것 또한, 자신이 좋아하는 작품을 자기가 원하는 바대로 재구성하고자 하는 욕구가 바탕이 되기 때문이다. 말하자면 이 동참과 재창작의 욕구는 어떤 문화예술을 즐기는 행위에서 가장 궁극적인 형태에 가깝다고 할 수 있겠다. 요즘 상당한 붐을 일으키고 있는 MMORPG들을 보면, 게임이 그러한 욕구를 가장 잘 충족시키는 방향으로 나아가고 있음을 쉽게 알 수 있을 것이다.

똑같이 그것은 수평성으로도 설명이 가능할 것이다. 이러한 상호작용성이 극대화되어 가다보면, 창작물의 공급자와 수요자는 과거처럼 떨어져있는 게 아니라 점점 거리차가 없어져서, 결국 뒤섞이게 된다. 누구는 만들고 누구는 보기만 하는 게 아니라, 모두가 만들고 모두가 보는 형식으로 간다는 것이다. 그리고 이러한 형식은 점점 하나의 체계적인 창작적 키워드를 공유하는 창작-소비 집단의 형태를 형성하게 된다. 특정작품의 많은 팬 카페나 2차 창작 집단, 동호회, 온라인게임 커뮤니티 등에서 이런 조짐을 쉽게 볼 수 있다. 그래서 이러한 수평적 집단에서는 기존의 사회적 입지에 따라 각 개인의 위치가 결정되지 않고, 어디까지나 그 집단의 정체성과 관계된 역할 정도에 따라 효과적으로 배치되는 것이다.

정리해 보기로 하자. 이렇게 된 이상, 디지털 문학에서 기존의, 가령 '작가'라는 호칭은 더 이상 적절한 의미가 되지 못할지도 모른다. 임시적으로 디지털 스토리텔러라고 부르기로 하자.

디지털 스토리텔러는 기존의 철학자, 작가, 비평가라는 문과적인 기술자의 성질을 지니면서, 동시에 잠정적인 프로그래머이자 웹 디자이너, 사이트 관리자, 웹 서퍼 같은 이과적인 기술자의 성질 또한 지니게 된다. 또한 디지털 스토리텔러는 문학적 텍스트의 생산자이면서 거의 동시에 소비자이며, 개인적 창작자임과 동시에 보다 큰 집단적 창작의 한 구성원이기도 하다.

앞서 말한 바와 같이 디지털 문학이라는 개념 속에서 창작자의 위치는 소비자와 뚜렷이 구분되는 것이 아니며, 창작물은 창작자 자신의 것임과 동시에 그 창작물에 여러 가지 형태로 관여해 있는 복수집단의 공동창작물이기도 한 것이다. 〈마비노기〉가 넥슨만의 것이라고 말할 수는 없을 것이다.

좌우지간 이리하여 디지털 환경 속에서 작가와 독자라는 양분구도는 의미를 잃는다.

선택적 접근성이라는 웹의 특성상, 독자는 더 이상 작가의 사전학습에 시간을 할애하는 수고를 하려고 하지 않게 되었다. '잔말말고 내 글을 읽어라'라는 투의, 전통적인 문학적 권위는 여기서 힘을 잃었다.

대신 직관적이며 수치상으로 판단가능한 지명도만이 존재하게 되었다. 짐작하다시피 이건 매우 자본주의적인 형태로 보인다. 앞서 언급한 바와 같이 검색엔진의 조회수 랭킹이 인터넷상의 우위를 결정하는 웹 사이트의 성격처럼 말이다. 모든 판단기준이나 미덕이 이러한 수치상의 랭킹 차트에 좌우되며, 그에 따라 발생하는 스팸성 코멘트 등의 수치조작 편법과, 그것이 사이트의 질과는 상관없는 방향으로 흘러간다는 점에서도 유사하다.

평균 이하의 수준을 지닌 펄프소설들이 넘쳐나는 이유도 여기에 있을 것이며, 그러한 함량 미달의 텍스트들이 갑작스런 인기를 얻고, 또 휘발성의 속도로 소비되고 잊혀지는 데는, 텍스트 자체를 단순한 기본소스로 이용해서 이를 능동적으로(자신의 환상 속에서) 재구성하고자 하는 독자의 욕구 때문일 것이다-작품의 캐릭터나 상황이 피상적일수록, 자기 마음대로의 감정이입이 보다 간편하니까.

이는 바로 디지털 스토리텔링이 인터랙티브 스토리텔링으로서의 접점을 지닌다는 암시이며, 디지털 텍스트가 지니는 상업적 잠재성, 즉 원소스 멀티유징 전략에 있어서의 근본소스로서의 기능을 의미하는 것이기도 하다. 어떤 면에서 디지털 문학이 집단적 가치와 상업적 가치로부터 자유로울 수 없다는 암울한 예상처럼도 생각될 수 있지만, 여기에는 보다 다의적인 의미도 포함되어 있다.

디지털 문학은 잠정적으로, 작가 개인의 의지에 의한 결정론적 세계, 즉 완결된 하나의 이야기를 제공하기보다는, 상호작용성이라는 특징을 이용해 그 완성을 독자와 공유함으로써 인간간의 커뮤니케이션이라는 문학의 핵심에 한발 다가간다고도 볼 수 있다. 여기서 작가는 단순히 테마를 제시하거나 혹은 모든 형태의 소스를 제공하는 역할을 하며, 진행과정과 결론에 있어서 독자와 많은 것을 공유한다. 이 경우 디지털 문학은 전통적 문학과 같은 명확한 경계면(즉, 책이라는 형태로 독립되어진)을 지니지 않을 수도 있다.

메인텍스트와 서브텍스트들, 기본적 세계관에 준하는 작가의 글이나 타매체 담당자의 재해석 혹은 재창작, 그리고 팬들의 비공식적인 2차 창작물-

팬 픽션까지 합쳐, 그 모든 것이 하나의 디지털 문학 패키지라고 부를 수 있는 것이다. 이를테면 온라인게임의 서버와 클라이언트, 개발자와 유저들의 활동내역, 관련 산업이나 팬 커뮤니티 등등을 모두 합쳐 하나의 게임 타이틀로 부를 수 있는 것처럼 말이다.

여기에 이르러서는 상업적 이해에 기반을 둔 지적소유권 논쟁이 오히려 의미를 잃을 수도 있다. 이러한 창작적 키워드를 공유한 창작-소비 집단, 하나의 세계관 공유 집단 내에서 모든 참여자는 문화의 창작자인 동시에 소비자가 된다. 수직적이고 일방적으로 제공되던 창작적 절대중심구조는 점점 형태를 잃게 되고, 대신 그러한 중심이 여러 곳에 존재하게 된다. 상대적 중심의 등장이다.

따라서 중요한 요소는 텍스트들의 완결성이기보다 각각의 텍스트들을 연결하는 연결점들이 된다. 철학자 질 들뢰즈가 말하는 리좀rhizome구조라는 개념인데, 뿌리root구조의 반대말이다. 뿌리구조라는 건 쉽게 말해 수직적 계층구조라는 것으로, 우리가 대부분의 사회조직에서 볼 수 있는 수직명령 하달 구조를 떠올리면 된다. 반면 리좀구조는 수평적 다원구조라고 할 수 있는데, 여기서는 뿌리구조와 달리 일방적인 명령전달도 없고 뚜렷한 중심구조도 없으며 단지 동등한 위치를 지니는 개체나 정보가 거미줄처럼 복잡하게 수평적으로 연결되어 있을 뿐이다.

이러한 리좀의 구체적인 형태는 인터넷의 하이퍼텍스트에서 나타나고 있다.

요즘 블로그가 유행하고 있다. 블로그가 어떤 방식으로 다른 블로그와 링크되고 영역이 확장되어 가는지 생각해보자. 여기서 블로거나 리플러들은 자신의 글이나 정보를 포스팅할 뿐만 아니라, 웹 사이트의 유지와 정보의 연결, 즉 텍스트 제작에 있어서 기술자적인 측면을 지니게 된다. 단순히 자기

글을 써서 업데이트하는 작가적인 기능 뿐 아니라 웹상의 다른 관련 정보들과 링크하고, 자신의 블로그가 전체적인 정보덩어리의 한 터미널 역할을 수행하도록 유지하는 정보기술자의 기능 또한 수행한다는 것이다.

앞서 언급한 바와 같이, 이처럼 인문학과 자연과학의 경계는 하이퍼텍스트를 기점으로 붕괴한다. 작가와 정보기술자는 텍스트에 대해서 더 이상 다른 입장을 지니지 않게 되어가는 것이다.

결과적으로 전체로서의 텍스트는 개개인의 통제를 벗어나며, 보다 크고 모호한 어떤 것으로 변화하게 될 것이다. 다소간 과장을 곁들이면, 오시이 마모루 감독의 애니메이션『공각기동대』에 등장한, 정보의 바다에서 탄생한 생명체와 같은 개념 말이다.

물론 이와는 다소 다른 측면도 있다. 바로 인터랙티브 스토리텔링의 특성이다. 게다가 이는 오래전부터 구현되어온 상태이다. 이미 언급했듯이 컴퓨터게임이라는 형식을 통해서 말이다. 특히 문학적 서사의 유산을 고스란히 물려받은 어드벤처 게임이나 RPG 게임은, 현재에 이르러서는 형식의 규격화되고, 하드웨어 스펙 발전에 따른 소규모 게임제작의 용이성이라던가, 다루기 쉬운 프로그래밍 툴의 개발 등을 통해 개인적 창작매체로서의 가능성을 내비치고 있다. RPG 만들기 시리즈 같은 소프트웨어에 관해 한 번쯤 들어보았을 것이다.

점진적으로는 전통적 서사가 지니고 있던 개인적 창작 영역은 서사적 게임 형식에 자양분을 제공할 것으로 보이며 이는 새로운 문학매체로 자리매김하게 될 것이다. 성급한 판단일지도 모르지만 말이다. 게임은 익히 알려진 바와 같이 멀티미디어적 특징을 구가하며, 이는 창작자-크리에이터로서의 개인이 위에 언급된 '집단적 창작행위 속의 작은 역할' 과는 또 다른, 다방면의 재능과 기술을 발휘할 수 있어야함을 의미한다.

그럴 듯하다. 혼자서 멀티미디어 작품을 만들려면, 가령 이런저런 기능이 모두 제공되는 편리하고 강력한 툴이 개발되더라도, 결국 그림은 자신이 그려야 하며, 글도 자신이 써야 하고, 알고리즘도 자신이 구상해야 한다. 오히려 과거의 창작매체보다 훨씬 많은 예술적 재능을 요구하고, 그런 만큼의 개인적 창작 욕구를 충족시킬 수 있는 멀티미디어 매체가 출현하게 될 것이다.

요컨대 디지털 문학이 보여줄 미래에 있어서 창작자이자 수용자인 개인은 서로 유사한 구조를 지닌 대우주와 소우주, 두 개의 코스모스에 동시에 몸담게 될 듯하다.

여기서 대우주란 하이퍼텍스트나 거대 온라인 게임 포탈로 대변될 수 있는 초개인적, 초집단적인 텍스트 생산의 메커니즘을 말하며, 각 개인은 이 거대 메커니즘의 부분적인 창조자이자 향유자가 된다.

또한 소우주란 개인적 인터랙티브 스토리텔링으로 대변되는 멀티미디어적 환경의 서사이다. 여기서도 개인은 인터랙티브 스토리텔링의 창작자이면서 동시에 타인에 의해 제공되는 또 다른 스토리텔링의 향유자가 된다. 모두가 문화의 창조자이면서 동시에 문화의 소비자가 되는 구조인 것이다.

이 모든 특성들은 다양성, 단독적인 중심의 부재, 각 개체간 연결점이 구조적 핵심이 된다는 점에서, 리좀구조의 개념으로 설명될 수 있다. 그리고 이러한 개념을 이해해 나감을 통해 우리는 디지털 문학의 전체상을 잠정적으로 파악할 수 있게 될 것이며 앞으로 무엇을 어떻게 창작하면 좋을지 알게 될 것이다.

(김원보)

Ⅱ. 톨킨의 문학과 게임의 구조

1. 톨킨과 『반지의 제왕』
2. 톨킨의 생애와 문학, 그리고 게임
3. 테이블 토크 롤플레잉 게임
4. 컴퓨터 게임 서사의 공간구조

톨킨과 『반지의 제왕』

1. 글을 시작하며

그리 오래되지 않은 일이다. 파랗게 떠오르던 화면과 하얀 글씨,(개인적으로는 하이텔을 사용했던 터라) 각종 동호회와 채팅. 인터넷이 광범위하게 확산되기 이전 PC 통신은 사람들을 만나는 새로운 방식과 의사소통의 공간을 창출했다. 단순한 기록의 공간이 아니라 음악과 사진, 동영상이 입체적으로 돌아가는 싸이나 블로그가 유행하는 오늘날의 시점에서 볼 때 파란 바탕에 하얀 글씨만이 떠오르던 이 세계는 얼마나 초라한가. 그러나 불과 10년 전만 해도 PC통신과 삐삐가 첨단의 상징이었다. 이제는 자취를 감추어 버렸지만 지난 90년대 광범위하게 확산되던 PC통신이 오늘날의 인터넷 시대, 사이버 세계를 가능하게 한 전신이었음은 분명하다. 이러한 온라인 세계는 초보적이나마 우리에게 사이버 세상을 열어주었다. 이 초보적인 온라인 세계 역시 오늘날의 인터넷과 마찬가지로 온갖 뉴스와 루머가 난무하며 여론이 형성되는 장소였다. 이 곳에서는 사건과 사고에 대한 실시간적 보고가 이루어졌으며 이에 대한 열렬한 관심이 존재했다. 사람들은 이를 통해 공통화제를 얻었으며 새로운 사건에 재빠르게 반응했다. 이 당시 『퇴마록』이나 『드래곤라자』와 같이 통신상에 연재된 게시판 소설들에 대한 열광적인 관심도 이러한 시스템의 산물이라 할 수 있다. 판타지, 환상, 엽기와 같은 장르들은 온라인 시대의 도래와 함께 급속도로 확장되었으며 이에 대한 반감과 경계를 동시에 겪어내며 대중들에게 익숙한 대상으로 자리잡게 된다.

판타지 문학에 대한 대중적인 열광과 이에 대한 비판의 힘겨루기에도 불구하고 90년대 이후 한국문학에서 이제 판타지 혹은 환상 문학에 대한 관심은 부인할 수 없는 흐름으로 자리잡았다. 각종 계간지에 등장하기 시작한 환상문학에 대한 특집 및 좌담의 자리들은 환상문학을 문학의 저급한 장르로 취급하는 시각들이 상당부분 수정되어야 할 필요가 있음을 시사한다. 이러한 기획은 근래 중남미 환상 문학에 대한 관심과 함께 환상 문학의 가능성, 지난 시대의 '리얼리즘의 한계'를 넘어설 수 있는 이론적 대안으로서의 가능성을 시사하기도 한다.[1] 즉 환상이라는 범주를 현실 혹은 리얼리티와 무관한 어떤 것으로 취급해 버리는 것이 아니라 그것이 편협하고 고착화된 리얼리즘의 개념을 확장함으로써 오늘날의 시대적 분위기와 절충할 수 있는 가능성을 시도해 보는 것이다. 이는 현실을 또다른 맥락에서 정의해 보고자 하는 노력의 한 방편이다.

---

1 장세진, "90년대 환상문학의 또다른 가능성", 『한국근대문학양식의 형성과 전개』, 깊은샘, 2003 , p.212.

판타지에 대한 관심은 비단 문학계의 움직임만이 아니다. 특히 이천년대 들어 세계적인 홍행에 성공한 『해리 포터』 시리즈나 『반지의 제왕』 같은 판타지 소설을 원작으로 한 영화들은 관객들의 전폭적인 호응을 얻었으며 판타지라는 장르는 이제 소설, 영화, 게임의 형태를 통해 동시다발적으로 우리들의 삶에 침투하기 시작하였다. 본고에서는 판타지의 대표적인 저작으로 꼽히는 톨킨의 『반지의 제왕』에 대해 고찰하고자 한다. 『반지의 제왕』은 이미 발표된 지 수십 년이 지난 작품임에도 불구하고 영화의 상업적인 성공과 함께 꾸준히 독자의 확장을 이루어내고 있다는 점이나 오늘날 게임산업에 있어서도 무시할 수 없는 영향력을 지니고 있다는 점에서 주목된다.

2. 『호빗』과 『반지의 제왕』 그리고 『실마릴리온』

『호빗』은 톨킨의 대표적인 판타지 『반지의 제왕』, 『실마릴리온』 중 1937년 가장 먼저 출판된 작품이다. 이 작품은 안락한 생활을 영위하는 호빗족 빌보에게 어느날 마법사 간달프가 찾아옴으로써 빌보가 13명의 난장이들과 함께 스모그라는 용으로부터 보물을 찾으러 가는 모험담 형식을 갖추고 있다.[2] 『호빗』의 주인공으로 등장하는 빌보 배긴스가 『반지의 제왕』의 등장인물 중 한 명이라는 사실이나 그의 여정이 『반지의 제왕』과 마찬가지로 반지를 매개로 한다는 점에서 두 작품은 일단 표면적인 공통성을 지닌다. 그러나 이러한

---

2 J.R.R. 톨킨, 『톨킨의 호빗』, 비엔비, 2002 참조.

사실만으로 『호빗』과 『반지의 제왕』을 연작의 관계로 상정하기에는 무리가 있다. 『호빗』에 나타나는 모험이 『반지의 제왕』에서처럼 반지를 '버리러 가는' 여정이 아니라 반지를 '찾으러' 간다는 점이나 이 작품에 등장하는 반지가 『반지의 제왕』에서처럼 절대적인 힘을 지닌 것이 아니라 한정된 기능을 가지고 있다는 사실은 두 서사가 서로 다른 플롯을 지니고 있음을 말해준다. 이러한 면에서 볼 때 『호빗』은 『반지의 제왕』과 직접적인 내용적 연결성이 있다기보다 '호빗'이라는 낯선 종족에 대한 설명과 함께 『반지의 제왕』을 읽는데 일정부분 길잡이 역할을 담당한다.

1954년부터 1955년에 걸쳐 출판된 『반지의 제왕』은 그 방대한 분량과 이질적인 작품 경향 탓에 찬사와 비난이라는 극단적 평가를 동시에 받았던 작품이다. 총 3부로 구성된 이 작품은 「반지원정대」, 「두 개의 탑」, 「왕의 귀환」으로 이루어졌으며[3] 우리에게는 소설보다는 영화로 익숙한 작품이다. 『반지의 제왕』 1부 「반지원정대」는 세상을 악으로 물들일 유일 반지를 제거하기 위해 운명의 산으로 떠나는 반지원정대의 초반 여정을 담고 있다. 어둠의 군주 사우론이 창조한 유일 반지는 사우론이 엘프족과 인간 동맹군과의 전쟁에서 패퇴한 후 물 속으로 가라앉는다. 그리고 이 유일 반지는 우여곡절 끝에 샤이어의 호빗 빌보 배긴스의 손에 들어온다. 빌보는 111세 생일날 조카이자 양아들인 프로도에게 반지를 맡기고 샤이어를 떠나며 문제의 반지를 떠맡게 된 프로도는 엘론드 회의에 따라 반지 파괴를 위한 수행 사자로 임명된다. 반지를 영원히 제거할 수 있는 유일한 방법은 반지가 만들어진 모르도르

---

3 J.R.R. 톨킨, 한기찬 역, 『반지의 제왕』, 황금가지, 2001. 앞으로 본 텍스트의 인용은 권수와 쪽수만 표기한다.

의 불길 속에 던져 넣는 것이다. 사우론이 은둔한 모르도르의 불길을 향해 프로도를 비롯한 호빗족, 엘프족, 난장이족, 인간족 등 9명의 반지원정대가 출발하게 된다. 2부 「두 개의 탑」에서는 세 무리로 흩어지게 된 반지 원정대의 여정이 펼쳐진다. 반지 수행의 임무를 띤 프로도와 그의 심복 샘은 암흑의 문을 통과할 수 없기에 어쩔 수 없이 골룸의 도움을 받으며 그가 아는 비밀문을 찾아 모르도르로 향한다. 한편 프로도를 대신해 사루만의 우르크하이 군대의 포로가 된 호빗족 메리와 피핀은 엔트족에게 구사일생으로 구조된다. 그리고 메리와 피핀을 구하기 위해 우르크하이 군대를 추격하던 인간의 전사 아라고른과 엘프족 레골라스, 난장이족 김리는 백색의 마법사로 부활한 간달프를 만나, 사우론이 암흑 세계의 두 탑을 통합하여 인간 왕국 로한을 위협하고 있음을 알게 된다. 아라고른 일행은 조종당하던 로한의 왕 세오덴을 일깨우고 자유종족의 통합을 통해 사루만의 강력한 군대와의 항전을 준비한다. 3부 「왕의 귀환」에서 프로도는 골룸의 안내를 받으며 기나긴 여정을 계속한다. 그러나 험난한 여정 중에 그의 몸과 정신은 점점 지쳐간다. 프로도는 자신과 동행하는 샘과 골룸을 의지하면서도 반지의 영향으로 말미암아 끊임없이 그들을 의심한다. 한편 뿔뿔이 흩어졌던 반지 원정대는 다시 한번 힘을 모은다. 사우론의 군대가 거대한 규모로 곤도르 왕국의 수도 미나스 티리스를 공격하고 성이 서서히 파괴되는 위기의 순간, 세오덴 왕이 이끄는 로한의 군대와 아라고른이 이끄는 사자死者들은 다시 악의 힘에 맞선다. 한편 프로도는 마침내 모르도르의 불길 앞에 도착한다. 그러나 반지를 파괴할 상황에 도달하자 프로도는 반지의 유혹에 빠져 파괴를 거부하고 역시 반지에 대한 유혹에서 벗어나지 못한 골룸은 프로도를 공격하여 이를 빼앗는다. 그러나 프로도로부터 반지를 빼앗은 순간 골룸은 반지와 함께 모르도르의 영원한 불길 속에 떨어져 버리고 마침내 유일 반지는 파괴된다. 반지 전쟁이 끝나자 중간계에도 평화가 오고 아라고른은 곤도르의 왕이 되어 국가를 부흥시킨다. 호빗들은 샤이어로 귀향하고 다시 시간이 흐른 후 프로도와 빌보, 요정반지의 소유자들은 키르단의 배를 타고 서쪽으로 떠나간다.

출판상의 이유로 1977년 작가의 사후 4년 만에 출간된 『실마릴리온』은 『반지의 제왕』과 더불어 톨킨이 창조한 중간계의 신화와 역사를 기록한 소설이다. 『실마릴리온』에는 『반지의 제왕』에서처럼 모든 존재들의 운명을 지배하는 위대한 보석 실마릴이 등장한다. 고귀한 신들의 땅을 비추던 두 그루의 나무가 최초의 암흑군주 모르고스에 의해 파괴되고, 나무들의 빛이 봉인된 보석 실마릴도 모르고스의 손에 들어간다. 『실마릴리온』은 잃어버린 보석을 되찾기 위한 기나긴 전쟁과 함께 중간계의 흥망성쇠가 어우러진 거대한 신화의 세계를 담고 있다.[4]

출판시기상으로는 가장 마지막이나 『실마릴리온』은 톨킨이 『호빗』이나 『반지의 제왕』 출간 이전부터 구상, 집필해 오던 것으로 그가 타계할 때까지 56년간 지속적으로 정성을 들인 작품이다. 이 책은 『호빗』이나 『반지의 제왕』에서 간략하게 언급되었던 장면들의 역사적 배경과 뒷이야기들을 자세히 담고 있다. 『실마릴리온』은 말하자면 톨킨이 구축한 신화적 세계의 기본적 얼개라 할 수 있다. 실제로 『반지의 제왕』에서 다루고 있는 제3기의 후반이라는 시간이 『실마릴리온』의 방대한 분량 중 단 두페이지에 해당하는 시기라

| 4 J.R.R. 톨킨, 김보원 역, 『실마릴리온』, 씨앗을 뿌리는 사람들, 2004 참조.

는 점을 감안한다면 『호빗』을 비롯한 『반지의 제왕』의 신화적 세계의 근본적인 원천은 『실마릴리온』이라 할 수 있다.

3. '중간계Middlle-Earth' 라는 가상의 세계

『반지의 제왕』에 대한 가장 대표적인 논의 중 하나는 이 작품이 1차 대전과 2차 대전이라는 세계대전 및 파시즘의 확대라는 작가의 시대적 경험에 기인한 작품이라는 견해이다. 이에 따른다면 전쟁과 시대적 폭압을 겪어낸 톨킨이 『반지의 제왕』을 통해 추구했던 것은 절대 악에 대한 응징이라는 해석이 가능해진다. 그러나 톨킨이 만들어낸 서사는 단순한 알레고리적 해석 외에도 수많은 견해들을 가능하게 한다. 먼저 작품의 배경으로 설정된 샤이어는 기계화가 도입되기 이전 영국의 평화롭고 자족적인 중세적 농촌공동체를, 모르도르는 연기와 악취로 뒤덮인 산업화사회를 나타내는 상징적 공간으로 해석할 수 있다. 또한 『반지의 제왕』이 인종차별적 사고를 담고 있다는 주장이 존재하는데 이러한 해석을 따른다면 서사의 기본무대인 중간계는 유럽을, 샤이어는 영국을 나타낸다고 볼 수 있다. 그리고 반지 수행의 역할을 담당하고 있는 원정대는 백인으로 구성되었으며 오크와 같은 악인 캐릭터는 흑인 등의 유색인종으로 묘사되고 있다는 해석이 가능해진다. 이외에도 중간계의 다양한 종족들은 다양한 자연의 일부를 상징하며 엔트의 등장은 이 땅에서 함께 살고 있는 다른 생명체에 대한 배려와 안목[5] 이라는 견해에서부터 『반지의 제왕』을 통해 톨킨은 기술주의자, 현대화 주창자, 오염물질 배출자, 습관적 소비자 등을 공격하고 있다는[6] 해석까지 『반지의 제왕』은 수많은 입장과 해석들을 산출해 내는 풍부한 텍스트로 존재한다.[7]

그러나 이러한 논의들에 앞서 중요한 것은 그의 작업, 『반지의 제왕』이라는 작품의 창작이 영국의 신화를 창조하기 위한 톨킨의 시도였다는 사실이다. 옥스퍼드 대학에서 언어학과 문학을 가르쳤던 언어학자라는 이력은 그가 창조한 판타지, 중간계라는 세계가 정교한 구조를 갖추는 데 적지 않은 역할을 담당했다. 실제로 그가 『반지의 제왕』에서 만들어낸 새로운 종족들 그리고 이들의 구체적인 역사 및 연대기, 각 종족의 고유 언어 등은 이 작품을 단순한 판타지를 넘어 해박하고 정교한 지식이 가능하게 한 창조물로 자리잡게 한다. 작품의 공간적 배경이 되고 있는 중간계는 북유럽 신화에서 인간들의 땅인 미르가르드와 유사하며 엘프 종족이나 난장이, 오크, 트롤 등은 중세 아이슬란드의 사가saga (무용담, 모험담) 문학의 서사적 요소들을 많이 수용하였다. 또한 '유일 반지'는 반지의 주인들이 희생을 당한다는 점에서 북유럽의 지그프리드 전설의 모티브를 짐작케 한다. 『반지의 제왕』에 등장하는 중세적 분위기는 비단 등장 인물이나 사건에 제한되지 않고 작품에 등장하는 시와 노래의 정조 및 시작법 역시 고대 중세의 언어학적 배경 아래 있다. 톨킨의 중간계는 분명 그에 의해 새롭게 창조된 세계이지만 서구인, 특히

---

5 앤드류 라이트, 최연순 역, "톨킨의 녹색시간: 「반지의 제왕」에 나타난 환경테마", 『철학으로 반지의 제왕 읽기』, 이룸, 2003 참조.

6 마이클 화이트, 김승욱 역, 『톨킨 : 판타지의 제왕』, 작가정신, 2003, p.304.

7 『반지의 제왕』에 대한 대중적인 담론 외에도 이에 대한 심도 깊은 해석들을 참조하기 위해서는 그레고리 베스헴 외, 최연순 역, 『철학으로 반지의 제왕 읽기』, 이룸, 2003을 일독할 필요가 있다.

톨킨이 겨냥했던 유럽 독자들의 입장에서 본다면 자신들의 과거 문화 속에서 익숙하게 접할 수 있었던 신화나 전설이 많이 수용된 양태인 것이다.[8] 즉 『반지의 제왕』 안에는 서구의 영웅신화와 모험담이 녹아 있으며 이러한 분위기는 독자로 하여금 언젠가 접했던 적이 있는 수많은 서사적 단편들과의 만남을 가능하게 한다.

서방세계의 전통적인 서사 모티브들을 조합함으로써 만들어낸 톨킨의 중간계에는 난장이, 요정, 오크와 같은 새로운 종족들 그리고 그들의 구체적인 역사 및 엘프어, 오크어, 엔트어, 암흑의 언어와 같은 이들 종족의 고유 언어가 등장한다. 작품을 능가하는 가상의 연대기와 지도들로 이루어진 부록의 구성 역시 중간계가 마치 실재하는 세계였다는 믿음을 갖게 한다. 또한 『반지의 제왕』의 서술이 빌보와 프로도에 의해 중간계의 공통어인 서방어로 쓰여진 레드북을 현대의 독자들을 위해 현대 영어로 번역했다는 설정은 작품이 추구하는 '그럴듯함' 에 일조한다. 톨킨은 그가 창조한 가상의 세계에 '내적인 일관성' 을 부여함으로써 『반지의 제왕』에서 형성된 이차 세계가 완전함을 얻을 수 있기를 바랬다. 새로운 종족의 역사와 언어를 창조하며 서구의 역사 속에 샤이어와 모르도르라는 가상의 공간, 제3기라는 가상의 시간을 등록하는 톨킨의 작업은 그가 이를 통해 중간계를 나름의 질서와 법칙에 의해 움직이는 하나의 완벽한 세계로 작동시키고 있다는 점에서 주목할 만하다.

---

8 한창엽, "문학의 환상성과 문화의 정체성 찾기", 『문화변동과 인간 그리고 문화연구』, 깊은샘, 2001, pp.411~412.

4. 컴퓨터 게임과 『반지의 제왕』

오늘날 인터넷 상에는 톨킨과 『반지의 제왕』에 관련한 수많은 사이트와 팬클럽이 존재한다. 그리고 이들은 활동 영역을 단순히 사이버 세계에만 국한시키지 않는다. 톨킨의 수많은 팬들을 통해 『반지의 제왕』에 등장하는 엘프어를 배우는 학교가 실제로 설립되거나 엘프어의 문구를 새긴 유일 반지가 제작, 판매되는 현상마저 나타나고 있다. 팬들의 이러한 열성적인 활동은 실재 세계에도 그 영향력을 미치고 있는 것이다.

대중적인 열광만큼이나 『반지의 제왕』은 게임서사에도 지대한 영향을 미쳤다. 실제로 1950년대 출간된 톨킨의 소설은 1960년대 미국에서 인기를 끌기 시작하여 1970년대 후반의 〈D&D〉, 〈어드벤처〉, 〈조크〉, 〈머드1〉에서 1980년대의 〈울티마〉 온라인 게임에까지 막강한 영향력을 발휘했다고 한다. 그리고 이러한 게임의 계보를 이어 1990년대의 〈에버퀘스트〉와 2000년대 온라인 게임에 이르기까지 그 영향력이 유지되고 있다는 것이다.[9] 실제로 게임 안에서 톨킨 작품의 영향을 찾는 것은 그다지 어렵지 않다. 반지를 파괴해야 하는 원정대의 영웅적 모험담은 게임의 포괄적인 내러티브 차원에서 가상 빈번하게 다루어지는 퀘스트 주제이며 게임의 배경인 가상의 세계나 대륙을 분할하고 그것을 지도상에 실존하는 것처럼 상세하게 표시한다든지 검과 마법, 던전, 울창한 숲에 존재하는 늪의 설정 등은 톨킨 판타지 소설의 장치들을 손쉽게 떠올리게 한다. 또한 인간, 호빗, 오크, 엘프, 난쟁이 등 『반지의

---

9 류현주, "판타지의 마법", 『컴퓨터게임과 내러티브』, 현암사, 2003, p.234.

제왕』에 나오는 주요캐릭터들은 게임에 등장하는 캐릭터들과 어렵지 않게 연관지어진다.[10]

　단순한 게임의 캐릭터나 공간의 모방과는 별도로『반지의 제왕』이 게임에 미친 종합적인 영향력으로는 크게 두 가지 정도를 꼽을 수 있다. 첫째, 게임에서 이루어지는 세부까지 철저한 세계설정의 방법이라는 것을 톨킨의 '준창조'의 개념과 연결시켜 볼 수 있다. 아무 것도 없는 장소에서 구체적인 세계를 창조해 가는 것이라는 점에서 톨킨과 게임 제작자의 지향하는 방향은 일치하며 톨킨과『반지의 제왕』의 관계와 프로그래머와 게임의 관계는 상사한 것으로 상정해 볼 수 있다는 것이다. 둘째, 등신대의 감각을 리얼리즘의 거점으로서 상상세계에 몰입시키는 이야기적인 제작이라는 것도 롤플레잉 게임이『반지의 제왕』의 시스템에서 배운 방법이라는 것이다. 캐릭터에 등신대의 몰입감각을 의지하고 있는『반지의 제왕』의 독서체험의 본질은 게임을 플레이할 때의 몰입감에 반복된다. 여기서의 몰입감이라는 것은 이야기가 발동하는 현장에 서 있는 것 같은, 살아있는 텍스트로서 이야기를 리얼하게 추체험해가는 때에 느끼는 임장감의 총체라고 말할 수 있다는 것이다. 그리고 이러한 방식의 독서체험과 롤플레잉 체험의 혼효작용은 비단『반지의 제왕』뿐 아니라 뛰어난 판타지에서 종종 체험할 수 있는 일이다.[11]

　전체적인 맥락에서 살필 때 톨킨의 소설 속에 제시되어 있는 자족적인 세계로서 중간계는 현대의 관점에서 말하면 일종의 가상현실로 해석 가능한 것이 된다. 즉 컴퓨터 게임은 바로 그 가상현실을 디지털 기술로 만들어 낸

---

10 류현주, "톨킨과 게임",『컴퓨터게임과 내러티브』, 현암사, 2003, pp.243-244.

11 榎本正樹,『電子文學論』, 彩流社, 1993.

것[12] 이며 이러한 측면을 고려할 때 톨킨이 창조한 중간계가 게임의 세계에 미친 영향은 결코 적지 않음을 알 수 있다. 나름의 질서와 법칙을 통해 존재하는 중간계라는 가상의 세계는 정해진 법칙에 따라 운용되는 게임의 세계와 상당한 유사성을 지닌다. 오늘날 게임은 특정한 긴장에서 해방시켜주는 인간의 심리적 생활의 극적 모델이자 놀이의 엄격한 약속을 가진 집단적이고 대중적인 예술형태라는 해석까지 가능해지고 있다.[13] 책이라는 미디어 형태를 넘어 온라인 게임에 이르기까지 수십 년의 시간 속에서 여전히 그 사고 틀이 참조된다는 점에서 『반지의 제왕』은 일고의 가치가 있는 것이다.

5. 판타지, 그리고 판타지를 넘어

환상 혹은 환상적인 것, 판타지에 대해 정의를 내리는 것은 쉽지 않은 작업이다. 실제로 그간 '환상'이라는 명명은 사실적 재현이 이루어지지 않는 문학적 경향에 무차별적으로 적용되어 왔으며 이로 인해 판타지 혹은 환상문학은 문학의 순수성에 위배되는 장르로 수많은 비난을 받아온 것이다. 환상적인 것, 판타지에 대해서 명확한 정의를 내리기는 힘들지만 '판타지'가 '환상적인 것'보다 협소한 정의를 가지는 것이며 판타지는 '자체적 일관성'을 가지는 서사라는 사실, 우리가 인지하는 그대로의 세상에서는 불가능한 이야기를 다룬다는 점에는 일단 합의할 수 있을 것이다.[14]

---

12 최유찬, 『컴퓨터 게임과 문화』, 이 책 1장.

13 마셜 맥루언, 김성기 외 역, 『미디어의 이해』, 민음사, 2002, p.331.

　토도로프의 환상에 대한 정의는 이에 대한 수많은 지적에도 불구하고 '환상'의 체계적 이론화를 위한 첫 시도였다는 점에서 환상문학을 논의하는 가장 앞자리에 위치한다. 토도로프에 의하면 환상이라는 범주에 있어 가장 중요한 것은 독자의 '망설임'이다. 그에 의하면 환상의 여부는 작품 속에 도입된 초자연적인 현상에 대한 독자의 망설임이 절대적 기준인 것이다. 환상을 '장르'가 아닌 하나의 '양식'으로 보고자 하는 로즈마리 잭슨의 견해 역시 환상에 대한 정의를 내리는데 거쳐야 할 참조지점이다. 그녀는 무엇보다 환상이 현실을 위반함으로써 가질 수 있는 전복적인 성격에 주목한다. 토도로프와 잭슨의 환상에 대한 한정적 정의를 넘어 캐스린 흄은 환상을 미메시스와 함께 문학의 두 가지 주요한 충동 중 하나로 해석한다. 그녀에 의하면 환상이란 문학 작품 속에 존재하는 두 가지 충동, 모방과 환상 중의 한 요소이며 이 둘은 작품 속에 결합되어 존재하는 것이다.[15]

　톨킨이 창조하는 세계에는 토도로프 식의 환상 즉 독자의 '망설임'이란 존재할 수 없으며 그가 주력하고 있는 것은 독자에게 이러한 세계가 실제로 존재하는 듯한 착각을 일으키는 것, 즉 철저하게 무장된 '그럴듯함'이다. 토도로프의 정의에 따르면 『반지의 제왕』은 '환상'이 아닌 '경이'에 속하게 된다. 또한 로즈마리 잭슨 식의 해석에 의하면 톨킨의 서사는 현실의 상징계를 해체하는 전복적인 서사이기보다는 또 다른 실재를 가정하는 보수적인 서사로 분석된다. 톨킨이 『반지의 제왕』에서 구현하는 '제3기'라는 시간은 역사상 존재하지 않는 시간이며 '샤이어'로 묘사되는 공간 역시 정확한 장소를 지목

14　이하영, 『J.R.R. 톨킨의 「반지의 제왕」:신화 · 역사 · 판타지』, 연세대 석사논문, 2004, p.19.
15　최기숙, 『환상』, 연세대학교 출판부, 2003 참조.

할 수 없다. 그러나 톨킨의 서사는 새로운 종족과 이들이 사용하는 각기 다른 언어 및 이들의 역사를 창조함으로써 체계화 된 가상의 세계를 독자들의 의식 속에 등록시키고 있는 것이다.

톨킨의 작품은 장대한 서사와 중간계라는 완벽한 가상체계, 인공어의 창조를 통해 유혹적인 세계를 만들어냈다. 그리고 이러한 성과는 판타지 소설로서의 성공 외에도 영화의 상업적 흥행을 일구어냄으로써 톨킨과 『반지의 제왕』에 열광하는 사람들을 확장시켰다. 또한 톨킨이 작품 속에서 창조해 낸 '중간계' 라는 세계는 오늘날 게임산업에 있어 서사 구성이라든지 가상 현실의 창조라는 맥락에서 유효한 참조틀로 작용한다. 그러나 『반지의 제왕』이 광범위한 독자층을 양산해내는 데에는 이것이 지닌 스케일과 장대한 서사 그리고 대중을 유혹하는 화려움 때문만은 아니다. 톨킨은 자신의 서사가 선악의 알레고리로 읽히는 것에 대해 극도로 경계한다고 한다. 그에 따르면 알레고리는 '저자의 의도적 지배' 에 귀속되는 것이며 이는 경직되고 제한적인 읽기의 방식이기 때문이다.[16]

『반지의 제왕』에는 단순한 선악 구조를 타개하는 몇 가지 요소가 있다. 『반지의 제왕』에서 가장 먼저 염두에 둘 것은 이 작품의 서사가 보물을 '찾으러' 가는 것이 아니라 보물의 '폐기' 를 위한 여정, 그것의 근원을 은폐시키고자 하는 여정이라는 사실이다. 이는 보물을 찾으러 가는 기존 모험담의 전형적인 형식과 위배되는 서사이다. 또한 여기에서 반지는 단순한 보물이 아니라 절대권력을 가질 수 있다는 유혹과 파괴되어야 할 악을 동시에 담보한 위험

| **16** 우달님, 『판타지의 효용–J.R.R. 톨킨의 「반지의 제왕」에 나타난 언어와 환상의 결합』, 경희대 영문과 석사논문, 2003, p.55에서 재인용.

한 대상으로 존재한다. 또 하나의 특이한 대상은 선과 악이 공존하는 골룸이다. 자신을 '우리'라고 칭하는 그는 스메아골과 골룸으로 분열한 자아를 지니고 있으며 두 개의 자아 사이에서 끊임없이 고민한다. 이러한 골룸의 모습을 통해 그가 단순한 타자가 아니라 프로도의 내면에서 성장한 실재하는 어둠[17], 프로도 안의 악의 투영이라는 독법은 상당히 설득력을 지닌다.

서사의 주인공 프로도는 판타지의 주인공에게 발견되는 도식 속에서 『반지의 제왕』을 구출하는 가장 입체적인 인물이다. 유일 반지의 파괴라는 위험한 임무를 부여받은 프로도는 인간보다 훨씬 작은 키를 지닌 반인족으로 호빗이라 불리는 종족이다. 호빗으로 설정된 이 주인공은 기존의 영웅적 서사에 등장하는 주인공과는 상당한 거리가 있다. 호빗족은 "조심성이 있어 외부에는 그리 드러나지 않으며", "평화와 고요와 비옥한 땅을 사랑하며", "잘 정돈되고 제대로 경작된 전원을 사랑하는"(1권, p.11) 소박한 존재이다. 안정되고 평온한 삶을 지향하는 그들에게 모험이란 결코 어울리지 않는 행위이다. 프로도에게 발견되는 영웅적인 면모의 부재는 그의 심리 묘사에서도 적나라하게 드러나는데 그는 외양 뿐 아니라 내면적으로도 보편적인 영웅과는 거리가 멀다.

실제로 프로도에게 반지 파괴의 임무가 부여되는 과정은 흥미롭다. 프로도의 반지 파괴를 위한 여정은 단지 엘론드 회의에 의해 '반지운명자로 임명'(2권, p.285)됨에 기인한다. 그는 유일 반지의 파괴라는 중대한 임무가 맡겨진 외형적으로는 영웅적 존재이지만 실제로는 자신의 의지와는 별도로 자족적이고 평안한 세계, 샤이어라는 '작은 세계'에서 끌려나온 인물이라 할 수 있다. 버먼 식으로 말하자면 그는 현대적 영웅의 원형, 비극적이며 영웅적

---

17 우달님, 같은 책, p.58에서 재인용.

인 개발자라 할 수 있다.[18] 프로도는 자신의 의지와는 무관하게 엘론드 회의에서 결정된 사안에 따라 반지의 파괴를 자신의 의무로 여긴다. 반지 운반자는 어떠한 사정 속에서도 "오직 그만이 모든 짐을 지는 것"(2권, p.106)이며 어느 길로 갈 것인지는 스스로만이 결정할 수 있으며 그것이 "운명"(2권, p.285)이다. 끊임없는 갈등과 선택의 과정을 겪는 프로도의 모습은 모든 상황에 대한 결정과 그에 따른 책임을 감내해야 하는 근대적 삶의 양식을 떠올리게 한다.[19] 자신에게 주어진 임무에 대해 지속적으로 고민하는 프로도에게는 외부적 환경 뿐 아니라 자신의 내면이 가장 치열한 싸움터이다.[20]

> "그럴 것 같진 않아. 내겐 저 암흑으로 나아가는 게 운명일 듯 느껴지네. 거기에 길이 있을 거야. 하지만 그 길은 내게 유익한 걸까 아니면 해로운 걸까"(4권, p.11)

프로도의 여정은 집단의 목표를 자신의 목표와 동일시함으로 시작된다. 그 과정에서 프로도는 반지의 유혹에 전면적으로 노출된 채 샘과 자신의 주변인들에 대한 불신에서 한시도 자유롭지 못하며 자기 파괴석인 희생을 감내해 낸다. 불분명하지만 그것을 향해 전진하는 것, 모르도르의 불길을 향하

| **18** 마샬 버먼, 윤호병 외 역, 『현대성의 경험』, 현대미학사, 1994, p.79.

19 김용희, "천 개의 거울로 둘러싸인 공중정원", 『현대문학의 연구』 18, 2002 김용희는 이 글에서 프로도를 근대적 주체로 읽는 흥미로운 작업을 행하고 있다. 그러나 『반지의 제왕』에서 승리한 사람은 아무도 없으며 결국 최후의 승리자는 사람의 마음을 사로잡은 반지라는 해석은 재고를 요청한다.

20 프로도의 이러한 면모는 영화보다는 소설 원작 내에서 두드러지게 나타난다.

며 프로도가 중얼거리는 말 속에는 자신의 행동을 기획하고 움직이는 고투의 과정이 투영되어 있다. 그리고 모르도르의 불길 앞에서 반지의 파괴라는 자신의 임무를 거부하며 반지를 욕망하는 프로도의 모습은 발전의 가능성만큼이나 전면적인 유혹에 노출되어 있는 근대적 삶의 모순을 또 한번 떠올리게 한다. 봉합적이고 완결된 서사로서가 아니라 변화의 소용돌이 속에서 이에 대한 선택과 책임을 동시에 감수해야 하는 프로도의 여정은 불확정적인 현대 세계의 삶과 상당 부분 겹쳐진다.[21]

『반지의 제왕』은 그것이 설정하고 있는 시간과 공간은 중세적이지만 이 속에 작동하는 정신은 충분히 근대적이다. 전형적인 영웅의 공식에서 탈피하여 끊임없이 자신의 행동과 결정에 고민하는 프로도의 모습에서 집단의 발전과 개인의 발전을 동일시하는 과정에서 발생하는 희생을 읽을 수 있으며 이러한 인물에 대한 독자의 연민과 자기동일시는 어렵지 않게 가능할 것이다. 소설에서 영화와 게임에 이르기까지 매체의 변형과 시간을 뛰어넘어 지속되는 『반지의 제왕』의 생명력에는 완벽하게 구상되어 작동하는 중간계라는 세계 그리고 그것이 만들어낸 수많은 역사와 기록에 대한 경외도 있겠지만 그 한 켠에는 파괴자이자 창조자인 비극적인 영웅 프로도에 의해 나타나는 우리의 현실에 대한 반추도 상정할 수 있을 것이다. 그리고 이것은 『반지의 제왕』의 서사에 구현된 환상이 제공하는 역설적이지만 강력한 힘이다.

(김문정)

---

21 『반지의 제왕』의 서사가 반지의 파괴에서 그치지 않고 샤이어 소탕 작전을 비롯한 후반부가 지속되는 것은 『반지의 제왕』이 단순한 모험담에 그치지 않는 것임을 알려준다.

참고문헌

J.R.R. 톨킨, 『톨킨의 호빗』, 비엔비, 2002.

J.R.R. 톨킨, 김보원 역, 『실마릴리온』, 씨앗을 뿌리는 사람들, 2004.

J.R.R. 톨킨, 한기찬 역, 『반지의 제왕』 1~6, 황금가지, 2001.

공임순, "파괴된 것의 동경과 그 내적 식민화의 전략들", 『문학판』, 2002. 가을.

김번, "『반지의 제왕』에 나타난 톨킨의 세계관", 『문학사상』, 2004. 5.

김성곤, "고급 판타지 문학과 『반지의 제왕』" 『문학사상』, 2004. 5.

김성곤, "왜 지금 판타지인가", 『북페뎀』, 2004. 여름.

김용석, "환상, 마법, 그리고 현실들", 『깊이와 넓이 4막 16장』, 휴머니스트, 2002.

김용희, "천 개의 거울로 둘러싸인 공중정원", 『현대문학의 연구』 18, 2002.

김태환, "환상성의 구조에 관한 몇가지 단상들", 『문학판』, 2002. 가을.

노성래, "해리포터 vs 반지의 제왕", 『과학동아』, 2002. 2.

노성래, "해리포터와 반지의 제왕", 『과학동아』, 2003. 1.

류현주, "내러티브냐 인터랙티브냐", 『북페뎀』, 2004. 여름.

류현주, 『컴퓨터게임과 내러티브』, 현암사, 2003.

성은애, "톨킨과 반지의 제왕", 『안과 밖』, 2003. 상반기.

우달님, 『판타지의 효용-J.R.R. 톨킨의 "반지의 제왕"에 나타난 언어와 환상의 결합』, 경희대 영문과 석사논문, 2003.

이영도, "판타지와 비인간들", 『대산문화』, 2003. 여름.

이하영, 『J.R.R. 톨킨의 "반지의 제왕" :신화 · 역사 · 판타지』, 연세대 영문과 석사논문, 2004.

임병희, "로고스의 영토, 미토스의 지배", 『국제어문학회』, 2001.

장경렬, "환상문학, 또는 환상과 현실의 경계영역 안에서", 『문화예술』, 2001. 4.

장세진, "90년대 환상문학의 또다른 가능성", 『한국근대문학양식의 형성과 전개』, 깊은샘, 2003.

최기숙, 『환상』, 연세대학교 출판부, 2003.

한창엽, "문학의 환상성과 문화의 정체성 찾기", 『문화변동과 인간 그리고 문화연구』, 깊은샘, 2001.

홍성태, "'환상물'의 유행과 '상상력 산업'", 『세계의 문학』, 1999. 여름.

황병하, "환상 문학과 한국 문학" 『세계의 문학』, 1997. 여름.

황종연, 『비루한 것의 카니발』, 문학동네, 2001.

그레고리 베스헴 외, 최연순 역, 『철학으로 "반지의 제왕" 읽기』, 이룸, 2003.

마샬 버먼, 윤호병 외 역, 『현대성의 경험』, 현대미학사, 1994.

마셜 맥루언, 김성기 외 역, 『미디어의 이해』, 민음사, 2002.

마이클 화이트, 김승욱 역, 『톨킨 : 판타지의 제왕』, 작가정신, 2003.

이자벨 스마쟈, 김현아 역, 『반지의 제왕, 혹은 악의 유혹』, 씨앗을 뿌리는 사람들, 2003.

榎本正樹, 『電子文學論』, 彩流社, 1993.

J. R. R. 톨킨의 생애와 문학, 그리고 게임

1. 톨킨의 생애

톨킨은 1892년 남아프리카의 블로엠폰테인이라는 골드러쉬가 일던 광산 도시에서 태어났으며 아버지의 주장으로 루얼Reuel이라는 이름과 어머니의 주장으로 로날드Ronald라는 가운데 이름을 받게 되었는데 평생토록 로날드로 불린다. 사실 남아프리카의 환경은 그의 어머니나 어린 톨킨에게는 좋지 않아서 그의 동생인 힐러리가 태어나자 은행 지점장이던 아버지를 남아프리카에 남겨두고 세 식구는 영국으로 돌아온다. 남아프리카에서 살던 시기의 기억은 톨킨의 작품에 영향을 미쳤다. 몰락가문의 가장으로 자란 아버지는 지나치게 출세 지향적이었고 자신의 자리를 지키기 위해 전전긍긍해서 가족을 위한 휴가조차 내길 꺼려했다. 1896년 톨킨의 나이 네 살 때 아버지는 그리운 가족들과의 재회를 얼마 남겨놓지 않고 열병으로 사망하였다. 톨킨에게 아버지는 이처럼 기억 속으로만 어렴풋이 남아 있는 존재일 뿐이었다. 열심히 일했음에도 불구하고 남겨진 유산은 얼마 되지 않아 유가족들은 어려운 생계를 꾸려가야 했다. 얼마 후 메이블은 카톨릭으로 개종했다. 그러나 메이블은 34세를 일기로 역시 젊은 나이에 세상을 떠났다.

메이블은 아름답고 재능 있는 여성임에도 불구하고 가톨릭 신자라는 이유로 친지들에게 배척당하였다. 그러나 그 신앙은 유산으로 아들에게 남겨졌다. 어머니의 죽음 이후 톨킨의 내면 한 켠에는 어두운 장막이 드리워졌다. 톨킨은 이후 친척들을 용서하지 않았고 모친을 카톨릭 신앙과 동일시하였다. 프란시스 신부가 후견인이 되었으나 수도회에서 형제가 생활하거나 기숙사 학교에 들어갈 정도로 넉넉하지 못하였으므로 형제는 미망인인 베아트리스 외숙모에게 맡겨졌다. 그러나 그녀는 그다지 정감 있는 여자가 아니었다. 때문에 형제는 집보다 수도회에서 더 많은 시간을 보냈으며 프란시스 신부는 그에게 부친과 같은 존재가 되어 주었다. 이런 깊은 유대는 톨킨이 더욱 독실한 신자가 되는 계기가 되었다.

1908년 프란시스 신부의 주선으로 포크너Faulkner 부부의 집으로 이사를 가는데 이곳에서 톨킨은 그의 평생의 반려자가 되는 3년 연상의 에디스와 만난다. 둘 다 어려 부모를 잃은 탓에 쉽게 가까워질 수 있었고 그 관계는 사랑으로 발전하게 된다. 그러나 그들의 관계가 깊어지자 프란시스 신부는 톨킨이 공부를 등한시 할 것을 염려하여 에디스와 만나지 못하게 하였다. 그리하여 톨킨이 21세가 될 때까지 두 연인은 떨어져 있어야 했다. 헤어져 있던 3년간 톨킨은 학업과 운동에 열중하였으며 'TCBS(Tea Club, Barrovian Society)'라는 이름의 모임을 만들었다.

모임에서 회원들은 고대언어와 신화에 대한 의견을 나누었는데 나중에 톨킨이 주축으로 활동하는 '잉클링스Inklings' 활동의 토대가 된다. 1911년 옥스퍼드 대학에 입학한 톨킨은 담배를 피우고 술을 마시기 시작하였으며 공부보다는 친구들과의 사교에 돈을 투자하였다. 그의 시간 대부분을 이성보다는 동성들과 함께 보냈다. 톨킨에게 있어 이처럼 평생의 동료관계, 남자들 간의 신의는 중요한 삶의 의미를 지니게 되며 작품에도 고스란히 투영된다.

그러나 그의 이런 방탕한 생활은 라이트 교수를 만나면서 바뀌었다. 교수를 만난 톨킨은 라틴어와 그리스어에 심취하였으며 핀란드와 노르웨이의 고대언어도 익혔다. 전공 또한 주위 권유로 영문학으로 바꾸게 되었다. 그가 21세 되던 1913년 에디스와 재회하였으나 그녀는 이미 다른 사람과 약혼한 상태였다.

그러나 에디스는 약혼자와 파혼하고 톨킨에게 돌아왔다. 1914년 에디스가 가톨릭으로 완전히 개종하자 그들은 약혼하였다. 1916년 결혼을 하였으나 신혼생활을 보낼 여유도 없이 전선에 배치되었으며 전쟁을 계속하는 동안 죽음에 무감가해져버렸다. 날씨가 나빠지면서 참호열에 걸려 후송되었다가 결국 영국으로 돌아왔다. 이 전쟁으로 4명의 TCBS의 회원들 중 두 명이 전사하였다. 이때 다시금 삶과 죽음에 대해 진지한 고찰을 하게 되었으며 이 또한 그의 문학 세계에 반영된다. 1917년 첫아들 존이 태어났는데 종전이 되자 톨킨은 옥스퍼드로 돌아왔다.

옥스퍼드로 돌아온 톨킨은 대학을 1등으로 졸업하였는데, 훈련소에 있는 동안 그는 『실마릴리온』의 기초가 되는 글을 쓰기 시작한 상태였다. 1918년 제대한 그의 앞에는 학자, 남편 그리고 헌신적인 아버지로서의 삶이 기다리고 있었다. 1919년 『새 영어사전The New English Dictionary』을 만드는 작업에 참여한 톨킨은 단어의 어원을 밝혀내었고 그 결과 많은 언어들이 영어에 녹아 있다는 사실을 발견하였다. 톨킨은 주로 집에서 학생들을 가르쳤고 작업하였다. 1920년 리드대학의 조교수로 임용되어 학자로서의 삶을 시작하였다. 열악한 연구 환경에도 불구하고 톨킨은 1922년 에릭 고든Eric Gordon과 함께 『거웨인 경과 녹색의 기사Sir Gawain and the Green Knight』라는 중세 시를 번역해 내었다. 1924년 그의 셋째 아들인 크리스토퍼가 태어났으며 한 달 뒤에는 리드대학의 정식 교수가 되었다. 리드 대학의 주거환경은 톨킨의 마음에 맞지 않았기 때문에 다른 일자리를 계속 찾아보았다. 결국 치열한 경합 끝에 1925년 옥스퍼드 대학의 앵글로 색슨Anglo-Saxon교수가 되었다. 옥스퍼드로 이사 온 톨킨 가족의 삶은 변화하였다.

바쁜 옥스퍼드의 생활이었지만 집에 돌아온 것처럼 행복했다. 그는 중세 영문학 강의를 하였으며 가장 인상적인 강의는 『베오울프Beowulf』였다. 학생들이 본 톨킨은 교수다운 교수였다. 교수로서 그는 제도를 개혁하였으며, 내키지 않는 일도 주어지면 성실히 완수하였다.

1926년 톨킨은 '콜바이터스Coalbiters'라는 아이슬란드의 신화를 읽는 모임을 결성하였다. 그러나 목적을 달성한 모임의 활동이 시들해지자 1930년 톨킨과 루이스는 '잉클링스Inklings'라는 모임에 가입하여 주도적인 활동을 한다. 잉클링스는 철저한 남성중심의 문학동호회였다. 톨킨은 영웅적 전설을 바탕으로 영국민을 하나로 결집시켜줄 정체성을 새로운 신화 창조에서 찾고자 하였고 이것이 그의 창작의 직접적 계기라 하겠다. 그의 인생에 있어서 1930년대와 40년대는 가장 창조적인 시기였다. 톨킨은 집의 아이들을 위해 지은 『호빗The Hobbit』을 잉클링스와 콜바이터스의 회합에서도 낭독하였는데 루이스는 이 작품에 찬사를 아끼지 않았다. 『호빗』은 그의 어린 시절에 영감을 받아 쓴 이야기였으며 그는 호빗과 자신을 동일시하였다고 고백하였다. 1936년 집필을 시작하여 1937년 크리스마스를 맞추어 『호빗』이 발매되었다. 책의 상업적인 성공으로 출판사는 톨킨에게 후속작을 청하였고 그는 받아들였으며 『호빗』의 해외판 발매로 이듬해에는 국제적인 명성을 얻게 되었다.

톨킨은 『실마릴리온』이나 다른 책을 출간하고자 하였지만 『호빗』의 후속작을 원하는 출판사의 강력한 요청으로 톨킨은 우여곡절 끝에 12년 뒤 『반지의 제왕』을 완성 한다. 1947년에 초고를 완성하여 1949년 가을에 퇴고를 마쳤는데 1954년 제 1권을 발매하게 된다.

상업적인 성공을 거둔 톨킨 일가는 명성을 얻었으나 사생활을 보장받지는 못했다. 전 세계에 그의 팬클럽이 생겼고 그의 작품은 사회 전반에 비유되곤 했다. 부유하게 된 그들은 자손들을 위해 트러스트를 마련하였으나 돈을 헛되이 쓰지는 않았다. 결국 안정을 찾고 에디스의 소망을 들어주기 위해 톨킨 부부는 옥스퍼드를 잠시 떠났지만 1971년 그녀가 죽은 뒤 톨킨은 옥스퍼드로 돌아와 집필활동을 계속하다가 73년 9월 2일 세상을 떠났다. 그는 완벽주의자였기 때문에, 논문 또한 많지 않았으며, 많은 문학작품들도 그의 사후에 발간되었다. 그 예로, 톨킨이 죽은 후인 1977년에야 아들인 크리스토퍼에 의해 『실마릴리온』이 출간되었다.

2. 톨킨의 문학세계

창작동기

1) 당시의 외설적인 문학적 풍토에 대한 반발

> · 『호빗』 - 아이들을 위한 동화
>
> · 『반지의 제왕』 - 어른들을 위한 동화

톨킨은 귀국한 뒤 『잃어버린 이야기들』이라는 신화적인 분위기의 이야기를 쓰기 시작했다. 이 작품은 훗날 『실마릴리온』의 토대가 되었다. 1925년 옥스퍼드 대학의 앵글로 색슨어 담당 대학 교수가 된 톨킨은 당시 영국의 문학적 풍토를 혐오했고, 아이들에게 읽어줄 만한 이야기를 직접 쓰기로 했다. 이렇게 해서 완성된 이야기가 바로 『호빗』이다. 『호빗』의 대성공 이후 그는 어른들을 위한 동화 『반지의 제왕』을 집필하기 시작하여 1954년 처음 작품을 출간한 이래 12년 만에 완성한다. 그의 작품에서 그 흔한 연애담 한 번 나오지 않는 까닭은 앞서 말한 대로 그가 D.H. 로렌스 같은 이들의 소설을 혐오했기 때문이다.

2) 새로운 언어에 대한 욕구

> · 북유럽의 신들과 영웅들에 대한 이야기를 기록한 언어로부터 영향
>
> · 『칼레발라Kalevala』[1] - 핀란드어와 핀란드 민족에 대한 신화

북유럽의 신들과 영웅들에 대한 이야기가 톨킨의 소설을 있게 만든 근원이라면, 이것을 기록한 언어는 톨킨에게 고유한 언어를 만들어보겠다는 꿈을 키워주었다. 톨킨은 핀란드어를 흉내 내어 자기만의 고유한 언어들을 만들어내기 시작했고, 그렇게 만들어낸 언어로 시를 쓰기도 했다. 그러면서 그는 『칼레발라』에 필적할 만한 작품은 없다는 사실을 깨닫고 C.S.루이스, 그리고 시인이자 소설가였던 찰스 윌리엄스와 함께 '영국을 위한' 신화를 만들어보기로 결심한다.

3) 산업화에 대한 부정적 인식

· 20세기 영국의 거대한 산업화 바람

· 환경파괴와 재건

1930년대 옥스퍼드는 자동차 산업을 이끌어가는 중심지 중 한 곳으로 인구 집중과 공장의 건설로 인해 들판과 숲이 점차 사라지고 있었다. 훗날, 그는 『반지의 제왕』에서 환경 파괴와 재건을 묘사함으로써 주변 세계에 대한 의견을 조심스레 드러냈다. 산업화에 대한 톨킨의 부정적인 반응은 생태학의 기원이라 할 수도 있다. 그는 하루가 다르게 변하는 시골 풍경을 정밀하게 묘사함으로써, 『반지의 제왕』 출간 후 태동하기 시작한 환경보존운동에 새로운 신화를 제시해주었다.

| **1** 19세기 엘리아스 뢴로트가 편찬한 대서사시. 기원전부터 전해오던 핀란드 민족의 전통적인 시와 민담을 민족적 신화로 탈바꿈 시켰다.

작품세계

1) 신화적 요소

· 북유럽의 옛 설화 + 고대 영어 + 창조한 언어 = 영국을 위한 신화

· 배경 : 영국의 문화적 위기와 국민들의 정체성 부재

직접 창조해낸 언어들과 고대 영어, 그리고 북유럽 문학을 근간으로 '영국을 위한 신화'를 만들려 한 톨킨의 시도는 C.S.루이스를 비롯해 잉클링스 회원들까지 끌어들이려는 전략의 일부였다. 톨킨은 1차 대전 중에 새로운 신화의 첫 장인 『잃어버린 이야기들』을 쓰기 시작했다. 이 시기에 영국은 심각한 위협 앞에 놓여 있었다. 전쟁에서의 패배는 다시 한번 이민족의 속국으로 전락한다는 뜻이었다. 그런 결과를 톨킨은 생각조차 하기 싫어했다. 톨킨은 영웅적 소설을 바탕으로 영국민을 하나로 결집시켜줄, 정체성을 확립하는 일이 톨킨에게는 무엇보다도 화급히 해결해야 할 과제였다

· 신화 창조의 완벽성

-신화적 요소들(땅, 하늘, 인간의 기원)에 대한 납득할 수 있는 설명

-역사적으로 확인 가능한 왕조와 왕국

-지리적으로 인식 가능한 신화

ex) 『반지의 제왕』에 등장하는 엘프, 드워프, 오크 ⇒ 게르만족 원조인 북구 신화에 자주 등장하는 종족.

『반지의 제왕』에 등장하는 엘프, 드워프, 오크 등의 종족은 톨킨만의 독자적인 창조물이라기보다는 유럽 특히 게르만족의 원조라 할 수 있는 북구의 신화에 자주 등장하는 종족들이다. 그러나 톨킨은 이들에게 상세한 정보와 역사, 설명을 덧붙임으로써 이들을 현대에 이르러서도 생생히 살아 움직이는 생명체로 부활시켰다.

2) 선과 악의 대결 구도

· 『실마릴리온』

–인류의 타락에 얽힌 이야기

–중간계의 엘프 ⇒ 아담과 이브

–멜코르에 의한 페아노르의 타락 ⇒ 인류의 타락

『실마릴리온』은 인류의 타락에 얽힌 이야기를 되풀이한다. 악의 세력이 이 세상에 끼어들면서 인류가 무한한 잠재력을 상실했다는 것이다. 이 소설 전체에서 선은 악과 대결을 벌인다. 악은 신의 뜻에서 일탈한 혼에서 비롯된다. 따라서 천국에서 벌어진 사탄의 모반을 개작한 것이라 할 수 있다. 중간계의 엘프들은 에덴 동산의 아담과 이브에 비유된다. 멜코르에 의한 페아노르의 타락은 인류의 타락을 재해석한 것이며, 악에 의한 선의 타락은 그 후에도 끊임없이 되풀이된다. 멜코르는 페아노르를 타락시키고, 사우론의 속임수는 누메노르의 몰락을 재촉하며, 사우론은 사루만의 고결함을 훼손시킨다. 또한 사우론의 반지는 그 반지와 관련된 사람들을 타락시킨다. 타락한 사람들은 그 대가를 치러야 한다. 타락되기 전에 아무리 선하고 지혜롭고 창의력이 뛰어났더라도, 그리고 엄청난 힘을 지녔더라도 예외가 없다. 페아노르, 사루만 등 모두가 죽는다. 누구도 목표를 성취하지 못한다.

· 권선징악

『반지의 제왕』 + 『천로역정The Pilgrim's Progress』 = 권선징악

『천로역정』의 성서(善) ⇒ '반지의 제왕'의 절대반지(惡)

『천로역정』의 제 1부는 주인공 크리스찬이 처자를 버리고 등에 무거운 짐(죄)을 지고, 손에는 한 권의 책(성서)을 들고 고향인 '멸망의 도시'를 떠난다. 그는 여행 도중에 여러 인물들을 만나며, '낙담의 늪, 죽음의 계곡, 허영의 거리'를 지나, 천신만고 끝에 '하늘의 도시'에 당도한다. 여기까지라면 『반지의 제왕』은 그저 그런 『천로역정』의 아류작에 불과하겠지만 톨킨은 크리스찬이 들고 가는 한 권의 책(성서) 대신에, 그의 손에 악의 힘, 절대 권력을 지닌 악의 절대반지를 쥐어 주었다. 그것을 소유했던 수많은 인간들을 욕망의 화신으로 만들어 파멸시킨 바로 그 반지를 말이다. 이로써 절대반지를 통해 선과 악이 대결할 수 있는 요소를 첨가했다고 할 수 있다.

· '정의로운 전쟁'의 존재 가능성

· 절대악의 존재 ⇒ 악惡의 세력에 대한 선善의 대항

· 선의 희생과 그에 따른 보상

ex) 베렌, 루티엔, 간달프, 프로도

이 세상에는 절대악이 존재하고, 그 절대악은 누구라도 타락시킬 수 있기 때문에 선이 절대악에 대항해야만 한다. 따라서 톨킨의 세계에는 평화가 끼어들 틈이 없다. 톨킨은 정의로운 전쟁의 존재 가능성을 믿었다. 예를 들면, 그는 1차 세계 대전과 2차 세계 대전을 악의 체계에 대항한 정의로운 전쟁이었다고 믿었다. 선은 정의로운 전쟁을 위해서 희생을 각오해야만 한다.『실마릴리온』의 베렌과 루티엔,『반지의 제왕』의 간달프와 프로도는 원대한 선善을 위해 목숨을 바쳤다. 물론 그들 모두가 다시 살아나 거룩한 보상을 받았지만 그것은 목숨을 걸고 악의 세력에 대항한 보상이었다.

3) 기독교적인 요소

· 독실한 가톨릭 신자

· 성경 : 톨킨의 신화에서 기본적인 요소

ex)『실마릴리온』의 도입부(아이눌린달레) ⇔ 구약성서의 천지창조

　　　고결하고 강력한 힘의 소유자 ⇔ 하느님

톨킨은 평생을 독실한 가톨릭 신자로 살았다. 따라서 그의 작품 세계에는 본질적으로 기독교적 세계관이 반영되어 있다. 톨킨의 선악에 대한 판단도 기독교적 세계관에서 벗어나지 못한다. 무엇보다도 성경이 톨킨의 신화에서 기본적인 자료로 사용되었다. 예를 들어, '아이눌린달레' 라 불리는『실마릴리온』의 도입부는 구약성서의 천지창조를 재해석한 것으로 볼 수 있으며, 엘프와 인간, 그리고 착한 천사들과 타락한 천사들 간의 관계를 다루는 장면에

서도 이를 확인할 수 있다. 또한 『호빗』에서 절대적인 존재로 인식될 수 있는 강력한 힘의 소유자를 언급하고 있는 부분 역시 기독교에서의 하느님을 떠올릴 수 있는 계기를 마련해준다.

3. 톨킨의 문학과 게임

완전한 세계 창조에의 욕구

톨킨은 자신의 문학세계를 구성해나감에 있어 놀랄 정도의 치밀함을 보였으며 가히 편집증적이라고 생각될 만큼 완벽하면서도 방대한 설정을 창조해내었다. 이러한 그의 엄청난 열정은 여러 동기를 가질 수 있겠지만, 크게 드러난 바로는 톨킨 본인의 언어학적 관심이 큰 역할을 했다고 볼 수 있다. 톨킨은 『호빗』에서 『반지의 제왕』에 이르는 창작의 경위와 그 의미를 보급판 『반지의 제왕』의 서문에서 다음과 같이 설명하고 있다.

"이 이야기는 이야기 속에 대단히 큰 이른바 반지대전쟁의 역사로 되는 것이어서 그에 선행하는 오랜 역사를 자주 틈새로 보여주는 결과로 되었다. 이 작업에 착수한 것은 『호빗』이 쓰여진 직후, 그러니까 1937년에 그것이 출판되기 전의 일이다. 그러나 나는 『호빗』의 속편을 쓰는 일을 그대로 계속하지 않았다. 우선 그 전에 몇 년 전부터 형태를 취하기 시작한 고대의 신화나 전설을 완성해서 정리하고 싶다고 생각하였기 때문이다. 나는 단지 자신의 흥미를 만족시키기 위해서 그것을 말하고 싶었던 것이고, 다른 사람이 그 일에 관심을 갖는 것은 정말로 기대하지 않았다. 특히 그것을 내가 쓰고자 한 것은 주로 언어학적 관심이고 엘프의 언어에 '역사'적 배경을 주기 위해서 시작했던 것이다."

톨킨은 언어와 신화, 종족과 역사를 창조 해 내는 데 그치지 않고, 그 세계의 지리, 날씨와 기후, 식생을 포함하는 현실 세계의 거의 모든 구성요소 (심지어는 광물, 농업, 정치체계와 인구밀도, 인종 언어, 교통로, 집의 종류까지)를 손수 창조해 내었다. 자칫 지루하고 부자연스러울 수도 있는 이것들을 표현하는 경지를 넘어서서 상상 속의 설정을 진짜처럼 보이는 데 없어서는 안 될 각각의 요소들을 조심스럽게 혼합하여 내재된 현실과의 연관성을 보이는 양질의 완성품을 내놓았다.

1950~60년대를 관통한 두 가지 대중문화의 흐름 : 워게임과 『반지의 제왕』

1) 워게임

RPG의 뿌리는 TRPG, 그렇다면 TRPG의 뿌리는?

결론부터 말하자. TRPG의 뿌리는 워게임이다.

워게임에서부터 RPG가 만들어지고 지금처럼 퍼지게 된 것이다. 워게임은 아주 예전부터 다시 말해 전쟁이 있으면서부터 있어 왔다. 전쟁터에서 벌어지는 일들을 시뮬레이트한다는 이 아이디어는 이미 4000년 전부터 게임으로서 만들어져 있었다. 지금도 많은 사람이 즐기고 있는 체스, 장기, 바둑 등도 이런 워게임의 분류에 들어간다고 할 수 있다. 하지만 정말 워게임이라고 부를만한 게임은 19세기 초반에 프러시아에서 만들어졌다.

<크라이프슈필Kreifspiel>(워게임이라는 뜻)이라고 하는 이 게임은 '모래 바닥'에 마커들을 올려놓아 군대를 표시하고 전쟁 상황에서의 랜덤성을 주 사위를 굴려 결정하게 했다. 나중에 영국도 자체 개발한 워게임을 가지게 되 었고 이런 워게임은 점점 퍼져 전술과 군대의 운영 등을 훈련하기 위한 목적 으로 계속 사용되게 되었다. 마치 지금 플라이트 시뮬레이터나 팔콘 같은 게 임이 공군의 파일럿들의 훈련용으로 사용되는 것과 마찬가지로 말이다.

워게임의 새 지평을 연 H. G. 웰스

RPG의 아버지가 <D&D>를 만든 게리 가이각스Gary Gygax와 데이빗 아네슨David Arneson이라고 한다면 RPG의 할아버지는 SF의 거장 H. G. 웰스다. 웰스는 군대에서만 사용하던 이런 워게임을 아마쥬어들이 할 수 있게끔 한 사람이다. 1915년 그는 <리틀 워Little Wars>라는 타이틀 로 아마쥬어용의 워게임 룰을 발매하게 된다. 이 책은 지금은 워게이머 들에겐 바이블로 통하고 있다. 웰스는 또 미니어쳐 피겨들을 사용해서 군대를 표시하게 해서 전장의 느낌과 참가하는 감각을 더 높이도록 하 자고 처음으로 말한 사람이기도 하다.

이 <리틀 워>는 상당한 인기를 얻었고 많은 사람들이 이 책을 이용해서 워게임을 즐기기 시작하게 되었다. 하지만 워게임이 진정하게 붐을 일으 키는 것은 훨씬 뒤의 이야기다. 1953년 찰스 로버츠Chales Roberts는 처음으로 상업적으로 판매되는 '보드' 워게임을 만들었다. 이 찰스 로버 츠는 아발론 힐Avalon-Hill Game Company이라는 회사를 만들게 되고 이 회사는 세상에서 가장 큰 게임 회사로서 자리를 잡게 된다.

60년대에서 70년대에 워게임은 미국에서는 최고의 인기를 누리게 된다. "마약을 하지 않고 밥 딜런의 음악을 듣지 않는 젊은이가 있다면 그는 워게임을 하고 있을 것"이라고 할 정도로 워게임은 인기의 절정을 누리게 된다. 워게임은 곧 게임이 아니라 산업으로 불릴 정도가 되었다. 대규모의 체계적으로 구성된 팬클럽들은 자신들 만의 룰이나 변형을 만들어 판매하게 되었고 비슷한 시기에 퍼진 SF만큼이나 적극적인 팬 활동이 전개되어 가고, 서로서로에게 영향을 주고 있었다.

2) 『반지의 제왕』

『반지의 제왕』이 1954년부터 55년에 걸쳐 최초로 간행 된 이후, 10년이 지난 1965년부터는 기존에 하드커버로 공급되고 있었던 작품이 보급판으로 출판되기 시작했다. 이 사건에 의해서 예상할 수 없었던 센세이셔널한 상황이 나타나게 되는데, 일부의 애호가들에게만 읽혔던 작품이 염가판 간행에 의해서 독자층이 일거에 넓어지고, 『반지의 제왕』을 읽는 것이 흐름이 된 것이다. 특히 본국인 영국, 미국에서는 젊은이들을 중심으로 폭발적인 톨킨붐이 일어난다. 이것은 당시 미국의 젊은 세대를 중심으로 일고 있었던 대항문화Counter Culture의 흐름에 크게 힘입은 것이기도 하다. 나이젤 웸스리는 그러한 현상을 반지의 제왕이 가진 비현실적인 측면에 입각하여 다음과 같이 설명하고 있다.

"『반지의 제왕』은 1965년부터 68년까지의 대항문화 성숙기에 '불만에 찬 서양 중류계급출신의 청년들에 의해서 표출된 시대정신의 상징적이고 은유적인 표현'이다."

그는 『반지의 제왕』이 작품을 읽는 독자에게 현실에서 벗어난 '환각적 경험'을 하게 해 주며, 작품에 내재된 상상적 독창성이 가미되어 시장성에 깊이 작용했다고 이야기한다.

워게임, 반지의 제왕 그 운명적 만남과 〈D&D〉의 탄생

워게임과 『반지의 제왕』의 만남은 가히 운명적이었다고도 말 할 수 있다. 워게임과 반지의 제왕은 당시 젊은이들의 문화를 관통하는 큰 흐름이었으며, 서로가 서로를 강하게 끌어당기는 측면이 있었다. 『반지의 제왕』에 매료된 젊은이들은 자연스럽게 당시 재미있게 즐기던 워 게임에 『반지의 제왕』의 설정을 가져다 사용하기 시작했다. 사람들은 더 이상 게티스버그 전투를 재현하기 보다는 헬름 협곡의 결전을 재현하고 싶어 했다. 나폴레옹 전쟁의 자리는 반지 전쟁이 차지하게 되었다. 군인, 기병, 포병 등으로 대표되던 미니어처들은 고블린, 오크, 엘프 등으로 바뀌어가기 시작했다.

그러나 비교적 (현재의 D&D 룰에 비해) 단순했던 워게임의 룰만으로는, 『반지의 제왕』의 방대하고도 세세한 설정을 모두 게임에 반영한다는 사실은 불가능에 가까웠다. 게임 플레이어 간의 세력비의 불균형문제, 간략화 될 수 밖에 없는 각종 게임 내 수치계산, 캐릭터의 성격 구현이 힘들며 거기다 워게임의 특성상 '하나의' 전투로 게임이 끝나게 됨으로써 그 뒤의 이야기를 그린

다는 것이 애초에 불가능하기에 서사성의 구현이 힘들어지는 등의 문제가 나타나게 되었으며, 이를 극복하기 위해 많은 노력이 기울어진다.

당시의 많은 청년들과 같이, 『반지의 제왕』에 세례를 받은 게리 가이각스와 데이빗 아네슨이라는 두 명의 청년이 『반지의 제왕』의 작품세계를 가지고 더욱 더 리얼하게, 능동적으로 체험하는 방법이 없을까 고심하던 차에 하나의 게임 시스템을 완성시킨다. 〈던전 앤드 드래곤즈Dungeons & Dragons〉(TSR 제작, 1974년. 줄여서 〈D&D〉로 표기)이 그것이다. 〈D&D〉는 흔히 TTRPG, 즉 테이블 토크 RPG라고 불리는 역할극 보드게임의 시초이다.

〈D&D〉는 기존의 워게임, 그리고 『반지의 제왕』의 인기에 힘입어 선풍적인 인기를 누리게 된다. 그러한 인기의 바탕에는 대항문화의 물결 또한 한 몫을 했다. 다음은 그와 관련된 신문기사이다.

고전 연극은 카타르시스가 생명이다. 관객은 무대 위의 연기자와 자신을 동일시하며 감정의 정화를 느낀다. 하지만 69년 미국 뉴욕의 작은 전원도시 야거스의 우드스탁에서 45만 명이 보여줬듯 60~70년대 미국 대학생들은 얌전히 자리에 앉아서 눈물을 흘리는 세대는 아니었다.

그런 의미에서 70년대 TRPG는 『반지의 제왕』과 함께 대항문화Counter Culture의 수혜를 받은 셈이다. 베르히트가 소외효과로 셰익스피어적 연극 전통에 대들었던 것과 다른 방식으로 대학생들은 더 이상 객석에 머물지 않고 "여럿이 모여 캐릭터를 연기하며 놀아보자"며 자발적인 TRPG의 세계로 뛰어들었다. (임상훈, 일간 스포츠, 2003. 8. 28)

〈D&D〉와 컴퓨터 게임

1) RPG 게임

컴퓨터가 일반에 보급됨에 따라 컴퓨터를 이용한 놀이, 즉 컴퓨터 게임이 등장하게 되었다. 컴퓨터 게임은 기본적으로 다음과 같은 구성을 취하고 있다. 우선 모니터를 통해 전기적 정보를 가독적 메시지로 표시하고, 그것을 인지한 게이머가 키보드 등의 입력장치를 통해 반응을 입력하면 그 반작용이 다시 컴퓨터 모니터를 통해 출력된다.

『반지의 제왕』과 〈D&D〉에 큰 영향을 받은 60~70년대 미국 청소년들은 이후 그들의 성장에 맞추어 보급되기 시작한 개인용 컴퓨터를 이용하여 초기 컴퓨터게임을 즐기게 되었고, 마침내 직접 컴퓨터 게임을 제작 해 내기에 이르렀다. 물론 그들이 제작 한 컴퓨터 게임에, 『반지의 제왕』과 〈D&D〉가 지대한 영향을 미쳤음은 설명 할 필요조차 없을 것이다. 『반지의 제왕』과 〈D&D〉의 영향을 받아 만들어진 대표적인 게임으로는 〈울티마〉와 〈위저드리〉를 들 수 있는데 이 게임들은 초기 컴퓨터 RPG 게임의 원형을 확립한 기념비적인 작품들이다.

1981년에 리차드 개리엇이라는 19세 영국 태생 소년이, 이후 등장하는 모든 컴퓨터 RPG의 시조라고 할 수 있는 게임을 내놓게 되는데, 이것이 바로 그 유명한 〈울티마Ultima〉이다. 이 게임은 출시와 동시에 기존의 게임들과 확연히 차별되는 특성으로 엄청난 반향을 불러일으키게 된다. 그 요소란 바로 서사성인데, 당시의 초기 컴퓨터게임들은 주로 내러티브가 부재된, 단순한 순발력 위주의 액션이나 스포츠 장르가 주류를 이루고 있었다. 그러한 상황에서, 〈울티마〉가 던진 '서사성'이라는 화두는 게이머들의 경탄을 자아내

〈울티마 1: The First Dark Age〉의 스토리

브리티쉬가 샤미노를 만났을 즈음 소서리아에는 몬데인이라는 마법사가 살고 있었다. 그는 암흑의 힘에 깊이 매료되어 있었고 이로 인해 높은 명성을 가진 아버지와 분쟁을 피할 수 없었다. 그 분쟁은 결국 몬데인으로 하여금 아버지를 살해하게 만들었으며, 몬데인은 이를 기점으로 완전한 악의 세계에 빠지게 되었다. 몬데인은 아버지를 살해하고 얻게 된 보석으로 악의 상징인 검은 보석을 만들었고 이는 소서리아에 심각한 위협으로 다가왔다. 로드 브리티쉬는 몬데인을 없애고자 다른 세계에서 이방인을 소환하였다. 문게이트를 통해서 온 이방인은 진실과 정의에 대한 끝없는 노력으로 위대한 영웅으로 성장하여, 결국 악의 보석을 파괴하고 몬데인을 죽여 소서리아에 평화를 가져다 주었다.

기에 충분했다. 게이머들은 〈울티마〉의 주인공인 아바타를 말 그대로 자신의 분신으로 여기게 될 정도로 게임에 몰입하게 되었고 이후 RPG는 컴퓨터 게임 중에서도 독보적인 위치를 차지하게 되었다. 리차드 개리엇은 D&D 세대답게 그를 기반으로 하여 게임을 제작했고 이후 시리즈를 거듭하면서 이어지는 장대한 스토리와 더욱 세밀하고 방대한 세계관을 구축하여 하나의 '울티마 월드'를 이루게 된다.

〈울티마〉와 〈위저드리〉와 같은 미국식 RPG들은 이후 일본의 〈드래곤퀘스트〉나 〈파이널판타지〉와 같은 RPG의 모태가 되었다. 방대한 자유도 아래 세계관과 배경을 만끽할 수 있으나 반면에 접근하기 어려운 느낌을 주는 미국식 RPG와 비교해 일본식 RPG는 복잡한 D&D 룰을 간략화 함과 동시에 스토리를 강조하게 되었다. 그로 인해 RPG의 근본 요소라 할 수 있는 자유로운 스토리 진행을 포기하게 되었지만, 덩그러니 세계에 던져져 있다는 느낌을 주었던 기존 서양의 RPG들에 비해서 보다 명확한 목표와 서사를 지니게 되어, 게이머로 하여금 게임에 쉽게 몰입할 수 있게 하였다. 이후 미국식 RPG와 일본식 RPG는 위와 같은 각자 다른 노선을 따라 발전하게 된다.

〈드래곤 퀘스트〉는 호리이 유우지라는 프로듀서 1인의 작품이라는 느낌이 강하게 드는 게임으로 그의 시나리오에 전적으로 의존하여 마치 한편의 문학 작품을 감상하는 것과 같은 느낌을 주며 이후 이러한 노선(RPG라는 게임을 보다 재미있게 하기 위해 시나리오가 존재한다는 노선)을 꾸준히 유지해 온다.

〈파이널 판타지〉는 초기에 〈드래곤퀘스트〉의 아류로 시작하였으나 그와 달리 그런 일직선형 스토리 RPG로서의 정당성 내지는 설득력을 얻기 위해 다양한 노력을 기울였다. 특히 최근의 시리즈에 이르러서는 제작자에 의해 의도된 내러티브 과정의 일방적인 체험 구조가 과거에 비해 더욱 더 강화되어 게임의 자유도가 매우 낮아진 대신, 그와 같은 구조가 아니고서는 실현이 불가능할 정도의 화려한 영상과 음악으로 무장하여 유저들을 매혹하고 있다. 기존의 액션과 리액션을 강조했던 게임들의 형식에서 벗어나, 점차 '인터랙티브 무비interactive movie' 가 되고 있는 것이다.

일본식 RPG들은 기본적으로 시나리오 전달 위주의 방식을 취하고 있는 작품들이 대부분이며, 게임 시스템에 있어서는 매우 기본적인 요소 (HP/MP 등 각종 스테이터스의 존재와 레벨업 요소 등)들은 그런대로 유지하면서, 각 제작사들의 개성이 담긴 여러 가지 참신한 시스템들을 도입하여, 나름의 방

식으로 RPG라는 장르를 발전시켜왔다고 말할 수 있다. 특히 게임의 시스템
이 점차 복잡, 다양화되면서 각종 장르들의 특성이 융합된 신 개념 RPG들이
많이 등장하게 되었다.

또한 '제작자가 유저에게 전달하고자 하는 바를 확실하게 전달하기 위한
효과적인 수단'으로서 시나리오가 게임 전면에 대두되게 됨으로써, 극단적
으로 스토리의 전달만을 추구하는 게임들도 등장하게 된다. 바로 〈제노기어
스〉나 〈제노 사가〉와 같은 게임들이다.

위와 같은 게임들은 게임의 형식을 취하고 있음에도 불구하고 매우 강한
문학적 특성을 지닌다. 게임이 지닌 태생적 의미, 즉 프로그램과의 작용과 반
작용을 통해 얻는 즐거움 보다는, 가상의 현실을 체험하며 얻는 문학적 즐거
움을 더욱 강조한 이른바 '참여문학형' 게임인 것이다. 이는 태초에 게임이
〈D&D〉를 경유하여 소설로부터 차용한 게임 내 '서사'라는 요소가, 기술의
발전과 더불어 컴퓨터 게임의 방향성이 점차 '가상현실의 생생한 체험'으로
옮겨감에 따라 더욱 강화되었음을 보여준다.

일본 RPG의 대표적인 작품으로는 〈드래곤 퀘스트〉와 〈파이널 판타지〉 외
에, 〈스타오션〉 시리즈나 〈테일즈〉 시리즈, 〈여신전생〉 시리즈 등이 있으며,
타 장르와 복합된 게임으로 〈성검전설〉 시리즈, 〈오우거〉 시리즈, 〈랑그릿사〉
시리즈, 〈이스〉 시리즈, 〈젤다〉 시리즈 등이 있다.

미국식 RPG에는 D&D룰을 거의 완벽하게 재현한 〈발더스 게이트〉 시리즈,
극한의 자유도를 갖춘 〈엘더 스크롤〉 시리즈 등의 게임들이 인기를 끌었다.

2) 리얼리즘적 측면

앞서 말한 바 있듯이, 기술의 발전은 컴퓨터 게임의 발전에 하나의 방향성을 제시했다. 기술이 발전하게 되면서 게이머들이 우선 원했던 것은 좀 더 복잡하고 정확하게 구현된 시스템이 아니라, 더욱 생생하게 눈앞으로 다가오는 게임의 세상이었다. 제작자들은 그것을 알고, 새로운 기술이 개발되기가 무섭게 게임에 활용하게 되었다. 그것은 곧 판매로 보답되었고, 그러한 수요를 바탕으로 꾸준한 공급이 이루어지면서 컴퓨터 기술의 발전은 더욱 가속되게 된다. 좀 더 생생하게, 좀 더 그럴듯하게, 도트 몇 조각으로, 겨우 선 몇 개로 이루어진 몬스터와 중간계가 아닌, 복잡하고 세밀한 와이어 프레임과 아름다운 환경매핑, 리얼한 물리법칙이 적용되는 현실과 같은 세상을 게이머들은 꿈꾸게 되었다. 그것은 바로 '리얼리티Reality'라고 바꾸어 말할 수 있는 요소로, 가상적 현실을 보다 생생하게 체험하고픈 수용자의 욕구가 반영되었다고 볼 수 있다. 물론 위와 같은 그래픽적, 물리적, 사운드적 발전이 이루어지면서, 점차로 현실의 상황과 유사한 게임, 좀 더 자유로운 선택이 가능한 게임을 원하는 목소리 또한 높아져 갔다.

그러므로 이러한 리얼리티는 크게 두 가지로 나누어서 생각 해 볼 수 있다.

① 자유도, 현실유사성

우선 자유도라고 흔히 이야기하는 현실과의 상황적 유사성의 구현이다. 이것은 〈울티마〉를 위시한 서양 RPG 게임들에서 주로 중시되고 있는 요소로서, 게임을 진행해나감에 있어 게이머에게 비록 제한된 프로그램 안에서의 과정일지라도 일정 수준의 자유를 보장해주는 구조로 되어있다. 예를 들자면 〈발더스 게이트〉 시리즈나 〈울티마〉 시리즈들에서, NPC를 적대시하고, 심지어는 그들을 죽일 수도 있다는 것인데, 일본식 RPG에 익숙해진 사람들에게는 꽤나 충격으로 다가오는 시스템이다. 일본식 RPG에서는 서사성과 함께 필연적으로 캐릭터성이 강조된다. 마을에서 만난 A라는 아저씨는 일본식 RPG에서는 '꼭 그와 이야기를 나눠야만 다음 이벤트가 진행되는' 중요 인물일 경우가 많다. 그 캐릭터는 제작자로부터 부여받은 일정한 내러티브를 게이머에게 전달할 큰 사명을 가지고 있으며, 그것이 이루어져야만 게임의 다음 이야기 구조로 매끄럽게 진행 될 수 있을 것이므로, 그런 아저씨 A가 쉽게 죽거나 해서는 안 될 것이다. 필연적으로 시스템적으로 닫힌 상태가 되고 만다.

위와 같은 자유도의 구현을 위해서는 결국 프로그램적으로 고도의 기술이 필요함은 물론 내러티브의 전달 구조에 있어서도 다양한 방식이 강구되어야 함을 추측해 볼 수 있다. 일본식 RPG 에서는 이러한 열린 구조를 택하지 않고 있는데, 선택지를 제작자가 제한함으로써 더욱 드라마틱하고, 몰입하기 쉬운 이야기 구조를 가질 수 있었던 것이다.

② 존재감, 세계 실존감

다음으로, 게임 속의 세계가 '마치 실제로 존재하고 있는 듯한 느낌', 즉 게임 세계의 실존감을 이야기할 수 있다. 게임은 여러 가지 요소를 통해 이 실존감을 피력하는데, 앞서 말한 그래픽 (색감의 다양화, 고해상도화, 3D의 도입), 물리법칙이나 빛 등의 환경 표현, 효과음이나 캐릭터들의 음성과 같은 외적 요소를 우선 손쉽게 꼽아볼 수 있다. 그러나 우리들은 〈삼국지 2〉를 즐기면서 마치 자신이 실제로 군주가 된 듯한 느낌을 받는다. 화면에 표시되는 것은 (당시로서는 물론 대단했지만) 덩그러니 놓여진 지도일 뿐이고, 모든 수치들은 단순히 숫자로만 표시되어 현재의 게임들에 비하면 대단히 표현적으로 미비하다고 느껴진다.

하지만 〈삼국지2〉에서, 광대한 중원의 존재를 느끼게 되는 것은, 게임을 진행함에 있어서만큼은 마치 그 세계 한 가운데에 자신이 서 있는 듯한 느낌을 받는 이유는 무엇인가. 그것은, 비록 표현 방식에 있어서 세련됨이 좀 떨어지더라도, 게임이라는 매체가 가지는 본질적 특성에 기인한다고 설명할 수 있다.

게임은 '제작자가 인식한 세상'을 나름의 '알고리즘'을 통해 재구성한 것이다. 그러므로 게임은 그 자체로 하나의 완결된 세계이며, 게이머는 그 속에 몰입함으로써 게임의 세계를 직접 체험하게 된다. 게이머는 그 세계 속에서 세계의 법칙을 지키며 정말로 그 게임의 세계가 존재하는 듯한 느낌을 받게 되는 것이다. 이것은 톨킨이 추구했던 '완벽한 세계의 구성'과도 상통하는 부분이다. 톨킨은 문학사에 있어 전무후무한 광대한 규모의 허구적 세계관을 빈틈없이 구성하고자 했으며, 독자들은 그의 작품에 열광했다. 그것은 기존의 현실 답습적인 문학작품에서 벗어나 그럴듯한 허구를 너무나도 '실존감 있게' 전달해왔기 때문이다. 또한 그러한 광대한 모험의 이야기를, 주인공들의 시점에서 최대한 가깝게 전달하였으며, 소설을 읽는 독자들은 소설 속의 주인공들을 지켜보며, 그들과 함께 중간계를 탐험하는 듯한 느낌을 받게 된다.

게임과 소설이 서로 닮아있다고 할 때, 〈반지의 제왕〉과 게임의 유대는 더더욱 깊다. 〈반지의 제왕〉을 읽는 감각은, 오늘날 게임을 플레이하는 게이머의 감각과 크게 상통하는 부분이 있다.

3) 온라인 RPG와 게임 속의 리얼리티

게임의 리얼리티 추구는 기술의 발전과 함께 점점 고도화되어, 마침내는 온라인 RPG가 출현하게 된다. 온라인 RPG는 앞서 설명한 현실 유사성과 세계 실존감을 세밀하게 프로그램된 NPC나 감동적으로 연출된 이벤트가 아닌, 게임을 플레이하는 유저들 상호간의 커뮤니케이션을 통해 동시에 이루어내고 있다. 큰 스토리 (배경설정)와 세계의 법칙 (게임시스템)은 제작자들이 제시해주지만, 게임 내의 이벤트, 즉 사건의 구성에 있어서는 전적으로 유저들 스스로의 힘에 의지하고 있는 것이다.

위에서 제시한 두 번째 리얼리티, 즉 세계 실존감은 초기게임을 벗어나 내러티브 구조를 갖추기 시작한 모든 게임에 반영되어있다. 프로그래머는 현실 세계를 기반으로 제 2의 세계를 창조하며 그렇게 창조된 세계는 매우 강한 존재감을 가진다. 이러한 존재감과 임장감이야말로 게이머로 하여금 게임에 몰입하게 만드는 중요한 요소가 아닐 수 없다. 비단 RPG 게임만이 아니라, 레이싱 게임, 스포츠 게임, 각종 시뮬레이션게임에 이르기까지 수많은 게임들이 그 존재감을 유저를 통해 확인받고 있다.

(예상배, 채덕성, 김성권, 고현국, 강정우)

참고문헌

마이클 화이트, 『톨킨-판타지의 제왕』, 작가정신.

앤드류 블레이크, 『30분에 읽는 톨킨』, 중앙M&B.

데이비드 데이, 『톨킨 백과사전Tolkien, the illustrated encyclopaedia』,
해나무.

케렌 윈 폰스테드, 『지도로 보는 반지의 제왕』, 황금가지.

송태현, 『톨킨, 루이스, 롤링의 환상 세계와 기독교』, 살림지식총서.

험프리 카펜터, 『톨킨 전기』, 해나무.

조지프 피어스, 『톨킨 – 인간과 신화』, 자음과 모음.

테이블 토크 롤플레잉 게임(TRPG) 〈던전 앤드 드래곤즈〉

1. TRPG의 개요

TRPG는 'Table-talking Role Playing Game'의 약자로 이름 그대로 '탁자에서 대화를 통해 역할을 연기하는 놀이'라는 뜻이다. TRPG는 캐릭터를 만드는 법과 보물과 몬스터 등에 대한 정보가 나와 있는 '룰북Rule-book'과 여러 종류의 주사위, 그리고 '캐릭터 시트Character sheet'라고 불리는 한 장의 종이와 필기도구만 있으면 할 수 있는 간단한 게임이다. 그러나 이는 필요한 도구를 나열한 것일 뿐 TRPG에서 중요한 것은 '도구'들이 아닌 '사람'이기 때문에 그 내용을 들여다보면 그렇게 간단하지는 않다.

게임 참여자는 그 역할에 따라 '던전마스터(이하 DM)'와 '플레이어'로 나뉘는데 DM은 '캠페인'이라고 불리는 세계관을 조직하고 '시나리오'라고 불리는 게임의 흐름을 이끌어 나가는 '진행자'이자 '화자Story Teller'며 그 세계의 법칙을 정하고 관장하는 역할을 맡는다. 플레이어는 DM이 정한 룰과 그 규칙의 세계 안에서 살아가고 모험하는 '캐릭터'를 움직이게 된다.

TRPG는 1974년 미국 TSR사가 출시한 〈던전 앤드 드래곤즈Dungeons & Dragons〉(이하 〈D&D〉)에서부터 정식으로 시작되었다고 할 수 있다. 물론 이전에도 TRPG 형태의 '말'로 하는 게임이 존재했으나 '게임'으로서의 형태와 룰을 갖추고 그 모습이 확립된 것은 〈D&D〉가 최초이다.

대표적인 TRPG의 시스템은 위에서 말한 TSR(현재는 위저드 코스트 Wizard Coast사에 합병)의 〈D&D〉 시리즈와 카오지움사에서 출시한 〈룬 퀘스트Rune Quest〉, 〈터널 앤 트롤Tunnels & Trolls〉(이하 〈T&T〉), 그리고 일본에서 만든 시스템인 〈소드월드〉, 마지막으로 최근 각광받고 있으며 〈D&D〉시리즈와 함께 TRPG계를 양분하고 있는 범용룰인 〈GURPS (Generic Using Role Playing System)〉 등이 있다.

놀이의 시작과 끝 내내 대화로 이루어지는 '말' 뿐인 놀이가 3D 영상과 입

〈그림 1〉 〈D&D〉의 룰북

체음향이 고도로 발전한 게임이 즐비한 현 시대에 아직도 그 명맥이 끊이지 않을 뿐 아니라 우리나라를 비롯하여 여러 나라에서 해마다 그 동호인들이 늘어나는 이유가 무엇인지는 생각해 볼 문제이다. 앞으로의 논의는 TRPG의 시초이며 아직도 사랑받고 있는 〈D&D〉의 룰을 중심으로 이루어질 것이다.

2. 〈던전 앤드 드래곤즈〉

제목의 의미

〈던전 앤드 드래곤즈〉에서 '던전'은 '성내의 지하감옥', '아성' 등을 의미하며 판타지 소설 등에서는 '몬스터가 사는 미궁'을 의미한다. 한편 '드래곤'은 동양의 '용'과 비슷한 상상의 동물이자 지상최강의 생명체로 많은 판타지 소설에서 '세계의 관리자'의 역할을 하고 있는 종족이다. 이러한 던전과 드래곤에 관련된 얘기가 〈D&D〉라는 TRPG 시스템의 근간이 된다. 다소 단편적이라고 할 수 있는 〈D&D〉의 작명에 대해서는 당시 〈D&D〉의 개발에 참여했던 개발자의 한 사람인 프랭크 멘처Frank Mentzer의 말에서 이유를 찾을 수 있다.

"던전과 드래곤은 모두 현실에는 존재하지 않는 상상의 산물입니다. 던전이 '공간적인 상상'으로 인해 탄생되었다면 드래곤은 그 세계 안의 '상상적인 인물과 캐릭터를 대표하는 존재'라고 할 수 있죠. 즉, 이름을 '던전과 드래곤'이라고 지은 자체가 상상력과 공상력에 의한 세계를 나타낸다고 할 수 있는 것입니다."

　　전형적인 던전은 『반지의 제왕』에서 발록이 사는 '모리아의 미궁' 이라고 할 수 있으나 『퇴마록』' '세계편' 에서 '블랙서클' 의 마스터가 있는 뉴욕의 '빌딩지하' 도 충분히 던전이라 할 수 있다. 또한 몬스터는 나오지 않지만 영화 『큐브』에 등장하는 그 입체의 방 역시 전형적인 던전이라 부를 수 있는 것이다. 왜냐하면 판타지에서 던전은 '몬스터와 함정이 존재하는 공간' 이기 때문이다. 원래 던전의 기원은 그리스신화에서 '미노타우르스' 가 사는 '크레타섬' 의 미궁 '라비린토스' 에서 찾을 수 있다. 영웅 '테세우스' 는 '미노스' 왕의 딸 '아리아드네' 와 사랑에 빠지게 되어 그녀가 가르쳐준 방법으로 미노타우르스를 쓰러뜨리고 라비린토스를 탈출할 수 있었다.

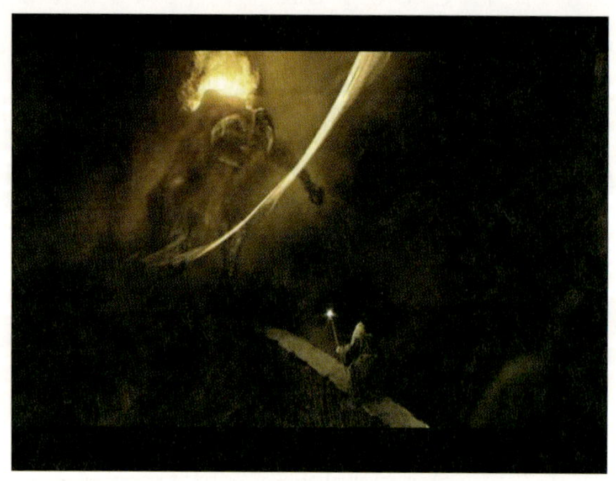

〈그림 2〉 모리아의 미궁(영화 〈반지의 제왕〉의 한 장면)

　1 이우혁에 의해 1993년부터 2001년에 걸쳐 출간된 한국형 판타지 소설. 이영도의 『드래곤라자』와 함께 한국형 판타지의 효시로 꼽히는 작품.

〈그림 3〉 영화 『큐브』의 한 장면

던전은 인간 내면 깊은 곳의 심리를 표현한다. 대부분의 던전은 겉으로 보기에는 신을 모시는 신전과 별 차이가 없지만, 그 내부는 각종 흉악한 몬스터와 예기치 못한 함정으로 가득 차 있어 침입자의 목숨을 위협하는 공간이라 할 수 있다. 이런 점에서 던전은 인간의 이중적인 성격을 나타내며 TRPG에서는 이러한 던전의 탐사를 통해 평소 외부로 표출하지 못했던 내면의 심리적 응어리를 해소하는 면이 있다고 볼 수 있다.

드래곤은 여러 중동지역의 설화나 북구 신화 등에서 찾을 수 있으나 본격적으로 이것이 악의 상징으로 쓰인 것은 성경에서 그 기원을 찾을 수 있다. 특히 '붉은 용'으로 표현되는 레드 드래곤은 사악함과 간교함의 화신이며 모든 악의 원천이다. 성경에서는 사탄을 드래곤으로 표현함으로써 드래곤을 '악의 대명사'로 만들었다. 성경 이전의 각종 신화와 설화에 등장하는 드래곤들은 모두 현재 드래곤의 이미지와는 차이가 있는 '뱀'에 가까운 형상들이다. 우리가 환타지 소설 등에서 접하는 드래곤의 모습은 중세 이후의 화가들이 드래곤을 퇴치하는 '성 게오르기우스'의 모습을 그림으로 표현하면서 정착되었다고 할 수 있다. 여기서 드래곤은 지금의 '큰 도마뱀의 몸체에 날개가 달린' 형상으로 표현이 되고 있다.

드래곤은 성경에 나오는 바와 같이 그 속성이 '사악'하다. TSR은 신과 대적하는 거대한 악마의 형상을 게임에 도입하였다. 기독교 세계에서 신은 절대신이며 전지전능한 신이다. 그런 신과 대적할 수 있는 존재라면 마땅히 '물질계(중간계)의 최강존재'에 어울린다고 판단한 것이다. 나아가 단순히 악한 드래곤만 존재하는 설정에 대해 회의하게 되고 '빛과 그림자', '동전의 양면'이라는 태초부터 내려오는 선악의 개념에 의해 선한 드래곤들도 만들어지게 되었다.

당초 초창기 버전인 클래식에서는 드래곤의 종류가 6종(골드, 블랙, 레드, 화이트, 그린, 블루)이었고 그중 선한 드래곤은 '골드드래곤' 뿐이었다(마스터 룰에 등장하는 '보석드래곤'과 '드래곤지배자'는 제외). 선악의 대립구도와 힘의 균형에 대한 논의가 활발히 진행되면서 그 후속작에는 '실버드래곤'이라는 또 다른 드래곤이 등장했으며 근래의 세 번째 버전에 와서는 사악한 드래곤인 '크로매틱 드래곤' 5종(레드, 블루, 그린, 블랙, 화이트)과 선한 드래곤인 '메탈릭 드래곤' 5종(골드, 실버, 브론즈, 브래스, 카퍼)의 구도가 갖춰졌다.

클래스Classes

〈D&D〉는 그 모티브를 J. R. R. 톨킨의 『반지의 제왕』에서 가져왔다. 초창기의 〈D&D〉, 즉 '클래식Classic'이라고 불리는 초기 버전은 『반지의 제왕』

〈그림 4〉 실버드래곤

의 캐릭터들을 따서 그 '클래스Classes'를 만들었다. 클래스란 쉽게 말해서 직업과 같은 것인데 클래식 버전에서는 전사, 마법사, 도적, 성직자, 엘프, 드워프, 하프링의 모두 7가지 클래스가 등장한다. 전사는 '보르미르', 마법사는 '갠달프', 도적은 '아라곤', 성직자는 '갈라드리엘', 엘프는 '레골라스', 드워프는 '김리', 하프링은 '프로도'를 모티브로 따왔다고 할 수 있다.

처음에 이 게임이 나왔을 때는 『반지의 제왕』을 그 배경과 모델로 했다는 자체만으로도 큰 반향을 불러일으켰다. 그러나 『반지의 제왕』에 나오는 캐릭터를 담아내는 것은 물론이고, TRPG 게이머들의 역할에 대한 요구수준을 채워주기에 클래식 버전은 부족한 점이 많았다. 이를 보완하기 위해 추가적인 룰과 변형된 룰을 담아 출시된 것이 바로 〈AD&D(Advanced D&D)〉이다. 이름 그대로 '향상된 D&D 시스템'을 말하는데 여기서는 '클래스'와 '종족'을 나누고 캐릭터들의 '가치관'을 9단계로 변경하는 등 매우 혁신적인 변화가 일어났다. 처음에는 보완의 성격이 강했던 〈AD&D〉였지만 차츰 독자적인 버전으로 굳어지게 되었고 이것이 〈D&D〉시리즈의 두 번째 버전이 되었다.

　이후 한 캐릭터가 여러 클래스를 가지는 '멀티클래스'의 개념과 같은 클래스라도 능력이 다르다는 것을 인정하는 '재능Feat'과 '기술Skill'의 개념이 도입되고, 또한 전투에 있어서도 이전보다 '리얼리티'를 살리는 '배틀필드Battle Field'와 '기회공격'의 개념이 도입되는 등 여러 혁신적이고 복잡한 룰들이 추가되어 제3차 개정판이라는 〈서드Third〉가 나오게 되었다. 이 후의 설명은 이 〈서드〉를 중심으로 하고자 한다.

가치관Alignments

　〈D&D〉는 클래식 버전 때 가치관을 3단계로 구분했는데 그것은 '도덕적', '중립적', '이기적'의 3가지였다. 그런데 이런 식의 구분은 사람의 다양한 가치관을 담아내기엔 부족함을 느끼게 한다. 프로도를 도와 반지원정대의 일원으로 나서지만 중간에 반지의 유혹에 빠져 프로도로부터 절대반지를 뺏으려 했으나 결정적인 순간에 일행을 구하고 대신 목숨을 잃은 '보르미르'는 '도덕적'으로 보아야 하는가, 아니면 '이기적'으로 보아야 하는가. 협곡에

〈그림 5〉 비디오게임 〈던전 앤드 드래곤즈〉의 캐릭터 선택화면

들어온 모든 살아있는 생명체를 살해했으나 아라곤이 내민 '이실두르의 검' 을 보고는 옛 맹세를 지켜 주인공들을 도운 '망령기사' 들은 '도덕적' 인가 '이기적' 인가? 이러한 불만과 의문이 받아들여져 〈AD&D〉에서는 가치관을 9단계로 재편한다. 9단계는 '질서적Lawful' , '중립적Neutral' , '혼돈적 Chaotic' 의 3가지와 ' 선Good' , '중립Neutral' , '악Evil' 의 3가지가 조합되 어 만들어진다. 이렇게 만들어진 9단계 가치관은 그 후에 나온 거의 대부분 의 TRPG 뿐 아니라 컴퓨터 RPG에까지 영향을 미치게 된다.

능력치

〈D&D〉는 캐릭터를 6개의 '능력치' 라는 것을 통해 구현한다. 가치관과 마 찬가지로 이 시스템 역시 후대에 나온 여러 TRPG 시스템은 물론 컴퓨터 게 임에까지 영향을 미쳤다. 〈D&D〉에서는 모든 능력을 6면체 주사위 3개를 굴 려서 그 합계로 결정한다. 즉, 능력치는 3~18의 범위를 가진다. 〈서드〉에서 는 이 능력치들의 평균을 10~11로 보고 있고 이것이 '일반인' 의 능력이라 고 말한다.

① 힘(Strength, STR): 이 능력은 무거운 물건을 들고 열리지 않는 문을 강제로 열며, 무기를 보다 잘 휘두르고 강한 타격을 줄 수 있는 능력 등을 말 한다. 일반인들이 가진 힘은 10~11이라 할 수 있으며, 역도선수의 힘은 15 정도라 할 수 있다. 반면 '근무력증' 이라는 병에 걸려 거동조차 불편한 사람 이 있다면 이들의 힘은 3이라 할 수 있을 것이다.

② 민첩성(Dexterity, DEX): 친구들 중에도 유난히 날렵하고 돌부리에 걸 려도 넘어지는 대신 재빨리 움직여 이를 모면하는 친구들이 있다. 단순히

<h2 style="text-align:center">가치관에 따른 행동패턴</h2>

	Lawful Good	Lawful Neutral	Lawful Evil
자신의 말	반드시 지킨다	명예를 걸고 지킨다	명예가 걸린 말은 지킨다
거짓말	결코 하지 않는다	필요에 따라 한다	수시로 한다
무력한 자에 대한 공격	하지 않는다	하지 않는다	필요에 따라 죽일수도 있다
제 3자에게의 피해	피해입히지 않는다	피해입히지 않는다	죽이지는 않으나 해를 가하고 괴롭힌다
고문	고문을 결코 가하지도 굴복하지도 않는다	정말로 필요한 경우는 할 수도 있다	정보를 얻기 위해서는 행하나 재미로 하지는 않는다
부정한 금품	결코 받지 않는다	받을 수도 있다	얻고자 한다
친구	결코 배신하지 않는다	결코 배신하지 않는다	결코 배신하지 않는다
타인에 대한 도움	항상	종종	기분에 따라서
살인	법의 테두리 안에서 일을 처리한다	살인을 즐기지 않는다	살인을 할 때는 항상 평계가 있다
중시하는 가치	명예, 자제, 권위, 법	인간의 생명, 개인의 자유	명예, 자기수양을 중시, 법은 우습게 앎
집단	항상 속한다	필요에 따라속한다	목표를 위해서 속한다

	Neutral Good	True Neutral	Neutral Evil
자신의 말	항상 지킨다	선악의 판단이 없다	지킬 필요를 못느낀다
거짓말	상대가 사악하지 않은 이상 하지 않는다	선악의 판단이 없다	밥 먹듯이 한다
무력한 자에 대한 공격	피해입히지 않는다	선악의 판단이 없다	즐겁게 죽인다
제 3자에게의 피해	고문을 결코 하지 않는다	선악의 판단이 없다	괴롭히며 때로는 죽인다
고문	어지간해서는 굴복하지 않는다	선악의 판단이 없다	정보를 얻기 위해서는 물론 재미로도 고문을 한다
부정한 금품	받지 않는다	금품은 금품일 뿐이다	적극적으로 탐한다
친구	결코 배신하지 않는다		필요하다면 배신한다
타인에 대한 도움	항상	무조건 편들지 않는다	대가가 없으면 안한다
살인	즐기기 위해서 하지는 않는다	균형을 위해서 한다	즐기기 위해서도 한다
중시하는 가치	선한행동 자체	절대적인 힘의 균형	생명을 경시한다
집단	대부분 속한다	균형을 위해 속한다	개인적 목적을 위해 속한다

	Chaotic Good	Chaotic Neutral	Chaotic Evil
자신의 말	선한 사람에게는 지킨다	지킬 수도 있다	지키지 않으며 명예를 모른다
거짓말	중립적이거나 악한자에게만 한다	필요에 따라 한다	아무에게나 수시로 한다
무력한 자에 대한 공격	하지 않는다	죽이진 않지만 괴롭히기는 한다	거의 죽인다
제 3자에게의 피해	피해입히지 않는다	죽이지는 않으나 괴롭히기는 한다	거의 상처주거나 죽인다
고문	고문을 하지 않는다. 그러나 위협이나 협박은 한다	정보를 얻기 위해서는 행하나 재미로 하지는 않는다	즐긴다
부정한 금품	받지 않는다	얻고자 한다	적극적으로 탐한다
친구	결코 배신하지 않는다	배신을 매우 싫어한다	수시로 배신한다
타인에 대한 도움	항상 노력한다	동정심없이 돕지 않는다	기분이 매우 좋을때만 돕는다
살인	살인을 즐기지 않는다	가끔은 즐기기 위해서도 한다	적극적으로 즐긴다
중시하는 가치	권위를 불신한다 집단에 속하나 규약에 얽	권위를 불필요하다고 생각한다	명에와 권위, 자기수양을 경멸한다
집단	매이는 것을 싫어한다	속하는 것을 싫어하며 속해도 일을 잘하지 못한다	조직에 잘 속하지 못한다

'빠르다'는 개념이 아닌 '제비처럼 날래다'라는 표현이 사용되는 이들의 능력을 민첩으로 표현한다. 힘과 마찬가지로 일반적인 사람들의 민첩성은 10~11이다. 올림픽의 체조선수들의 유연함과 날렵함은 민첩 수치로 14정도로 표시될 수 있다. 무협지에 등장하는 날아오는 화살 등을 눈으로 보고 피할 정도라면 이들의 민첩은 17~18이라고 할 것이다. 그러나 매우 굼떠서 보고만 있어도 답답한 느낌이 드는 친구가 있다면 이 친구의 민첩 수치는 6~7이라 할 수 있다.

③ 건강(Constitution, CON): 사람들 중에는 건장하다, 건강하다는 말을 듣는 사람들이 있다. 겉보기 뿐 아니라 정말로 심신이 건강하여 어지간한 병

에는 쓰러지지 않는 이들은 이 건강수치가 높다고 말할 수 있다. 이 건강수치가 높은 사람들은 가파른 산의 등산을 해도 쉽게 지치지 않으며 심지어 다른 사람은 식중독에 걸릴 정도의 음식을 먹어도 멀쩡한 경우도 있다. 일반인들의 건강수치가 10~11이라 할 때 이들보다 건강한 운동선수들의 건강수치는 13~14라고 할 수 있으며 정말로 건강하여 이제껏 병원 근처에도 가본 적이 없고 한겨울에도 반팔티를 입고도 추위를 느끼지 못할 정도의 체력의 소유자라면 그 수치가 15~16이라 할 수 있을 것이다. 그러나 너무도 병약하여 특수한 장치에 의존하지 않고는 생명을 유지할 수 없는 사람이라면 이들의 건강수치는 3~4로 봐야 할 것이다.

④ 지능(Intelligence, INT): 얼마나 똑똑한가를 나타내는 수치로 암산이 비정상적으로 빠르다든지 암기력이 남들보다 뛰어나다든지 어떤 문제를 잘 푼다든지 하는 사람은 이 지능 수치가 높다고 말할 수 있다. 우리가 알고 있는 사람들 중에 천재라고 불린 아인슈타인과 같은 인물들은 이 지능 수치가

〈그림 6〉 컴퓨터 PRG 게임 발더스 게이트의 캐릭터 생성

높은 사람들이라 할 수 있다. 일반인들의 지능이 10~11이라 할 때 아인슈타인의 지능은 16정도로 측정할 수 있을 것이다. 정말로 '침팬지보다 못한 지능'을 가진 사람이 있다면 그 사람의 지능수치는 3으로 볼 수 있는 것이다.

⑤ 지혜(Wisdom, WIS): 지혜가 혼동하기 쉬운 수치인 지능(INT)과 다른 점은 지능이 단순히 산수 문제를 잘 풀고 암기를 잘하는 것인데 반해, 지혜는 '직관력'이 뛰어나고 '문제의 핵심을 꿰뚫어보는 능력'을 말한다. 사람들 중에는 어려운 문제에 부딪히거나 복잡하거나 긴박한 상황에서 그 핵심을 찾고 해답을 도출해 내는 능력이 탁월한 사람들이 있다. 이들은 비록 지능은 남들보다 뛰어나지 않더라도 지혜가 뛰어난 사람들이라 할 수 있다. 또 이른바 '연륜'이라고 불리는 것도 이 지혜와 관련된다. 구태여 대학을 나오지 않더라도 시골의 할아버지, 할머니들은 살아가는 방식, 인생에 대한 혜안을 가지고 있어 이들에 대한 조언 등에서 대학교를 나온 사람들보다 나은 결론을 내리는 경우가 있다. 이런 것이 지혜다.

〈그림 7〉 〈네버윈터 나이츠〉의 캐릭터 생성

⑥ 매력(Charisma, CHA): '매력'이라 하면 단순히 '매력적이다', '잘생겼다'라는 의미로 좁혀 해석하기 쉽다. 그러나 영어 단어인 'Charisma'는 단순한 매력을 뜻하는 'Charm'과는 다른 의미로, 원래 그리스도교 용어로 성령의 특별한 은총을 뜻하는 그리스어인 카리스마karisma에서 유래하였다. 신으로부터 부여받은 기적·영靈의 식별·예언 등의 능력이나 지배자의 초자연적·초인간적·비일상적인 힘을 의미하는 카리스마는 현대에는 특별한 능력이나 자질을 지닌 사람이 갖는 힘으로 곧잘 표현된다. 나폴레옹, 히틀러, 스탈린, 마오쩌뚱 등이 그러한 카리스마를 지닌 사람으로 다른 사람을 끌고 감화시키는 능력이 뛰어나다. 바로 〈삼국지〉에 나오는 조조나 유비의 매력 수치는 일반인들이 10~11이라 했을 때 18이라고 말할 수 있는 것이다. 반면에 얼굴은 잘생겼지만 행실이 바르지 못하여 사람들마다 그를 꺼리게 만든다면 그의 매력수치는 3~4밖에 되지 않는다고 할 수 있다.

3. TRPG의 특징

서사적인 측면

서사라는 것은 이야기가 시간의 흐름을 통해 제시되는 것을 말한다. TRPG는 DM에 의해 만들어진 세계, 즉 캠페인 내에서 DM이 설정한 스토리에 따라 진행되는 게임이다. 즉, 게임 자체가 서사적인 흐름을 통해 이뤄진다. 고전게임인 〈인디아나 존스 3〉[2]나 〈원숭이 섬의 비밀〉[3]과 같은 어드벤처 게임을 매뉴얼 없이 해 본적이 있다면 〈인디아나 존스 3〉의 '나치의 성'에서 독일병사와 전투없이 대화를 통해 무사통과를 하거나 〈원숭이 섬의 비밀〉에서 칼싸움을 이겼을 때의 성취감과 희열은 단순히 다른 사람이 만든 매뉴얼을 보고 한 사람과는 남다르다는 것을 알 것이다. 게임의 재미는 게이머가 게임에서 만나는 문제들을 직접 해결해 나갈 때 느낄 수 있기 때문이다.

요사이 각 방송사는 홈페이지에 게시판을 만들어 드라마에 대한 시청자들의 의견을 듣고 있다. 시청자들은 드라마의 허점을 찾아내거나 불만사항을 말하기도 하지만 많은 비중을 차지하는 글은 앞으로 이야기의 전개에 대한 자신의 의견이다. '다모 폐인' 이라는 신조어를 만들며 많은 인기를 모은 MBC드라마 『다모』[4] 에서 많은 시청자들은 채옥과 장성백, 황보윤 등이 살아남아 행복하게 살기를 바랐다. 그럼에도 불구하고 결국 드라마는 이들이 모두 죽는 비극으로 끝나게 된다. 이것은 작가가 의도한 방향이며 변하지 않는 시나리오라는 것이다. 그러나 만일 이것이 TRPG였다면 어땠을까?

TRPG에서 게임을 이끌어나가고 이야기를 전개하는 사람은 DM이다. 이것은 컴퓨터 RPG에서 컴퓨터가 하는 역할이다. 그러나 TRPG의 플레이어가 체험하는 것은 컴퓨터 RPG의 게이머가 체험하는 것과 사뭇 다르다. 컴퓨터

---

2 루카스 필름에 의해 1990년 동명의 영화와 같이 출시되어 인기를 모았던 게임. '어드벤쳐' 라는 게임장르를 게이머들에게 확산시키는데 큰 공헌을 한 게임.

3 루카스 필름에서 1991년 출시된 어드벤쳐 게임. 1년전 출시된 〈인디아나 존스3〉에 비해 보다 향상된 그래픽과 완성된 인터페이스로 인기를 끌었으며 이후 후속작이 계속 나와 현재 4편까지 출시되어 있다.

4 2003년 '퓨전사극' 이라는 장르의 새 장을 연 MBC드라마. '다모폐인' 이라는 신조어를 출현시킬 정도로 각광적인 인기를 얻었고 최초로 HD형식의 드라마로 제작되어 HD TV가 팔리는데 일조를 하기도 한 드라마.

를 통해 체험하는 RPG는 게임의 개발자가 미리 정해놓은 게임 구성을 따라갈 수밖에 없지만 TRPG의 플레이어들과 캐릭터들은 일률적인 게임 진행에 따르지 않고 보다 다양한 방식으로 게임을 진행할 수 있다. 한 예를 들어보자. 대표적인 컴퓨터 RPG 중의 하나인 스퀘어사의 〈파이널 판타지 5〉[5] 에서 여주인공 '레나'가 사는 성이 '무'라는 이공간에 의해 먹히게 된 후 조금 후 레나는 비룡에 의해 구원받지만 그녀의 몸에는 몬스터가 기생하고 있고 레나를 제외한 바츠와 크루루, 파리스의 3명은 레나의 몸에서 이 마물을 떼어내고 쓰러뜨려야 한다. 게임 상에서 이 부분은 제작단계에서 정해지고 변화의 여지가 없이 진행된다. 게이머가 레나를 싫어한다고 해서 구하지 않을 수 있는 것이 아니고, 레나를 좋아해서 성에서 '무'에게 먹히고 마물에게 지배를 당하는 것이 레나가 아닌 파리스로 하려고 해도 내용을 바꿀 여지는 없다. 즉 컴퓨터 RPG의 게이머는 제작 단계에서 정해진 내용의 흐름을 따를 수밖에 없다. 요사이는 '자유도'라고 하여 이런 진행을 보다 게이머의 선택에 맡기는 게임들도 나오고 있지만 이런 자유도조차 게임 제작자의 여러 선택지 중 하나를 고르는 수준을 벗어나지는 못한다.

그러나 TRPG의 플레이어는 내용 진행의 폭이 훨씬 다양하다. 위와 비슷한 상황을 가정해보자. DM은 플레이어들의 일행(이하 '파티Party')이 정의롭고 선한 행동을 할 것이라 가정하여 마을에 출현한 오우거에 의해 생명의 위기에 처한 어린 소녀를 플레이어 파티 앞에 내보냈다. 컴퓨터 RPG라면 이

---

5 스퀘어사에 의해 제작된 가정용 게임기 슈퍼패미콤의 RPG게임. 이후 출시되는 일본식 판타지의 기준이 될 정도로 높은 완성도와 스토리를 보이는 게임으로 한국의 수많은 RPG게임과 판타지 소설에도 영향을 미쳤다. 소환수, 직업스킬 등의 개념은 다양한 형태로 수많은 분야에 영향을 보였으며 현재는 12편이 출시준비 중이다.

소녀를 구하지 않는다면 진행이 되지 않는다. 자유도를 높여 다른 방안이 나오더라도 그것은 게임 제작 시 정해진 유한한 경우의 수를 가진다. 반면 TRPG에서는 파티내부에 '이기적이고 생명을 우습게 아는' 도적 캐릭터가 있어서 그가 나서서 일행에게 이런 말을 할 수 있다. "이봐, 너희들 저 소녀를 이전에 본적이 있나? 없지? 왜 우리가 아무런 연관도 없는 저런 소녀를 위해 목숨이 위험할지도 모르는 전투에 참여해야 하고 저 무서운 오우거와 싸워야 하는 거지?" 이런 이야기는 충분히 나올만한 것이다. 한편, 파티에서 정의심이 강한 성기사는 이 도적의 말을 반박하며 "소녀는 작고 연약하다. 정의와 선을 수호하는 한사람의 기사로서 나는 이런 상황을 결코 외면 할 수 없다"라고 할 수 있다. 이것 역시 충분히 생각해 볼 수 있고 가능한 상황인 것이다. 이렇게 된 후 도적의 말이 보다 많은 설득력을 얻어 파티는 소녀를 구하지 않을 수도 있고, 반대로 성기사의 말이 지지를 받아 파티가 소녀를 구하기 위해 오우거와 전투를 벌일 수도 있는 것이다. 혹은 이들이 말싸움을 벌이는 동안 잔인한 오우거가 연약한 소녀를 죽이는 불행한 사태가 일어날 수

〈그림 8〉 〈파이널 판타지 5〉의 게임화면(좌)과 전투화면(우)

도 있다. 다행히 성기사의 말이 힘을 얻어 일행이 소녀를 구한다면 모르겠지만 그렇지 않은 상황이라면 이것은 DM도 미처 예상치 못한 전개로 흘러갈 수 있는 것이다. 즉 TRPG에서 시나리오는 전개될 '확정된 이야기'가 아니라 그 '예상'에 불과하다. 이렇게 되고 나면 DM과 플레이어 모두 머릿속이 빠르게 회전하기 시작한다. DM은 자신의 예상대로 이야기가 전개되지 않은데 대하여 일순 당황하겠지만 곧 이에 임기응변할 것이다. 원래 시나리오에서 파티에게 구원받은 소녀가 주는 '정보'가 추후의 이야기에 중요한 역할을 하는 것이었다면 DM은 원래는 예정에 없던 '점쟁이 노파'를 등장시켜 이 정보를 전달할 수도 있다. 그렇지 않고 파티의 '정의롭지 못한 행동'에 대한 징계로 그 중요한 정보를 주지 않아 이후의 일에서 파티가 낭패를 보게 만들 수도 있다. 플레이어 역시 이후의 선택이 많아진다. 경험 많은 플레이어라면 자신들이 아마도 DM이 의도하지 않은 방향으로 진행하고 있음을 깨달을 것이고 이에 대한 대비를 할 것이다. 정의롭지 못한 행동에 대한 참회로 이후에는 더 어렵고 힘든 일을 하며 이의 속죄를 행할 수도 있고 아니면 아예 이 기회에 전원이 '부도덕하고 악한 파티'가 되기를 결의할 수도 있다. 심지어는 기사의 의견에 동조한 캐릭터들과 도적의 의견에 동조한 캐릭터 사이에 의견다툼이 일어나 파티가 분열되는 경우도 생길 수 있는 것이다.

이렇듯 TRPG의 DM과 플레이어는 다른 컴퓨터 게임에서처럼 단순한 이야기를 이끌어가는 자와 이야기를 무작정 따라가는 자가 아니다. 게임을 통해서 매 순간 발생하는 상황에 따라 DM과 플레이어 캐릭터들의 새로운 이야기가 만들어지고 변형되며 이야기도 전혀 얘기치 못한 방향으로 흘러갈 수 있다. 즉 DM을 포함한 모두가 이야기의 단순한 수용자가 아닌 이야기를 만들어나가는 자가 된다는 점이 TRPG의 진정한 재미 요소이다.

플레이어와 캐릭터

TRPG의 또 다른 재미와 흥미거리는 '플레이어'와 '캐릭터'가 분리된다는 점에 있다. 플레이어는 말 그대로 TRPG를 플레이하는 사람이다. 반면 캐릭터는 캠페인 안에서 구체적으로 구현된 인물을 뜻한다. 컴퓨터 RPG에서는 이 캐릭터가 화면상에 객관적으로 구현되지만 TRPG에서는 게이머의 상상력을 통해 구현된다. 그렇기 때문에 TRPG의 캐릭터는 컴퓨터 RPG에서의 캐릭터와는 달리 못하는 것이 없다. 컴퓨터 RPG의 캐릭터는 애초에 화면상에서 구현될 행동, 예컨데 검을 휘두른다든지 앉아서 쉰다든지 하는 행동밖에 취할 수 없지만 TRPG의 캐릭터는 플레이어의 의지에 따라 물을 마신다든지 과일을 따먹는다든지 하는 행동도 얼마든지 취할 수 있는 것이다. 쉴 때도 모두 같은 모습으로 쉬어야 하는 컴퓨터RPG와는 달리 플레이어의 뜻에 따라 누워서 쉴 수도 있고 앉아서 쉴 수도 있으며 눕더라도 자기가 원하는 자세로 쉴 수 있는 등 그 행동의 자유가 무한하다. TRPG의 캐릭터와 플레이어는 완전히 독립적인 존재이다. 플레이어는 선하고 도덕적이며 성인군자의 기품을 지닌 사람이라 할지라도 그의 캐릭터는 잔인하고 악독하며 무도한 캐릭터일 수 있다. 즉, 모든 플레이어는 자신이 상상으로 꿈꿨던 자신의 다른 모습이나 영화나 만화 속의 주인공을 흉내 낸 캐릭터를 연기할 수 있다.

TRPG에서 캐릭터와 플레이어가 '아는 것'은 다를 수 있으며 오히려 다른 것이 당연한 이치다. 예컨대 이런 경우를 생각해보자. 파티는 길고 긴 지하미궁을 통과하여 이전까지와는 전혀 다른 새로운 세계로 나왔다. 그 곳의 사람들은 파티가 살던 곳의 사람들과 비슷하게 생겼으나 머리색이 검고 피부색이 약간은 황토빛이 도는 색상을 띠고 있었다. 그들의 머리모양은 위를 틀어 묶었으며 남자들의 옷은 주로 흰색에 소매가 큰 옷이었고 여자들은 긴 치마에 겹겹이 껴입은 윗도리가 인상적이었다. 그들의 말은 파티가 알아듣지 못하는 말이었다. 이런 상황이 가정되었을 때 플레이어는 이전까지의 상황이나 전후사정을 고려하여 자신들이 지하미궁의 신기한 힘에 의해 '조선'으로 나오게 되었음을 짐작할 수 있지만 이것은 어디까지나 '플레이어의 지식'에 근거한 것이다. 캐릭터는 전혀 듣지도 보지도 못한 세계로 나왔기에 적지 않게 당황해 있으며 이런 급변한 상황에 대한 대책을 찾는데 골몰할 것이다.

이렇게 플레이어는 알지만 캐릭터는 모르는 경우가 있는가 하면 그 반대의 경우도 있다. 플레이어는 지극히 평범한 젊은이일 수 있다. 그러나 그의 캐릭터는 『반지의 제왕』에 등장하는 '갠달프'와 같은 대마법사일 수 있고 그 경우 이 캐릭터는 설사 플레이어가 알지 못하는 사항이라 하더라도 알 수가 있는 것이다. 예컨대 이런 경우를 가정해 보자. 파티가 어떤 사악한 마법사의 탑에 갇히게 되었고 마법사는 파티를 풀어주는 조건으로 내기를 걸었다. 이 사악한 마법사가 내는 문제를 파티가 풀게 되면 내보내 주고 그렇지 않다면 1년간 파티가 그 마법사의 노예가 되기로 결정한 것이다. 사악한 마법사가 낸 문제는 미분방정식을 응용한 복잡한 형태의 화학식을 푸는 문제였다. 여기서 플레이어는 이 문제의 답을 모를지도 모른다. 그럼에도 불구하고 이 플레이어의 캐릭터는 사악한 마법사보다 뛰어난 능력의 마법사였기에 이 문제를 간단히 해결할 수 있나. 플레이어는 DM에게 '나의 캐릭터는 뛰어난 능력을 가진 대마법사이다. 플레이어로서의 나는 이 문제를 풀 수 없으나 대마법사인 내 캐릭터에게 있어 이 문제는 어렵지 않은 문제라고 생각한다.'라고 요구할 수 있고 DM은 그의 의견을 받아들여 답을 알려주든지 하는 방법으로 파티가 위기에서 벗어나게 할 수 있는 것이다.

TRPG 게임에서 플레이어는 얼마든지 자신이 상상했던 인물을 구현하고 이를 연기할 수 있다. 또한 DM 역시 자신이 평소 이상향이나 생각해왔던 세계를 구현하여 이것을 플레이할 수 있다. 이것은 극예술의 장르와도 통하는 것이다. 우리나라의 탈춤이나 서양의 가면극 등은 정해진 내용을 가지고 가면을 쓰고 분장을 하여 그 연기를 하는 것이지만 TRPG는 대화와 상상에 의해 그것을 구현한다는 차이가 있을 뿐이다(물론 TRPG 중에도 요사이에는 '액션 TRPG'라고 하여 실제로 행동을 취해야 하는 게임 시스템도 존재한다). 이러한 것을 보면서 요사이 일본과 우리나라에서 유행하는 '코스프레'[6] 라는 놀이 문화와도 유사한 관점에서 이해할 수 있지 않을까 하는 생각이 들었다.

〈그림 9〉 일본의 코스프레의 한 장면

---

6 영어단어 Costume Play의 일본식 축약어이다. 글자 그대로 '의상을 통한 놀이'라는 이 게임은 영화나 게임속 주인공들의 의상과 분장을 실제 세계에서 구현하는 신세대 문화의 한 가지이다. 원래는 영국에서 죽은 영웅을 추모하는 의식에서 나온 이 놀이는 미국의 슈퍼맨과 배트맨 흉내내기 등을 거쳐 일본에서 본격화 되었다. 한국에서도 1995년 도입되어 현재 많은 청소년과 청년들이 활동하고 있다.

의외성도 빼놓을 수 없는 재미의 결정요소다. 가상현실과 역할을 연기한다고 해도 그것이 플레이어 또는 DM의 의지대로만 흘러간다면 다소 긴장감이 덜할 것이며 이는 게임의 흥미를 반감시킬 수 있다. 그러나 TRPG는 '주사위룰'이라는 것을 도입하여 의외의 결과가 언제든지 나올 수 있도록 만들었다(물론 DM은 게임의 진행을 위해 가끔씩 이 주사위의 결과를 속이거나 바꾸기도 하지만 대부분의 경우 이 주사위의 결과에는 DM도 따르는 것이 일반적이다). 예를 들어 이런 경우를 생각해보자. DM은 플레이어 파티의 한 캐릭터를 '독'으로 쓰러뜨리기 위해 독이 든 사과를 등장시켰다. 캐릭터 중 조심성이 없는 말괄량이 여전사가 이 사과를 한입 베어 물었다. 원래의 DM의 설정대로라면 여기서 이 여전사는 사과의 독에 의해 쓰러져야 한다. 그러나 여전사가 '독에 내한 내성'을 알아보기 위해 굴린 주사위의 결과는 엄청난 확률을 뚫고 20(20면체 주사위를 굴려서 나올 수 있는 최고수치로 '대성공'을 의미한다)이라는 수치가 나왔다. 이렇게 되면 DM은 "원래부터 전사라 몸이 튼튼했던 그녀는 독이 든 사과를 먹고도 쓰러지지 않고 멀쩡할 수 있었다"라고 선언하게 되는 것이다. 주사위는 플레이어의 의지와는 반대지점에 위치한다. 확률로 나타내어지는 주사위의 눈은 그 확률이 10분의 1만 넘

〈그림 10〉 다양한 면을 가진 주사위

어가도 결과는 운에 가까워진다. 주사위는 피할 수 없는 '운명'과 유사하게 생각할 수 있다. 이것은 때때로 의외의 진행이나 결과를 불러와 TRPG에 또 다른 흥미를 주는 요소가 된다.

캠페인

캠페인은 DM이 나름대로 설정할 수도 있는 것이지만 그렇게까지 하기에는 너무 시간과 노력이 많이 든다. 세계의 지도를 그리고, 나라의 이름을 정하고 제도와 법률을 만들고 주변국과의 상황을 설정하며 신의 이름을 정하는 일은 만만한 작업이 아니다. 게임을 한 번 하기 위해 이런 것을 모두 정하라고 한다면 그 방대한 작업의 양은 이미 '놀이'의 수준을 벗어난다. 따라서 이런 경우를 대비하여 룰의 제작회사 측에서 내놓은 캠페인이 존재하는데 D&D의 경우 대표적인 캠페인으로 '미스타라'와 '포가튼렐름'을 들 수 있다. 이 각각의 캠페인들은 그것만으로도 책 한 권의 분량이 넘어갈 정도로 세밀하고 방대하다. 마치 톨킨의 『실마릴리온』[7]을 보는 듯한 느낌을 주는 이 캠페인들은 TRPG가 아닌 컴퓨터RPG로 구현하기에는 그 용량이나 기술적인 측면의 부족을 느낄 정도로 크기 때문에 제대로 된 캠페인의 세계를 경험하는 것은 TRPG를 통해서만 가능하다 할 수 있다.

위에 언급한 '미스타라'의 캠페인과 관련해서 지금은 오락실에서 대부분 사라졌지만 1990년대만 해도 D&D〈쉐도우 오버 미스타라Shadow over

---

7 『반지의 제왕』의 작가 J.R.R. 톨킨이 1925년부터 집필에 착수했으나 결국 끝맺지 못하고 세상을 뜬 신화 연대기. 『반지의 제왕』, 『호빗』 등의 다른 작품들의 세계관이라 할 수 있으며 세상의 창조신화에서 현 세계까지 이어지는 방대한 스케줄의 내용을 담고 있다.

〈그림 11〉 가정용 게임기판 〈던전 앤드 드래곤즈〉의 표지

Mistara〉라는 게임이 있었다. 나는 이 게임 앞에 100원짜리 동전을 20개씩 쌓아놓고 했던 기억이 난다. 이 게임의 배경이자 세계가 바로 '미스타라' 이다. 위에서 말한 것처럼 이 게임은 캠페인 '미스타라' 의 세계관을 따서 게임을 만들기는 했지만 그 중 극히 일부라고 할 수 있는 '글란트리 공국' 의 이야기를 조금 사용한 것에 불과하다.

또한 포가튼렐름은 컴퓨터 RPG 매니아들 사이에서 널리 알려진 〈발더스 게이트Baldur's Gates〉와 그 후속작이라고 할 수 있는 〈네버윈터 나이츠 Neverwinter Nights〉의 세계관이자 캠페인이다. 미스타라와 마찬가지로 컴퓨터로는 TRPG의 캠페인을 모두 구현하기 힘들다고 했는데 그 예로 〈발더스 게이트 2〉의 오리지날인 '앰' 이나 〈네버윈터 나이츠〉의 배경인 '네버윈터' 라는 지명을 들 수 있다. 이들 지명은 방대한 포가튼렐름의 대륙인 '페이룬 대륙' 의 극히 일부분에 불과할 뿐이기 때문이다. 지도상에서 따지자면 이 절지 크기의 전체지도에서 엄지손가락 크기의 영토에 겨우 미치는 것이 앰과 네버윈터라고 할 정도로 컴퓨터 게임이 TRPG의 캠페인과 세계관을 담아내는 데는 아직 역부족이다.

4. TRPG의 미래와 게임의 미래

　모든 게임 참가자, 즉 DM과 플레이어가 게임을 진행하는 사람인 동시에 게임을 창조적으로 진행하게 되는 것이 TRPG의 주된 흥미요소이다. 스스로의 미래와 이야기를 스스로 개척해 나갈 수 있는 게임이 TRPG와 다른 게임을 구별하는 큰 특징이다. 지금보다 더 기술과 과학이 발달하게 되면 TRPG 게이머들이 각각 머리에 헬멧을 하나씩 쓰고 그 헬멧은 착용자의 뇌파를 감지하여 지금은 상상만으로 구현되는 세계를 3차원 홀로그램으로 구현해 주는 시스템이 나올지도 모른다. 컴퓨터 게임도 '가상현실' 의 구현을 완전하게 함으로써 몇몇 판타지 소설에서 보이는 '체험 가상현실 게임' 이 나오는 방향으로 발전할 것이다. 이러한 발전의 방향은 결국 궁극적으로 하나로 모아진다. 현실과는 다른 또 하나의 세계를 창조하는 것이 가상현실의 목표라고 할 수 있다. 가상현실의 상상적 창조에서 시작한 TRPG는 컴퓨터 RPG로 변모했다. 최신의 게임은 항상 이전의 것보다 그래픽이나 사운드가 월등히 향상된 것을 제공하고 있으며, 이에 따라 컴퓨터 RPG 등에 있어서 날이 갈수록 고사양의 컴퓨터가 요구되고 있다. 이러한 노력은 모두 가상현실의 효과적인 구현을 위한 것이다. 하지만 외형적인 발전만으로는 이 과업을 온전히 이룰 수 없다. 왜냐하면 가상현실의 게임은 그 배경의 생생한 구현보다는 게이머가 그 세계 안에서 자유로운 의지를 가지고 내용을 창조해 나가는 주체가 되는 게임이 되어야 하기 때문이다. 아직 컴퓨터를 통해 이러한 세계를 구현하는 데에는 그 갈 길이 멀다고 할 수 있다. 기존의 게임들이 완성된 세계로 이뤄진 게임 공급자와 이 불변의 세계 내에서 존재하는 캐릭터를 조작하는 게이머의 구도를 가지는 한 TRPG가 가지는 창조적 게임의 구현은 불가능하다할 수 있다. 그 일은 게이머가 일정부분 게임의 소스코드나 다름없는 핵심부분에 접근할 수 있어야 하며 그리하여 자신의 의지대로 새로운 세계를 구축할 수 있어야 비로소 가능한 일이다. 아직은 그러한 시도조차 이뤄지지 않고 있지만 머지않아 이러한 소스코드 접근 가능성을 열어둔 게임이 나올지도 모른다고 조심스레 예측해본다.

TRPG는 현대의 주류 게임인 RPG와 온라인게임을 탄생시킨 모태이면서 동시에 여전히 모든 RPG게임 등이 이뤄야할 궁극적인 목표를 제시하고 있다는 점에서 그 의미가 크다.

(김성진, 서용석, 서충원, 손제관, 이석원, 이태용
장진영, 김유한, 이승모, 서동환)

참고문헌

최유찬, 「컴퓨터 게임의 이해」, 문화과학사, 2002.

하야가와 히로시, 「RPG 환상사전」, 제우미디어 출판부, 1993.

다케루베 노부야키 외, 「Fantasy Library」시리즈.

「판타지의 주인공들」, 1권 들녘, 2000.

「환수 드래곤」, 6권 소누자키 토루, 들녘, 2000.

「Dungeons & Dragons」클래식 시리즈.

Frank Mentzer 외 「Player Manual」, TSR, 1974.

Frank Mentzer 외 「Dungeon Master Rule Book」, TSR, 1974.

Frank Mentzer 외 「Expert Rule Book」, TSR, 1983.

Frank Mentzer 외 「Player's Companion」, TSR, 1984.

Frank Mentzer 외 「DM's Companion」, TSR, 1984.

Frank Mentzer 외 「Master Player's Book」, TSR, 1985.

Frank Mentzer 외 「Master DM's Book」, TSR, 1985.

「Advanced Dungeons & Dragons」시리즈

Frank Mentzer 「Player's Handbook」, TSR, 1995.

Frank Mentzer 외 「Dungeon Master's Guide」, TSR, 1995.

「Dungeons & Dragons」3rd 시리즈

Monte Cook 외 「Player's Handbook」, Wizard of the Coast, 2000.

Monte Cook 외 「Dungeon Master's Guide」, Wizard of the Coast, 2000.

Monte Cook 외 「Monster Manual」, Wizard of the Coast, 2000.

「Dungeons & Dragons」캠페인 설정집.

GM 모험 기획국 「왕의 축제」, 월간 게임매거진, 1996.

Ed Greenwood 「Forgotten Realms」, Wizard of the Coast, 2001.

컴퓨터 게임 서사의 공간구조

1. 서사, 스펙터클, 놀이

디지털 문화 형식의 하나로서 컴퓨터 게임에 관한 인문학적 담론 가운데 가장 유력하면서도 지속적인 것은 컴퓨터 게임을 쌍방향서사 또는 상호작용 서사로 파악하여 논의하는 방식이다. 이 방식은 가상현실 속에서 이루어지는 게임의 체험이 일련의 사건 체험이라는 관점에서 컴퓨터 게임을 기존의 서사형식과의 유비관계 속에서 고찰한다. '상호작용적 서사', '과정추론적 서사'라는 개념으로 사이버 서사 일반을 설명하고 있는 자넷 머레이의 경우 이외에도 많은 인문학자들이 게임과 서사를 등가 관계로 파악하여 담론을 펼치고 있으며, 실제로 '디지털 서사'의 개념을 공식적으로 표방하는 학회가 창설되기도 했다. 이러한 현상은 디지털 시대에 대응한 서사방식의 출현을 컴퓨터 게임에서 찾거나 후기자본주의 사회의 복합구조, 급격한 변동을 표현할 매체양식의 한 가능성을 컴퓨터 게임에서 확인하고자 하는 지적·사회적 욕구가 표출된 데 따른 것이라고 이해할 수 있다. 그러나 컴퓨터 게임과 관련하여 최근에 서사담론이 분출하는 원인에 대한 좀더 개연성이 높은 추론은 새롭게 출현한 사물에 대한 당혹감 속에서 그 낯선 사물에 대해 기존의 척도와 개념을 적용한 사례로 보는 관점일 것이다. 컴퓨터 게임을 서사 개념으로 파악하는 방법에 대하여 반대하는 논자들이 내세우는 논거는 주로 이러한 관점에 입각한다.

컴퓨터 게임이 서사인가 하는 문제에 대한 근원적인 질문은 다양한 계기에 여러 경로를 통해 제기된 바 있다. 한 예를 들면 제스퍼 줄Jesper Juul은 『게임은 스토리를 이야기하는가?』라는 제목의 논문에서 게임이 서사가 아니라는 주장들의 문제의식을 정리하여 세 가지로 나누고 있다. 첫째 게임은 영화, 소설, 연극과 같은 서사매체 영역의 한 분야가 아니라는 것, 둘째 게임에서 시간은 이야기 속에서와는 달리 작동한다는 것, 셋째 독자/관객이 이야기 세계와 맺는 관계는 게이머가 게임세계와 맺는 관계와 다르다는 것이다.[1] 줄은 이러한 문제들에 대한 구체적인 성찰을 통해서 게임과 서사의 형식은, 소설의 이야기가 영화로 대체되듯이, 손쉽게 다른 서사장르양식으로 번역될 수 있는 동질적 담론 형식이 아니며, 상호작용의 현재성과 서사의 과거성 사이에는 본원적인 갈등이 있다고 지적한다. 그는 한 걸음 더 나아가서 서사가 해석적 지배소interpretative dominant를 갖는다면 게임은 형성적 지배소 configurative dominant를 갖는다고 오히려 두 범주들 사이의 대립적인 측면을 부각시키고 있다. 게임을 서사로 설명하는 방식에 반대하는 논자들은

| **1** Jesper Juul, 「Games Telling stories?」, Games Studies, 2001. 7.

대부분 줄의 관점과 대동소이한 논거에 입각하여 논의를 전개한다.

그러나 이처럼 서로 비슷한 논거에 입각하여 주장을 펼치는 경우에도 서사가 게임에서 부차적인 범주라는, 나아가서 게임을 서사의 차원에서 논의하는 것이 적절치 못하다고 주장하는 견해는 강조하는 대상의 차이에 따라 크게 두 가지로 나뉜다. 그 하나는 컴퓨터 게임을 스펙터클로 이해해야 한다는 관점이며 다른 하나는 게임에 대해 놀이라는 차원에서 접근해야 한다는 관점이다. 첫 번째 견해의 대표적인 사례는 "닌텐도의 핵심은 스펙터클한 공간들을 지속적으로 보여주는 것"이라고 지적한 젠킨스에게서 찾아볼 수 있다.[2] 그는 컴퓨터 게임을 서사로 볼 경우 "고전적으로 구성된 서사들을 판단하는 대부분의 기준은 타당성을 잃는다"고 지적한다. 곧 게임에서 캐릭터는 아무런 내면성도 지니지 못한 채 게이머와 게임 공간을 이어주는 커서의 역할만을 할 뿐이며, 플롯은 게이머가 탐험하는 세계의 분위기, 곧 유령이 나오는 지하 동굴이나 얼음이 뒤덮인 불모지, 또는 우주공간으로 전환된다는 것이다. 게이머는 이 같은 공간탐험의 시간을 갖기 위해 게임의 세계로 뛰어드는 것이지 단지 서사체험만을 위해 막대한 시간을 바치지는 않는다는 것이 젠킨스가 주장하는 요점이다. 그럼에도 불구하고 그는 결론적으로 게임의 특성을 이렇게 설명한다.

"시대를 초월해 비교해 보면, 캐릭터 설정이나 플롯 발전보다는 공간을 우선시하는 서사형식들이 일탈이나 미학적 규범의 실패가 아닌, '공간이야기'

---

2 매리 풀러 · 헨리 젠킨스, "닌텐도와 신세계 여행 담론 : 대담", 『인터넷과 온라인 게임』, 이재현 편저, 커뮤니케이션북스, 2001. 95쪽.

의 대안적 전통이라고, 즉 자체의 문화적 논리에 따라 검토되고 평가되어야

하는 또 다른 서사 조직화의 방식이라고 보다 창조적으로 생각할 수도 있다."[3]

젠킨스는 컴퓨터 게임이 기존의 서사 개념에 적합한 것은 아니지만 관점을 달리하여 새로운 형식의 서사 조직화 방식으로 간주하는 것은 가능하다고 본다. 그는 이 새로운 서사 조직화 방식은 그것이 지닌 '자체의 문화적 논리에 따라 검토되고 평가'되어야 한다는 관점을 견지한다. 컴퓨터 게임을 설명할 수 있는 독자적인 개념과 이론이 개발되어야 한다고 주장하는 것이다. 이 견해는 컴퓨터 게임에서 스펙터클이 서사보다 주도적이라고 주장하면서도 궁극적으로 그것이 서사의 한 양상으로 포괄될 수 있다는 데 대해서는 수긍하는 입장이다. 이에 비해서 게임은 놀이일 뿐이라는 두 번째 견해는 게임이 서사의 범주에 속할 수 있다는 입장에 대해 좀더 강력한 반박의 논리를 내장하고 있다. 그 대표적인 사례는 게임을 '소프트웨어 장난감' 또는 '오락용 소프트웨어'라고 지칭한 테드 프리드만에게서 찾아볼 수 있다. 프리드만은 게임 텍스트는 사용자가 그것을 가지고 무얼 하느냐에 따라 의미가 달라지는 것으로서 게임을 배우고 익히는 것은 소프트웨어가 어떻게 구성되어 있는지를 발견하는 탈신비화 과정이라고 주장한다.[4] 곧 게이머는 소설이나 영화를 볼 때와는 달리 반복적으로 게임을 실행하게 되는데, 그와 같은 반복 수행성은 '게임 텍스트의 모든 비밀이 드러나고 그 한계가 밝혀지는 때'까지 지속된다는

---

3 젠킨스, 앞의 글. 116–117쪽.

4 테드 프리드만, "컴퓨터 게임과 텍스트 상호작용", 『인터넷과 온라인 게임』, 이재현 편저, 커뮤니케이션북스, 2001. 73쪽.

것이다. 그러므로 프리드만에게 게임의 실행은 단순히 텍스트를 서사의 차원에서 해석하는 과정이 아니라 텍스트 자체를 해체하는 과정이 된다. 이 견해가 함축하는 의미는 게임 소프트웨어 사용의 궁극적 목적이 서사와는 다른 데 있다는 주장에서 드러난다. 프리드만과 같은 입장에 서 있는 이정엽은 "사용자는 게임을 통해 서사적 욕구를 만족시키려는 것이 아니라 놀이의 욕구를 충족하려는 것이다"[5] 고 주장하면서 다음과 같이 설명하고 있다.

> "사용자가 만들어 낸 게임의 서사를 읽어줄 객관적인 의미의 독자가 존재하지 않는다는 점을 염두에 둔다면, 프로그램과 사용자가 만들어 낸 스토리를 일종의 서사라고 부르기 어려운 문제가 생긴다. 오히려 사용자는 자신이 만들어낸 스토리를 전체적으로 조망하는 것을 즐기기보다, 게임 텍스트를 반복적으로 체험함으로써 게임 텍스트에 내재해 있는 일종의 규칙을 발견하고 학습하고 조작하며 시험하는 것에 몰두한다."[6]

이정엽은 컴퓨터 게임에서 놀이와 서사는 길항 관계에 있는 것이라고 주장한다. 서사는 게임의 일부분을 차지할 뿐이거나 다른 요소를 위해 희생이 될 수도 있는 부분이다. 시나리오가 게임에서 중요하게 고려되지 않는 관습은 이에 말미암는다. 또한 서사로 보았을 때 컴퓨터 게임의 가장 본질적인 특성인 상호작용성은 필시 새롭고 놀라운 요소이지만, 놀이에서 상호작용은

---

5 이정엽, "컴퓨터 게임 스토리텔링의 원리: 놀이와 서사", 『디지털 스토리 텔링』, 황금가지, 2003. 84쪽.

6 이정엽, 앞의 글. 82쪽.

기본적인 요건일 따름이다. 따라서 게임은 하나의 서사양식이 아니라 '공간구조가 디자인된 놀이'이며, 시간적 흐름보다는 허구적 공간구조가 중요한 요소가 되는 문화형식으로 파악되어야 한다는 것이다.

컴퓨터 게임의 본질에 대한 이상의 서로 다른 이론과 입장은 디지털 기술로 인해 생겨난 새로운 문화현상과 관련하여 사람들에게 많은 혼란을 야기할 소지를 안고 있을 뿐만 아니라 인문학적 담론의 발전에도 장애요소로 작용할 가능성이 크다. 그것은 장님 코끼리 만지기 식으로 특정한 부분을 강조하거나 부분을 전체로 호도하는 이론으로 귀결되는 것이 아닌가 하는 의문을 낳는다. 시뮬라크르가 범람하는 세계에서 스펙터클은 게임의 세계에서도 분명히 확인되는 사실이지만 그것이 서사와 분리되는 요소이거나 대립적인 영역인가 하는 데는 의문이 따르며, 게임을 놀이로 보아야 한다는 주장도 상위 범주와 하위 범주를 혼동하는 사례로 지적할 수 있다. 즉 게임은 놀이와 대척적인 자리에 놓이는 것이 아니라 이미 놀이의 하위분류에 속해 있는 것이다. 이런 점들을 고려할 때 컴퓨터 게임을 서사나 스펙터클, 또는 놀이로 규정하기 이전에 그 본질에 대한 탐구가 좀더 진척될 필요가 있다. 여기에서 컴퓨터 게임의 서사가 지닌 공간구조를 살펴려는 것은 게임을 서사, 스펙터클, 놀이 그 어느 것으로 규정하는 입장이건 공통적으로 인정할 수 있는 사실에 바탕을 두고 이론을 전개하는 일이 필요하기 때문이다. 앞에서 살펴보았듯이 젠킨스는 스펙터클을 중시하면서도 게임이 '공간을 우선시하는 서사형식'이라는 입장을 드러낸다. 마찬가지로 게임의 놀이적 측면을 강조하는 입장에서도 '공간구조가 디자인된 놀이'라는 개념을 사용하고 있다. 이처럼 게임의 공간성을 강조하는 양상은 서사론의 입장에서도 충분히 수용할 수 있는 관점일뿐더러 놀이, 스펙터클, 서사의 개념을 다함께 게임의 이론에 통합하는 데도 필수적인 조건이다. 따라서 공간구조에 대한 고찰을 통해 스펙터클이 서사와 관련되는 양상, 놀이와 서사, 스펙터클과 놀이의 상호 관련을 검토하는 데서 한 걸음 더 나아가서 게임의 중심적인 범주들을 체계화하는 일이 필요하다.

2. 이중재현구조에서 공간의 의미

컴퓨터 게임에 대한 담론에서 항시 문제가 되는 것은 고찰의 대상이 무엇인가 하는 점이다. 이는 게임이 이중재현구조를 지닌다는 사실로 인하여 야기되는 문제이다. 곧 담론의 대상을 게임 소프트웨어, 게임 텍스트로 하여야 할 것인가 게임의 실행을 통해 이루어지는 게이머의 체험으로 삼아야 할 것인가 하는 문제가 대두되는 것이다. 물론 이러한 사정은 문학작품이나 그림, 음악, 연극에서도 유사하게 나타난다. 그러나 소설의 사건 진행 구조와 독자의 체험은 거의 동일한 형태를 지닌다고 할 수 있다. 희곡과 연극을 대비해도 연출자의 해석이 개입하기는 하지만 두 형식의 사건 구조에서 동일성을 확인하는 것은 어려운 일이 아니다. 이에 비해서 게임 텍스트와 게임의 실행을 통해 얻는 체험의 구조는 크게 다르다. 우선 전자는 데이터베이스의 데이터 자료와 알고리즘으로 구성되고 인터페이스를 통해서만이 우리 앞에 구체적 형상을 드러내는 구조를 지니고 있다. 거기에는 사건의 진행이라고 할 만한 것이 없으며 기본적으로 데이터들의 계열체와 알고리즘, 인터페이스란 공간

구조만을 지니고 있다. 반면에 게임의 실행을 통해 얻어지는 체험은 철저하게 시간구조에 따른다. 더욱이 게임은 동일한 게임 텍스트를 실행하는 경우라 할지라도 매번 전개되는 사건의 순서와 양상이 달라진다. 전통적인 의미의 서사가 시간축을 중심으로 이야기 요소들을 종적으로 결합하고 있다면 컴퓨터 게임은 공간축을 중심으로 데이터뭉치와 알고리즘이 갖추어져 있는 게임 텍스트, 게임 소프트웨어가 있고 그것을 이용해서 게임을 실행했을 때 체험하게 되는 병렬적인 사건의 구조가 따로 있는 셈이다. 게임을 이중 재현 구조라고 하는 것은 이와 같이 공간축을 중심으로 구성되어 있는 프로그램 부분과 시간축을 중심으로 구성되는 체험 부분이 분리되어 있는 양상을 개념적으로 표현한 것이다. 그러나 과연 컴퓨터 게임에서 공간축과 시간축은 분리되어 있는가?

컴퓨터 게임을 놀이라고 파악하는 이론의 이점은 게임소프트웨어를 놀이의 규칙과 동일시하고 게임의 실행을 놀이 행위로 파악할 수 있다는 점이다. 규칙은 항시 동일하지만 놀이의 양태는 천변만화한다는 점에서 게임 소프트웨어와 그 실행으로 발생하는 병렬적 사건 구조 사이의 기본적인 관계가 놀이 이론을 통해 효과적으로 파악될 수 있는 것이다. 그러나 이 이론의 한계는 컴퓨터라는 매체를 이용함으로써 놀이의 한 부분인 컴퓨터 게임에 발생한 변화에 맹목이 된다는 점이다. 컴퓨터의 인터페이스는 종래의 놀이에서 볼 수 없었던 가상현실을 생성시킨다. 이에 따라 게임의 실행은 각각의 게임이 지닌 특성에 따라서 정도 차이는 있지만 일정한 현실효과를 낳는다. 곧 컴퓨터와 사용자 사이의 대화를 매개해주는 인터페이스에 의해 조성된 의사현실 속에서 사건들을 체험하기 때문에 게이머는 서사에 준하는 사건의 연쇄에 부닥치게 되고 거기에서 생성되는 현실감을 가지게 된다. 이와 같은 양태는 컴퓨터 게임을 놀이보다는 서사와 동일시할 수 있는 조건이 된다. 그러나 그 효과는 게임의 실행을 통해 발생한다는 점에서 서사텍스트와 게임텍스트의 제작과정을 비교 분석하는 데는 적합하지 않다.

이런 측면에서 아리스토텔레스가 비극이 '행동의 모방'이라고 파악한 사실은 게임과 서사의 차이를 준별하는 데 도움이 된다. 즉 비극이나 소설에서 모방의 대상이 되는 것은 시간적 추이를 중심으로 구성되는 행동의 전개 과정이다. 그것은 시작과 중간과 끝을 갖는 것으로서 관심의 초점은 거기에서 일어나는 변화의 동인과 과정이다. 이에 비해서 게임텍스트의 제작에서 중심적인 과제는 게이머가 가지고 놀 수 있는 도구와 규칙, 놀이터를 제공하는 일이다. 이러한 요소들은 시작과 중간과 끝이라는 과정을 갖는 시간성과 별다른 상관이 없는 공간적 요소들이다. 그러나 이 요소들을 프로그래밍 하는 과정에서는 게임을 실행했을 때 일어난 사건의 진행을 고려하지 않을 수 없다. 곧 게임의 과정을 추론하여 레벨이나 사건 진행의 각 단계들에 적합한 요건들을 거기에 부여해야 한다. 게임을 과정추론적 서사라고 하는 것은 이처럼 공간적 요소의 프로그래밍에 시간적 요인을 감안하는 시스템을 고려하기 때문이다. 바꾸어 말해서 게임의 소프트웨어는 그 공간적 구조 속에 이미 시간축을 일정하게 함축하고 있는 셈이다. 이 양태는 놀이의 규칙과 놀이행위 사이의 관계를 게임 텍스트와 게임의 실행 사이의 관계와 유비적인 관점에서 파악하는 일이 그다지 적합한 일이 아니라는 점을 시사한다. 놀이에 비해서 게임은 좀더 서사텍스트로서의 성격을 강하게 드러내고 있는 것이다.

컴퓨터 게임을 놀이라고 하는 것은 게임텍스트를 구조적으로 파악하여 그 원리를 규명하는 방법이라고 볼 수 있다. 이에 비해서 컴퓨터 게임을 스펙터클이라는 관점에서 파악하는 입장은 좀더 직접적이고 감각적인 차원에서 그 대상에 접근하는 방법이다. '닌텐도'라고 불리는 일련의 게임들을 포함하는 아케이드 게임이나 비디오게임에서 현란한 그래픽과 음향효과는 기본적인 요소이다. 그것은 게이머의 시각과 청각에 대하여 직접적인 호소를 하고 그 감각을 떨리게 만드는 제일요소이다. 게임을 하는 사람들이 이러한 시각적 청각적 자극을 외면한다는 것은 상상할 수 없는 일이다. 오히려 게이머는 이 자극적인 감각을 향수하기 위하여 게임을 찾는다는 것이 더 적실한 표현이 될지도 모른다. 컴퓨터 게임을 공간탐험이나 항행, 사냥 등으로 보는 사람들은 일정한 의미에서 게임을 스펙터클로 간주하는 입장이라고 분류할 수 있다. 그 입장에서는 게임의 진행을 통해 새로운 공간, 새로운 사물을 마주치고 싶은 욕망이 게임의 실행을 추동하는 원동력이라고 할 수 있기 때문이다. 게이머가 낯선 세계에서 낯선 사람과 사물들을 만나고 그 기회를 이용하여 새로운 행동을 시험하는 것은 한편으로는 좀더 강한 자극에 대한 욕구이면서 다른 한편으로는 새로운 사건, 새로운 삶의 체험에 대한 욕구가 되는 것이다.

그러므로 스펙터클에 대한 욕구는 새로운 사건의 체험에 대한 욕구와 모순되는 것이 아니다. 스펙터클은 사건과 별개의 대상이 아니라 근본적으로 사건의 성질에 관계되는 것이기 때문이다. 우리는 날마다 여러 가지 사건을 체험하고 있지만 그것은 관습적인 세계의 진부한 일일 수도 있고 낯선 세계의 신기한 일일 수도 있다. 스펙터클은 우리가 체험하는 사건이 좀더 강력하고 자극적인 형태의 것일 때, 일상의 사건들과 질을 달리하는 성격의 것일 때 붙여지는 이름일 뿐이다. 이 점을 고려하면 스펙터클은 서사에 종속적인 요소이다. 게임에 따라 스펙터클이 주도적인 경우도 있을 수 있지만 거기에서 서사가 배제되고 있는 것은 아니다. 이에 반해서 서사가 있는 게임에는 스펙터클이 없는 경우가 있을 수 있다. 곧 모든 게임은 잠재적으로 서사성을 갖추고 있지만 스펙터클은 있을 수도 있고 없을 수도 있는 것이다. 이 사실은 컴퓨터 게임에서 스펙터클보다 서사가 좀더 중심적인 범주라는 점을 밝혀주는 동시에 스펙터클이 왜 게임에서 선택적 요소인가 하는 점을 알려준다. 그 양상은 게임텍스트의 공간구조를 역사적 단계에 따라 순차적으로 분석하는 속에서 실증될 수 있다.

3. 게임텍스트의 공간구조

사람의 지각은 개인적인 것이기도 하면서 사회적으로 형성되는 것이기도 하다. 우리는 경험을 통해 스스로가 무엇이며 누구인가를 배우게 되는데, 이 과정에서 공간과 시간은 그 경험을 규정짓는 기본 틀로 작용한다. 직관의 형식으로서 공간과 시간은 사회 속에서 사람의 지각을 규정하는 기본 틀이기에 사회의 상징적 질서로 자리 잡으며 그 양상에 따라 우리가 세계를 표현하고 인지하는 방식도 달라진다. 컴퓨터 게임에서도 그 양상은 잘 나타나고 있다. 우선 최초의 컴퓨터 게임인 〈퐁〉에 나타난 공간구조조차도, 비록 그것이 매우 단순한 형태를 띠고 있다고 할지라도, 인간이 세계를 표현하고 인지하는 기본적인 방식을 잘 나타내 주고 있다.

〈퐁〉의 화면은 빈 공간의 가운데에 점선이 그어져 있고 양쪽에 패들(탁구

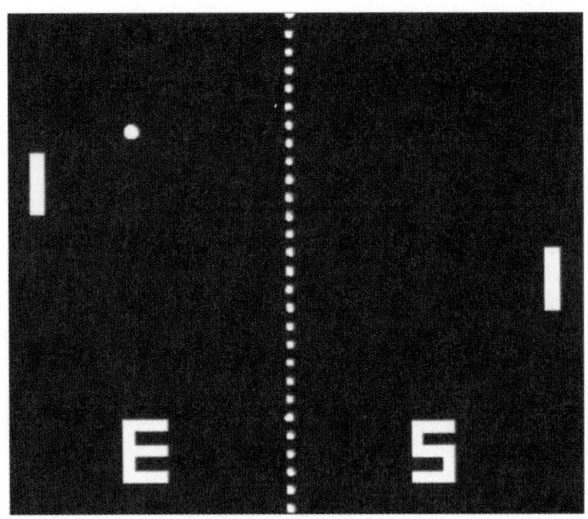

<그림 1> 최초의 게임인 〈퐁〉의 공간구조

라켓)이 흰 막대로 표시되어 있으며, 그 한쪽에 공이 원형으로 표시되어 있
다. 이 그림은 인간이 세계를 이해하는 가장 기본적인 인지적 틀이라고 할 수
있다. 나와 너, 주체와 객체가 나뉘어져 있고, 그들 사이에 이루어지는 상호
작용을 나타내주는 힘의 교환이 공으로 표시되어 있다. 또 이러한 사물들이
자리 잡고 힘을 주고받는 장소로서 세계의 모습은 단지 화면의 바탕색으로
표시되어 있다. 이러한 구조는 매우 단순한 외양을 지니고 있지만 실제로는
많은 컴퓨터 기술의 진보에 힘입어 이루어진 것으로 알려져 있다. 펀치 카드
나 입력 라인 같은 것이 있던 초기단계 인터페이스의 개선을 통해 이와 같이
깔끔한 모습의 텍스트가 제시될 수 있었던 것이다. 그 인터페이스의 개선은
게임을 하는 사람이 자신의 존재를 잊고 게임에 몰두할 수 있게 하는 혁신이
었다. 그것은 컴퓨터라는 매체가 시뮬레이션으로 가는 도정을 나타내준다.
〈퐁〉이 시뮬레이션으로 가는 중요한 한 걸음이라는 사실은 거기에 내포된 운
동의 궤적에서 드러난다. 종래에 컴퓨터는 숫자나 문자로 대상을 표시하였

다. 이에 반하여 〈퐁〉에서는 벽에 부딪치거나 패들에 맞고서 튀어 나와 다른 방향으로 자기 궤도를 가는 공의 움직임이 그래픽으로 표시된다. 이것은 종전의 문자나 숫자를 공이라는 형상으로 바꾼 데 지나지 않지만 그 의미는 매우 큰 것이다. 곧 세계의 모습이 문자나 숫자가 아니라 형상으로 표현됨으로써 실제의 현실과 그대로 닮은 가상현실이 실현될 수 있는 가능성이 열린 것이다. 그것은 디지털 기술이 시뮬레이션의 역사에 새로운 이정표를 긋는 것임을 시사하고 있다. 그것은 매체형식의 변화임과 동시에 문화적 목표의 변혁이기도 했다. 그것은 세계 자체가 컴퓨터 속에 실재와 방불하게 구현될 수 있게 된 것을 의미한다. 게이머들이 현실을 잊고 게임에 몰입을 할 수 있는 것은 이와 같은 시뮬레이션을 통해 세계의 구조를 구체적 형상을 통해 즉각적으로 간파할 수 있을 뿐만 아니라 거기에 직접 가담할 수 있다는 점 때문이라고 할 수 있다. 그러나 게이머가 이 게임을 성공적으로 수행하기 위해서는 겉에 드러난 공간구조 이외에도 게임의 규칙을 알아야 한다. 게임의 규칙은 게임텍스트를 만들 때 이미 전제되어 있는 것이기도 하지만 게임의 실행을 통해 바꾸어 나갈 수도 있는 것이다. 〈퐁〉의 규칙은 현실의 탁구 게임에서 사용되는 규칙을 원용한 것이지만 게임을 하는 사람이 그 규칙을 바꾼다고 해서 게임 자체가 불가능한 것은 아니다.

〈퐁〉은 컴퓨터 게임의 공간 구조와 기본적인 구성요소들을 잘 나타내 주고 있다. 거기에는 나와 너란 캐릭터가 있으며, 그들의 상호작용에 의해 이루어지는 사건이 있다. 또 그러한 모든 일이 이루어지는 무대로서 장소가 있으며 행동의 원칙 내지 규범이 되는 규칙이 자리잡고 있다. 미리 정해져 있는 규칙에 따라 일정한 장소에서 주체-객체의 상호작용이 빚어내는 사건이 게임의 세계를 이루는 것이다. 로제 카이와가 『놀이와 인간』에서 분석했던 것처럼 이 양상을 더욱 추상화하여 의지와 규칙의 상호관계가 게임이라고 말할 수도 있지만 컴퓨터 게임의 공간구조를 역사적 발전단계를 통해 알아보기 위해서는 추상화보다는 구체화가 필요하다. 즉 이처럼 단순한 공간적 요소와 구조가 차후 어떠한 발전과정을 거쳐 현재의 상태에 이르렀는지 파악하는 일이 우리의 중심적 과제이다. 따라서 〈퐁〉의 구성요소들을 좀더 정제하는 일이 필요하다.

〈퐁〉의 규칙이 실제의 탁구 게임을 본받고 있는 것과 마찬가지로 많은 게임은 현실의 삶에 적용되는 규칙이나 법칙을 따른다. 그렇지 않은 게임의 경우 특별한 배경스토리를 통해 규칙을 함축적으로 표시하는데 〈스타크래프트〉나 〈리니지〉가 이 경우에 속한다. 곧 배경스토리는 과거의 사건을 통해 현재의 존재들이 지니고 있는 행동방식과 행위규범을 알려준다. 그런 점에서 게임 텍스트에 등장하는 현재의 존재는 공간적 성분을 지니고 있을 뿐만 아니라 시간적 경과를 담지하기도 하는 사물이다. 이 양태는 헤겔의 행위이론에 나오는 일반적 세계상태와 상황의 개념을 통해 효과적으로 설명할 수 있다. 헤겔이 말하는 일반적 세계상태는 사건이 일어나는 세계의 보편적인 양상을 말한다. 곧 그 개념은 시대와 장소의 특성을 개괄적으로 표현한다. 이에 비해서 상황은 그 보편적인 세계상태가 특수화한 경우이다. 모든 서사는 이 상황에서 이야기를 시작하지만 거기에 전제되어 있는 것은 일반적 세계상태라는 개념이 함축하는 존재의 양상과 행동방식, 행위규범이다. 캐릭터란 이러한 존재양상과 행동방식, 행위규범, 행위 능력을 체현하는 개별적인 존재이며 장소는 그 세계의 한 구성부분이다. 아리스토텔레스의 모방론에서 이야기하는 행동은 그 세계를 무대로 하여 캐릭터의 행위가 일으키는 사건을 가리킨다. 다시 말해서 〈퐁〉의 패들이 캐릭터라면 공은 사건인 셈이다.

컴퓨터 게임의 역사는 이 공간요소들을 이용하여 게이머의 몰입을 강화하는 방향으로 진행되어 왔다. 앞서 말했듯이 몰입은 시뮬레이션과 밀접한 관계가 있다. 게임 텍스트에 제시된 공간구조는 그것이 어떤 방식을 취하든 일종의 현실의 대리물이고 〈퐁〉에서 볼 수 있듯이 일정한 세계인식을 표상하고 있다. 흔히 게임을 비트맵핑이라고 하는 것은 그 세계인식이 지도의 형태에 방불하게 표현되기 때문에 나온 말이기도 하다. 물론 게이머가 게임에 몰입하는 것은 이 인식의 내용보다는 그 세계에 개입할 수 있다는 점이 더 크게 작용한 것이라고 보아야 타당하지만 그렇다고 해서 시뮬레이션의 효과를 과소평가할 수도 없다. 테드 프리드만은 컴퓨터 게임에서 시뮬레이션의 의미를 이렇게 설명한다.

"시뮬레이션은 프레드릭 제임슨이 인지적 구도 잡기의 미학이라 말한 것을 만들어 낼 수 있는 가장 좋은 기회가 될지 모른다. '이 미학은 세계 체제 속에서 새롭게 고양된 공간 감각을 개별 주체에 부여하고자 하는 교육적 정치 문화이다.' 시뮬레이션을 행하는 것은 무수한 일련의 원인과 결과들을 연계시켜주는 체계 논리 속에 빠져들게 된다는 것을 의미한다. 시뮬레이션은 마치 시간 축을 갖는 일종의 지도로 기능하는데, (게임의 논리를 플레이어가 내면화하면서) 시각적으로, 그리고 본능적으로 다른 많은 사회적 결정들의 반향과 상호연관성을 보여 주게 된다. 포스트모던한 주체성을 구성하는 이질적 가닥들을 서로 결합시키는 데 부적절한 것으로 보이는 언어의 감옥에서 벗어나, 컴퓨터 시뮬레이션은 근본적으로 새로운 준서사 형식을 제공해 주는 바, 이를 통해 상호 연계의 구조를 커뮤니케이션할 수 있는 것이다."[7]

프리드만의 견해는 정확한 시뮬레이션이 공간의 인식, 나아가서 현대의 급격한 시간적 변화와 유동성을 나타내는 데서도 언어의 모델을 대체할 수 있는 가능성을 지녔다는 것이다. 이 견해의 타당성은 좀더 면밀히 검토되어야 하겠지만, 아무튼 이러한 시뮬레이션의 진전은 컴퓨터 게임의 공간구조가 발전하는 것과 긴밀한 관계를 갖는다. 〈퐁〉의 뒤를 잇는 〈팩맨〉은 컴퓨터 게임이 어떻게 그러한 인지적 구도를 갖는 시뮬레이션으로서 성립할 수 있게 되었는지를 알아보는 데 좋은 자료가 된다.

〈팩맨〉은 여러 측면에서 주목해야할 공간구조를 가지고 있다. 우선 이 게임은 최초로 구체적인 형상의 게임 캐릭터를 보여준다. 80년 이전까지 게임

〈그림 2〉 게임의 공간놀이적 성격을 잘 나타낸 〈팩맨〉의 그림

7 테드 프리드만, 앞의 글. 79–80쪽. 번역은 인용자가 일부분을 수정했다.

에서 캐릭터는 패들이든가 우주선, 자동차 등이었다. 〈팩맨〉에서는 주인공격인 팩맨 이외에도 유령(고스트)이라고 불리는 빨강, 파랑, 핑크, 오렌지색의 네 캐릭터가 등장한다. 그 각각의 캐릭터는 보자기를 둘러 쓴 유령의 모습이든가 입을 짝 벌리고 있어 웃는 모양으로도 보이고 악마처럼도 보이는 앙증맞은 형상들이다. 그 캐릭터들은 극히 간단한 구조로 조형되어 있지만 각기 이름을 가지고 있으며 핑키, 블링키 등의 별명도 지니고 있다. 또한 이 게임에서 주목해야 할 점은 미로처럼 구성되어 있는 공간 구조이다. 이 공간은 기하학적 도형으로 표시되고 있지만 뒷날의 던전이나 필드의 구성양태를 선취하고 있다고 할 수 있는 형태이다. 게임의 진행은 주인공이 자신을 쫓아오는 고스트들을 피하면서 길에 놓인 점들을 먹어치우는 방식으로 진행된다. 주인공이 고스트와 맞닥뜨리면 순식간에 죽어 버리기 때문에 주인공은 그 만남을 피하면서 가능한 한 가장 빠른 시간 내에 길에 뿌려져 있는 점들을 모두 먹어 치워야 하는 것이다. 그러나 문제는 쫓아오는 고스트가 하나가 아니라 다수라는 점이다. 상대적으로 팩맨이 고스트들보다 움직이는 속도가 빠르기는 하지만 여러 객체가 쫓아오는 상황에서 게임을 성공적으로 수행하기 위해서는 공간을 부분적으로 파악하는 것으로는 불충분하다. 공간 전체의 구조를 파악하고 있어야 함은 물론 적들의 위치와 속도, 나의 속도와 점들의 소재, 행동의 효율성 등을 동시에 고려해야 하는 것이다. 이러한 상황에서 게이머는 자신도 모르게 전체 공간을 한눈에 포착하면서 자신이 펼칠 행동의 전략을 수립해야 하고 임기응변의 수단을 강구해야 한다. 곧 다양한 요인들 간의 상관관계를 본능적으로 직감해야 하고 그 속에서 자신의 행동을 결단해야 하는 것이다.

인체의 구조에 대한 파악이 원숭이의 해부학을 위해 도움이 되는 것처럼, 일반적으로 발달된 사물의 상태에 대한 지식은 그 이전 단계의 사물에 대한 이해를 증진시킬 수 있다. 이런 관점에서 현재의 컴퓨터 게임에 대한 지식을 원용하여 〈팩맨〉의 게임 텍스트를 고찰할 때 그것의 구조는 좀더 세밀히 파악될 수 있고 그것이 지닌 원형적 의미도 새롭게 드러날 수 있다. 그 내용을 항목별로 나누어 살펴보면, 첫째로 〈팩맨〉의 전체 지형은 일종의 미로구조로 볼 수 있다. 그러나 그 미로는 형태가 투명하게 드러나 있으며, 전체의 구조도 한 눈에 파악된다. 이 상태는 근래의, 발달된 게임 텍스트의 복잡하고 많은 부분이 감추어져 있는 미로구조와 대비된다. 전자가 단순구조라면 후자는 복합구조인 셈이다. 또한 〈팩맨〉에서 전체 지형은 모니터의 현재화면 안에 한정되어 있고 거기에는 어떤 변화도 있을 수 없다. 게이머의 텍스트에 대한 개입이나 작용이 전체 세계의 형상에 아무런 변화도 가져오지 않는다. 그 세계의 지형은 매우 단조롭고 거기에 존재하는 사물들도 추상적인 형태를 지니고 있다. 이것은 종횡 스크롤이나 미니맵 표시, 화면을 다채롭게 장식하며 중층적으로 구성하는 후대의 방식과 대비된다. 그럼에도 불구하고 〈팩맨〉의 미로구조는 그 자체로 완결된 하나의 세계를 구성하며 게이머의 공간감각에 소구하는 바가 매우 크다. 하나의 사태를 결정하는 여러 사회적인 결정요소들의 영향과 상호연관성을 효과적으로 각성시키기 때문이다.

캐릭터의 성격도 초기 단계의 게임이 지닌 한계를 여실히 보여준다. 팩맨은 애니메이션의 특징을 잘 드러내 머리부분만, 그것도 입 모양만 크게 나타내고 있으며 거기에는 어떤 구체적 동작도, 자질도 부여되어 있지 않다. 그것은 컴퓨터의 커서처럼 입력 내용에 따라 이 길 저 길로 움직일 뿐이다. 이러한 양상은 고스트들에게서도 마찬가지로 나타난다. 물론 고스트는 아이들의 유령 놀이에서처럼 몸에 두건을 둘러쓰고 눈만 내놓은 형상을 지니고 있어 어찌 보면 애교스럽고 어찌 보면 무서운 형상이다. 그러나 고스트의 개별적인 동작이나 대화는 없으며 거기에 어떤 내면성도 부여되어 있지 않다. 다만 팩맨을 만나는 순간 그것을 지워버릴 수 있는 권능을 가지고 있을 뿐이다. 팩맨이나 고스트나 똑같이 실제 삶의 욕구나 모티브를 가지고 살아가는 것이 아니라 기계적인 움직임을 보일 뿐이다. 그렇기 때문에 이 게임 소프트웨어의 사용자가 경험하게 되는 사건의 내용은 매우 단순하다. 길에 뿌려져 있는 점들을 먹어치우면서 공간을 이동하는 것이 유일한 사건이다. 이 사건을 후대의 게임에 비추어 보면 그 사건들이란 지하동굴을 헤매면서 마물을 물리치고 아이템을 획득하는 일에 해당한다. 또한 고스트와 만나는 것은 캐릭터가 감당할 수 없는 적대자와 싸워서 패배하는 일에 해당한다. 곧 〈팩맨〉에서 일어나는 사건은 단순한 대로 공간탐험을 통해 아이템을 획득하고 능력을 성장시키면서 주어진 과제를 해결하는 어드벤처 게임이나 롤플레잉 게임의 전형적인 서사구조를 초보적인 형태로 구현하고 있는 것이다. 그 원형적인 형태가 발전하여 현재의 게임들, 구체적인 형상을 갖춘 캐릭터와 광대한 세계, 그리고 복잡다단한 사건구조가 나타나게 된 것임은 말할 필요도 없다.

4. 스펙터클과 공간구조의 다변화

〈팩맨〉 이후 컴퓨터 게임은 짧은 시간 안에 비약적인 발전을 이룬다. 점수

따기 게임(도트이트시스템)에 불과한 〈팩맨〉의 추상적인 형식은 전자기술공학과 애니메이션 기술의 발전에 힘입어 다채로운 형식들로 변모한다. 액션게임, 슈팅게임, 대전격투게임, 어드벤처, 롤플레잉 등 거의 모든 유형의 게임이 모습을 드러내게 되며 겉모양만으로도 이전 단계의 게임과 비교할 수 없으리 만치 발달된 형식을 보여준다. 그러나 이 두 번째 단계의 모든 게임을 고찰하는 것은 시간낭비일 뿐이다. 그러므로 여기서는 이 단계의 대표적인 형식으로서 캡콤의 〈스트리트 파이터 Ⅱ〉와 코에이의 〈삼국지 Ⅱ〉를 살펴본다.

〈스트리트 파이터 Ⅱ〉는 1991년 발매되었다. 〈팩맨〉이 나온 지 10년 만에 나온 이 대전격투게임은 기존의 격투게임을 본받고 있지만 정교한 조작 시스템을 통해 캐릭터의 빠르면서도 부드러운 동작을 선보였다. 이러한 발전은 전자기술의 발달에도 힘입고 있지만 그와 함께 모션캡션에 의한 애니메이션 기술의 세련에서도 크게 도움을 받고 있다. 격투게임이 대부분 그렇지만 이 게임도 여러 개성 있는 캐릭터가 등장하여 앞뒤로 움직이면서 싸움을 벌이는 형식을 채용하고 있다. 캐릭터들은 각기 독특한 용모를 지니고 있을 뿐만 아니라 고유의 기술, 장단점을 지니고 있으며 게이머의 숙련된 조작에 의해 자연스러우면서도 동선이 큰 동작을 보여준다. 매우 격렬한 격투가 연속적으로 벌어지는 이 게임에도 일정한 서사가 있다. 일본의 27개 방송사에서 동시에 방영될 만큼 인기를 끈 만화를 원작으로 하는 이 게임의 서사는 전문 싸움꾼이 아니라 평범하지만 정의감에 넘치는 류와 켄이라는 두 젊은이가 세계 각처를 여행하면서 격투를 벌여 악을 물리친다는 이야기를 담고 있다. 그러나 이 이야기는 게임에서 부속적인 장식물이다. 게임의 전개에서 서사가 직접적으로 영향을 미치는 부분은 배경이 되는 무대 장치라고 할 수 있는데 싸움이

<그림 3> 캐릭터가 중심이면서 스펙터클이 구현되는 <스트리트 파이터 II>

벌어지는 장소의 특성을 반영한 배경 그림과 그 속에 자리잡고 있는 인물들의 형상이 바로 그것이다. 즉 중국의 거리, 브라질의 부두, 소련의 공장 등이 배경에 제시되고 게이머는 자신의 캐릭터를 통해 격투를 벌이는 것이다. 이 게임이 두 번째 단계의 대표적인 형식이 되는 이유는 바로 이처럼 배경이 눈요기 거리로 제공될 뿐 게임의 진행과 긴밀한 관계를 지니지 않는 형식이란 점과 관련된다. 배경의 신기하고 이국적인 장면이나 인물들의 특색 있는 모습은 일종의 과잉영상, 눈요기 사탕으로서 그것은 게임이 스펙터클을 지향하기 때문에 나타난 현상이다. 즉 게이머는 그와 같은 스펙터클을 즐기는 동시에 인터페이스를 조작하여 캐릭터를 효율적으로 움직임으로써 자신의 능력에 대한 자긍심과 승리의 쾌감을 얻는 데 만족하는 것이다. 이 양상은 <스트리트 파이터 II>의 미국판이라고 해도 좋을 <모탈 컴뱃>이 실사를 이용해 캐릭터의 형상을 실제 사람의 모습과 똑같이 만들고, 패배한 캐릭터의 심장을 꺼낸다든가 뼈를 부러뜨리는 행위를 자행하게 함으로써 게이머의 감각과 신경

을 자극하는 것과 같은 이치에서 비롯된다. 그것은 자본주의가 사람의 소비 욕구를 끊임없이 증대시키기 위하여 '사이비 욕구'를 창출하는 것과 마찬가지로 게이머의 끊임없는 영상소비, 충동소비를 부추긴다. 캐릭터의 과장된 형용, 유연하면서도 신속하고 동선이 큰 동작, 쌍방의 힘의 격돌에서 생기는 충격의 시각화, 낯선 이국의 신비로운 풍경, 관중의 소란스런 환호. 이런 것들은 게이머에게 게임의 즐거움 이외에 가외의 볼거리, 강렬한 자극을 제공하며 그 눈요기 사탕의 마력에서 벗어나지 못하는 사람들을 끊임없이 게임의 소비로 불러들이는 것이다. 이 같은 자극의 극대화를 통한 소비의 유인책은 게임 제작자들에게 끊을 수 없는 유혹이 된다. 〈디아블로Ⅱ〉의 배경을 이루고 있는 장면의 어지러울 정도로 강렬한 색채, 캐릭터들의 싸움에서 빚어지는 사건들의 다채로움과 색깔의 현란함은 게임이 스펙터클을 지향하는 한 증표에 지나지 않는다. 이것은 게임 제작에서 쿼터 뷰, 레이 캐스팅 시점 기법이 고안되고 3D 기술이 도입되는 원인이 된다. 스펙터클의 창출을 위해 컴퓨터 공학자들과 게임 제작진 전체가 온통 발벗고 나서는 듯한 형국인 셈이다.

〈스트리트 파이터Ⅱ〉는 일견 캐릭터에 비중이 실리는 게임으로 보인다. 캐릭터의 사실적인 묘사와 격투장면의 실감이 사람들을 사로잡는 주요 요인인 것처럼 보이기 때문이다. 실제로 게이머는 자신이 선택한 캐릭터와 자신을 동일시하면서 정교한 조작을 통해서 승리를 얻는 데서 만족감을 얻을 수 있다. 게이머가 캐릭터를 번갈아 가면서 게임을 수행한다해도 이 양상에는 변함이 없다. 그는 캐릭터와 격투의 화려한 모습에 매혹되고 정교한 조작을 행할 수 있는 자신에게 만족하면서 반복적으로 게임을 실행하는 것이다. 그러나 이러한 외양과는 달리 게임의 내면에는 전혀 다른 논리가 작동하고 있다.

게이머는 한 장소에서 모든 적들을 물리치고 나면 다른 곳으로 이동하여 또다시 격투를 벌이게 된다. 그는 낯선 세계에서도 모든 적들을 물리칠 수 있고 그곳을 자기 세계로 전유할 수 있는 것이다. 낯선 장소의 낯선 사람들은 자신이 도전해 오는 적들을 평정하는 데 따라 자기를 환영하는 친숙한 존재로 바뀌게 된다. 게이머가 격투에서 최종 승자가 된다는 것은 그 낯선 장소를 자기의 공간으로 만든다는 것을 의미한다. 승리를 통해서 게이머는 공간의 점유자가 되는 셈이다. 이 양태는 〈스트리트 파이터Ⅱ〉가 〈돈키 콩〉이나 〈퀘이크Ⅲ〉과 같이 액션을 중심으로 하는 게임이면서도 궁극적으로 공간여행의 형식을 지닌다는 사실을 말해준다. 액션을 통해 적을 물리치는 것은 그 장소를 자기의 것으로 전유하는 것이며 낯선 세계를 친숙한 공간으로 전환시키는 작업에 해당하는 것이다. 그러므로 〈스트리트 파이터Ⅱ〉에서 배경의 그림은 눈요기 사탕임과 동시에 상징적인 의미를 지니게 된다. 격투의 장면이 게임의 중심적인 사건이면서 스펙터클의 구성요소가 되는 것과 마찬가지로 그 행위가 일어나는 장소를 나타내주는 배경그림도 똑같이 공간탐험의 과정을 나타내주는 것이면서 스펙터클의 중요인자가 되는 것이다. 〈스트리트 파이터Ⅱ〉의 서사는 이 공간여행의 형식을 빈 스펙터클 창출의 안내자 역할을 맡고 있는 셈이다.

그러나 컴퓨터 게임의 성공이 스펙터클에 의지하는 것만은 아니다. 그 점을 잘 알고 있는 제작자들은 새로운 형식의 게임을 제작하기 위해 다양한 시도를 하였다. 스펙터클과 서사의 조화를 꾀하거나 극적 긴장의 조성을 위해 레벨 디자인이나 게임플레이에 관심을 쏟는 등 다양한 방면에서 개발의 방법을 모색한 것이다. 이러한 모색의 한 성공 사례가 중국의 고전 『삼국지』를 소재로 한 코에이의 〈삼국지Ⅱ〉이다. 이 게임은 소설을 재매개한 형식이므로 자연히 스펙터클보다 서사에 비중을 둘 수밖에 없었다. 그렇다고 해서 이 게임이 소설의 이야기를 전하는 데만 치중한 것은 아니다. 게임플레이의 측면에서 이 버전은 〈삼국지Ⅹ〉에 이르는 동종의 여타 버전에 비해서도 손색이 없고 게임 서사의 공간구조를 분석하려는 현재의 우리 관심사에 비추어 볼 때도 매우 주목할 만한 특징을 지니고 있다.

〈삼국지Ⅱ〉를 실행하는 게이머가 화면에서 맨 처음 맞닥뜨리는 것은 중국의 전체 지형을 41개 주로 분할한 지도다. 이 지도에는 각 주를 영유한 군주의 고유한 색깔이 입혀져 있다. 게이머는 자신이 선택한 군주를 통해 게임에 참여하게 되는데 장수를 모으고 군대를 양성하며 정치를 펼쳐 산업을 발전시키고 백성의 충성도를 높이는 일이 평상시의 업무이다. 군주는 이러한 일들을 참모의 역할을 하는 군사의 도움을 받아 장수들과 함께 시행한다. 따라서 평상시 게이머는 중국의 전체 지형과 자신이 선택한 군주를 그린 그림, 그리고 그 지역의 정보들이 표시되어 있는 표를 마주하며 게임을 진행하게 된다. 캐릭터는 전장에서 일기토를 한다든가 특별한 임무 수행을 보고하는 경우 외에는 화면에 거의 나타나지 않는다. 그렇지만 모든 인물은 지력, 무력, 카리스마 등의 고유 속성을 지니고 있으며, 주로 소설 속에 묘사된 내용에 근거하여 특별한 성질을 부여받기도 한다. 예컨대 여포라든가 맹달, 미방은 배신을 잘하며 장비, 허저, 전위 등은 어떤 경우에도 충성을 다한다. 이 인물들의 속성은 임무를 수행하는 능력을 결정하며 특히 전투 시에는 장수의 무력에 따라 병력의 피해 정도가 달라진다. 전투 장면에서 장수는 단지 병력숫자로 표시될 뿐 아무런 표징도 지니지 않는다. 곧 〈삼국지Ⅱ〉에서 캐릭터는 하

〈그림 4〉 〈삼국지Ⅱ〉의 전체 지형도

나의 추상적인 기호에 지나지 않는다. 이는 이 게임이 소설의 이야기를 재매개하고 있다는 점과 관련지어 이해할 수 있다. 소설 속의 인물형상을 이용해 캐릭터에 대한 묘사를 생략하고 있는 셈이다.

캐릭터의 묘사가 매우 소략한 데 반해서 〈삼국지Ⅱ〉의 전체지도와 세부지형도는 〈삼국지〉 게임의 다른 어떤 버전에 비해 볼 때도 우수한 것이라고 말할 수 있다. 이 말은 지도와 지형도의 사실성이나 스펙터클을 언급하는 것이 아니라 지각과 기억의 측면에서 매우 효과적인 구도를 가지고 있다는 점을 가리킨다. 이 게임을 실행할 때 모니터에는 전체 지형도가 표시된다. 이 지도는 각 주의 윤곽만을 표시할 뿐 아무런 특성도 나타내 주지 않는다. 그러나 전쟁이 일어나면 전투가 벌어지는 지역의 구체적인 지형도가 나타난다. 그 지형도는 대체로 중국의 실제 지리에 근접한 형태로 묘사되어 있어 『삼국지』에 대한 어느 정도의 지식이 있는 사람은 그 형태만 보고도 그곳이 어느 지역인가를 알 수 있다. 그런데 이 게임에서는 전투가 특정한 관문이나 성에서만 전개되는 것이 아니라 그 지역 전체를 무대로 해서 펼쳐진다. 게이머는 전쟁의 승리를 위해서 그 지역의 여러 곳을 돌아다니며 갖가지 사건을 체험하게 된다. 복병을 만나기도 하고 화공에 진저리를 치기도 하며 포위된 장수가 병

〈그림 5〉〈삼국지Ⅱ〉의 부분 지형도

력을 모두 잃고 포로가 되는 불운을 겪기도 한다. 이러한 일은 각 지역에서 서너 차례씩 반복되는 것이 예사인데 이 과정을 통해서 게이머는 각 지역에 대한 상세한 파악과 함께 그 장소들에 관하여 전투나 이동에 얽힌 색다른 기억들을 간직하게 된다. 게이머가 천하통일을 달성함으로써 엔딩을 보기 위해서는 이런 방식으로 중국의 각 주를 차례로 답파할 수밖에 없다. 그런데 그 과정에서 게이머는 중국의 전역에 대한 기억을 가지게 되는 뜻하지 않은 소득을 얻게 된다. 〈삼국지Ⅱ〉게임의 이런 특성은 〈스트리트 파이터Ⅱ〉와 대조된다. 〈스트리트 파이터Ⅱ〉에서 격투의 무대가 되는 장소는 부차적인 문제이다. 캐릭터가 중심이고 격투를 승리로 이끌기 위한 효과적인 조작기술이 관건이다. 거기에서 배경은 하나의 볼거리에 지나지 않는다. 이와 달리 〈삼국지Ⅱ〉에서 캐릭터는 숫자로 표시될 뿐이지만 배경은 실제 지형이나 다름없이 상세히 묘사되어 있다. 전체 지도의 추상적인 도형과 대비되는 이러한 상세한 지형도는 게이머의 게임에 대한 지각과 기억의 중추부분을 구성한다. 이처럼 두 게임은 묘하게 상반되는 특성을 가지고 있으면서도 상보적인 측면을 드러내고 있다. 이런 점에 착안해서 우리는 〈스트리트 파이터Ⅱ〉의 캐릭터가 〈삼국지Ⅱ〉의 지형 속에서 전투를 벌이는 경우를 상상해볼 수 있다.

격투를 벌이는 캐릭터의 구체적인 이미지와 싸움이 벌어지는 장소의 구체적인 지형이 결합되었을 때 컴퓨터 게임의 가상현실은 이전에 비길 수 없으리만치 생동감과 현실감을 가지는 형태가 될 것으로 예측되기 때문이다. 그리고 그것은 상상만이 아니라 불원간에 실현되고야 말 가능의 세계였다.

5. 유기적 공간구조와 가상공동체

1998년 4월 미국의 블리자드사는 실시간 전략시뮬레이션 게임 〈스타크래프트〉를 발매한다. 컴퓨터 게임의 역사에서 공전절후의 게임이라고 할 만한 〈스타크래프트〉의 공간구조는 〈삼국지Ⅱ〉와 〈스트리트 파이터Ⅱ〉의 결합이자 그 이상이었다. 이 게임의 무대는 상상 속의 우주공간이다. 또한 캐릭터는 인류의 후예라고 할 수 있는 테란족과 뛰어난 생식력을 가진 저그족, 그리고 정신적 고등생명체인 프로토스족이다. 이 같은 캐릭터의 3원 시스템은 이 게임이 종래의 선악구도에서 벗어날 수 있는 바탕이 될 뿐만 아니라 자유롭게 레벨 디자인을 할 수 있는 조건이 된다. 게이머는 〈삼국지Ⅱ〉에서와 같이 일종의 군주가 되어 게임을 운용하게 된다. 그렇지만 이 게임에 어떤 개성 있는 캐릭터가 등장하는 것은 아니다. 각기 고유의 특성을 지닌 유닛이 캐릭터의 역할을 하기 때문에 개별적인 존재가 부각되는 일은 거의 없다. 예컨대 테란족은 마린이나 벌처, 메딕과 같은 초기 단계에서 생산할 수 있는 유닛과 탱크, 드롭십과 같은 중반의 유닛, 배틀크루저 같은 종반의 유닛을 지니고 있다. 이 양상은 다른 종족에서도 똑같이 찾아볼 수 있다. 뿐만 아니라 각 종족

〈그림 6〉 〈스타크래프트〉의 전체 화면과 부분도

은 여러 가지 업그레이드 시스템을 갖추고 있어서 유닛의 성분을 향상시킬 수 있고 게임의 전개에 따라 다양한 유닛을 동원할 수 있다. 게이머는 자신의 분신과도 같은 이 유닛들을 적절하게 동원하여 게임을 진행한다.

〈스타크래프트〉는 상상 속의 우주공간을 배경으로 하므로 실제 게임에서는 다양한 지형이 등장한다. 주로 로스트 템플, 엔터 더 드래곤, 짐레이너스 메모리 등으로 불리는 몇 개의 고정된 지형이 이용되지만 특별한 미션을 설정하는 경우에는 무한한 자원이 갖춰져 있는 특수 지형이 이용되기도 한다. 이 게임에는 지상유닛과 공중유닛이 있고 유닛들 사이에 서로 물고 물리는 기능상의 특성이 있기 때문에 지형은 게임의 진행에서 매우 중요한 역할을 한다. 상대의 진영과 거리가 얼마나 떨어져 있으며, 지형이 어떤 종류의 것인가에 따라 구사하는 전략전술이 달라진다. 또 본래의 진영 이외에 다른 곳에 식민지를 건설할 수 있는 시스템인 데다가 자원의 채취가 게임 승리의 관건이 되고 유닛이 언덕 위에 위치해 있느냐 밑에 있느냐에 따라 무기의 효력이 달라지도록 설정되어 있어 이 게임에서 공간 확보를 위한 노력은 거의 필사적이라 할 만큼 치열하다. 게임의 진행과 공간구조가 유기적으로 결합되어 있는 게임이라고 평가할 수 있는 것이다. 〈스타크래프트〉의 공간구조에서 또 주목해야할 사항은 실제로 게임이 진행되는 장소인 주지도와 전체의 지형을 축약해 표시하는 미니맵이 구분되어 있다는 점이다. 이것은 〈삼국지 II〉의 전체지도와 부분지형도를 변형한 것이라고 할 수 있지만 〈삼국지 II〉에서 두 지도가 구조적으로 별개의 시간(평상시와 전쟁시)을 표시하기 위해 존재하는 데 반해서 〈스타크래프트〉에서는 동시에 존재하면서 서로 다른 쓰임새를 지니고 있다는 점이 차이점이다. 곧 〈스타크래프트〉에서 두 지도는 매우 유기적인 관계를 맺는데, 게이머가 세부 지형이 나타나 있는 주지도를 보면서 동시에 미니맵을 통해 전체 국면의 형세를 파악해야 하는 구조인 것이다. 이러한 지도의 구조적 특성은 〈스타크래프트〉가 〈팩맨〉에서와 같이 게이머가 부분과 전체를 동시에 파악해야 하는, 지각방식의 변화를 요구하는 게임이라는 사실을 말해준다. 이와 관련하여 이 게임이 채택하고 있는 안개기법을 주목할 필요가 있다. 이 게임을 처음 시작하면 주지도는 자신의 진영만을 제외하고 화면 전체가 암흑 속에 쌓여 있다. 전체 지형이 어떻게 생겼으며 적은 어디에 자리를 잡고 있는지 알아보기 위해서 게이머는 정찰대를 보내야 한다. 이것은 게이머의 정보 획득을 통제함으로써 사건의 긴장도를 조절하는 방식이라고 할 수 있다. 게이머가 주지도와 미니맵을 번갈아가며 피아의 상태를 확인하고 그에 대처하기 위하여 끊임없이 노력하지 않으면 승리를 쟁취할 수 없는 구조인 것이다.

이밖에 〈스트크래프트〉의 공간구조에서 특징적인 점은 각 종족의 건물과 전투장면의 시각적·청각적 요소이다. 일본의 한 평론가는 〈스타크래프트〉의 건물들이 일종의 뱀굴과 같은 공포를 야기한다고 분석한 적이 있다. 이와 동일한 양상은 지상을 새카맣게 덮으면서 진군하는 탱크부대나 저글링 부대, 또는 하늘을 가득 메우면서 날아가는 캐리어나 배틀크루저의 위용에서도 찾아볼 수 있다. 이것은 일종의 장엄미를 형성한다고 할 수 있는 것으로서 지상부대의 전투가 벌어질 때 땅위에 온통 케첩이 깔리는 현상과 마찬가지로 이 게임이 스펙터클을 조성하는 방식의 하나이다. 이처럼 〈스타크래프트〉는 한편으로는 〈스트리트 파이터Ⅱ〉의 캐릭터 형상을 발전시키고 다른 한편으로는 〈삼국지Ⅱ〉의 지형도를 발전시킴으로써 게이머의 게임에 대한 몰입과 스펙터클을 강화하는 효과를 창출하고 있다. 캐릭터를 종족에 따라 특색 있는 형태로 묘사하고 전투를 구체적으로 보여줄 뿐만 아니라 그러한 사건 들이 일어나는 배경장소의 중요성을 극대화함으로써 행위자와 객체 사이의 관계를 긴밀하게 엮는 방식이 〈스타크래프트〉에서 사용되고 있는 것이다. 이 게임을 유기적 공간구조라고 하는 것은 그에 말미암는다. 이 유기적 공간은 〈리니지〉와 〈심시티〉 등 최근의 게임 대부분에서도 구현되지만 그 공간이 지 닌 성격은 달라지게 된다. 곧 행위와 장소의 역동적 관계라는 유기성이 일정 하게 무너지고 행위에 대해서 장소가 독립성을 지니게 되는 양태가 출현하 고 있는 것이다. 이 양태는 포스트모던한 공간이 사회적 기능으로부터 독립 된 공간으로 자립하는 것과 일맥상통하는 형상이다. 따라서 최근의 이러한 경향이 무엇을 의미하는지 이해하기 위해서는 〈리니지〉와 〈심시티〉를 통해 살펴 보는 일이 필요하다.

〈그림 7〉 〈리니지〉의 정면도

<그림 8> 〈심시티〉의 도시공간

　〈스타크래프트〉는 〈스트리트 파이터Ⅱ〉와 〈삼국지Ⅱ〉에 구현된 종래의 대표적인 공간 조성 방식 두 가지를 종합하여 게임의 역사에 한 획을 그었다. 이 게임이 성공하는 데는 종족간의 밸런스, 레벨 디자인, 게임 플레이의 우수성이라는 요인들도 각기 한몫을 하고 있지만 공간구조의 유기성이 기여한 부분은 그 어느 것보다도 크다. 그것은 컴퓨터 게임의 공간구조 구성 방식에 한 전범이 된다고 할 수 있다. 그러나 그 방식이 우수하다고 해서 모든 게임이 그것을 따르는 것도 아니고 따를 필요도 없다. 각각의 게임에 요구되는 공간의 특성은 제각기 다를 것이기 때문이다. 이런 점에서 〈스타크래프트〉의 방식과 전혀 다르면서도 컴퓨터 기술공학이 가능하게 한 가상현실을 효과적으로 구현하고 있는 게임들에 유의할 필요가 있다. 그 대표적인 사례의 하나가 〈심시티〉와 〈리니지〉에 나타나고 있는 가상공동체형식의 공간이다. 〈리니지〉에서 배경공간은 안전구역과 전투구역으로 나뉜다. 안전구역인 마을에서 게이머는 쉴 수도 있고 다른 사람과 교제하여 혈맹을 구성할 수도 있으며 마물을 사냥하면서 경험치와 레벨을 높일 수도 있다. 그러나 마을 밖에서 벌어지는 전투는 실제 상황처럼 긴박하게 전개되고 심지어는 생명을 위협하기까

지 한다. 이 게임의 공간이 특이한 이유는 이처럼 기능에 따라 구역이 나뉘어져 있다는 점에만 있는 것이 아니다. 구역의 구분이란 점도 모든 장소가 행동의 공간이 되는 〈스타크래프트〉와 대조되는 성격이지만 그보다 더 중요한 특성은 〈리니지〉의 공간이 게이머가 그 곳에 언제까지라도 머물면서 일상적인 생활을 영위할 수 있는 가상공동체라는 점이다. 익히 알려져 있듯이 〈리니지〉는 MMORPG (Massively Multi-player Online Role Playing Game)이다. 수천 명의 사람들이 한꺼번에 접속하여 게임에 참여할 수 있으며 시간에 제한을 받지 않고 그 세계에 머무를 수 있다. 이 게임에서는 게이머가 특정한 임무를 완수했다고 해서 게임이 종료되는 것이 아니다. 게이머는 혈맹을 구성하여 반왕을 물리친다는 사명을 수행할 수도 있지만 그와는 상관없이 레벨을 높이고 아이템을 획득하면서 다른 사람들과 좋은 관계를 맺는데 만족할 수도 있다. 이 경우 게임에는 끝이 없으며 공간은 캐릭터의 행동의 무대가될 뿐 사건의 성격이나 전개와는 무관한 존재가 된다. 게이머는 자신만의 경험과 기억을 가지고 그 세계 속에서 사람들과 관계를 맺으며 언제까지나 살아갈 수 있는 것이다. 이와 같은 형식의 또 다른 게임으로는 〈심시티〉를 생각할 수 있다. 〈심시티〉는 도시를 건설하는 게임이다. 게이머는 최초에 주어진 조건을 이용하여 도시 계획을 세우고 설계에 따라 건설을 추진해 갈 수 있다. 그는 조건의 변화에 대응하면서 교통대책을 세우고 발전소 건설을 기획할수 있으며 시장을 둘러보거나 특정한 지역을 탐방할 수도 있다. 때로는 생각을 바꾸어서 자신이 건설한 도시를 떠나 낯선 곳으로 이동할 수도 있다. 주어진 조건을 수락하는 한 게이머는 이 모든 일을 자유롭게 실행할 수 있으며 언제까지나 그 세계의 거주민으로 남게 된다. 이 게임에서 공간은 온전히 게이

〈그림 9〉 〈심시티〉의 한 변형이라 할 수 있는 심즈

머에게 주어진 놀이터이자 삶의 공간이란 성격을 지니는 것이다. 그 공간은 게이머에게 모든 구속으로부터 벗어나서 다른 사람들과 다양한 관계를 맺으며 자유롭게 머무를 자유를 약속하는 해방의 공간이다. 그 곳은 사회적 기능에 의해 일률적으로 규정된 공간이 아니므로 게이머는 그 세계에서 여러 사건과 객체를 능동적으로 체험하며 참여의 즐거움을 만끽할 수 있는 것이다. 이와 같은 방식을 적용한 또 다른 게임인 〈심즈〉에는 자신의 집을 가꾸면서 아기자기한 살림의 맛을 즐기는 프로그램이 마련되어 있다.

6. 공간체험과 지각의 메커니즘

지금까지의 고찰을 통해서 최초의 〈퐁〉부터 최근의 〈리니지〉에 이르기까지 컴퓨터 게임의 성격을 규정짓는 데 공간구조가 결정적인 역할을 하고 있다는 사실을 확인할 수 있었다. 그러나 그 고찰은 주로 게임 텍스트, 게임 소프트웨어의 성격을 분석하는 데 주안점을 둔 것으로서 그 텍스트를 이용해 게임을 실행했을 때 게이머가 얻게 되는 체험의 성격을 규명하는 데까지 나아가지는 못했다. 게이머가 흔히 중독이라고 불리는 몰입의 체험을 하게 된다는 것을 생각하면 게임 텍스트의 분석만으로는 아직 여정의 절반밖에 이르지 못한 것이라고 할 수 있다. 그렇다면 게임의 체험에서는 어떤 일이 일어나는가? 이 문제를 고찰하는 데는 몰입의 현상으로부터 이야기를 풀어 가는 것이 좋을 것이다.

흔히 게임과 관련해서 거론되는 몰입은 우리의 전통적인 개념으로 표현하면 집중執中이다. '주의를 집중하라!'고 말할 때 쓰는 '집중'이란 말은 동양에서는 참으로 많은 함축을 갖는 개념이다. 『서경』의 '윤집궐중允執厥中'에서 유래하고『중용』에서 심화되는 그 개념의 전개를 대강의 맥락만이라도 따라가는 것은 실로 힘에 부치는 일이고 이 자리에서는 더더욱 가능한 일이 아니지만, 게임의 몰입은 사물의 지각에 큰 변화를 야기한다는 점에서 그 '집중'이 함축하는 내용과 매우 흡사한 양상을 빚는다. 따라서 여기서는 몰입의 효과에 대한 검토를 통해서 '집중'의 개념에 다가가는 일이 필요한데, 몰입이 사물의 지각에 변화를 일으키는 현상은 컴퓨터 게임이 반복수행성이라는 특성을 갖는 것과 밀접한 관계가 있다. 게임이 서사와 다른 점 가운데 하나는 서사는 한번 듣거나 읽는 것으로 더 이상 접촉할 필요를 느끼지 않는 데 반해서 게임은 수없이 반복된 엔딩 뒤에도 게이머가 게임 실행의 욕구를 느낀다는 점이다. 그 원인이 스펙터클에 대한 기대에 있느냐 서사에 대한 욕구에 있느냐 상호작용의 재미에 있느냐 하는 것은 선택사항이라기보다는 모두가 한

데 포괄되는 내용이라고 보는 것이 온당할 것이다. 게이머는 이전과 다른 실행의 과정을 통해서 아직 체험해보지 못한 스펙터클과 마주칠 것을 기대할 수도 있고 다른 캐릭터를 주인공으로 삼아서 색다른 사건의 체험을 꿈꿀 수도 있을 것이다. 그러한 새로운 시도를 통해서 게이머가 게임의 신비를 푸는 탈신비화를 행할 수도 있고 공간여행을 할 수도 있음은 물론이다. 이렇게 반복되는 실행에서 게이머가 성찰의 시간을 갖지 않는다는 것은 잘 알려져 있다. 게임을 하느라 무아지경에 빠져서 시간조차 잊는다는 것은 많은 사람이 자주 겪어본 일이다. 시간의식이 '경험을 자아로 되돌리는 통합작용'이라는 점을 생각하면 이처럼 게이머가 몰입하게 되는 게임의 실행에서 성찰이 끼어 들 자리는 거의 없다고 해도 좋을 것이다. 이에 비해서 게임에서는 공간의식이 첨예화된다. '자아를 세계 속에 위치 지우는 표상작용'으로서 공간의식은 끊임없이 새로운 세계, 대상들과 접촉하여 관계를 맺어야 하는 게임에서 지속적으로 환기되지 않을 수 없다. 그 우연하게 마주치는 대상들은 게이머에게 지금 자신이 어느 세계, 어느 대상과 마주치고 있는지 확인하게 만드는 것이다. 게임이 스펙터클이라거나 공간탐험이라는 주장은 바로 그 우연한 마주침에 대한 강조에 해당한다. 그러나 컴퓨터 게임에서 우연성에 대한 인식, 대상들에 대한 지각은 유별나게 강화된다. 그 이유는 어디에 있는가?

우리가 세계와 사물에 대한 인식을 말할 때 그것은 언제나 대상의 인식이며, 대상성의 형식으로서의 공간에 대한 인식이다. 그런 의미에서 컴퓨터 게임에서 대상에 대한 지각이 강화된다는 말이나 공간의식이 첨예해진다는 말은 함축하는 내용에 약간 차이가 있다고 할지라도 근본적으로는 동일한 표현이다. 게임에서 이처럼 대상에 대한 지각이 강화되는 첫 번째 이유는 상호작용성에 있다고 해야 할 것이다. 우리가 대상을 인식할 때 그 기반이 되는 것은 우리 스스로가 그 세계 속에 구체적으로 존재한다는 점이다. 우리는 세계에 대한 하나의 관점이 되어 지각되는 대상, 세계를 시공간 구조로 파악하게 된다. 그런데 다른 텍스트 형식에서와는 다르게 게이머는 게임의 세계에 직접 관여한다. 그는 단순히 '의식'으로서만 그 세계에 관여하는 것이 아니라 시각적 요소, 청각적 요소, 촉각적 요소 등을 동원하면서, 메를로 퐁티가 말하는 하나의 '신체'가 되어 게임의 세계에 개입하는 것이다. 거기에다 게임의 세계는 많은 경우 죽느냐 사느냐 하는 긴장으로 가득 차 있다. 그렇기 때문에 도처에 위험이 도사리고 있고 긴장을 늦추면 어느 때 어떤 불행한 사태가 발생할지 모르는 신비스러운 모험의 세계에서 살아가는 게이머는 대상들에 대하여 민감하게, 온몸으로 반응하지 않을 수 없다. 그리고 이러한 게이머의 반응은 그에 대해 대립적인 위치에 있는 컴퓨터의 프로그램, 또는 다른 사람의 민감한 반응을 야기한다. 곧 게임의 세계에서는 이와 같은 상호작용이 활발하게 일어나기 때문에 역동적인 신체적 공간성이 조성되고 그에 따라 그 곳은 의미 충만한 세계가 된다. 게이머는 이렇게 의미 충만한 세계 속에 살면서 자기 앞에 펼쳐져 있는 미지의 또 다른 대상, 공간을 향하여 모험을 단행하고 그 곳을 친숙한 공간으로 만들고자 하는 것이다. 이때 게이머에게 새롭게 다가오는 대상과 공간은 이전의 세계와의 관련성 속에서, 진행되는 사건의 전체적 맥락 속에서 인지되므로 매우 특수한 의미를 지닌 것으로 파악된다. 이러한 방식으로 게임에서 대상에 대한 지각, 공간의식은 활성화되지 않을 수 없는 조건을 지니고 있다.

그러나 게임의 특성은 반복 수행된다는 데 있다. 게임을 반복 수행할 때 게이머는 이전에 만난 적이 있는 대상을 마주치기도 하고 전혀 낯선 세계에 들어서기도 할 것이다. 이 두 가지 종류의 대상에 대한 게이머의 지각은 똑같지 않다. 낯선 대상에 대한 게이머의 지각은 지금 전개되는 사건의 맥락 속에서 형성될 것이며 이미 친숙한 대상에 대해서는 종전의 기억을 더듬을 것이다. 그러나 그 친숙한 대상을 친숙하게 만든 이전의 사건들, 그 맥락은 기억되지 못한다. 게임을 수십 번 반복 수행한다고 했을 때 하나의 게임에는 수십 개의 사건들이 병렬구조를 이루게 되는데 그 각각의 사건 진행을 시간순서에 따라 온전히 기억할 수 있는 사람은 거의 없기 때문이다. 이렇게 시간을 축으로 하여 구성된 사건구조는 반복 수행의 횟수가 늘어날수록 기억에서 희미해지고 종국에는 사라지는 것이 게임의 특성이다. 그렇다고 해서 개별 대상에 대한 기억이 완전히 사라지는 것은 아니다. 우리가 수십 년 동안 잊고 지냈던 옛 친구를 만나는 순간 그에 대한 어떤 기억이 생생하게 되살아나는 것처럼 게임 속의 사물들에 대한 기억도 그 대상을 목도하는 순간 섬광처럼 떠오르곤 한다. 그러나 그 기억은 대부분 사건구조 전체의 맥락을 소생시키지 못하고 부분적인 국면만을 환기시켜줄 뿐이다. 게임을 반복하는 횟수가 늘어나면 늘어날수록 게이머는 게임에 등장하는 거의 모든 대상들, 공간들에 대하여 친밀할 기억을 가지게 되지만 사건들의 시간구조는 사라지는 것이다. 그렇다면 게임을 통해서 게이머가 궁극적으로 인식하는 것은 무엇인가?

마거릿 버트하임은 자신의 저서 『공간의 역사』에서 르네상스 시대에 각 지역의 지리를 분리하여 취급하는 지지地誌가 전체를 정당한 비율로 개관하려는 지리학으로 바뀌어간 사정을 묘사하고 있다.[8] 곧 메르카토르 투영법에 의해 세계 전체를 한 장의 종이 위에 그리고 있는 지도는 기독교적 영혼공간에 관한 최고의 지도인 단테의 『신곡』에 대응하는, 지구 전체를 인지 가능한 총체성으로 바라보려는 르네상스인들의 희망을 담은 것이라고 설명한다. 그는 이러한 공간에 대한 사고의 혁명적인 변화가 화가들에 의해 이루어진 공간을 바라보는 시각의 변화, 원근법에 힘입고 있다고 주장하는 것이다.[9] 그에 따르면 원근법은 분리된 대상들을 하나의 관점, 신체적 주체에 의하여 통일하는 원리이다. 이와 같은 양상은 비단 미술에서만 나타나지 않는다. 그는 별도의 공간 속에 분리된 개별 사물들을 하나로 통합하는 물질공간의 개념과 관련하여 이렇게 말하고 있다.

"그러한 공간적 통일성이 없다면, 물질세계의 실재에 대한 환상도 불완전할 수밖에 없다. 이러한 환상은 15세기에 직선 원근화법의 규칙이 공식적으로 정립되면서 비로소 완전히 실현되기에 이른다. 이 규칙들은 예술가들에게 모든 사물을 똑같은 3차원적 공간에서 재현할 수 있는 비법을 제공했다. 레오나르도 다 빈치와 라파엘로 같은 예술가들의 작품을 구별짓는 것은 다른 무엇보다도 바로 이 공간의 통일성이다. 이들의 대표적인 르네상스 미술에서 모든 사물은 비율에서 뿐 아니라 각도에 있어서도 균등하게 표현된다. 가장 중요한 점은 이러한 작품들에서 모든 사물은 하나의 연속적이면서도 균등한 3차원적 공간을 차지하는 것처럼 보인다는 사실이다. 바로 이 공간 개념은 17세기에 이르러 근대의 과학적 세계관의 기초가 된다"[10]

---

8 마거릿 버트하임, 『공간의 역사』, 박인찬 옮김, 생각의 나무, 2002.

9 마거릿 버트하임, 앞의 책, 153쪽

10 마거릿 버트하임, 앞의 책, 134쪽

버트하임은 지지地誌가 세계지도가 되지 않으면 지리에 대한 우리의 지식이 불완전해지는 것과 같이 사물도 '연속적이면서도 균등한 3차원적 공간'에 자리잡아야 물질공간에 통합될 수 있다고 보는 것이다. 이 견해는 인간의 신체를 연구한 최근의 과학적 성과에서도 입증되고 있다. 우리는 어떤 대상을 인지할 때 감각에만 의지하지 않는다. 예컨대 우리의 시각 경험은 시각 자극 외에 두뇌를 통해 그 감각 경험을 해석함으로써 이루어진다. 로버트 솔소 Robert L.Solso는 인간의 눈이 획득된 정보를 계열적으로 처리하는 데 반해서 두뇌는 뉴론들을 통해 정보들에 대해 대량 병행처리를 한다고 밝힌다.[11] 또 두뇌의 좌측반구는 입력 정보를 순서에 따라 처리하는 데 반해서 우측반구는 일종의 통합자로서 자극의 전체적 모습에 좀더 많이 관여한다는 사실을 지적하고 있다. 그러므로 그는 최초의 감각신호는 그 자체로는 무의미하다고 본다. 그 신호가 눈이나 뇌에 전달되었을 때 주체가 그것들을 맥락 속에서 해석하여 전체의 부분으로 파악할 때만이 거기에서 의미충만한 관계가 즉각적으로 지각된다는 것이다. 그 지각은 두뇌의 좌측반구에서는 주로 시간축을 중심으로, 우측반구에서는 공간축을 중심으로 입력정보를 통합적으로 처리하는 데 의지한다. 이러한 사실들은 게임에서 개별적인 대상들의 지각이 전체 장의 형성과 관련된다는 점을 알려준다. 실제로 수백 수천 번 〈스타크래프트〉를 실행한 게이머에게 남아 있는 기억은 어찌 보면 지도뿐인지도 모른다. 게임 방송 해설자들은 흔히 게임에서 어떤 지도가 채택이 되었는가를 보고 그것이 누구에게 유리할 것인가를 추측하곤 한다. 그 추측은 과거의 게임 실행의 결과에서 추론된 것임이 분명하다. 해설자는 과거의 경험을

<hr>

11 로버트 솔소, 『시각심리학』, 신현정 외 옮김, 시그마프레스, 2000. 제2장 참조.

현재의 공간과 연결지어 추론하는 것이다. 이것은 수십 수백 번 실행함에 따라 각각의 게임에서 겪었던 사건 전개의 과정은 잊혀지지만 그 사건들이 일어난 공간은 점차 게이머의 의식에 확고한 존재로 자리잡는 것임을 간접적으로 말해준다. 곧 게임의 반복 수행에 의해서 게이머는 게임 세계의 '세계지도'라고 할 수 있는 공간구조를 두뇌 속에 지니게 되는 것이다. 그 '지도'란 공간구조는 일종의 세계의 통합자인 것이다. 이에 반해서 개별 사건이나 대상들은 지도 위에서 사라진다. 그 개별 대상들이 게이머의 의식의 선상에 나타나는 것은 게이머가 그 대상을 다시 만나거나 그 사건을 기억 속에서 회고할 때뿐이다. 기억은 그 대상을 구조화된 이야기 속의 한 부분으로 간직하고 있다가 자극이 주어졌을 때 환기해내는 기능을 하는 것이다.

이런 의미에서 게임 속의 개별 대상은 그 자체로 기억의 대상이 되었다기보다 신체 주체로서의 게이머가 세계와 관계를 맺는 대화의 과정 속에서 하나의 존재로 구성되었다고 보아야 한다. 개별 대상은 그 대화의 과정에 관여되어 있었기 때문에 나름의 역사를 지니는 것이고, 고립된 존재로서가 아니라 관계들의 전체 망 조직의 일부로서만 존립하며, 구조화된 이야기의 한 요소로서만 기억의 대상이 되는 것이다. 그렇기 때문에 게임의 개별 대상에 대한 기억은 손전등 불빛에 비친 존재처럼 원추형을 지니게 된다. 그 대상은 압축된 시간을 담고 있어서 의식의 조명에 따라 그 이야기 실타래를 풀어내는 것이지만 전체 장, '세계지도'라는 공간에 고착되어 있을 때만 그와 같은 역능을 지닐 수 있는 것이다. 이것은 레비 스트로스가 말한 '시간적 이야기 뒤에 감추어진 공간의 구조'라고 할 수 있다. 담론 상에서 공간의 구조는 시간적 이야기를 통해 형성된 것이지만 기억 속에서는 그 공간의 구조를 통해야 시간적 이야기가 환기되는 것이다. 이 양태는 심리학에서 '기억 연합의 망 속에서 마디들이 활성화되면 다른 마디들로 그 활성화가 확산된다'는 정식으로 표현된다. 곧 총체적인 기억이 우선이고 개별적인 대상의 기억은 거기에 부수하는 것이다. 컴퓨터 게임에서는 반복수행성으로 말미암아 공간이 그 총체의 역할을 맡는다. 이 메커니즘은 예술적 훈련을 받은 사람이 작품의 주제적 패턴의 파악에 치중하는 데 반해서 보통 사람은 개별 요소의 표상적 의미적 사용을 주목하는 것과 일맥상통한다. 게임을 처음 접해보는 단계라면 게이머는 개별 요소가 실재를 어떻게 나타내고 있는지에 관심을 둔다. 그러나 게이머가 게임을 수십 수백번 실행함으로써 표면적 사건의 전개 뒤에 숨겨져 있는 공간의 구조에 익숙해진 단계에서는 그 텍스트의 전체적인 패턴을 읽는 데 관심을 쏟게 되는 것이다. 게임 해설자의 지도를 통한 추론은 그 양상을 중시함으로써 가능한 것이다. 〈스타크래프트〉에서 지도가 게임의 결과에 영향을 미치는 것은 그와 관련된다. 컴퓨터 게임의 역사는 바로 그와 같이 전체적인 패턴을 강화하는 공간의 구조를 현실화하는 방향으로 전개되어 왔다. 〈퐁〉이나 〈팩맨〉같은 초기의 게임은 추상적 상징적인 공간을 지니고 있었다. 그 다음 단계의 게임들은 공간탐험의 아기자기한 묘미를 맛볼 수 있게 하는 환상적인 세계를 나타내는 데 주력한다. 거기에서는 스펙터클과 대상의 사실적인 재현이 동시에 추구되었다. 그 추구는 공간요소를 공간탐험이라는 서사적 기능의 부속물로 삼는 의미가 있다. 그러나 이 단계를 지나면서 게임은 단순한 놀이 공간의 제공에 의미를 두는 형태로 나아가고 있다. 그 것은 게임의 공간을 서사적 기능에 대한 의존에서 해방시킨다. 〈심시티〉나 〈리니지〉는 게이머들이 그 세계 속에서 놀면서 각자의 삶을 살아가는 공간을 제공하는 역할 이상의 것을 추구하지 않는 경향을 대표하고 있다. 그것은 시간적 이야기 뒤에 숨어 있던 공간구조를 적나라하게 드러낸다. 이런 종류의 게임에서 이제 게이머들은 가면을 쓰고 다른 존재들과 관계를 맺으면서 공동체를 이루어 현실과는 또 다른 삶을 살아가는 데 묘미를 느끼고 있는지도 모른다. 그러므로 이제 컴퓨터 게임의 서사는 이 가상의 공간, 비트의 세계를 무대로 하여 게이머 각자가 꾸려 가는 삶의 이야기이자 새로운 공동체의 이야기가 되는 셈이다.

7. 가상 공간과 게임 공동체

현대의 IT 혁명에서 네트워크 기술은 컴퓨터 공학에 못지 않은 큰 비중을 차지한다. 네트워크에 의해서 우리는 세계의 어느 곳과도 금방 연결될 수 있으며 뜻하지 않은 다른 사람과 소통할 수도 있게 되었다. 그리고 이 네트워크로 인해 컴퓨터 게임의 성격이 크게 바뀌게 되었다는 점도 부정할 수 없는 사실이다. 게임 소프트웨어의 프로그램과 상대하느냐 네트워크를 통해 다른 사람과 상대하느냐 하는 것은 근본적으로 관계의 성질을 다르게 만들기 때문이다. 컴퓨터 게임 서사의 공간구조라는 측면에서도 네트워크의 존재는 단순한 부가적 요소가 아니다. 사이버 공간 자체가 우리의 자아를 새롭게 구성하고 재구성할 수 있게 하는 실험의 장소가 되고 있지만 게임에서 그 양태는 더욱 명백하게 드러난다. 게이머가 하나의 머드에 참여한다는 것은 가면을 쓰고 집단연극에 가담하는 일이 된다. 우리는 그 연극에서 모두 연기자가 되고 있는 셈이다. 이 연극에서 우리의 정체성은 고정되어 있지 않다. 어떤 가면을 쓰느냐에 따라 신분이 달라지며 어떤 관계를 맺느냐에 따라 역할이 달라진다. 네트워크의 공간이 비트와 바이트라는 언어에 의해 창조된 세계인 것처럼 그 곳에서는 인간의 본질도 물질적 실체가 아니라 데이터의 패턴이고 관계의 네트워크에 의해 조성되는 것이다. 게이머는 이 세계에서 다른 존재들과 관계를 맺으며 살아간다. 이 관계의 행위에 의해 게임에는 하나의 공동체가 성립된다. 이에 따라 게이머는 그 공동체의 일원으로서 자신이 자리잡고 있는 가상 사회의 형성과 유지에 적합한 삶의 방식을 모색해야 한다. 그런 의미에서 네트워크 상에서 이루어지는 게이머의 행위는 공동체적인 행위가 된다.

　게이머가 공간 여행이란 모험을 즐기는 이유는 인류학적인 고찰의 대상이 될 수 있다. 근대세계로 진전되어온 그 동안의 인류 역사 자체가 시간과 공간의 장벽을 넘어서려는 시도로서 성립되었기 때문이다. 저 근대 초기의 '지리상의 발견'이란 말 자체는 주체 객체의 이분법에 입각해 있는 것으로서 모든 공간적 장벽을 철폐하려는 모더니티의 이념을 뚜렷하게 나타내 주고 있다. 그 이념 아래서 모든 공간적 요인은 우연적인 것으로서 불원간 정복되어야 할 요소였다. 근대적 진보의 개념은 그와 같이 시간에 의한 공간의 정복을 함축하고 있다. 종래 사회이론이나 역사기술에서 공간에 대해 시간이 우위에 놓인 것은 이 진보의 개념이 적용된 것이라고 할 수 있다. 데이비드 하비는 모더니티가 진보의 경험인 까닭에 시간성을 중시하고, 공간이나 장소에서 존재보다는 생성의 과정을 중시한다고 설명한다. 그러나 그는 이러한 경향에 대해 하이데거가 "칸트식 주체 객체의 이분법을 배격하며 생성의 순간성과 대비되는 존재의 영원함을 주장하였다"고 밝히고 이 관점이 "모더니즘의 보편개념이나 유대그리스도교적 전통에서 벗어나 소크라테스 이전 그리이스 철학의 강렬한 창조적 민족주의로 되돌아가고 있다"고 분석하고 있다.[12] 데이비드 하비는 하이데거의 이러한 견해가 "모든 형이상학과 철학은 민중의 운명과 관련될 때에만 의미를 가질 수 있다"는 사유로부터 연원한다고 밝힌다. 곧 자본주의가 야기한 세계 역사의 지정학적 갈등, 지리적 불균등 발전으로 인한 과잉축적 문제를 타개하기 위한 공간적 해결책이 가지는 폭력성과, 타자성의 배척에 대한 비판을 함축한다는 설명이다. 그는 오늘날 모더니티의 이념에 의해서 전 세계적으로 공간적 장벽이 붕괴되었지만 역설적으로 지리적 환경의 고유성이 중요해지고 있다는 사실을 지적한다. 그 장벽의 철폐에 의해 공간이 추상화되면 될수록 장소의 질이 더욱더 강조될 수밖에 없다는 주장이다.

이 관점은 컴퓨터 게임 서사의 공간구조에서 일어난 변화의 의미를 음미할 수 있게 해준다. 공간탐험의 형식으로서 컴퓨터 게임은 〈스타크래프트〉에서 한 전형을 이룩한다. 그러나 그 뒤를 잇는 형식들은 공간의 정복이라기보다는 놀이의 장소로서 공간을 창조하는 데 힘을 기울인다. 거기에서 공간은 철폐되거나 정복되어야 할 대상이 아니라 다른 사람과 관계를 맺고 능동적으로 공동체를 형성하기 위하여 향유해야할 존재라는 의미를 지닌다. 공간의 기능이 이와 같이 변하는 경우 게임의 진행 방식도 변하지 않을 수 없다. 게이머는 공적인 서사의 목표를 달성하는 데 관심을 두기보다는 개인적인 향수의 공간을 확보하고 그 곳에서 생긴 관계의 기억들을 간직하는 데 열중하는 방식을 취할 가능성이 커진다. 그 게임의 방식은 공간 개념에서 비롯되

---

12 데이비드 하비, 『포스트모더니티의 조건』, 구동회 외 옮김, 한울, 1994. 257쪽

는 것으로 디지털 시대를 사는 사람들의 정체성을 형성하는 고유기제는 이로부터 싹틀 개연성을 지니고 있다. 게오르크 루카치는 주어진 총체성이 사라진 사회에서 소설은 문제적 인물이 사건의 구성을 시험하면서 총체성을 추구하는 형식이라고 파악한 바 있다. 마찬가지로 오늘의 게이머는 한편으로는 〈스타크래프트〉를 통해 공간 정복의 쾌미를 느끼고 다른 한편으로는 〈리니지〉나 〈심시티〉를 통해 자기만의 공간과 고유한 관계의 네트워크를 형성하고자 한다. 이 분열된 양상을 고려할 때 게임이 앞으로 어떤 공간을 창조하며 어떤 관계망을 형성할 수 있게 하는가 하는 문제는 중요한 관심의 대상이다. 미래는 꿈꾸는 자의 것이고 컴퓨터 게임은 디지털 시대의 꿈을 꾸는 고유한 방식이기 때문이다.

(최유찬)

<원숭이섬의 비밀>

1. <원숭이섬의 비밀>에 대한 분석

<원숭이섬의 비밀>의 제작사, 스토리 라인, 캐릭터에 대한 분석

1) 제작사-루카스 아츠

루카스 아츠는 영화감독 및 제작자 조지 루카스가 자신의 이름을 따 설립한 엔터테인먼트 중의 하나로서, 1982년에 설립된 매우 역사가 깊은 제작사이다. <원숭이섬의 비밀> 시리즈와 <그림판당고>, <인디아나 존스> 시리즈로 이어지는 어드벤처 장르와 <스타워즈> 시리즈로 대표되는 비행 시뮬레이션 장르에서 독특한 퀄리티와 흥행을 이루어온 루카스 아츠는 특히, 1990년 <원숭이섬의 비밀>을 발표하면서, 당대 어드벤처 게임의 최고봉으로 군림하던 시에라와 어깨를 나란히 하였으며, 게임시장에서 천천히 2류로 밀려나는 어드벤처 장르의 흥행을 이어갈 마지막 보루로 많은 게이머들의 기대를 한 몸

에 받고 있다. 루카스 아츠에서 1987년 론길버트가 만든 어드벤처 게임 〈매
니악 맨션〉은 스컴Scumm엔진이라는 그래픽적인 인터페이스를 이용한 혁신
적인 방식을 도입함으로써 이전까지의 텍스트 입력방식의 어드벤처 게임을
한 차원 끌어 올렸다.

2) 스토리 라인
〈원숭이섬의 비밀1〉

1편은 가이버러쉬 트립우드가 말리 섬으로 해적이 되려고 찾아오고 3개의
트레이닝을 거쳐서 해적이 되는 스토리이다. 1편에서 말리 시장인 일레인 말
리가 리척에게 납치당하고 이를 구하기 위해 가이버러쉬가 원숭이 섬으로
가서 일레인을 구하려고 하고 마지막에는 말리섬에서 리척과 일레인의 결혼
을 저지하고 리척을 무찌른다.

〈원숭이섬의 비밀2: 리척의 복수〉

2편에서는 가이버러쉬가 전설의 보물이라고 일컬어지는 빅 후프를 찾아
나서는 이야기를 다루고 있다. 2편은 우선 세계관이 굉장히 넓어졌다. 전편
에서는 말리 섬과 원숭이 섬 두 개 밖에 나오지 않지만 2편에서는 스캡, 부
티, 팻섬 등 4~5개 정도의 섬이 등장한다. 가이버러쉬는 리척을 물리치고
전설의 보물인 빅 후프를 찾아 여행을 떠나는데 라르고라는 깡패를 물리치
고 일레인 말리의 할아버지인 말리 선장이 남긴 세 조각의 지도를 찾는다. 이
과정에서 리척의 방해가 다시 시작되고 일레인과의 사랑도 위기를 맞게 된
다. 하지만 빅 후프라는 보물은 한 놀이 동산이라는 것이 밝혀지고 리척의 아

지트라는 것도 알게 된다. 2편에서는 부두 인형을 사용하여 상대방에게 해를 가하는데 리척과의 대결에서도 갑자기 등장하는 리척 때문에 매우 가슴을 졸이게 된다.

〈원숭이섬의 비밀3: 원숭이 섬의 저주〉

3편은 2편의 마지막 장면에서 이어진다. 리척의 배에 있던 다이아몬드 반지를 훔친 가이버러쉬가 일레인에게 약혼 반지로 주자 일레인이 저주를 받아 황금 동상으로 변한다. 그래서 일레인을 구출하기 위해 블러드 섬으로 가서 약혼반지만큼의 가치가 있는 다이아몬드 반지를 찾는 것이 스토리이다. 3편에서는 상당한 그래픽과 사운드가 결합되어 있고 챕터 3의 모욕 칼싸움의 재미가 일품이다. 거기에 블랙 코미디적 요소가 많이 가미된 편이라고 할 수 있다.

〈원숭이 섬의 비밀4: 원숭이 섬으로부터의 탈출〉

4편은 가이버러쉬와 일레인이 신혼 여행을 마치고 오는 데서부터 시작되는데 일레인 시장이 죽은 것으로 판명되어 시장을 다시 선출하려고 한다는 소식을 듣고 이를 저지하려는 가이버러쉬와 일레인의 이야기이다. 또한 다시 등장한 리척이 오지라는 호주의 부동산업자와 결탁하여 궁극의 모욕이라는 무기를 얻어 카리브 해를 지배하려고 하고 이를 가이버러쉬가 제지하려는 시도가 시작 된다.

3) 시대배경과 캐릭터

〈원숭이섬의 비밀〉은 시대 배경이 매우 독특하다. 우선 주된 시대는 카리브 해에 해적이 많았던 17~18세기로 잡고 있다. 하지만 게임을 하다보면 20세기 문물도 등장하고 21세기 문물도 등장한다. 예를 들어 대포에 위성이 달려 있다든지 놀이 동산인데 청룡열차가 있는 등 우리가 일상에서 흔히 보는 것들이 이 게임에 혼재되어 있다. 17~21세기의 배경이 뒤섞여 있는데도 그 뒤섞임이 낯설어 보이지 않으며 아주 조직적이고 치밀하게 그리고 유기적으로 조합이 잘 되어 있다. 다음으로 캐릭터를 살펴보면,

가이버러쉬 트립우드 해적이 되려고 말리 섬으로 들어와 해적 훈련을 거치고 일레인 말리의 사랑을 얻으며 리척을 물리쳐 카리브 해의 영웅이 되는 인물. 본 게임의 주인공. 특기는 물 속에서 10분동안 숨 안 쉬기. 가이버러쉬는 약간 모자르는 듯한 행동을 자주 한다. 해적임을 무척이나 자랑스러워하는 인물.

일레인 말리 말리 섬, 플렌더 섬, 부티 섬의 시장. 가이버러쉬를 사랑하고 후에 그의 아내가 된다. 유령 해적 리척이 끈질기게 구애하지만 그녀는 가이버러쉬만을 사랑한다. 하지만 성격은 매우 괄괄하고 가이버러쉬를 수없이 구타하고 그리고 마음에 들지 않으면 화를 벌컥 내는 성격.

유령 해적 리척 원숭이 섬을 본거지로 삼아 활동하는 유령 해적. 일레인 말리의 사랑을 얻기 위해서라면 무슨 일이라도 한다. 리척은 성격이 매우 거칠며 더럽고 비열한 짓을 많이 하지만 게임을 하다보면 미워할 수 없는 캐릭터이기도 하다.

　주요 인물 외에도 스탠 등 시리즈마다 등장하는 인물들이 있다. 여기서 주목할 점은 우선 이 게임의 인물 설정이 선과 악이라는 여타 게임의 구조를 따르고 있지 않다는 것이다. 리척이 유령 해적이지만 그는 악하기보다는 일레인의 사랑을 얻기 위해 무엇이라도 하는 인물로 그려지고 있다. 그에 비해 가이버러쉬는 리척의 치밀한 계략에 맞서기에는 떨떨한 인물로 그려지지만 기발한 아이디어를 내서 그 계략을 파괴하는 인물이다. 그리고 리척이라는 인물이 악역을 담당하고 있지만 그도 매우 유머러스한 인물이다. 치킨 배달에 피클 비슷한 것이 없다고 짜증을 내기도 하고 부두 대포알을 들고 있다가 떨어뜨리자 당황하는 모습에서 사람들은 매우 재밌어할 것이다. 그리고 2편에서 가이버러쉬가 손수건을 건네주면 세게 코를 풀거나 가이버러쉬가 속옷을 훔칠 때의 표정이 정말 너무나도 재밌다. 선악 구조를 탈피한 인물 설정이 이 게임의 가장 매력적인 부분이기도 하다.

언어 유희적 측면에서 바라본 〈원숭이섬의 비밀〉

　〈원숭이섬의 비밀〉의 가장 큰 특징은 바로 말장난, 즉 언어유희에 있다고 할 수 있다. 이 게임의 장르는 어드벤처이기 때문에 복잡한 퍼즐과 탄탄한 시나리오를 기본 바탕으로 하고 있다. 그러나 이러한 퍼즐과 스토리의 완벽성은 자칫 게이머에게 지루하게 느껴질 수 있고 따라서 게임에 대한 흥미를 저하시킬 수 있는 가장 큰 요인이 될 가능성도 있다. 이를 방지하기 위해 〈원숭이섬의 비밀〉은 복잡한 퍼즐과 스토리 속에서 게이머가 지루해 하지 않고 게임에 몰두할 수 있도록 여러 가지 장치를 마련하고 있는데 그 중 단연 돋보이는 부분이 말장난, 즉 언어유희라고 할 수 있다. 〈원숭이섬의 비밀〉에는 지금까지 어느 게임에서도 볼 수 없었던 독특한 해학과 풍자가 존재하고 있다. 또한 이를 단순히 나열하는 것이 아니라 적재적소에 배치함으로써 효과를 극대화 시키고 있는 점이 가장 돋보이는 점이다.

1) 영화, 게임과 같은 다양한 분야의 패러디로 인한 끊임없는 웃음 유발

패러디는 〈원숭이섬의 비밀〉에서 가장 두드러지는 부분이다. 〈원숭이섬의 비밀〉의 거의 모든 대화가 패러디라고 해도 그리 심한 과장이 아닐 정도로 많은 대화가 패러디로 구성되어있다. 이러한 패러디는 게임 속 상황에 맞게 자연스럽게 구성되어 있어서 게이머는 전혀 이질감을 느끼지 않고 〈원숭이섬의 비밀〉이 제공한 언어유희를 즐길 수 있다.

〈원숭이섬의 비밀〉에서 가장 많이 패러디된 영화는 『스타워즈』다. 『스타워즈』는 〈원숭이섬의 비밀〉의 전 시리즈에 걸쳐 다양하게 인용되고 있는데, 〈원숭이섬의 비밀2〉의 엔딩 장면에서 리척이 가이버러쉬에게 "나는 네 형이다"라고 하자 가이버러쉬는 "아냐 아냐 그건 거짓말이야"라고 부정한다. 그러자 리척이 "네 마음에서 느껴봐 그럼 진실을 알 수 있을 거야"라고 대답하는데 이는 『스타워즈』의 다스베이더가 스카이 워커에게 하는 말과 정확히 일치하고 있다. 이는 단순한 어휘의 차용이 아니고 대화가 일어나는 시점이 영화와 비슷한 상황에서 나온다는 점에서 게이머로 하여금 웃음을 유발 시키고 있다.

그리고 『스타워즈』와 『인디아나 존스』 등의 경우는 게이머가 쉽게 알아 챌 수 있게 구성되어있지만 다른 영화들(『카사블랑카』, 『터미네이터』, 『저지드레드』, 『스타트렉』)은 게이머가 〈원숭이섬의 비밀〉을 두 번 이상 플레이 할 때만 눈치 챌 수 있게 함으로써 게임을 여러 번 플레이 하도록 자연스럽게 유

도하고 있다.

또한 영화뿐만이 아니라 여러 게임들, 특히 루카스 아츠의 게임들을 패러디함으로써 색다른 재미를 부여하고 있다. 〈원숭이섬의 비밀〉에서 가장 빈번하게 등장하는 것은 전작에 대한 패러디 또는 언급이다. 〈원숭이섬의 비밀〉의 패러디를 통해 전작을 플레이 해본 게이머에게 단순한 대화를 제시하는 것이 아니라 전작을 기억하는 즐거움을 선사하고 있다. 또한 〈원숭이섬의 비밀〉은 ABBA, 비틀즈의 노래 가사를 일부 인용하기도 하고 게임에 나타난 주소들의 일부를 유명한 사람들의 주소를 그대로 적용해서 사용하기도 한다. 예를 들어 〈원숭이섬의 비밀2〉에 나오는 'state 1600 Pennsylvania Avenue'의 경우 화이트 하우스의 주소를 나타내고 있다.

2) 일상적인 틀을 벗어난 사고와 언어들 그리고 그 이면에 흐르는 냉소적인 말투

〈원숭이섬의 비밀〉을 언어 유희적 측면에서 바라보았을 때 두 번째 특징은 바로 일상적인 사고를 벗어난 말들과 게임 전반에 흐르고 있는 냉소주의라고 할 수 있다. 〈원숭이섬의 비밀〉의 주인공 가이버러쉬의 경우 흔히 예측할 수 있는 대답 대신 다소 엉뚱하기까지도 한 대답을 함으로써 극중 긴장감을 계속 유지시켜주고 있다. 예를 들어 〈원숭이섬의 비밀〉에서 상대방이 돈을 요구할 때 가이버러쉬는 게임의 배경과 전혀 상관이 없는 비자카드도 받느냐는 대답을 통해 순간적인 웃음을 유발한다. 게다가 스스로를 게임의 주인공이라 칭하며 주인공 대접을 해주길 원한다는 점에서 〈원숭이섬의 비밀〉은 단순히 복잡한 서사구조만이 아니라 게이머와 캐릭터간의 공감을 형성하는

장치를 갖추고 있다.

〈원숭이섬의 비밀〉의 이면에 흐르고 있는 냉소주의는 이 게임을 더욱 돋보이게 하는 역할을 하고 있다, 단순히 웃음만을 제공하는 것이 아니라 촌철살인과 같은 말들을 통해 사회를 비판한다. 또한 가이버러쉬의 말 하나하나를 자세히 살펴보면 밝은 톤의 말투보단 냉소적인 측면이 더욱 강하게 나타난다. 이러한 냉소주의는 해적게임이라는 분위기와 적절하게 융합하여 웃음과 씁쓸함을 동시에 제공함으로써 게이머가 〈원숭이섬의 비밀〉에 더욱 몰입할 수 있는 여건을 제공하고 있다.

3) 유머의 극대화-모욕 말싸움

〈원숭이섬의 비밀은〉 해적을 주제로 하는 어드벤처 게임이다. 그러나 이 게임에는 폭력과 격투가 존재하지않는다. 심지어 칼싸움조차 키보드 조작으로 이루어 지지 않고 서로간의 말싸움으로 승패를 결정한다. 즉 모욕 칼싸움은 〈원숭이섬의 비밀〉을 다른 어드벤처 게임(〈인디아존스〉, 〈툼레이더〉)과 다른 차원의 게임으로 만들어 주었고 또한 이 시스템을 통해 〈원숭이섬의 비밀〉의 기장 큰 특징인 언어유희를 극내화 시키고 있다.

〈그림 1〉 모욕말싸움

〈그림 2〉 〈원숭이섬의 비밀1〉

이처럼 〈원숭이섬의 비밀〉의 언어는 단순히 게임을 풀어가는 도구라기보다는 대화를 통해 게이머에게 웃음을 선사하고 기존 관념에 대한 비판적인 모습을 보여주는 역할을 하고 있다. 이는 〈원숭이섬의 비밀〉의 가장 중요한 특징이라고 할 수 있으며 이 게임을 더욱 돋보이게 하는 부분이라 할 수 있다.

그래픽과 음악의 관점에서 바라본 〈원숭이섬의 비밀〉

〈원숭이섬의 비밀〉의 그래픽은 어드벤처 장르에서 독보적인 위치를 차지하고 있는데 이는 〈원숭이섬의 비밀〉이 매 편마다 보여준 놀라운 변화 때문

〈그림 3〉 〈원숭이섬의 비밀2〉

〈그림 4〉 〈원숭이섬의 비밀3〉

이기도 하다.

〈원숭이섬의 비밀 1〉에서는 CGA/EGA/VGA-16/256 color를 사용하여서 기존의 어드벤처게임에서는 제공하지 못했던 다양한 색의 그래픽을 제공함으로써 어드벤처＝문장 이라는 공식을 깨고 어드벤처에도 그래픽이 중요함을 일깨워주었다.

〈원숭이섬의 비밀2〉에서는 EGA/VGA-256 컬러를 사용하여 경쟁사인 시에라Sierra를 제치고 어드벤처장르의 독보적 위치에 올랐다. 그래픽은 전작에 비해 조금 더 향상되었고 간편한 인터페이스는 게이머가 게임을 원활하

〈그림 5〉 〈원숭이섬의비밀4〉

게 진행하는 데 많은 도움을 주었다.

〈원숭이섬의 비밀3〉는 윈도우 기반의 게임으로 그래픽과 인터페이스 측면에서 비약적인 발전을 이루게 되는데 세밀한 인물과 사물 묘사가 가능해졌다. 따라서 게이머는 시각적인 방법을 통해서 퍼즐을 풀어나 갈 수 있게 되었다. 또한 마우스를 이용한 인터페이스는 획기적인 발전이라고 할 수 있다. 〈원숭이섬의 비밀3〉에서는 만화 같은 인물묘사와 적절한 배경음악의 사용으로 인해 게이머가 게임에 친숙하게 접근하도록 도와주고 있다.

〈원숭이섬의 비밀4〉는 시대변화에 맞추어 3D로 제작하였다. 기존의 2D 게임에서 3D 게임으로 변화를 하였기 때문에 인터페이스는 물론 많은 점이 전작의 게임과는 차이가 났다. 2D가 보여주는 아기자기한 그래픽은 사라지고 대신에 3D로 구현된 실감나는 그래픽과 입체적인 인물과 사물묘사는 많은 찬사를 받았다.

〈원숭이섬의 비밀〉의 음악은 마이클 랜드라는 작곡가가 담당하였는데 카리브 해의 정통적인 리드미컬한 음악이 주를 이루며 리척이나 악당들이 등장할 때에도 그리 어둡지 않은, 그러나 너무 들뜨지도 않는 음악들을 사용한다. 게임이 우선 무겁다는 느낌을 주지 않으려고 음악을 매우 경쾌한 것으로 사용한 것으로 보이며 그 음악이 상황마다 적절하게 혼합이 잘 되고 있다.

2. 어드벤처 게임의 변화와 미래

현재의 게임 시장에서 〈원숭이섬의 비밀4〉 이후로 더 이상 정통 어드벤처는 나오지 않고 있다. 이는 게이머로부터 어드벤처가 외면 받고 있는 이유와 함께 어드벤처 장르가 다른 장르와 결합하는 경향 때문으로 보인다. 따라서 현재까지의 어드벤처 장르의 변화를 살펴보고 〈원숭이섬의 비밀〉의 앞으로의 방향을 살펴보겠다.

1) 어드벤처 게임의 변화

2001년 출시된 〈원숭이섬의 비밀4 : 원숭이섬에서의 탈출〉은 당시 출시된 다른 어드벤처 게임과 마찬가지로 게이머들의 사랑을 받지 못하였다. CPU와 그래픽카드의 발달로 컴퓨터게임은 예전에 PC에서 구현하지 못한 3D 영상들을 보여줄 수 있게 되었고, 이전에 발매된 가정용 콘솔게임기의 소프트웨어들도 컨버전 되면서 점점 게임에서 그래픽이 차지하는 위상이 커지게 되었고, 자연히 게이머들은 난이도가 높고 플레이에 많은 시간을 요하는 어드벤처 게임보다는 화려한 그래픽을 구현하고 초보자도 손쉽게 할 수 있는 액션이나 전략시뮬레이션 게임을 더 선호하게 되었다. 당시 발매되던 어드벤처의 그래픽을 살펴보면 이러한 단점을 보완하기 위해 그래픽에 많은 비

〈그림 6〉 〈그림 판당고〉

〈그림 7〉〈레지던트 이블〉

중을 두고 제작되었음을 쉽게 알아볼 수 있다.

그러나 이러한 노력에도 불구하고 어드벤처 게임은 장르가 가진 특징으로 인해 큰 인기를 끌지 못하였고, 이후의 어드벤처 게임은 퍼즐과 스토리라인에 기반을 둔 정통 어드벤처가 아닌 액션과 그래픽, 효과를 강조한 액션 어드벤처로 발전하게 되었다. 액션 어드벤처의 가장 대표적인 게임은 플레이 스테이션 게임으로 출시되었다가 컨버젼되어 재출시된 〈레지던트 이블〉이다. 전통적인 어드벤처 게임과 액션 어드벤처 게임을 비교하면 다음과 같다.

〈원숭이섬의 비밀〉		〈레지던트 이블〉
단일 엔딩	엔딩	멀티 엔딩
단선 구조	스토리 진행	단선구조+분기점
대화중심+액션	사건 해결	액션중심+대화
주인공 사망 없음	게임오버	사망시 게임 재시작
숨겨진 패러디 장면들	기타	숨겨진 모드 복장

이처럼 다양한 아이템을 이용하여 퍼즐을 풀고 사건을 해결하는 것은 일반적인 어드벤처와 다를 바가 없으나, 액션 어드벤처는 곳곳에 긴장감을 조성하는 요소들을 배치하고 이를 캐릭터의 액션으로 해결하게 하는 방법을

선택함으로써 게이머들이 게임에 몰입할 기회를 더욱 자주, 많이 제공하고 있다. 그리고 위에서 언급한 〈레지던트 이블〉의 경우에는 캐릭터별 엔딩, 숨겨진 모드(새로운 캐릭터), 특수무기 등의 요소들을 사용하여 게이머들이 한 번 플레이하고 끝내버리는 어드벤처의 단점을 보완한 점은 주목할 만하다.

어드벤처 게임의 미래와 〈원숭이섬의 비밀〉

위에서 살펴 본 것과 같이 〈원숭이섬의 비밀〉과 같은 정통 어드벤처 게임이 더 이상 게이머에게 사랑 받기는 힘들어 보인다. 대신 기존의 어드벤처의 강력한 힘이었던 퍼즐과 긴밀한 스토리 구조를 바탕으로 다른 장르와의 결합을 통해 만들어진 새로운 어드벤처 게임들이 인기를 얻을 것으로 보이고 실제로 그러한 추세로 진행되고 있다. 따라서 〈원숭이섬의 비밀〉 또한 기존의 모습에 머물지 말고 새롭게 변화 할 것으로 보인다. 하지만 관심깊게 지켜 보아야 할 것은 〈원숭이섬의 비밀3〉에서 〈원숭이섬의 비밀4〉로 넘어 가는 시점에서 이 게임의 가장 큰 장점이었던 유머와 재치, 복잡한 퍼즐, 그리고 꽉 짜여진 스토리 라인이 부실해졌고, 그로 인해 〈원숭이섬의 비밀〉의 장점은 대부분 잃어버리고 새로운 모습도 제대로 보여주지 못해 게이머에게 외면 받았던 사실이다. 시대가 변하고 게임이 변하지만 〈원숭이섬의 비밀〉을 플레이 하려는 게이머는 그 무엇보다도 이 게임이 제공하는 유머와 스토리를 다시 즐기고자 하기 때문이다.

(정재훈, 이선수, 현명욱, 박광우)

www.scummbar.com

www.womi.co.kr

www.misland.co.kr

www.gamemeca.com

<h1 style="text-align:center">〈울티마〉</h1>

1. 〈울티마〉의 역사

〈울티마Ultima〉 시리즈는 역사를 오래 하는 롤플레잉 게임(이하 CRPG로 표기)으로, 〈위저드리〉, 〈마이트 앤 매직〉 시리즈와 함께 CRPG의 계보를 주도해 온 작품이다. 여기서는 〈울티마〉 시리즈의 간단한 역사를 살펴보는 것으로 시작하여 그 서사적 구조와 특징을 분석하고, 스펙터클과 시스템이 무엇을 목적으로 어떻게 발전하여 왔는지를 고찰하려고 한다. 더불어 미국식 CRPG의 전형으로 받아들여지는 〈울티마〉 시리즈가 일본식 CRPG와 대비되는 점이 무엇인지를 생각해 보고, 게임사에 남긴 의의를 추론하여 보고자 한다.

여러 가지 이견이 있지만, 대부분의 사람들은 〈울티마〉를 롤플레잉 게임의 시작이라고 말한다. 그렇다면 그 〈울티마〉는 정말 창작 작품일까? 일단, 〈울티마〉를 만든 리차드 개리엇이 왜 그 게임을 만들게 되었는가부터 생각해 보

자. 사실, 리차드 개리엇의 첫 게임은 〈울티마〉가 아니다. 그는 〈울티마〉를 만들기 전, 지금으로부터 딱 30년 전인 1974년에 『반지의 제왕』에서 모티프를 얻어 1979년 〈아칼라베스〉라는 게임을 만들게 된다. 〈울티마〉가 롤플레잉 게임이라는 데에 이견이 없던 사람이라면 이 〈아칼라베스〉라는 게임이 진정한 RPG의 시작이라는 점에 동의해야 할 것이다. 〈울티마〉에 반영된 시스템과 세계관, 스토리 등이 〈아칼라베스〉에서 성장하여서 〈울티마〉라는 결과를 낳았기 때문이다.

그렇다면, 왜 〈아칼라베스〉-〈울티마〉가 다른 모든 게임들에 비해 높은 평가를 받는가? 그것은 다른 작품들이 한 두 작품으로 끝난 반면, 〈울티마〉는 단순한 게임을 넘어서 사람의 의식과 문화를 바꾸는 문화적 영향력을 끼쳤기 때문이다.

저해상도 그래픽과 조악한 음향효과는 요즘 휴대폰 게임보다도 못하지만, 8비트 애플컴퓨터로 〈로드러너〉류의 아케이드 게임이 고작이었던 시대에 〈울티마〉의 영향력은 대단했다. 이렇게 1979년, 한 PC 상점 점원의 손에 의해 탄생된 〈울티마〉라는 롤플레잉 게임은, 20년 동안 수많은 롤플레잉 매니아들을 만들어냈으며 청소년들 사이에는 리차드 게리엇이 영웅으로 떠올라, 게임 제작자가 되겠다는 이들이 속출했다. 게임의 스토리와 플레이 방법을 설명하는 게임 공략집이 나와 불티나게 팔린 것도 이때가 처음이라고 한다. 〈울티마〉라는 제목을 가지고 출시된 게임만 총 16편. 단일 타이틀 최다 출시 기록을 세운 게임이다. 한 편이 등장할 때마다 게임계에 센세이션을 불러일으키면서 20년 롤플레잉의 역사를 써 나갔다. 〈울티마〉라는 명칭은 영국 진설 속에 등장하는 섬이름 '울티마Ultima Thule'에서 따왔다고 한다. 〈울티마〉는 1, 2, 3편을 어둠의 시대, 4, 5, 6편을 계몽의 시대, 7-1, 7-2, 8, 9편을 가디언 사가라고 부른다. 이외에 외전격인 〈울티마 언더월드〉가 2편, 〈월드 오브 울티마〉 시리즈가 2편이 있다. 그리고 〈울티마〉를 온라인 게임으로 제작한 〈울티마 온라인〉이 있다.

나중에 이야기하겠지만, 〈울티마〉의 가장 강력한 강점은 그 자유도에 있었다. 그 자유도가 7-2편을 기점으로 서서히 줄어들고 대신 그래픽과 흥미도에 치중하게 되었다. 그러나 이는 흥미도에 치중한 일본형 롤플레잉 게임에는 미치지 못했고 결국에는 이도저도 아닌, 기존의 팬에게도 외면받고 새로운 고객층도 끌어들이지 못하게 되고 말았다. 이 시점부터 〈울티마〉 자체가 쇠퇴하기 시작했고, 결국에는 9편에서 시리즈가 막을 내리고 만 것이다.

2. 서사 구조

배경과 줄거리

〈울티마〉 시리즈의 주 배경이 되는 무대는 '브리타니아(혹은 소사리아, 혹은 아칼라베스)' 라고 불리우는 가상의 공간이다. 이 세계는 설정 상 우리가 살고 있는 지구에서 문게이트를 통하여 갈 수 있게 되어 있으며, 시간의 흐름은 지구의 시간보다 빠른 것으로 보인다.

〈울티마〉 시리즈 1부터 배경이 된 브리타니아라는 세계에는 지구의 한 젊은이가 문게이트를 통해 이동하여 왕이 되면서부터 형성되는 새로운 질서와 가치관 등이 세세하게 설정되어 있다. 그 젊은이가 바로 로드 브리티쉬이며

<울티마> 시리즈의 개발자인 리차드 개리엇 본인이기도 하다.

로드 브리티쉬는 브리타니아를 통치하며 수많은 위험에 직면하는데, 그것들을 해결하기 위하여 그와 같이 지구에서 온 이방인(후에는 아바타라고 불린다)의 도움을 받는다. 그 이방인은 울티마를 플레이하는 게이머 자신이다. 그는 세계의 구원자로서 로드 브리티쉬의 의도대로 세계를 수호하여 재편성하는 과정에서 중요한 역할을 하게 된다. 그 이야기는 다음과 같다.

① 어둠의 시대 : 먼데인이라는 사악한 마법사와 그의 후계자들을 차례로 물리쳐나가는 것이 <아칼라베스>로부터 <울티마> 3편까지 이어지는 줄거리이다. 기본적인 틀은 거대한 악을 상정하고 그것을 무찌르는 영웅의 역할을 수행한다는 단순한 구도이다.

② 계몽의 시대 : 로드 브리티쉬가 브리타니아를 영도하기 위하여 새로운 8개의 미덕을 제시하고 아바타를 미덕의 화신으로 만든 것이 <울티마> 4편부터 6편까지의 줄거리다. 철학적이고 심오한 주제를 다룬 이 시기의 <울티마>는 게이머에게 깊은 인상을 남겨 주었다.

③ 가디언의 전설 : 아바타와 마찬가지로 이방인인 가디언이라는 존재는 혼돈의 화신으로, 여러 세계와 더불어 브리타니아를 자신의 수중에 넣으려 한다. 그의 음모를 막기 위해 고군분투하던 아바타는 시리즈 마지막에서 스스로를 희생시켜 브리타니아에 평화를 가져온다. 이것이 <울티마>의 모든 시리즈의 종결이다.

서사의 키워드

<울티마>를 이해하기 위해서는 이 게임에 등장하는 캐릭터와 8대 미덕이

란 키워드를 파악해야 한다. 그것을 설명하면 다음과 같다.

① 이방인 : 타 세계에서 문게이트를 통해 브리타니아로 온 사람들을 통칭하여 일컫는 말이며 대표적인 인물로는 로드 브리티쉬가 있다. 이방인은 브리타니아 세계에서는 늙지 않으며, 시리즈 주인공도 이방인으로 브리타니아에 위기의 순간이 찾아오면 로드 브리티쉬에 의해 브리타니아로 소환된다.

② 아바타 : 요즘에는 아바타가 온라인상에서 자신의 캐릭터라는 뜻으로 쓰이고 있는데, 바로 이 아바타라는 단어를 최초로 사용한 곳이 〈울티마 IV-아바타의 모험〉이다. 아바타는 분신分身이나 화신化身을 뜻하는 말로 고대 인도에선 땅으로 내려온 신의 화신을 지칭하는 말이었으나, 인터넷시대가 열리면서 3차원이나 가상현실게임 또는 웹에서의 채팅 등에서 자기 자신을 나타내는 그래픽 아이콘을 가리킨다. 아바타는 현실세계와 가상공간을 이어주는 존재로 익명과 실명의 중간 정도에 존재한다.

〈울티마〉 세계에서 아바타는 로드 브리티쉬에 의해서 만들어진 8가지 미덕을 완성한 상징적인 존재로서, 세계의 위기로부터 브리타니아를 수호하는 '수호자' 를 의미하기도 한다. 〈울티마〉의 세계관 내에서는 브리타니아를 위기에서 구하기 위해 소환된 이방인 로드 브리티쉬가 미덕을 세운 후 미덕의 수호자로서, 질서의 화신이란 의미를 부여 받으며 아바타라고 불리게 되었다. 즉, 〈울티마〉의 세계에서 플레이어는 '아바타' 가 되기 위해서 수련하고 모험하게 되는 것이다. 후에 울티마 온라인에서는 게임에 접속하는 플레이어 한명 한명이 모두 아바타가 되어 브리타니아를 위해 모험을 하게 된다.

〈울티마〉에 앞서 반드시 이해해야만 하는 단어인 아바타. 〈울티마〉에서 아바타는 단순히 게이머를 대신한다는 뜻이 아니다. 그리고 8개의 미덕과 함께 아바타의 의미 역시 완벽히 이해해야만 〈울티마〉를 제대로 알 수 있다. 4편에서는 8개의 미덕이 담긴 지혜의 성전을 끌어올려 〈울티마〉의 근간이 되는 세계관을 정착시키는 것이 목적이다. 주인공은 8개의 미덕을 찾아다니면서 그것들에 대해 철학적으로 완벽히 이해하고 있어야만 게임의 막바지에 나오는 질문들에 대답을 할 수가 있다. 즉, 4편은 〈울티마〉의 세계관을 완벽히 이해했을 때만 클리어가 가능하기 때문에 역사상 가장 심오하고도 어려운 게임 중 하나라고도 불리며, 아바타라는 호칭을 부여받았다는 것은 〈울티마〉를 완벽히 이해했다는 것을 증명한다.

이 아바타라는 존재는 플레이어의 케릭터로 실제 세계에서 가상의 세계 또는 허구의 세계인 브리타니아에 소환된 인물이라는 설정을 가지고 있으며, 이는 게임을 하는 게이머들이 보다 깊은 감정이입을 할 수 있게 도와주는 장치가 되었다. 또한 이 아바타라는 장치를 통해서 플레이어는 〈울티마〉의 자유로운 시스템 구조에 따라 자신만의 독특한 모험을 할 수 있고, 이러한 행동을 통해 직접 게임의 서사 형성에 참여하게 된다.

③ 가디언과 아바타 : 7편에 처음 등장하게 된 가디언은 이후 9편까지의 〈울티마〉 스토리에 줄곧 등장하게 되며, 영웅으로 그려지고 있는 아바타와 상반되는 이미지인 절대 악의 존재로 등장한다. 사실 가디언의 등장을 통해서 어느 정도 〈울티마〉 시리즈의 끝을 예측해 볼 수 있기도 하다. 세상을 차례로 파멸로 몰아넣는 절대적인 악의 존재. 아바타가 질서의 화신이라면 가디언은 혼돈의 화신으로 거울 속에 비친 아바타의 영상 같은 존재다. 즉 절대적인 영웅, 질대적인 진리의 수호자인 '아바타'와 세계를 파괴하는 가디언이라는 존재는 결국 동일 인물일수 밖에 없었던 것이다. 이 때문에 어느 한 쪽

만 쓰러뜨릴 수는 없는 것이다. 이것은 로드 브리티쉬가 브리타니아에 위기가 도래했을 때 외부 세력의 힘을 빌렸기 때문이었다. 이러한 사실을 알게 된 아바타는 브리타니아를 구하기 위해 자신을 희생하며 가디언을 몰아내었다.

④ 펠로우쉽Fellowship : 〈울티마 VI-거짓 예언자〉에서 가고일과의 전쟁을 벌인 후 아바타는 근 200년간 브리타니아로 돌아오지 않게 된다. 악의 위협이 사라진 후, 브리타니아의 국민들은 다른 세계 영웅의 도움을 필요로 하지 않게 되었다. 8대 미덕의 수호자였던 아바타가 사라진 다음 사회는 더 이상 역할 분배 방식에 집중 할 수 없게 되었고, 많은 사람들에게 아바타는 그저 전설 속의 인물로 알려지게 되었다. 이러한 정신적인 공허 상태에서 아바타가 돌아오기 약 20년전 선도자 역할을 하는 것으로 보이는 배틀린Batiln과 조직 내에서 고위 행정 업무를 하는 두 쌍둥이, 엘리자베스Elizabeth와 아브라함Abraham에 의해 펠로우쉽이라는 단체가 창설되었다. [1]

⑤8대 미덕 : 3개의 악의 파멸 후, 학문과 예술과 신체적 완성의 추구를 위한 진리와 사랑과 용기의 근원을 탐구하기 위한 성이 세워지고 로드 브리티쉬의 영도 아래 놓여진 8개의 도시국가들은 각각 정직, 동정, 용기, 정의, 희생, 명예, 영성, 겸손이라는 8개의 미덕을 탐구하고 전파하게 되었다. 로드 브리티쉬는 그의 국민들에게 정신적인 성장과 미덕의 길을 보여줄 만한 인물을 불렀고, 이 부름으로 8개의 미덕을 확립하고 위대한 헌신과 봉사정신을 지닌 승리자가 거대한 암흑의 미로에서 절대 지혜의 성전Codex of Ultimate Wisdom을 끌어 올렸다. 사람들은 이 영웅의 미덕을 기리며 아바타라 부르며 칭송하게 되었다. 이 8가지의 미덕은 상충성을 갖는다. 즉, NPC

| 1 http://role.uospace.net/

가 당신의 무용담을 듣고자 할 때 자신의 무용담을 과시하면 용기의 수치는 올라가지만 겸손의 수치는 떨어진다. 반대로 행동하면 반대의 결과를 얻게 된다. 거지가 구걸을 할 때 돈을 적선하면 동정의 수치는 올라가지만 명예의 수치는 떨어진다. 수많은 이벤트들이 미덕과 연관된다. 다른 게임에서 초기에 돈을 벌기 위해 당연히 행하는 마을에서의 도둑질이나 강탈은 곧바로 게임 오버를 의미한다. 정직이나 숭고의 수치가 곧바로 0으로 떨어져 버리기 때문이다. 심지어 괴물을 너무 많이 죽이면 동정심이 떨어진다. 이러한 특징 때문에 〈울티마〉 시리즈 중 4편은 최고의 게임 중 하나로 꼽힌다. 8가지의 미덕은 이후 〈울티마〉 시리즈에 계속해서 이어져 내려오며 〈울티마〉만의 스토리를 풀어가는 데 많은 역할을 담당하며 브리타니아의 세계관을 정립하고 보다 탄탄히 다지는데 많은 기여를 하게 된다.

⑥ 로드 브리티쉬 : 〈울티마〉의 전 시리즈에 등장하는 인물로 브리타니아의 통치자이다. 브리타니아가 위기에 빠질 때 마다 주인공인 아바타를 브리타니아로 소환한다. 이 로드 브리티쉬는 제작자인 리차드 게리엇 자신을 가리키며, 로드 브리티쉬의 상징인 실버 서펜트는 리차드 게리엇이 어린 시절 스스로 제작, 아직까지 간직하고 있다고 한다. 리차드 게리엇이 후에 오리진을 떠나게 될 당시 그는 단순히 '로드 브리티쉬' 뿐만 아니라 그 것을 상징하는 모든 것의 소유권을 가지고 떠나게 된다. 게임 내에서 로드 브리티쉬는 브리타니아를 통치하는 인물이고, 현실에서는 울티마를 제작하는 인물로 리차드 게리엇은 현실과 가상에서 모두 실질적인 브리타니아 세계의 주인이라 할만하다.

서사구조의 특성

롤플레잉 게임은 대개 상세한 세계를 설정해 두고 플레이어가 등장인물(주인공)에 자신을 일치시키게끔 한다. 〈울티마〉 역시 그 기본적인 구조를 그대로 보여주고 있다. 이방인(아바타)인 주인공은 바로 플레이어 자신이며, 그는 〈울티마〉의 세계 속에 던져져 앞으로의 모든 사건을 스스로 진행시켜 나갈 것을 요구받는다. 게이머는 궁극적인 최종 목적을 향해 나아가기까지 주인공을 끊임없이 성장시켜야 한다. 전투를 해서 경험치와 돈, 아이템을 얻고 훈련을 통해 자신의 능력을 향상시킨다. 또한 마법을 사거나 배워서 던전의 탐험이나 전투에서 응용할 수도 있다.

한 가지 상황을 해결하는 방식은 단 한 가지만이 아니다. 가령 플레이어는 보물상자의 열쇠가 없을 때에 그것을 힘으로 부수거나, 아이템인 만능열쇠를 사서 열거나, 아니면 어딘가에 숨겨져 있는 열쇠를 찾아내어 열 수도 있는 것이다. 혹은 그 보물상자를 포기할 수도 있다. 물론 궁극적인 목적을 달성하기 위해서는 반드시 갖추어야 하는 조건이 존재하지만, 어떤 선택을 하는가 하는 문제는 게이머에게 맡겨져 있다. 이것은 특히 어드벤처 게임들과 구별되는 특징으로서 〈울티마〉가 가지는 전형적인 서사 구조라 할 수 있다.

〈울티마〉에서 플레이어가 세계를 이해하고 목적을 달성하기 위해 필요한 일 가운데 가장 강조되는 것은 그 세계의 인물들이나 상황과 플레이어인 아바타 자신을 관계 맺도록 하는 일이다. 플레이어는 게임의 오프닝에서 몇 가지 정보만을 제공받을 수 있을 뿐, 기본적으로는 설정된 세계의 공간에 홀로 떨어진다. 자신이 무엇을 해야 하는지는 등장 인물들과의 대화를 통해서 스스로 깨달아야 한다. 액션 아케이드 게임들이 '적'을 명확하게 표현해 드러내

줌으로써 최대한 간결하게 목적을 제시하는 데에 비하여 〈울티마〉와 같은 롤플레잉 게임은 누가 적이고 누가 우호적인 인물인지 깨닫기 위해 열심히 대화를 해서 정보를 얻고, 때로는 그들의 질문에 제대로 된 대답을 해야 한다.

특히 일본식 롤플레잉 게임과 〈울티마〉가 구별되는 커다란 특징 중 하나는 대개의 일본식 롤플레잉 게임들이 NPC들에게서 단편적이고 직선적인 정보밖에는 얻을 수 없고 많은 경우 그들의 이름이나 생각에 대해서 캐묻는 것은 불가능한데 반하여(플레이어의 대화 선택지가 존재하지 않는 경우도 많다) 〈울티마〉의 경우에는 거의 모든 대화가 그들에게 이름과 하는 일을 묻는 것으로 시작한다는 것이다. (아바타가 주변 인물들에게 대화를 걸 때에 기본적으로 사용하는 단어는 'name(이름)' 'job(하는 일)' 'bye(잘 가)' 세 가지이며, 7편에서는 이것을 패러디하여 아바타의 연극을 하는 연극배우의 대사가 단지 저 세 가지밖에 없음을 보여주기도 했다.) 그러나 일단 이름과 하는 일을 알게 되면 아바타는 그의 대답에서 나온 몇 가지 개념들에 대해서 더 자세한 정보를 물어볼 수 있게 되고, 그것을 통해 그 인물과 관계를 맺게 된다. 그것을 통해 그 인물의 곤란함을 도와줄 수도 있고, 어려울 때에 도움을 받을 수도 있다. 그와 우호적인 대화를 나누었다면 유용한 아이템을 받을 수 있고, 그가 원하지 않는 대답을 한 경우에는 갑자기 공격을 받아서 싸우게 되기도 한다.

이와 비슷한 맥락에서 플레이어는 주변 인물들과 언제 어디서든지 '적대적인' 관계를 맺을 수 있다. 플레이어는 갑자기 돌변하여 주변 인물을 공격하여 죽일 수 있으며, 혹은 그의 소유가 분명한 물건을 그가 보는 앞에서 도둑질하는 것으로 주변 인물의 적대감을 살 수 있다. 이런 상황이 되면 그 주변 인물도 플레이어에게 공격을 하며, 도시의 질서를 수호하는 경비대가 나타나 플레이어를 포위하고 공격하기도 한다. 심지어 플레이어의 가장 밀접한 조력자인 로드 브리티쉬의 경우에도 공격의 대상이 될 수 있다. (대개의 경우 이것을 시도하면 플레이어는 로드 브리티쉬를 당하지 못하고 죽음을 맞는다.) 중요한 조력자인 등장 인물을 그런 식으로 죽여 버리면 이후의 궁극적인 목적을 달성하여 엔딩을 보는 것은 불가능해지지만, 그러한 경우에도 나름대로 플레이어 자신만의 이야기가 펼쳐지는 것은 얼마든지 가능하다. 대륙의 구원자가 아니라 대륙의 학살자인 아바타를 만들 수도 있는 것이다.

롤플레잉 게임은 기본적으로 플레이어를 게임상에 '구현' 시키는 것을 다른 장르보다 강조한다. 플레이어는 주인공을 성장시키면서 그가 바로 자기 자신이라는 몰입감에 점점 빠져들게 마련이다. 그러나 특히 대다수의 일본식 롤플레잉 게임에서의 주인공은 캐릭터가 분명하고 결정된 외모가 있으며, 어느 왕국의 왕자이거나 세계를 멸망시키려는 마왕의 숨겨진 아들, 혹은 평범한 시골 마을의 청년이라는 등의 설정을 가지고 있음에 비하여 〈울티마〉에서 주인공은 그저 다른 세계에서 온 이방인인 플레이어 자신일 뿐이다. 이것을 잘 드러내는 예가 〈울티마〉 7편-검은 문-의 오프닝 장면이다. 컴퓨터 모니터가 나타나고 그 안에 〈울티마〉의 오프닝이 펼쳐진다. 그러나 갑자기 화면이 지직거리는 것을 이상하게 생각한 주인공은 집 밖에 나가서 평소와 다른 검은 문게이트가 펼쳐져 있는 것을 보고 그 안으로 뛰어든다. 여기까지는 완벽하게 현재 〈울티마〉를 플레이하고 있는 주인공 시점으로 영상이 제시된다. 그러나 문게이트를 통해 브리타니아로 이동한 뒤부터는 쿼터뷰 시점으로 아바타를 조종할 수 있게 된다.

시리즈 내에서도 이방인 혹은 아바타는 '지구' 에서 왔다고 되어 있으며 그

외의 사항에 대해서는 아무 것도 드러나지 않는다. 이 모든 것들은 플레이어 자신이 아바타와 거의 완전히 일치되었다고 믿게 만들고, 그가 겪는 사건들에 감정을 이입하고, 그의 동료들을 자신의 동료처럼 여기게 하며, 그의 적들에 대해 자신의 적처럼 적개심을 느끼게 만든다. 이러한 몰입감은 세계를 탐험하면서 벌어지는 갖가지 사건들에 대해 깊은 인상을 받고 게임 후에도 줄곧 기억나게 만드는 대단한 원동력으로 작용한다. 몇몇 작품의 경우 아바타의 성별과 외모를 설정할 수도 있는데, 남녀와 피부색으로 분류하여 외모를 설정해 두었다.

〈울티마〉의 주인공은 출생부터 특이하다거나 하는 설정과는 거리가 있다. 그럼에도 불구하고 주인공, 즉 아바타는 다른 롤플레잉 게임의 주인공들 이상으로 영웅의 길을 걷는다. 그는 브리타니아의 다른 인물들과는 달리 '이방인'이자 다른 세계에서 온 사람으로 그 세계의 위협과 불안을 해소할 수 있는 유일한 인물로 처음부터 내정되어 있다. 초기에는 로드 브리티쉬가 그를 소환했기 때문에, 그리고 후반부에는 거대한 최종 적인 가디언과의 대결을 해야 할 인물이기 때문에 그는 언제나 영웅이다. 그가 영웅으로서 남다른 길을 걸어야 한다는 것을 자각하게 하는 것은 로드 브리티쉬이거나 그의 동료들이고, 그들은 조력자로서의 역할도 한다. 아바타의 여정에서 그는 지혜로운 자들을 만나 자신의 나아갈 길에 대해 확고한 깨달음을 얻게 되고, 시험을 통과하거나 명상을 하는 등의 체험을 통해 거대한 적과 싸울 수 있는 능력을 얻어야 한다. 그 과정에서 아바타는 동료들과 떨어져 홀로 시련을 이겨내야 하거나 전혀 낯선 신비한 곳으로 이동하는 등의 경험을 하는데, 이것은 죽음과 부활의 이미지에 닮아 있다. 최종적으로 아바타와 대결을 벌여야 하는 상대인 가디언은 아바타와 마찬가지로 다른 세계의 인물이며 아바타와는 숙명적으로 얽힌 관계이다. 그를 물리치기 위하여 아바타는 신비한 힘들을 필요로 하는데 이 힘들은 성스럽고 알 수 없는 보호를 제공하며 제의적인 성격을 가지고 있다. 그 과정에서 아바타를 돕기 위해 주변 인물이 희생을 하는 경우도 있다.

3. 〈울티마〉의 시스템과 스펙터클

〈울티마〉가 다른 게임과 다른 독특한 요소를 발견하려면, 그 데이터 베이스를 조사해봐야 하는 것은 자명한 일이다. 실제로 게임을 할 때 두 게임이 서로 다르다고 느끼는 것은 근본적으로 게임 안에 들어있는 내재적 논리가 다르기 때문이고 이러한 자료는 모두 데이터 베이스에 갖춰져 있기 때문이다. 이 데이터 베이스를 체계적으로 조사하기 위해서는 그것을 구성 요소 별로 나누어 알아볼 수도 있지만 편의상 〈울티마〉의 게임 요소 중 다른 게임과 가장 크게 차이가 나는 '자유도' 와 '대화 시스템' 을 중심으로 살펴본다.

게임에서 말하는 자유도란 자유로운 정도, 즉 플레이어가 게임을 진행함에 있어 택할 수 있는 행동의 범위를 말한다. 〈울티마〉 시리즈는 그 세계 안에서 일상생활이 가능할 정도로 게임 자체가 치밀하고 자유롭게 설계되어있다. 〈울티마〉 초기 시리즈의 자유도는 매우 다양한 행동 메뉴에서 찾아볼 수 있다. 방향키 버튼과 키 버튼 몇 개만을 이용하여 모든 행동을 하게 되어 있던 당시의 다른 게임과는 달리 〈울티마〉는 거의 모든 키가 Hotkey(단축키)

로 지정되어 있어 여러 가지 명령을 수행할 수 있게 했다. 예를 들면 〈울티마〉의 경우 A-Attack(공격하다), B-Board on(말/보트 등을 타다), C-Cast a Spell(주문을 외우다) 등등 거의 모든 알파벳 첫 글자에 명령어가 붙어 있다. 브리타니아에서 아바타는 플레이어가 원한다면 마을 사람을 때리거나, 한 밤중 몰래 자물쇠를 열고 도둑질을 할 수도 있는 것이다. 그리고 이러한 법도에 어긋날 법한 행위를 〈울티마〉는 세계관 내에서의 규제를 통해 제약을 가한다. 가령 모닥불 위로 기어 올라가면 데미지를 입는다든가, 사람을 해하려고 하면 경비병들이나 타운 소서러라고 불리는 마법사가 나타나서 아바타를 처치한다(이러한 경비병들이나 마법사는 대체로 천하무적이다). 언뜻 눈에 보이지는 않지만 굉장히 치밀하게 현실적인 세계의 룰이 내재되어 있어 게임의 벨런스를 맞추고 있는 것이다.

그렇다면 〈울티마〉가 이러한 높은 자유도를 갖게 된 이유는 무엇일까? 바로 울티마의 서사적 특성에서 찾아볼 수 있다. 〈울티마〉를 플레이해 보면 아바타에게 도움을 주는 조력자들이 아바타에게 분명한 목표를 제시한다. 이를테면 몬데인과 미낙스의 아들 엑소더스를 제거하라는 명령이라든가, 모든 미덕을 완전하게 세워야 한다는 등의 요구를 분명하게 해주지만, 그런 조언은 대체로 한계가 있으며, 더 구체적인 계획은 플레이어 본인이 알아서 세워야 한다. 바꿔 말하면 플레이어는 게임의 목표를 달성하기 위해 자율적인 계획을 세워 실행할 수 있으며, 이러한 자율적인 계획을 수행할 수 있도록 다양한 행동의 가능성을 모두 고려하여 만든 시스템이 바로 〈울티마〉의 게임 시스템이다. 이 결과로 〈울티마〉는 게임의 상호작용성을 극대화시킬 수 있게 되었고, 따라서 일반적인 RPG에 비해 병렬 서사 구조가 훨씬 복잡해질 가능성을 지니게 되었다. 병렬 서사 구조의 복잡도가 증가한다는 것은 우리가 게임을 플레이했을 때 체험할 수 있는 서사의 수가 늘어난다는 말이다. 일본의 몇몇 게임에서 사용하고 있는 멀티 시나리오 시스템이나 멀티 캐릭터 시스템과는 비교할 수 없는 수많은 서사가 〈울티마〉에는 존재한다.

〈울티마〉의 자유도는 점점 더 발전하여 서사의 필요에 구애받지 않는 독립적인 형태로까지 발전하게 된다. 이를테면, 〈울티마〉 4편에 이르게 되면 마을 사람 한명 한명의 이름과 직업이 생겨나며, 5편에 이르러서는 그러한 마을 사람 모두가 각자의 일상 패턴을 가지고 있어 그에 따라 행동하게 된다. 6편에서는 플레이어가 원한다면 모든 사물의 크기와 무게를 알아볼 수 있으며, 7편으로 접어들면 쿠션이나 옷장 안에 열쇠를 숨긴다든가 하는 행동까지 가능해지게 되었다. 이렇게 자유도가 발전함에 따라 〈울티마〉를 플레이 하는 이들은 흡사 자신이 브리타니아에 살고 있는 듯한 실재감을 갖게 되며, 이 감각은 〈울티마〉에 몰입하게 하는 강력한 요소로 작용하게 된다.

〈울티마〉를 다른 게임과 차별화하는 또 한 가지 가장 중요한 요소가 '능동적 대화 시스템'이다. 이 대화 시스템은 〈울티마〉 4편부터 모습을 드러냈으며, 시리즈를 거듭하며 더욱 발전하였다. 〈울티마〉에서 대화를 시작하기 위해서는 talk 명령을 사용하든지(4〜6편), 아니면 주변에 있는 이를 더블클릭함으로써 가능해진다. 대화는 기본적으로 아바타가 키워드를 통해 질문을 하면, 상대방이 대답을 하는 형태이고, 그 상대방이 아바타를 시험하거나 하는 데 사용될 질문을 간혹 던지기도 한다. 처음에 아바타가 기본적으로 질문할 수 있는 키워드는 대략 4가지로 Name, Job, Bye, Join 정도이다. Name과 Job은 상대방의 이름, 직업을 물어보는 것이고, Bye는 작별 인사, Join은 파티에 집어넣고 싶을 때 쓸 수 있는 키워드이다. 이러한 키워드를 이용하여 상대방에게 질문을 하면 상대방은 대답을 해준다. 플레이어는 그 대답 중에 다른 키워드를 찾아내어 계속해서 질문을 할 수 있다. 플레이어는 대화를 통해서 게임의 문제를 해결하는데 반드시 필요한 여러 가지 정보를 얻을 수 있으며, 계속해서 정보를 모으려면 다른 이를 찾아가 대화를 해야 한다.

〈울티마〉 초기 3편까지는 수동적 대화형식이었다. 즉 왕의 명령을 듣고 실행을 하는 정도가 대부분이었다. 그러나 〈울티마〉 4편에 들어서면서부터 능동적 대화 시스템이 도입되었다. 이러한 사실을 두고 볼 때 우리는 이 능동적 대화 시스템이 바로 4편에서부터 비로소 나타나는 무엇인가 때문에 생겨난 것이라고 추측해볼 수 있다. 그것은 바로 4편에서부터 나타나는 〈울티마〉만의 철학적 서사와 관련된다.

〈울티마〉 4편을 제작할 당시 미국은 반RPG 열풍에 짓눌리고 있었다. 그것은 D&D를 플레이하던 소년 한 명이 자살한 사건이 빚어낸 일종의 해프닝이었으나, 당시의 사회적 반향은 매우 큰 것이었다. 리차드 게리엇은 RPG가 부도덕하다는 비난에 반박하고 싶어 했고 또한 '때리고 막고 줍고 가지는 것' 이상의 지적인 요소를 넣고 싶어 했다. 이러한 생각 끝에 만들어진 것이 바로 〈울티마〉 4편의 서사였다. 〈울티마〉 4편의 내용은 기존의 1편에서부터 3편까지의 주요 골격을 이루는 '최강의 적'을 무찌르는 단순한 선악 구도를 벗어나 브리타니아 세계에 참된 미덕을 심어주고 진리를 세움으로써, 주인공 아바타가 단순한 힘센 영웅이 아닌 참된 삶의 표본이 되게 해주었다. 이러한 서사 구조를 이끌어 가기 위해서는 단순한 전투를 통한 승리만으로는 부족하다. 끊임없이 질문을 하고 해답을 찾는 형식의 게임 구조를 이루기 위해 〈울티마〉

는 지금과 같은 능동적 대화 시스템을 도입하게 된 것이다. 물론 이러한 시스템은 수동적인 대화를 하는 일본식 RPG에 비해서 게임이 어려워질 수 있다는 단점이 있으나, 스스로 알아내는 즐거움이 큰 만큼 게임에의 몰입도를 극대화하는 동시에 울티마만의 매력을 만드는 강력한 장점이 되고 있다.

4. 일본식 RPG와의 차이

일본 롤플레잉 게임의 스토리 진행은 직렬적인 성향이 강하다. 대부분 용사, 혹은 그 자질을 타고 난 주인공 캐릭터가 단선적인 스토리를 따라 여러 동료들을 만나고 결국은 세계를 구한다는 결론으로 귀결되기 때문이다. 비단 〈파랜드 택틱스〉만이 아니라 〈영웅전설〉, 〈드래곤 퀘스트〉 등의 일본의 명작 롤플레잉들 또한 스토리의 분기점 이상의 스토리의 복잡화를 꾀하지 않는다. 반면 미국형 롤플레잉 게임(〈위저드리〉와 〈울티마〉로 대변된다)은 스토리가 보다 복잡한 병렬적인 형태를 보인다. 주인공은 임무를 수행하는 과정에서 보다 강한 힘을 얻고 게임의 목표를 위해 원하는 것만을 행할 수 있는 것이다.

미국형 롤플레잉 게임이 스토리에 집중한다면, 일본형 롤플레잉 게임은 '인물'에 집중한다. 미국형이 주인공이 만나는 '사건'에 집중한다면, 일본형은 '주인공'이 만나는 사건에 집중하는 것이다. 앞에서 일본형 롤플레잉 게임의 스토리는 직선적인 모양이라고 말했다. 이런 스토리는 쉽게 질릴 수 있는 것이 사실이다. 그래서 일본 롤플레잉은 스토리를 복잡하게 만드는 대신 단순하지만 사람들이 오래 기억할 수 있는 감동적인 스토리를 만들어 내게 되었다. 여주인공과 남주인공의 이루어질 수 없는 슬픈 로맨스, 혹은 해피 엔딩의 형태로 말이다. 여주인공을 죽여야 하는 남자 주인공의 이야기를 다룬 일본 롤플레잉 게임은 여러 작품이 있다. 로미오와 줄리엣처럼 이루어질 수 없는 사랑이라는 주제가 많은 사람에게 어필할 수 있기 때문이다. 일본 롤플레잉은 그에 착안하여 로맨스를 스토리에 깊게 개입시켰다. 물론, 미국형 롤플레잉에 로맨스 스토리가 들어가지 않는 것은 아니지만 일본형에 비하면 스토리에서 차지하는 비중이 낮은 편이다.

앞의 예에서 좀 더 발전시켜서 생각하면 미국형 롤플레잉 게임은 자유도에 비중을, 일본형 롤플레잉은 흥미도에 비중을 두고 있다고 말할 수 있다. 이는 그 게임을 주로 구매하는 사람들의 보편적인 성격 차이에도 이유가 있다고 추측해 볼 수 있다. 개인주의적인 서구인들은 자유도를 강조하게 되었지만, 집단주의적인 성격이 강한 동양인들은 다른 곳에서 재미를 찾았다는 것이다. 환상 세계에서 자유를 누리고 싶다고 원하는 사람이 많았기 때문에 미국형 롤플레잉 게임은 자유도에 집중했을 테고, 주인공에 감정을 이입하여 스토리를 즐기고 싶다는 사람이 많았기 때문에(이런 욕망은 후에 비주얼 노벨이라는 형태로 극대화되기도 한다.) 일본형 롤플레잉 게임은 흥미도에 집중했을 것이다.

일본의 롤플레잉 게임이 비주얼 측면에 집중하게 된 이유는 무엇인가? 이를 설명하기 위해서는 양국의 롤플레잉 게임의 출발점으로 거슬러 올라가야 한다. 정확하지는 않지만, 보통 롤플레잉에 큰 영향을 미친 〈울티마〉를 미국형 롤플레잉의 출발점으로 본다. 이 〈울티마〉는 애플을 통해 플레이 할 수 있게 프로그래밍되었다. 사용해 본 사람이 많지는 않겠지만, 이 애플이라는 기

종은 그래픽 연산 능력이 그다지 뛰어나지 않았다. 〈울티마〉는 그래픽에 집
중할 수 없었으므로 스토리에 집중하였고 이는 자유도를 선호하는 미국인들
의 성격과 맞물려 큰 성공을 거두게 되었다. 반면 일본식 RPG가 대두될 무
렵 일본의 컴퓨터들은 MSX라는 기종이 주를 이루었다. 이 MSX는 애플에
비해 그래픽 능력이 굉장히 좋았다. 하지만 좋은 그래픽을 위해서는 그만큼
많은 메모리를 사용해야 하므로 결과적으로 다른 부분에서 사용되는 메모리
를 줄여야만 했고, 결국 줄어들 메모리는 자유도의 포기로 확보되었다. 자유
도를 포기하는 대신 일본 롤플레잉 계는 게임하는 사람들이 주어진 시나리
오를 즐길 수 있도록 잘 짜여진 일방통행식의 스토리를 도입하게 된 것이다.

5. 결론

우리는 왜 〈울티마〉라는 게임에 관심을 갖는가? 비단 이 게임이 재미있다든
가 하는 이유를 생각할 수도 있다. 그러나 그보다 근본적인 이유는, 〈울티마〉를
시작으로 문학과 디지털이 만나게 되었다는 것이다. 단순히 타이핑 된 책을 보
는 정도가 아니라, 〈울티마〉라는 게임을 통해서 문학은 디지털 매체 속에서 재
창조될 수 있었던 것이다. 쉽게 말해서, 그때까지 수용자가 받아들여야 하는
문학은 작가가 전달하고자 하는 내용 그대로였다면, 〈울티마〉라는 게임을 기점
으로 문학은 수용자가 변화시킬 수 있는 대상으로 한 단계 진화한 것이다.

디지털과의 결합이란 점에서 〈울티마〉가 더욱 돋보이는 것은 완벽한 세계
관을 도입한 최초의 작품이기 때문이다. 〈테트리스〉나 〈벽돌깨기〉 같은 게임

들의 세계관은 추상적이고 단순하다. 이는『반지의 제왕』에서 영감을 받은 TRPG의 복잡하고 완성되어 있는 세계관과는 거리가 있다. 〈울티마〉는 게임 으로서도 완성되었고 발전하는 세계관을 도입한 측면에서도 성공작이었다. 〈울티마〉는 게임 또한 문학 수준의 방대한 세계관을 지닐 수 있다는 가능성 을 보여 줬고, 이는 게임 산업 자체의 발전에도 영향을 미쳤다고 본다.

〈울티마〉의 의의 가운데서 무엇보다 CRPG를 대중화시킨 공헌을 잊어서는 안 될 것이다. 〈울티마〉가 인기를 끌자 리차드 개리엇을 본받아 게임 제작자가 되려는 사람들이 늘어나기도 했던 것이다. 이것은 곧 게임 시장의 확대로 이 어졌다. 내용적으로는 기존 CRPG의 정형적인 스토리라인에서 탈피한 새로운 이야기를 통해 사람들에게 깊은 감명을 주었다는 점을, 시스템적으로는 레벨 등의 수치를 의도적으로 감추는 방향으로 나아가 긴장을 유지시켰다는 점을 〈울티마〉가 가진 장점이자 하나의 게임사적 업적으로 볼 수 있는 것이다.

그러나 〈울티마〉에 칭찬할 점만 있는 것은 아니다. 지나친 고사양을 요구 한 덕분에 매번 게임을 즐기기 위해 하드웨어를 업그레이드해야 하는 부담 을 주었다. 또한 새로 〈울티마〉를 시작하려는 수요층에게 너무 어려운 게임 이라는 인식을 준 것도 〈울티마〉 시리즈가 쇠퇴하게 된 주요한 원인 중의 하 나라고 할 수 있다. 이는 제작자의 고집을 반영하기 위하여 상업성에서 등을 돌리려 했던 결과라고 할 수도 있겠다. 시리즈 후반부 〈울티마〉는 다양한 시 도를 통해 새로운 플레이어들을 끌어들이려고 했으나 오히려 기존의 팬에게 반감을 샀을 뿐 새로운 팬을 형성해내지는 못했다. 시리즈 후반부에 스펙터 클을 강조하기 시작하면서 〈울티마〉의 중요한 뼈대였던 자유도를 떨어뜨리 고 파티 개념을 없애서 서사적 재미를 반감시킨 것도 패착이었다. 스펙터클에 집중한다고 해서 게임이 반드시 서사적 재미를 잃는 것은 아니지만 〈울티마〉의 경우는 실패에 해당한다고 볼 수 있을 것이다.

그러한 여러 가지 패착 요인에도 불구하고 〈울티마〉 시리즈는 아직까지 많은 플레이어의 기억 속에 명작으로 남아 있다. 게임을 하면서 최대한으로 한 세계를 체험하게 한다는 것은 단순한 쾌감이 아닌 조금 더 높은 수준의 즐거움을 만끽하게 하는 장치이기 때문이다. 〈울티마〉 시리즈는 이미 완결되었지만, 그것이 남긴 의의는 아직까지 영향력을 발휘하고 있다.

(권지용, 허정은, 김택수, 박헌민)

참고 문헌

닐 할포드 외,『검과 회로 : RPG기획을 위한 가이드북』, 제우미디어, 2002.
러셀 드마리아 외,『게임의 역사 : 아타리에서 블리자드까지』, 제우미디어, 2002.
최유찬,『컴퓨터 게임의 이해』, 문화과학사, 2002.
최유찬,『컴퓨터 게임과 문학』, 연세대학교 출판부, 2004.
박상우,『게임, 세계를 혁명하는 힘』, 씨엔씨미디어, 2000.
http://www.uo.com/archive/history
http://www.gametime.co.kr
http://forg.co.kr
http://role.uospace.net

〈철권〉

1. 서론

내가 다른 여학생들과 다른 점이 있다면, 나는 대부분의 여자들이 하지 않는 게임에서 새로운 재미를 발견하고 그것에 깊이 빠져들었다는 점이다. 아케이드 대전 액션, 즉 격투 게임의 대표주자라 할 수 있는 〈철권〉은 나의 인생을 전반적으로 바꾸어 놓을 만큼 내게 큰 영향을 끼쳤다. 부정적인 영향도 없지는 않았지만 나는 그렇게 바뀐 내 성격과 학창시절을 절대 후회하지는 않는다.

사실 나는 웬만한 남자들 못지않은 높은 승률을 가지고 있으며, 여자라는 희소성 메리트 덕분에 MBC 방송작가로부터 TV 출연 제의를 받은 적도 있다. 어찌 생각하면 내가 〈철권〉을 하지 않았더라면 아마 컴퓨터 게임과 문화의 관계에 대하여 깊은 관심을 기울이지도않았을 터이니, 내가 가장 잘 알고 가장 관심을 쏟은 〈철권〉을 이번 보고서의 주제로 삼은 것은 당연한 일일 것이다. 이제 내가 6년이 넘는 기간동안 겪은 경험을 바탕으로 〈철권〉이라는 게임에 대하여 흥미롭게 풀어보도록 하겠다.

2. 철권이란 어떤 게임인가?

〈철권〉은 1대 1로 겨루는 아케이드 대전 액션 게임이며, 제작 회사는 일본의 남코사다. 물론 가정용으로는 플레이 스테이션 버전으로 출시되었지만, 〈철권〉이라 하면 역시 게임장, 즉 오락실에서 유명하다고 하겠다. pc방에서는 〈스타크래프트〉가 인기였다면, 게임장에서는 〈철권〉이 인기였다고 하여도 과언이 아닐 만큼 〈철권〉은 대중성을 자랑하며 전국으로 퍼져 나갔다. 게임의 완성도 면에서 〈철권〉이 가장 뛰어난 게임인 것은 아니지만, 가장 많은 수의 오락실에 골고루 퍼져있는 게임이라고 하는 데 이의를 제기할 사람은 드물 것이다.

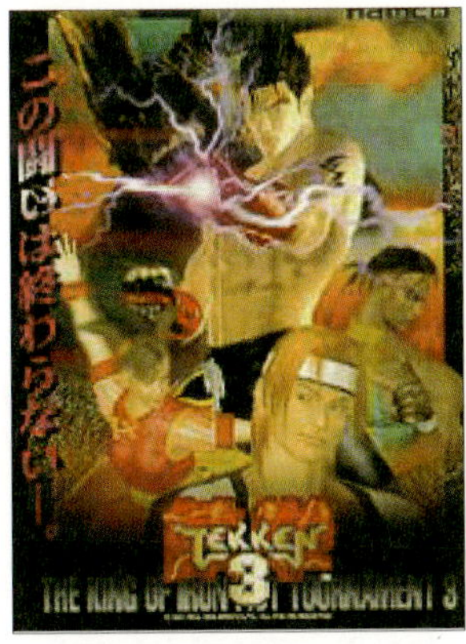

〈그림 1〉 〈철권3〉

그렇지만 〈철권〉이 처음부터 그렇게 대중적 인기가 있었던 것은 아니다. 〈철권 3〉때부터 쌓이기 시작한 인기는 TTT(＝Tekken Tag Tournament＝철권 태그 토너먼트)라는, 이른바 〈철권〉 3.5버전에서 그 절정을 이루었다. 다른 격투 게임이 한 쌍 자리하고 있는 오락실에 TTT가 서너 쌍씩 있는 것도 그리 놀랄 일이 아니게 되었고, 전국적으로 서로의 실력을 겨루고자 하는 사람들이 팀을 결성하여, 팀 배틀이 매우 활발하게 이루어지기도 했다.

그러나 불행하게도, TTT의 매력에 너무 깊이 빠져든 대부분의 사람들은 〈철권4〉에서 일어난 급격한 변화에 적응하지 못하였다. 남코에서 야심 차게 준비한 여러 가지 획기적인 시스템에도 불구하고, 기존의 TTT가 가지고 있던 스피드감과 타격감의 부재로 인한 타격은 엄청났다. 게다가 기존보다 훨씬 비싼 기판 값으로 인해 게임장 이용비도 오르는 바람에, 많은 사람들이 〈철권4〉에서 떠나버린 것이다.

그리고 2004년 가을, 아직 채 몇 달 되지 않은 시기에 드디어 〈철권5〉가 출시되었다. 베타 테스트를 거쳐 정식 발매된 〈철권 5〉는 이번엔 '카드시스템'이라는 더더욱 획기적인 요소를 도입하여 돌아왔다. 더군다나 수많은 구 TTT 유저들의 취향을 반영한 듯한 캐릭터들의 움직임과 타격감은 〈철권4〉에 비해서도 뛰어나다. 〈철권5〉를 통해 볼 때 〈철권〉의 미래는 보다 희망적일 듯하다.

3. 〈철권〉의 기본 구조와 특성

〈철권〉이 다른 게임에 비해서 우수한 게임이 된 요인은 몇 가지로 나누어 볼 수 있다.

첫째 독자적 키 배열이다. 꽤 많은 격투게임들이 '공격의 형식'을 기준으로 버튼을 나누고 있다. '강한 공격/약한 공격'의 구조나, '종공격/횡공격'의

〈그림 2〉〈철권 태그 토너먼트〉

형식을 쓰기도 하며, 가드(방어)버튼이 있는 경우도 많다. 이는 '공격과 방어'를 한다는 격투게임의 목적에 충실한 합리적인 방법을 채택한 것이다. 그러나 〈철권〉은 이 목표를 〈철권〉만의 독특한 방식으로 처리하고 있다. 즉 '왼손/오른손/왼발/오른발'로 버튼을 나눈 것이다. 언뜻 보면 별 차이 없지만, 이 구조는 사람이 받아들이기 가장 자연스러운 구조이다. 방어를 할 때는 방어버튼을 누르는 대신 레버(＝스틱)를 뒤로 하여 몸을 뒤로 빼는 수동적인 동작을 하면 된다. 실제 사람의 몸과 유사한 구조와 행동을 적용함으로써 몰입감을 증대시키는 효과를 낳은 것이다. 결국 '쉬운 조작'이라는 것은, 게임을 처음 접하는 사람에게 굉장히 크게 느껴지는 요소인 것이다. 〈철권〉의 매니아층이 형성된 것은 이와 관련된다고 할 수 있는 것이다.

둘째 공중콤보의 응용이다. 사실상 〈철권〉은 비현실적인 게임이다. 실제 격투에서 그렇게 오랜 시간 사람이 공중에 떠 있을 수 있을 리는 없다. 그런데 〈철권〉에서는, 한번 상대를 띄우면 일정 시간동안 상대방이 무방비 상태가 되며, 이 '띄운 상태'를 오래 유지하면서 높은 데미지를 주는 능력에 따라 승패가 좌우된다. 이 상태에서 연속 공격을 가하는 것을 '공중 콤보'라고 한다.

따지고 보면 비슷한 장르인, 〈버쳐파이터〉나 〈킹오브파이터〉에도 공중콤보의 개념이 있다. 그럼에도 불구하고 철권에서 공중콤보가 차지하는 비중은 큰데, 〈철권〉은 이 느낌을 가장 게임스럽게, 재밌게 풀어냈다고 생각된다. 개인의 취향 차이는 있겠지만, 〈버쳐파이터〉의 경우는 현실에 매우 가까워 뜨는 느낌이 무겁고 빨리 떨어지는 느낌이 있으며, 〈킹오브파이터〉의 경우는 너무 비현실적이기 때문에 균형 면에서 대중성을 획득하기 더 어려웠을 것으로 보인다.

아무튼 한 캐릭터가 가진 수많은 기술 중에서 어떤 기술과 어떤 기술을 적절히 조합하느냐에 따라서 공격할 수 있는 범위가 달라지며, 여기서 정확성과 순발력 그리고 응용력이 요구됨을 알 수 있다. 사람들이 흔히 부러워하고 신기하게 여기는 '고수'들은 이런 것에 능통하며, 그들 스스로의 연구를 통해 항상 새로운 방식을 만들어내고 전파시킨다. 이러한 연구의 깊이가 더해지면서 〈철권〉은 보다 오랜 시간동안 그 인기를 유지하게 되었다.

셋째 서사(스토리적 요소)의 요소이다. 〈철권1〉의 경우에는 스토리의 존재가 별로 중요하지 않았다. 따라서 짤막한 서너 줄의 설명만이 있었고, 그저 〈철권〉은 싸우는 게임일 뿐이었다. 그러나 〈철권 3〉부터는 모든 캐릭터에 각자의 개성이 설명되고, 그 캐릭터가 '왜 싸우는지' 원인을 밝혀주고 있다. 이에 따라 사람들은 스토리 뒤로 숨겨진 개최자의 '숨은 의도'와 엔딩을 보기 위하여 관심 없던 캐릭터까지 연구하기 시작했으며, 일부 매니아층을 중심으로 〈철권〉 만화와 소설 등을 만들어내는 인터넷사이트들이 생겨나기 시작했다.

사실상 〈철권〉이 아케이드 게임인 만큼, 플레이어는 캐릭터를 움직여서 싸우기만 하면 되는 것이고, 스토리는 몰라도 게임하는 데에는 아무 문제가 없다. 그러나 자신의 캐릭터에 대해서 보다 자세히 알고자 하는 생각에 이러한 배경 지식을 일단 습득하고 나면, 오히려 그 캐릭터에 대해서 좀더 애착을 가지게 되는 현상이 나타나게 된다. 이는 수년간 주변 사람들을 둘러보고 간간히 느낀 것인데, 처음 〈철권〈을 접하고 조금 해본 사람들은 곧 전체 스토리와 캐릭터의 배경스토리에 대해서 질문을 해오는 것을 볼 수가 있었다.

넷째 시각적, 체험적 스펙터클의 요소이다. 〈철권〉이 인기를 끌기 시작한 〈철권2〉나 〈철권3〉 무렵부터 〈철권〉의 그래픽은 상당히 높은 수준에 도달해 있었다. 컴퓨터로 만들어낸 3D의 오프닝 동영상과 엔딩 동영상 등은 일반인의 감탄을 자아내기에 충분했다. 그러나 〈철권〉의 진짜 매력은 직접 플레이해보면 느낄 수 있을 것이다. 〈철권〉만이 가지고 있는 실체감과 타격감, 그리고 화려한 이펙트가 바로 그것이다. 실제로 플레이어들은 말한다. 게임이나 프로그램이나 실세계의 환경을 소프트웨어가 대신 처리해준다는 것이 상식적 개념인데, 〈철권〉은 3D 표현에서 중량감과 양감표현으로 아주 실체감을 느낄 수 있어, 캐릭터를 직접 움직이면서 때리는 맛이 상당하다고 말이다. 너무 무겁지도 가볍지도 않은 적절한 균형을 이루는 무게감이란 것은 참 맞추기 힘든 것임에도 불구하고, 수많은 경험과 시행착오를 통해 남코는 계속 그 균형을 조절해나가고 있다.

마찬가지로 이펙트 역시 사람들의 눈길을 끄는 큰 요소이다. 일본에서 큰 인기를 얻고 있는 〈버쳐파이터〉는 현실감은 있지만 화려하지는 않다. 때문에 처음 보는 사람이 보면, 이것이 맞는 것인지 때리는 것인지, 막아내는 데에 성공한 것인지 실패한 것인지도 잘 눈에 들어오지 않는다. 반면에 〈철권〉은 막아냈을 때와 맞추었을 때, 잡아당길 때와 뿌리치는 때 모두 눈에 확 들어오는 불꽃이나 번쩍임, 전류가 흐르는 듯한 효과로 처음 보는 사람에게도 '우와 멋있어 보인다' 라는 느낌이 들게 하는 것이다. 게다가 각각의 캐릭터마다 그 이펙트의 색깔과 표현 또한 다르다. 국내에서 실패한 〈철권4〉는 이러한 타격감과 이펙트를 줄이고 〈버쳐파이터〉와 비슷한 느낌으로 수정을 가하려는 시도를 했다가 큰 낭패를 보았고, 심지어 '철권답지 않다' 라는 말까지 들은 것만 보아도 〈철권〉다운 스펙터클이 얼마나 게임에서 중요한 비중을 차지하고 있는지 알 수 있다.

〈그림 3〉 〈철권〉의 화려한 이펙트

4. 〈철권〉의 외적 성공 요인

〈철권〉이 게임으로서 성공한 데에는 내적 요인과 함께 외적 요인이 매우 중요하게 작용하고 있다. 그 가운데 맨 먼저 꼽을 수 있는 요인이 보급률이다. 아케이드 게임이 기본적으로 오락실 게임이고, 가정용 게임기의 가격이 높다는 것을 감안한다면, 역시 아케이드 게임의 성공은 오락실에서 좌우된다고 하겠다. 우리나라의 일반 오락실 이용비는 일부 유명 장소를 제외하고는 기본이 100원인데, 이것은 일본의 약 10분의 1 수준이다. 따라서 기판(오락실이 게임회사로부터 구입하여 설치하는 것)이 비싸지면 오락실은 이윤을 창출하기가 그만큼 힘들어지게 된다.

그렇기 때문에, 유사게임 종목인 〈버쳐파이터〉에 비교하여 〈철권〉의 기판 가격이 상당히 저렴한 편이라는 것은 주목할만한 이유가 된다. 물론 어느 정도 〈철권〉이 인기가 있었기에 가능한 일이었지만, 대부분의 오락실에는 철권 TTT 오락기가 즐비하다. 간단히 말하자면 〈스타크래프트〉와 비교할 수가 있는데, 스타의 인기와 더불어 저사양 컴퓨터에서도 가능하다는 좋은 조건은 〈스타크래프트〉를 PC방에 널리 퍼뜨렸고, 이 증상이 가속화되어 지금의 국내 보급률을 이룬 것과 마찬가지이다. 인기라는 것은 눈에 보이는 것이 아니기 때문에 애매할 수밖에 없긴 하지만, 〈철권〉이 인기를 더해감에 따라 기판도 늘어났고, 결국엔 처음 하는 사람도 기판 따라 친구 따라 〈철권〉을 시작하게 되는 경우가 많았던 것이다.

사실 요즘처럼 인터넷의 영향으로 인간관계가 얕아지고 유행에 민감해진 시기에 특히 청소년들은 친구들로부터 소외당하지 않기 위해 유사한 놀이문화를 즐기려는 성향이 있다. 또한 소외당하지 않는 수준에서 보다 나아가서, 좀더 발전된 관계를 원하는 경우에도 마찬가지이다. 나의 친구들 중 한 여자아이는, 〈스타크래프트〉를 시작한 이후 남자아이들과의 대화에서 공통 화제

가 생겼고, 그에 따라 말을 하기가 더 수월해졌다고 말했다. 동성이건 이성이
건 이러한 사정은 같을 것이다.

둘째 온라인 커뮤니티의 확산이다. 인터넷이 지금처럼 널리 퍼지지 않은
시절에도 이미 온라인 오프라인 모임활동은 있어왔다. 하이텔, 천리안, 나우
누리 등의 PC 통신을 통하여 〈철권〉을 좋아하는 사람들끼리 동호회나 소모
임을 만들어 활동을 가져왔던 것이다. 〈철권〉 TTT가 출시되고 보다 전국적
으로 〈철권〉이 인기를 얻게 된 이후 대표적인 인터넷 사이트들이 몇 개 생겨
나고, 그 사이트들을 중심으로 하여 수십 개의 배틀팀들이 자리를 잡았다. 이
들은 팀원을 모집하고 같이 게임을 하며, 다른 팀에게 시합을 요청하여 친목
을 다지는 활동을 하였다. 이렇게, 온라인으로 정보를 공유하고 서로 연락을
한 뒤, 오프라인으로 특정 게임장을 지정하여 모임을 갖는 것이 일반화되자
철권 커뮤니티의 기반은 점점 탄탄해져 갔다. 덕분에, 아무 것도 모른 채로
처음 〈철권〉을 접한 초보자들도 조금만 검색을 하면 원하는 정보를 많이 얻
을 수 있게 되었고, 〈철권〉은 라이트 유저(배틀팀 활동을 안 하고 심심풀이로

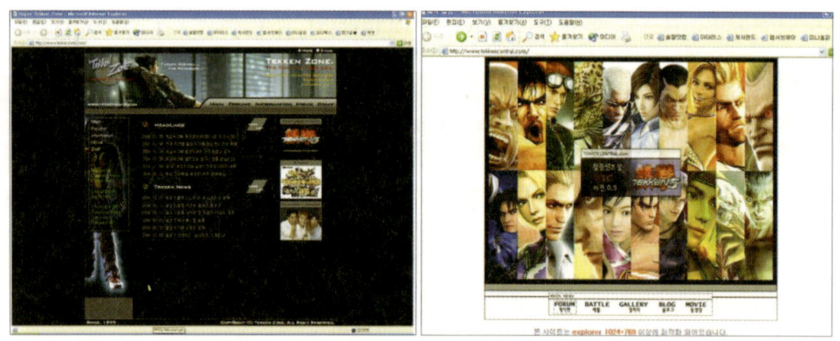

〈그림 4〉 거의 전문적인 수준의 국내 대표 커뮤니티들: 좌-Tekken zone, 우-Tekken central

게임을 하는 사람들을 가리키는 온라인 커뮤니티의 용어)를 포함하여 엄청난 수의 플레이어를 가지게 되었다.

〈철권 4〉가 출시되고 〈철권〉에 실망한 기존의 유저들이 하나 둘 철권계를 떠나자 이들 온라인 커뮤니티도 잠시 휘청하는 듯하였으나, 곧 〈철권4〉에도 흥미를 가진 새로운 유저들과 철권 커뮤니티를 지켜가고자 하는 이들에 의해 꾸준히 대회를 개최하고 방송에 출연하는 등 그 맥락을 안전하게 이어올 수 있었다.

셋째로 초보자의 적응가능성이다. 게임이라는 것은 복잡하고 심오하고 훌륭한 완성도를 지닐수록 찬사를 받기 마련이지만, 대중성이라는 기준으로 볼 때 지나친 복잡함은 오히려 해가 된다. 매니아 층에서는 감탄을 자아내는 게임 장면도, 아직 아는 것이 없는 초보자들의 눈에는 아무런 감흥이 없기 때문에 새로운 유저를 끌어들이는 힘이 부족한 것이다. 〈철권〉이 라이트 유저 및 초보 유저들에게 인기를 얻은 이유는 비교적 쉬운 출발을 하면서도 멋진 장면을 연출할 수 있기 때문이다. 각 캐릭터마다 두세 개씩 갖춰진 '10단 콤보' 라든지, 잡기(던지기), 그리고 한방 역전이 가능한 필살기까지, 그다지 어렵지 않으면서도 공격력도 있고, 외관상 멋지기까지 한 기술을 쓸 수 있는 것이다. 물론 그 덕에 실력이 어느 정도 있는 사람이 초보자에게 지기도 한다. 오히려 이것이 승부욕을 불태우기 때문에 〈철권〉은 중독자도 많고 싸움도 자주 일어나는 듯 보인다. 어쨌든 시작이 좋으면 이른바 '중수' 정도가 될 때까지 파고드는 것도 쉽고, '중수' 가 되었다면 점점 빠져들어 '고수' 의 경지를 추구하게 되는 법이다. 더군다나 위에서 말했듯이 온라인 커뮤니티에서 고수들의 게임을 보며 감탄하다가 점점 자신도 사람들의 인정을 받는 쾌감을

〈그림 5〉 〈철권5〉

느낀다는 것은 쉽게 빠져나오지 못할 정도의 큰 매력이다.

5. 철권의 현황과 미래

〈철권 4〉의 실패 때문에, 많은 〈철권〉 매니아들이 새로운 버전이 나오길 갈
망해왔다. 그들은 새로 나오는 〈철권〉이 TTT 2탄이 되기를 바랄 정도였다.
그러나 새로 나온 〈철권 5〉는 예전 시리즈의 형식을 취했고, 그 대신 획기적
인 시스템의 변화를 안고 돌아왔다. 한국의 유저들을 의식한 것인지는 모르
겠지만, 〈철권4〉에서 실망스러운 점을 좀더 제거하고, TTT 버전에서 보여 주
었던 것과 비슷해진 스피드감과 타격감, 그리고 한층 더 화려하고 통쾌해진
이펙트로 게임이 한국에 도입된 직후부터 좋은 반응을 얻기 시작했다. 앞에
서 보급률에 관한 이야기를 할 때 TTT의 기판이 저렴하여 전국적으로 더 확

산이 되었다고 했는데, 이는 동시에 〈철권4〉의 기판이 너무 비쌌던 것이 〈철권 4〉의 실패 이유 중 하나였음을 증명하는 것이었다. 그런데 〈철권 5〉의 경우는 기존보다 훨씬 높은 기판 가격에도 불구하고, 오히려 사람들의 취향에 맞는 시스템의 변화로 현재 높은 인기를 보이고 있는 실정이다. 이는 아마도 '카드 시스템'의 큰 공헌이 아닌가 싶다. 새로 도입된 이 카드 시스템은, 게임을 하는 사람이 직접 구입해가면서 쓰는 것인데, 자신의 이름을 새기는 것은 물론, 승패와 승률이 표시된다. 몇 가지 기준에 따라서 '등급'도 매겨지는데, 높은 등급의 사람일수록 자신의 실력을 과시할 수 있는 셈이다. 가장 인기를 끌고 있는 것은 게임을 해가면서 얻는 점수가 돈이 되어 자신의 캐릭터에 옷을 갈아입히거나 아이템을 장착해 줄 수 있게 된 것이다. 서사에 관한 언급에서 이미 이야기했지만, 자신이 플레이하는 캐릭터에 대해 가지게 되는 애착은 꽤나 강한 것으로, 각자 나름대로의 개성을 가진 캐릭터로 변화시키면서 게임에 더욱 큰 재미를 느끼게 된다.

이처럼 벌써부터 큰 인기몰이를 하고 있는 〈철권5〉는 이미 한차례의 대회를 치르고 이제 전국대회가 개최될 만큼의 성황을 이루고 있다. 과거 TTT만큼의 인기와 유명세를 누릴 지는 아직 미지수이지만, 아케이드 대전액션의 대표주자라 할 수 있는 명성을 〈철권〉이 이어가게 될 것인가에 대한 전망은 상당히 희망적으로 보인다.

(이강윤)

〈파이널 판타지〉

1. 파이널 판타지는 왜 사랑 받는가

"파이널 판타지 시리즈에는 높은 완성도를 유지하는 특별한 노하우가 있다."

게임 〈파이널 판타지〉(이하 〈FF〉)를 모르는 사람은 거의 없을 것이다. 1987년 1편이 패미컴으로 나온 이후에 현재 시리즈 11편까지 출시가 되었으며, 2005년 초에는 그 12편이 발매를 앞두고 있는 일본 RPG 게임계의 대명사. 출시될 때마다 일본 내 밀리언 셀러를 가뿐히 뛰어넘어 200만~300만 장을 판매하는 괴물 소프트. 개발 스태프만 500명 가까이에 이르며 제작 기간은 3~4년에 달하는 초 거대 게임 프로젝트. 한국의 비디오 게임 선호형 게임 개발자들에게 벤치마킹의 기본 대상이자 동경의 대상이자 법전法典인 게임.

〈FF〉가 그토록 최고의 RPG 게임 자리를 지키고 있는 이유는 무엇일까?

유저들이 한결 같이 영화를 방불케 하는 게임성이라 대답한다. 그리고 그것을 구체적으로 들여다보면 결국 뛰어난 스토리성과 최고 수준의 그래픽을 가리키고 있음을 알게 된다.

사실, 이 게임은 외길(One-way)형 게임으로 〈울티마〉가 보여주는 무제한에 가까운 자유도는 물론 〈발더스 게이트〉가 갖고 있는 최소한의 분기점이라는 요소도 갖고 있지 않다. 하지만 '완성된 한 개의 시나리오 체제'는 원래부터 유저를 감동시켜 보겠다는 스퀘어(〈FF〉의제작사)의 제작 의도와 훌륭히 맞아 떨어지는 것이다.

〈FF〉가 이토록 훌륭한 게임으로 칭송 받고 있는 정확한 이유는 무엇일까? 단지 영화 같아서라던가 스토리가 좋아서, 그래픽이 좋아서 라는 대답은 그런 숱한 많은 게임들 중에서 유독 〈FF〉가 선택된 이유를 확실하게 제시하지 못하는 것으로 보인다.

만약 그래픽의 우수함이 보여주는 영상적 스펙터클의 뛰어남 또는 리얼함만으로 그 게임이 '영화적'이라 한다면, 하드웨어의 진보에 따라 결국 모든 게임이 영화적이 될 것이다.[1]

그렇다고 해서 시나리오의 우수성만을 꼽자니 수천만의 전 세계 유저들이 공감할만한 스토리를 오로지 스퀘어 만이 만들고 다른 제작사는 그렇지 못하다라는 것에 동의해야 한다는 결론에 이르게 된다. 게다가 이 경우는 "그렇다면 그것은 영화이지 게임이냐"라는 반박에 부딪칠 가능성도 높다.

고민할 것 없이 이유는 간단하다. 〈파이널 판타지〉라는 게임이 게임으로서 할 만 하기 때문이다. 영화 같은 게임이지만 게임으로서 다른 RPG에서 느낄

| 1 테라다 켄지, 『게임비평』, 2001년 11–12월호, 게임문화, 32면

수 없는 완성도가 분명히 있기 때문에 그토록 이 게임에 몰입하는 것이다.

여기서 우리는 〈FF〉가 17년의 역사를 가진 시리즈라는 것에 주목해야 한다. 〈FF〉는 장수 게임이다. 시리즈가 거듭되면서 늘어온 이 소프트의 보급률[2]은 이 게임에 오랜 시리즈 개발의 노하우가 축적되어 있음을 단적으로 보여 준다. 그러므로 11편의 시리즈에서 공통적으로 나타나는 〈FF〉만의 게임 요소가 있다면 그것을 찾아내야 한다.

그러한 요소는 몇 가지로 분명하게 압축이 되는데, 필자는 그 중 논의하고자 하는 바로서 〈FF〉의 독립형 배틀 공간 구조를 제시한다. 다들 스토리가 좋고 그래픽이 좋아서, 결국 영화 같아서 이 게임을 좋아한다는 마당에 뜬금없이 배틀 공간 애기를 하는 것이 다소 엉뚱하게 들릴지도 모르겠다. 하지만 지금부터 필자가 하고자 하는 말을 듣고 나면 공감이 가리라 확신한다.

2. 게임 기본 요소 간의 균형

"배틀의 플롯과 스펙터클이 서사의 완성도를 끊임없이 저해하고 있는 것, 대부분의 게임에서 보이는 이 한계가 〈파이널 판타지〉에서는 보이지 않는다."

이제부터 〈FF〉의 독립형 배틀 공간 구조에 대하여 본격적인 논의에 들어가야 하겠으나, 그 전에 우리가 반드시 해야 할 일이 있다. 바로 서사[3]와 플롯,

---

2 소프트 판매량은 변동이 있지만 하드웨어 플랫폼을 3차례에 걸쳐 옮겼기 때문에 절대치는 무의미하며, 보급률(발매 당시의 하드웨어 보급 대수에 따른 판매량)로만 보자면 시리즈가 거듭될수록 지속적인 증가 추세이다.

스펙터클의 차이점을 확실히 알고, 게임 안에서 어떻게 이 셋이 균형을 잡고 있어야 하는지를 이해하는 일이다. 그래야만 〈FF〉의 배틀 공간이 이들 사이에서 어떠한 역할을 하고 있는지를 파악할 수가 있다.

서사는 스토리 또는 시나리오와 같은 말이다. 게임을 만들 때 먼저 배경 시나리오라는 이름으로 작가가 쓰는 것이 바로 서사이다.

서사는 게임 속에서 명시적으로 제시되는 사건들로 이루어져 있다. 하지만 그것이 전부는 아니다. 서사는 명시적으로 제시되는 사건들로부터 추론되는 사건들까지를 포함한다. 추론되는 사건들에는 주인공이 게임 속에서 플레이하는 목적, 서사상의 반전 또는 급변점, 서사의 주제와 테마와 같은 요소들이 전부 포함된다. 아래 '〈FF10〉의 스토리 진행 구조'에는 서사가 이러한 모든 요소를 담고 있는 것임을 단적으로 보여준다.

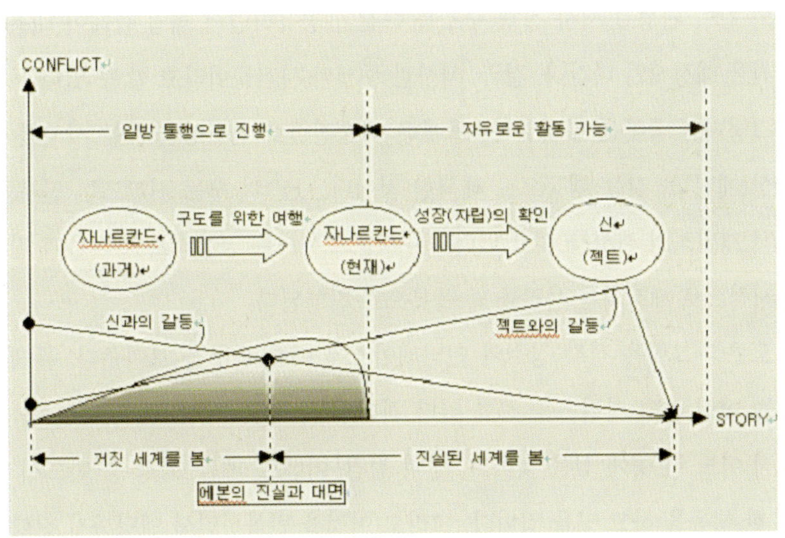

| 3 스토리와 동일어. 앞으로 서사라는 용어를 대표어로 사용하기로 함.

<FF10>의 주인공인 '티더'는 위와 같은 서사 진행 구조를 따라 게임 상에서 정해져 있는 루트를 이동한다. 여기서 처음 출발하는 마을로부터 자나르칸드라 불리우는 목적지까지 가는 긴 여정이 게임에서 보여진다. 그 하나 하나의 사건들, 이를테면 'A라는 마을을 떠나 B라는 마을로 가고 있다' – 은 명시적으로 제시되는 사건들이다. 하지만 플레이어는 그런 사건들을 플레이하여 체험해 나가면서 게임 주제나 목적, 테마와 같은 부분에 관한 코멘트는 일절 받지 않는다. 예를 들어 위 그림에서 나타나듯이 게임의 일정한 서사 지점에 이르기까지는 세계의 거짓된 부분을 체험하고, 그 이후로는 세계의 부패와 부정에 맞닥뜨리게 되지만 이것은 게임 속에서 플레이어가 느끼는 명시적으로 제시되는 사건들로부터 추론될 뿐이지 아무것도 알려주고 있지 않는다는 것이다. 그러나 게임을 만들 때 게임 기획자들은 시나리오 작가로부터 위와 같이 완성된 서사 진행 구조를 다같이 공유하면서 게임 플레이 내용과 시간을 배정시켜 나간다. 결국, 서사란 주제와 사건들이라고 할 수 있다.

그렇다면 플롯은 무엇일까? 플롯은 기승전결로 완결성을 갖는 서사를 순환성(패턴)을 갖는 행동으로 해석한 것이다. <FF>의 모든 시리즈는 전부 완전히 개별적인 서사를 갖고 있다. 하지만 그 서사는 공통적으로 다음과 같은 명시적으로 제시되는 사건들 즉 플롯으로 진행된다.

오른쪽 그림은 각각 장소와 인터페이스에 따른 플롯을 보여준다. 플레이어는 어떤 <FF> 시리즈를 하고 있다 하더라도, 마을-상점-필드-던전 중 반드시 어느 한 곳에 있을 것이고, 장비 점검-이벤트-배틀-성장 중 반드시 어떤 한 행동을 하고 있을 것이다. 그리고 이것을 반복하면서 엔딩까지 진행을 해 나갈 것이다. 서사를 플롯으로 재구성하는 것은 게임의 시스템 기획을 위

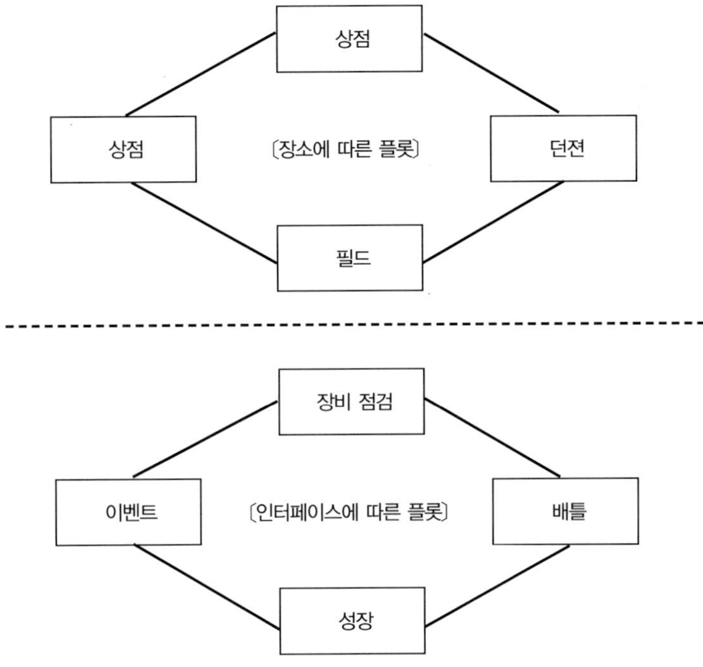

해서 필수적인 과정이기도 하다.[4] 즉 플롯이란 명시적으로 제시되는 사건의 분류와 그 내용이다.

한편 스펙터클은 그래픽이나 사운드로 전달되는 효과이다. 스펙터클은 플롯을 표현하는 도구[5]중 하나라고 보는 것이 타당한데, 예를 들어 위 그림에

---

4 예를 들어 인터페이스에 따른 플롯이 정해졌으면 각각의 항목에서 그래픽은 어떻게 나타날 것인지, 사운드는 어떤 것이 제공되는지, 어떤 정보가 보여져야 하는지 등등을 세부적으로 작성해 나가는 것이다.

5 '원래 플롯은 서사 또는 비서사적 구조로 나누어지는 형식 체계와 장면화, 시점, 편집, 음향 등으로 구성되는 양식 체계로 나누어지는데, 스펙터클은 엄밀하게 후자에 국한된다. 『영화예술』, 데이빗 보드웰 저, 이론과 실천, 186쪽

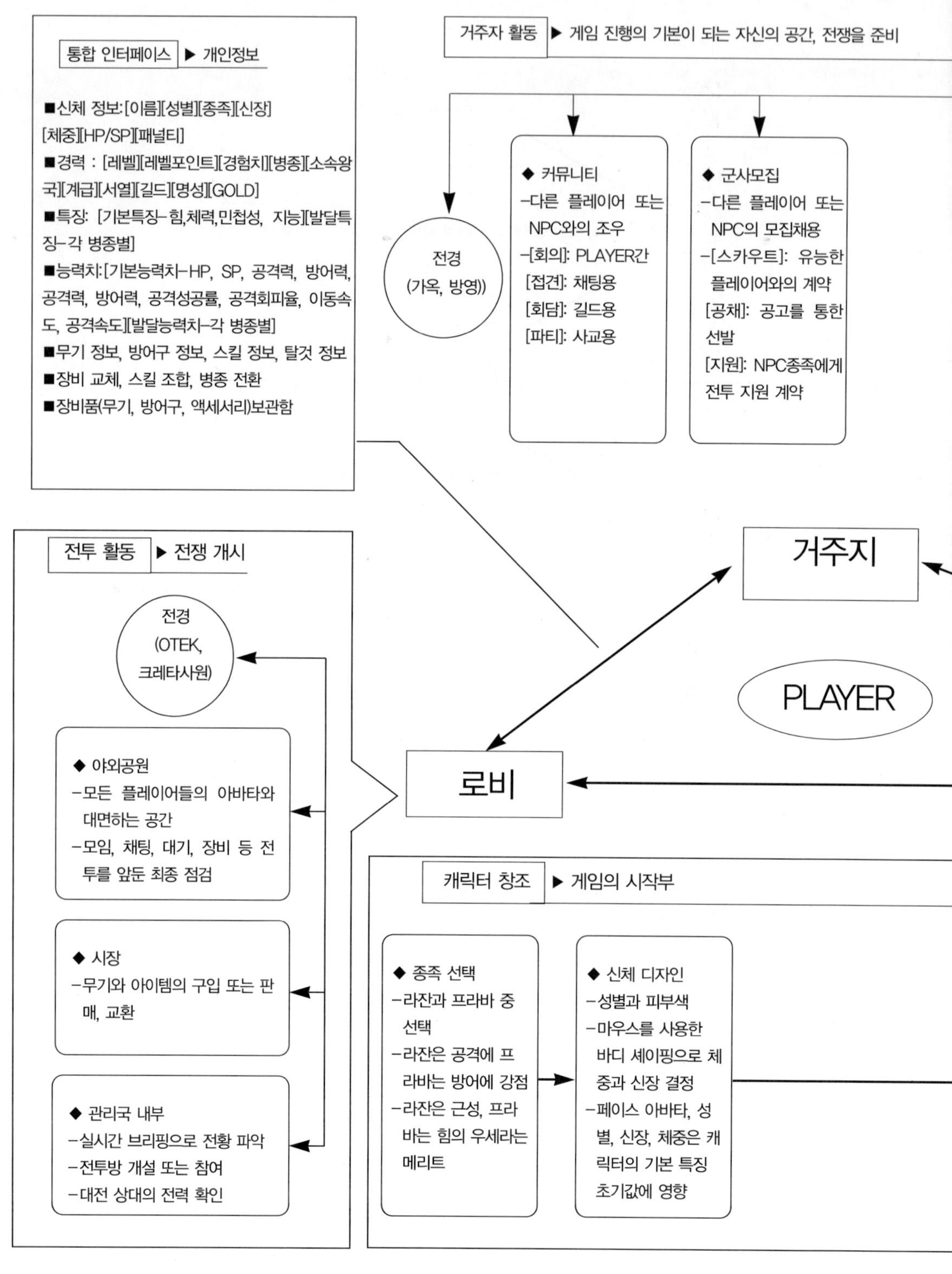

통합 인터페이스 ▶ 개인정보
■신체 정보:[이름][성별][종족][신장][체중][HP/SP][패널티]
■경력 : [레벨][레벨포인트][경험치][병종][소속왕국][계급][서열][길드][명성][GOLD]
■특징: [기본특징–힘,체력,민첩성, 지능][발달특징–각 병종별]
■능력치:[기본능력치–HP, SP, 공격력, 방어력, 공격력, 방어력, 공격성공률, 공격회피율, 이동속도, 공격속도][발달능력치–각 병종별]
■무기 정보, 방어구 정보, 스킬 정보, 탈것 정보
■장비 교체, 스킬 조합, 병종 전환
■장비품(무기, 방어구, 액세서리)보관함

거주자 활동 ▶ 게임 진행의 기본이 되는 자신의 공간, 전쟁을 준비

전경
(가옥, 방영))

◆ 커뮤니티
–다른 플레이어 또는 NPC와의 조우
–[회의]: PLAYER간
[접견]: 채팅용
[회담]: 길드용
[파티]: 사교용

◆ 군사모집
–다른 플레이어 또는 NPC의 모집채용
–[스카우트]: 유능한 플레이어와의 계약
[공채]: 공고를 통한 선발
[지원]: NPC종족에게 전투 지원 계약

거주지

PLAYER

로비

전투 활동 ▶ 전쟁 개시

전경
(OTEK, 크레타사원)

◆ 야외공원
–모든 플레이어들의 아바타와 대면하는 공간
–모임, 채팅, 대기, 장비 등 전투를 앞둔 최종 점검

◆ 시장
–무기와 아이템의 구입 또는 판매, 교환

◆ 관리국 내부
–실시간 브리핑으로 전황 파악
–전투방 개설 또는 참여
–대전 상대의 전력 확인

캐릭터 창조 ▶ 게임의 시작부

◆ 종족 선택
–라잔과 프라바 중 선택
–라잔은 공격에 프라바는 방어에 강점
–라잔은 근성, 프라바는 힘의 우세라는 메리트

◆ 신체 디자인
–성별과 피부색
–마우스를 사용한 바디 셰이핑으로 체중과 신장 결정
–페이스 아바타, 성별, 신장, 체중은 캐릭터의 기본 특징 초기값에 영향

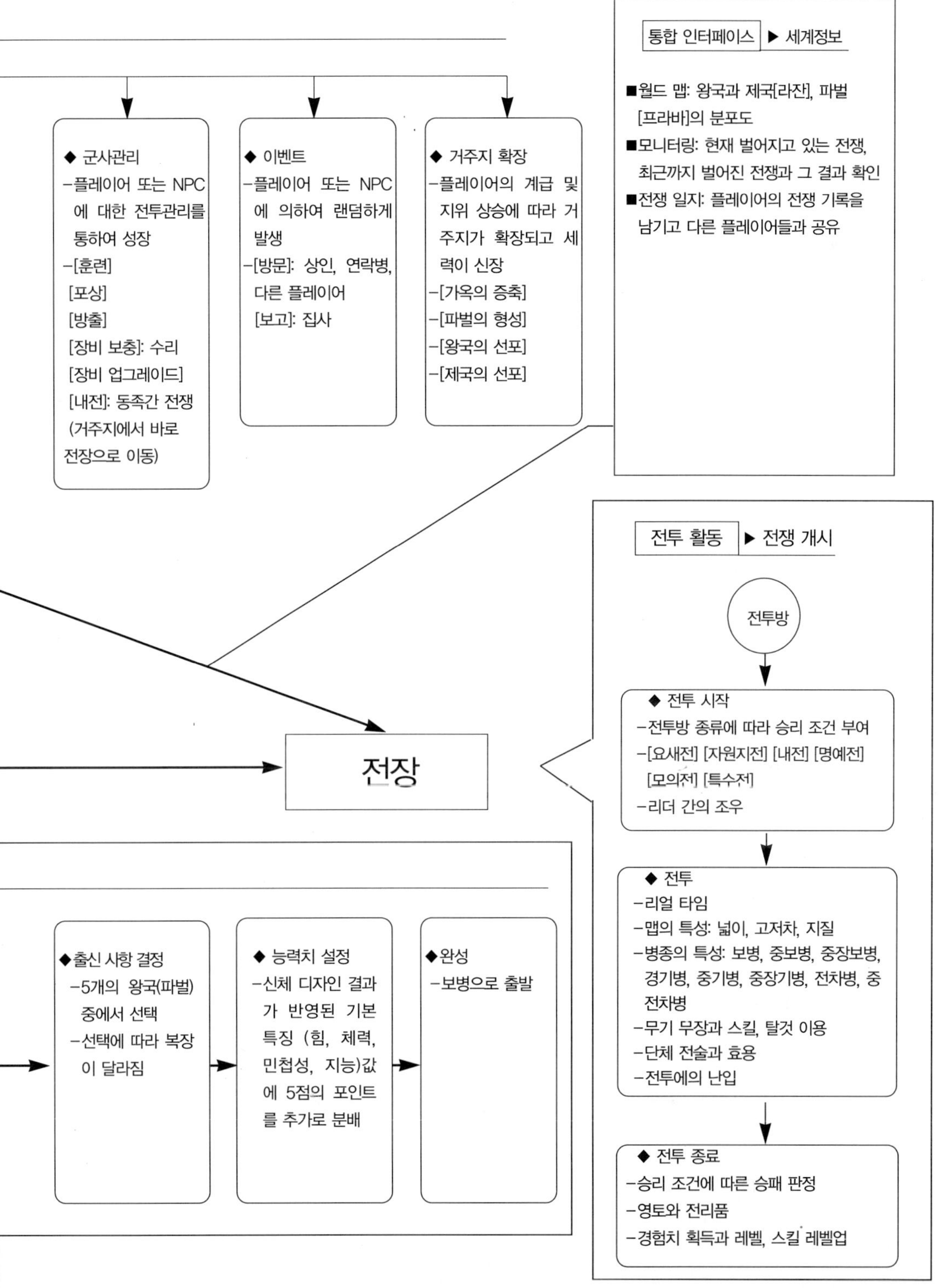
통합 인터페이스 ▶ 세계정보
■월드 맵: 왕국과 제국[라잔], 파벌 [프라바]의 분포도
■모니터링: 현재 벌어지고 있는 전쟁, 최근까지 벌어진 전쟁과 그 결과 확인
■전쟁 일지: 플레이어의 전쟁 기록을 남기고 다른 플레이어들과 공유

◆ 군사관리
-플레이어 또는 NPC 에 대한 전투관리를 통하여 성장
-[훈련]
[포상]
[방출]
[장비 보충]: 수리
[장비 업그레이드]
[내전]: 동족간 전쟁 (거주지에서 바로 전장으로 이동)

◆ 이벤트
-플레이어 또는 NPC 에 의하여 랜덤하게 발생
-[방문]: 상인, 연락병, 다른 플레이어
[보고]: 집사

◆ 거주지 확장
-플레이어의 계급 및 지위 상승에 따라 거주지가 확장되고 세력이 신장
-[가옥의 증축]
-[파벌의 형성]
-[왕국의 선포]
-[제국의 선포]

전장

전투 활동 ▶ 전쟁 개시

전투방

◆ 전투 시작
-전투방 종류에 따라 승리 조건 부여
-[요새전] [자원지전] [내전] [명예전] [모의저] [특수저]
-리더 간의 조우

◆ 전투
-리얼 타임
-맵의 특성: 넓이, 고저차, 지질
-병종의 특성: 보병, 중보병, 중장보병, 경기병, 중기병, 중장기병, 전차병, 중전차병
-무기 무장과 스킬, 탈것 이용
-단체 전술과 효용
-전투에의 난입

◆ 전투 종료
-승리 조건에 따른 승패 판정
-영토와 전리품
-경험치 획득과 레벨, 스킬 레벨업

◆출신 사항 결정
-5개의 왕국(파벌) 중에서 선택
-선택에 따라 복장이 달라짐

◆ 능력치 설정
-신체 디자인 결과가 반영된 기본 특징 (힘, 체력, 민첩성, 지능)값에 5점의 포인트를 추가로 분배

◆완성
-보병으로 출발

서 [인터페이스에 따른 플롯]의 배틀 항목 밑에는 그래픽이나 사운드로 배틀을 어떻게 표현할 것인지에 관한 내용이 들어가게 된다. 또한 [장소에 따른 플롯]의 경우 각 장소에서 시점은 어떻게 달라질 것인지에 관한 언급이 필요하다. 즉 게임에서 부가된 외재적 소재들이 스펙터클이다.

훌륭한 게임은 이 세가지 요소가 얼마나 제 역할을 하면서 상대방을 방해하지 않느냐에 달려 있다. 즉, 다음과 같다.

· 서사(주제와 사건), 플롯(사건의 분류 및 내용), 스펙터클(사건의 표현)이 존재한다.
· 서사, 플롯, 스펙터클이 서로 충돌하여 한 요소가 약해지는 일이 없어야 한다.
· 충돌하지 않는 범위 내에서 각 요소가 최대한 그 역량을 발휘하고 있어야 한다.

그런데 게임에서는 서사와 플롯, 스펙터클이 쉴새 없이 서로 충돌하고 어느 한 쪽을 약화시키는 존재로 작용한다. 특히 배틀의 플롯과 스펙터클이 서사의 완성도를 끊임없이 저해하곤 한다.

그 첫 번째 이유로는 서사와 플롯이 공통적으로 '명시적으로 제시되는 사건'을 소개하기 때문이다. 〈파이널 파이트〉같은 횡스크롤 액션 게임을 만든다고 생각해 보자. 아주 자세하고 감동적인 스토리 라인을 만들었는데, 플롯 구성은 배틀과 보너스 스테이지의 반복으로 진행된다고 하자. 그리고 적들과 싸울 때 화려한 스펙터클이 연출된다고 가정하자. 이 때 '적과 싸우는' 사건은 서사의 일부이지만 동시에 플롯의 한 패턴이다. 하지만 스펙터클에 압도되어 계속 적과 싸우면서 진행해 나가다 보면, 플레이어는 적과 싸우고(배틀) 차를 부수어서 플레이어 수를 늘리는(보너스 스테이지) 것의 반복만을 기억하지 스토리 라인은 기억도 기대도 하지 않는다. 서사가 플롯과 스펙터클에 충돌하여 약화되어 버린 것이다.

두 번째 이유로는 게임은 소설과 영화와 달리 플레이어가 플롯과 스펙터클을 직접 선택하기 때문에 더욱 자극적이고, 따라서 스토리는 각인되지 못한다는 것이다. 플레이어가 전투에서 하는 조작과 조작에 따른 연출은 거의 모든 종류의 감각을 자극한다. 하지만 스토리는 그 어떤 감각과도 깊이 연관되어 있지 못하다. 이런 상황에서 플레이어에게 추론되는 사건들, 즉 서사의 주제와 테마까지 전달하기란 정말 쉽지 않은 일이다.

하지만 파이널 판타지는 바로 이 충돌하는 세 요소들의 균형이라는 어려운 문제를 훌륭하게 해결하였다. 서사, 플롯, 스펙터클 중 어느 하나를 약화시키는 방식이 아니라, 세 요소 모두를 최대한 강화하면서도 상호간의 충돌을 최소화 하여 플레이어에게 "스토리"와 "배틀" 모두를 뚜렷하게 각인시키는 방법을 찾아낸 것이다. 그것이 바로 독립형 배틀 공간 구조이다. 그럼 이제 이 배틀 구조가 어떻게 작동하고 있는지 알아보자.

3. 확대된 배틀 공간

"독립형 배틀 공간은 확대 기법을 통하여 필드와 배틀 공간을 각각 서사와

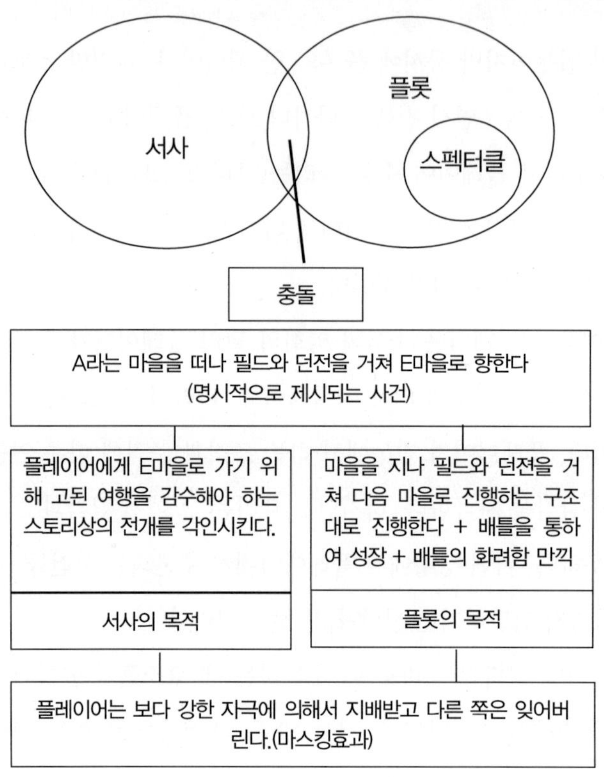

플롯의 영역으로 완전히 나누어 버린다.”

　게임에서 서사, 플롯, 스펙터클은 알아본 바와 같이 끊임없이 충돌하는 것이며, 특히 배틀의 플롯과 스펙터클의 기억이 서사의 기억과 섞임으로써 전체적인 완성도와 명료도가 떨어지는 것임을 알았다. 〈FF〉의 독립형 배틀 공간은 이 문제를 다음과 같이 해결하고 있다. 즉, “배틀을 시각, 청각, 촉각 등 체감적으로 서사로부터 완전히 독립시킨다.” “필드는 완전한 서사로, 배틀은 완전한 플롯과 스펙터클의 영역으로 각각 이원화시킨다”라는 것이다. 그리고 확대擴大의 방법론으로 이 목적을 달성하고 있다.

공간 이원화의 방법론

〈FF〉의 배틀 공간은 서사에서 장소라는 요소를 다른 요소[6] 에 비하여 훨씬 자유롭게 가공할 수 있다는 점에서 시작한다. 그들은 배틀이 의도적이든 그렇지 않든 서사에 개입하는 인상을 주어 플레이어를 혼란스럽게 하는 것을 막고 싶었는데, 그 수단으로 택한 것이 배틀 공간의 확대擴大였다. 즉 필드에서 보여지는 공간감에서 급격한 확대를 통하여 아주 가까운 시점으로 형성되는 배틀 공간으로 이동하는 것이었다.

〈그림 1〉〈FF6〉 필드에서의 모습, 초원과 산이 보인다(좌) 적과 인카운트하면 확대된 배틀 공간으로 이동(우).

이러한 줌 인ZOOM IN의 효과는 일단 플레이어의 주의를 환기하는 효과가 있었다. 장소가 역동적으로 바뀌게 되면 플레이어는 그것에 대한 재해석을 하고, 긴장감과 몰입감을 느끼게 된다. 하지만 여기에서 그친다면 필드와 배틀 공간을 분리시키는 효과가 약하기 때문에, 그들은 확대의 전후로 갈라지는 필드와 배틀 공간에 대하여 완전히 대립되는 게임 요소들을 배치하였다.

| 6 서사를 구성하는 요소에는 인과율, 시간, 장소가 있다. 인과율과 시간은 발생한 순서대로 진행해야 이해가 쉽기 때문에 발생 순서의 제약을 많이 받기 마련인 반면 장소는 이곳 저곳을 뛰어넘어가며 제시하는 것이 자유로운 특징을 가지고 있다.

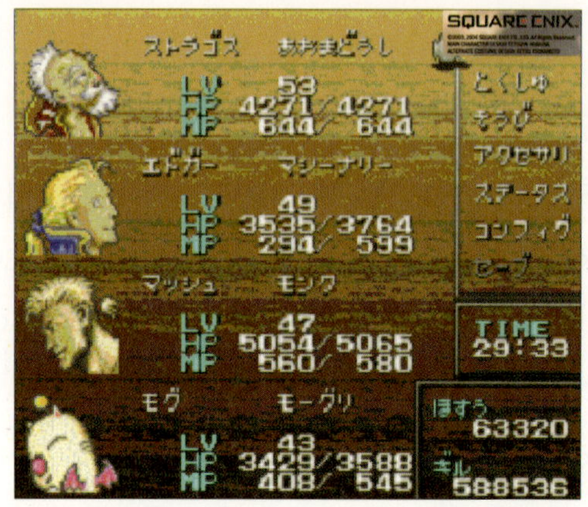

〈그림 3〉 〈FF6〉 스테이터스 인터페이스는 별도로 불러내야 한다.

1) 템포의 차이 - 필드에서는 느리게, 배틀에서는 빠르게

필드에서는 모든 것이 느리다. 캐릭터는 뛰지 못하고, 캐릭터가 걷는 템포
와 프레임도 대단히 느리다. 필드 화면이 스크롤되는 모습도 아주 천천히 이
루어진다. 반면 배틀에서는 상대적으로 매우 빠른 템포를 보여준다. 캐릭터
의 움직임도 필드와는 비교할 수 없을 정도로 민첩하게 표현된다.

2) 인터페이스의 차이 - 필드에서는 최소화, 배틀에서는 최대화

필드에서는 지도 외의 인터페이스를 보여 주지 않으며, 스테이터스 인터페
이스는 별도로 불러내야 한다. 우리나라의 온라인 RPG 게임과는 상당히 다른
부분이기도 하다. 몬스터도 보이지 않고, 오로지 주인공 캐릭터와 탈 것, 그리
고 필드의 풍광만이 펼쳐진다. 반면 배틀에서는 인터페이스 창이 배틀 화면의
1/3이상을 가릴 정도로 하나의 '시스템'이라는 느낌을 준다. 필드에서는 전혀
보이지 않던 글자와 숫자들이 화면 가득히 등장하여 정보를 제공해 준다. 마

법이나 기술 하나 하나를 시전할 때마다 그 이름이 출력되기도 한다.

3) 사운드와 효과음의 차이 – 필드에서는 절제, 배틀에서는 방출

〈FF〉의 필드에서는 효과음이 나오지 않는다.[7] 필드에서는 오로지 BGM만이 흐르는데, 전 시리즈에 걸쳐 필드의 음악은 항상 잔잔하고 느리며 서정적인 교향곡 스타일로 작곡된다. 그러다가 적과 인카운트되면 줌 인과 함께 강렬한 효과음이 나오고 긴박한 음악이 시작된다. 배틀에서의 연출과 동작에 따라 숱한 효과음들이 제공된다. 시리즈에 걸쳐 각기 다른 장르의 음악이 사용되기도 하지만, 이 원칙만은 변함이 없다. 배틀에서 필드로 돌아오면 필드 음악이 끊겼던 지점부터 다시 재생이 되어 마음을 안정시킨다.[8]

4) 기록성의 차이 – 필드에서는 시간을 기록, 배틀에서는 기록하지 않음

필드에서 플레이어가 이동하거나 심지어는 한 자리에 머물러 있는 순간에도 플레이 타임은 계속 흘러간다. 세이브도 필드에서만 이루어진다. 배틀 중에는 아무리 오랜 시간을 들여 싸워도 플레이 타임에 반영되지 않는다. 물론 세이브도 이루어지지 않는다. 배틀에서 전멸하게 되면 자동 리셋되어 필드에서 세이브했던 지점에서 다시 시작한다.

---

7 〈리니지〉나 〈디아블로〉처럼 보행과 전투가 필드라는 한 공간에서 혼합되면 이러한 설정은 불가능하다.

8 지금은 대부분의 일본 RPG게임에서 이 방식을 쓰고 있지만 그 본격적인 시초가 FF시리즈이다.

공간 이원화의 체감적 효과

확대된 배틀 공간과 필드 공간 사이에 이렇게 완전히 상반된 게임 요소들을 배치함으로써 유저는 필드에서 적과 조우하는 순간부터 완전히 다른 느낌으로서의 "전투"를 기억하게 된다. 전투가 끝난 후에는 조금 전까지 느꼈던 평화로운 분위기로 리턴됨으로써 "필드"의 기억이 되살아난다. 필드에서의 이동은 전체 스토리의 목적 또는 주제와 관련된 서사의 영역으로 완전히 편입되고, 배틀은 게임 플롯의 영역으로 완전히 나누어져 기억되는 것이다.[9] 특히 아름다운 풍광을 보여주는 필드[10]에서 아주 멀리서 거대한 대륙 위에

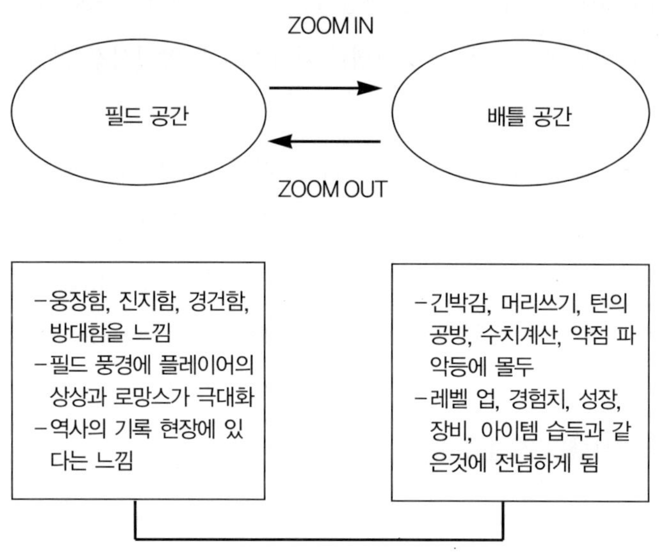

서사와 플롯이 뒤죽박죽 섞이지 않고 명확하게 나누어져 기억됨

---

9 필드에서 한 자리에 가만히 머물러 있으면 몬스터와 조우하지 않는다. 반드시 캐릭터를 움직여 필드를 걸어야만 적과의 인카운트 확률이 발생한다. 즉 서사를 발생시켜야 배틀 플롯이 발생한다는 것이다.

놓여진 조그만 주인공을 서정적인 교향곡을 들으며 보는 느낌은 얼마 전까지의 치열한 전투가 얼마나 보잘 것 없는 것인가라는 생각까지 들게 해 준다.

3. 연기하는 배틀 공간

"그리고 나서 배틀을 무대 위에서 공연하는 극처럼 하나의 단편 서사로 완성시킨다."

서사 속 서사 : 이중적 서사 구조

확대된 곳으로서의 독립형 배틀 공간은 배틀과 필드를 각각 플롯과 서사로 완전히 구분함으로써 각자의 명확성을 높이고 결과적으로 서사의 완성도를 공고히 하는 효과를 보였다.

그런데 이러한 배틀 공간 구조는 아이러니컬하게도 그 자체가 또 하나의 단편 서사[11] 구조를 갖게 된다. 이것은 ⟨FF⟩의 배틀 시스템이 턴 제에 기반하기 때문에 가능한 것이지만, 분명 그들이 의도적으로 구상하고 장식한 것이다. 시리즈가 기술력의 발전에 따라 그래픽적으로 얼마나 달라졌는가와 상관없이, 이 배틀의 단편 서사 구조는 꾸준하게 유지되고 있다.

---

10 필드가 이동 목적과 함께 배틀의 장소로 겸용되면 배틀 시스템에 맞게 필드가 재구성되어야 한다. 이렇게 되면 당연히 배경의 풍경은 화면 바깥쪽으로 밀려나게 되고 필드는 마치 싸움을 위해 벌려 놓은 벌판과 같은 느낌을 주기 마련이다. 파이널 판타지가 수려한 필드의 풍광을 보여주는 주요한 이유는 배틀 공간을 독립시켰기 때문이다.

11 '에피소드EPISODE' 라 한다.

〈FF〉에서 배틀은 다음과 같은 4단계의 전개를 갖는다.

① 발단 – 현장의 조명

배틀 공간을 조망하여 보여준다. 몬스터가 등장하고 그들을 조명해준다. 이어서 아군의 파티가 등장한다. 시점이 고정되고 배틀 인터페이스가 동시에 열리면서 전투 조작을 위한 커맨드의 입력이 가능해진다. 배틀 음악이 시작된다.

② 전개 – 전투의 전개

턴 제로 돌아가면서 공격의 우선권이 주어진다. 여러 기술과 마법을 사용해서 몬스터들을 공격한다. 우리편과 몬스터의 HP 잔량을 확인하면서 전투에 임한다. 더 쉽게 이기기 위하여, 또는 강한 몬스터를 꺾기 위하여 여러 전략을 머리 속으로 생각하여 턴 제에 반영하는 조작을 해 나간다.

④ 절정 – 승패의 결정

몬스터가 펑 소리와 함께 사라지면서 아군이 승리하거나, 혹은 아군의 전멸로 패배한다.

배틀 음악이 뚝 끊긴다.

⑤ 결말 – 현장의 수습

승리했을 경우 아군들이 승리하여 환호하는 모습을 보여준다. 승리의 팡파레[12]가 배경 음악으로 흐른다. 경험치와 아이템을 획득한다.

〈그림 4〉 몬스터와의 만남, 승리, 팡파레. 배틀 공간에서의 한번의 전투 자체가 하나의 단편 서사로 기억된다.

이렇게 파이널 판타지의 배틀은 별도의 공간을 상정하고, 그 안에서는 또 하나의 인과율이 형성되고, 시간이 흐른다.[13] 이것은 연극 무대에서 배우들이 연기하는 것과 같은 이미지를 준다. 결국 서사를 이루는 요소들에 대한 인식이 배틀 공간 밖에서와는 전혀 다른 방식으로 재구성됨으로써 배틀이 하나의 독자적인 완결을 갖는 단편 서사(에피소드)로 인식되게 된다. 전체 스토리 속에서 배틀이 또 하나의 에피소드가 되는 서사 속 서사의 이중 구조는 플레이어에게 "전체 이야기"와 함께 동시에 "그 몬스터와의 힘든 싸움"이라는 자신만의 모험담을 간직하게 만든다.[14] 서사 구조의 장식미裝飾美를 통하여 그 시작과 끝을 첨가해 줌으로써 흐지부지 완결성 없는 다른 게임의 전투

---

12 배틀 음악의 멜로디는 시리즈마다 모두 다르지만, 승리의 팡파레 멜로디는 열 한 개 시리즈 모두 동일하다.

13 턴 시스템에 기반한 인과율과 시간이 흐르게 된다.

14 그래서 파이널 판타지는 스토리도 배틀도 재밌다는 평가를 받게 되는 것이다.

와는 다른 '인상에 남는 전투'가 되는 것이다. 물론 이것이 〈FF〉의 배틀 공간
이 독립형이기에 가능한 것임은 이론의 여지가 없다.

공간 내 표현의 자유성

〈FF〉의 독립형 배틀 공간은 매우 연극적인, 가상의 공간이다. 연극적인 공
간이라 함은 거기서 벌어지는 행동들이 매우 디테일하다는 의미와 함께, 필
드라는 공간이 갖고 있는 지나친 현실감이 갖는 제약성을 훌훌 떨쳐 버릴 수
있다는 의미도 갖는다.

영화 감독 노엘 버치Noel buch는 이른바 외화면공간外畵面空間과 내화면
공간의 정의를 통하여 영상이 갖는 한계는 충분히 역이용할 수 있는 장점임
을 역설한 바 있다.[15] 그에 따르자면, 확대된 화면 공간(내화면공간[16])은 테두
리라는 일정한 경계 내에 갇혀 버릴 수 밖에 없지만, 대신 그 화면 밖에서 무
슨 일이 일어나는지는 공개되지 않기 때문에, 오히려 더 자유로운 상상의 표
현이 가능하다는 것이다.

확대된 화면 밖으로만 나가면 모든 것이 용서된다는 것은 바꾸어 말하면 오
로지 확대된 화면 안에 보이는 것의 디테일만 높이면 된다는 것을 의미한다.
드라마를 찍을 때 카메라 안에 들어오는 실내의 공간 일부만 컨셉에 맞으면
되지, 그 각도에서 벗어나는 곳에 어울리지 않는 소품이 있거나, 스태프이 돌
아다니거나 해도 아무런 문제가 될 것이 없으며, 심지어는 확대된 화면 밖으

---

15 데이빗 보드웰, 『영화예술』, 이론과 실천, 262쪽

16 노엘 버치의 표현에 정확히 따른다면 내화면공간이 확대된 화면 공간과 동일한 의미는 아
니다. 하지만 그는 외부 공간에 대하여 '실내 공간'을 내화면공간이라 표현하였으므로 둘
사이에는 충분한 유사성이 존재한다.

로 나간 연기자는 연기를 잘 못해도 좋다는 것이다. 뿐만 아니라, 도저히 구현할 수 없는 장면을 화면을 확대시켜 일부만 보여주면 가능해지는(비록 그 가능한 장면을 찍기 위해 스태프들이 온갖 우스꽝스런 행동들을 하고 있다 할지라도) 경우도 빈번히 발생하므로, 표현의 폭이 극도로 넓어진다는 것이다.

노엘 버치의 이러한 정의[17]는 〈FF〉의 독립형 배틀 공간이 갖는 연극적 성격과 자유로운 표현력을 설명해주는 좋은 근거가 된다. 〈FF〉의 배틀 공간은 그의 말처럼 확대되고 단절된 화면으로서 갖는 무한대의 표현성을 십분 발휘하고 있다.

1) 가장 멋진 장면만이 나오도록 배치된 무대와 카메라 세팅

〈FF〉의 배틀 공간에서 몬스터와 주인공의 배치는 부채꼴 모양으로 잘 퍼뜨려져 있어서 겹치거나 깨지는 일이 절대로 발생하지 않는다. 또한 이들에 대한 카메라는 배경과 캐릭터 폴리곤의 안쪽[18]을 절대로 포착하지 않도록 하면서 가장 멋진 동작이 나오는 각도로만 세팅되어 있다. 만약 배틀 공간이 별도로 녹립되어 있지 않다면, 필드에서 이런 제약을 주는 것은 불가능하므로, 실현하기 어려운 일이다. 또한 카메라 워크에서 나오지 않는 부분은 폴리곤을 극도로 적게 사용하여 보이는 부분에서는 더 높은 퀄리티를 구현할 수 있게 하였다. 다른 RPG 게임에서처럼 시야가 가려 시점이 불편할 일도 발생하지 않는다.

---

17 "프레임은 전적으로 연속적인 세계로부터 우리에게 보여주고자 하는 한 조각을 잘라내어 떼어 낸 것이다" 데이빗 보드웰, 『영화예술』, 이론과 실천, 262쪽

18 카메라 각도를 유저 마음대로 돌릴 수 있게 할 경우 반드시 어느 순간에는 배경과 캐릭터의 안쪽 폴리곤이 보여 화면이 깨지거나 가리는 현상이 발생한다.

2) 배틀 공간에서 그냥 사라져 버리면 모든 것이 납득된다

독립형 배틀 공간은 도망과 사망이라는 개념으로부터도 대단히 자유롭다. 〈FF〉의 배틀에서 아군이 도망치고 싶어서 도망 커맨드를 입력하면 현재 상황을 분석한 후 성패 판정이 난다. 성공으로 판정나면, 아군 캐릭터가 배틀 화면 밖으로 쑥 달아나 버리는 것으로 표현된다. 이는 몬스터도 마찬가지여서 아군보다 턴의 우선권을 가지면서 민첩성이 높으면 HP가 낮을 때 도망을 치는 경우가 있다. 연극 무대에서 출연자가 무대 위에 등장했다가 무대 밖으로 퇴장하는 것과 동일한 것이다. 나가 버리면 그것으로 납득이 된다.

죽음에 대해서도 마찬가지이다. 죽으면 그냥 펑 소리와 함께 사라져 버리면 된다. 전혀 이상할 것이 없다. 왜냐하면 이 배틀 공간 역시 배틀이 종료되면, 연극이 끝나면 무대가 썰렁해지듯이 사라져 버릴 것이기 때문이다. 만약 필드와 배틀이 합쳐진 세계라면 이것은 유저로부터 납득을 얻기 힘들다. 몬스터는 플레이어가 쫓아가지 못할 때까지 달아나야 하고, 죽은 몬스터는 계속 시체로 쌓여 있다가 서버 점검 순간에 사라져야 한다. 이러면 게임은 또 배틀이라는 게임 플롯에 휘말리게 되고, 서사는 부각되지 못한다.

3) 배경은 필드와 정확히 일치하지 않아도 되므로 예술성을 살릴 수 있다

필드에서 바로 배틀이 벌어지는 RPG들의 경우(특히 온라인 게임), 필드의 각 조형물 들은 충돌 판정[19]을 갖고 있다. 이것이 배틀 중에 생각지 않은 걸림돌이 되기 때문에, 이런 형태의 RPG의 필드는 자잘한 장애물은 모두 없

---

19 예를 들어 커다란 바위 오브젝트가 있을 때 장애물로서의 충돌감을 부여하여 그것을 통과할 수 없게 하는 것을 의미한다.

애고 탁 트인 통자형의 밋밋한 필드로 구성되기 마련이다. 하지만 〈FF〉의 배틀 공간에서 형성되는 배경은 이런 것에 신경을 쓸 필요가 없으며, 또한 몬스터와 조우한 자리의 필드 모양새를 그대로 구현할 필요도 없다. 단지 캐릭터가 위치해 있는 구역이 초원인지 사막인지 아니면 덤불인지 숲인지만 가려서 그에 따라 미리 준비된 배경을 불러내면 된다. 이 배경에는 충분히 디자이너의 예술적인 면을 반영할 수 있다.

4) 무엇이든 원하는 대로 표현할 수 있다.

독립된 배틀 공간에서는 무엇이든 표현할 수 있는 극도의 자유로움이 존재한다. 상대방을 저 멀리로 날려버리는 기술은 공격 당한 상대가 화면 밖으로 쑥 날라가 버리는 것으로 표현할 수 있다. 아군이 이 공격을 당할 경우 그 배틀 중에는 복귀하지 못하지만 배틀에서 이기고 나면 다시 파티에 복귀해 있으면 된다.

〈그림 5〉 무엇이든 상상하면 현실로.. 비록 지하 던전에서 싸우고 있다 할지라도 소환수를 불러내면 극의 이 무대는 이계의 음산한 야외로 바뀐다. 그림은 궁극의 참철검을 사용하는 소환수 오딘을 소환하는 장면.

축척을 불가능한 수준까지 무시해도 좋다. 엄청나게 큰 유성을 떨어뜨리는 마법, 상대방을 아주 조그만 개구리로 만드는 마법.. 필드에서는 물체와 자연물 간의 배율을 따지기 위해 제약 받았던 모든 것들이 가능해진다.

심지어 〈FF〉에는 노엘 버치가 말한 확대된 화면 자체의 극단적인 사용도 등장한다. 엄청나게 강력하고 무시무시한 소환수召喚獸를 불러내면, 배틀 화면 자체를 유리창 깨듯이 부수며(물론 효과음이 동반된다) 등장하는 연출이 나오기도 하고, 화면이 둘로 접어져서 오른쪽 위로 날아가 버리기도 한다.

희극적 재구성의 효과

결국 〈FF〉의 독립형 배틀 공간은 필드(현실)에 대한 희극적인 모사模寫로 해석할 수 있다. 현실보다는 연극 무대 위에서 훨씬 표현의 폭이 넓은 것처럼 비록 관객은 무대 장치와 조명, 배우들의 숙련된 연기에 속고 있다 할지라도 필드에 예속되어 필드 위에서 전투하는 것보다 독립된 가상의 공간으로 이동하여 배틀을 벌이는 것이 훨씬 운신의 폭이 넓다. 그 공간만큼은 전혀 리얼하지 않아도, 심하게 과욕을 부려도 플레이어는 납득한다. 왜냐하면 그 배틀이 종료되고 나면 모든 것은 배틀 공간과 함께 꿈처럼 사라지기 때문이다. 판타지 게임과 너무나 잘 매치되는 구성이다.

4. RPG 게임의 한계를 극복하는 완성도

"파이널 판타지는 공간의 재설정이라는 아이디어로 플레이어에게 게임 진

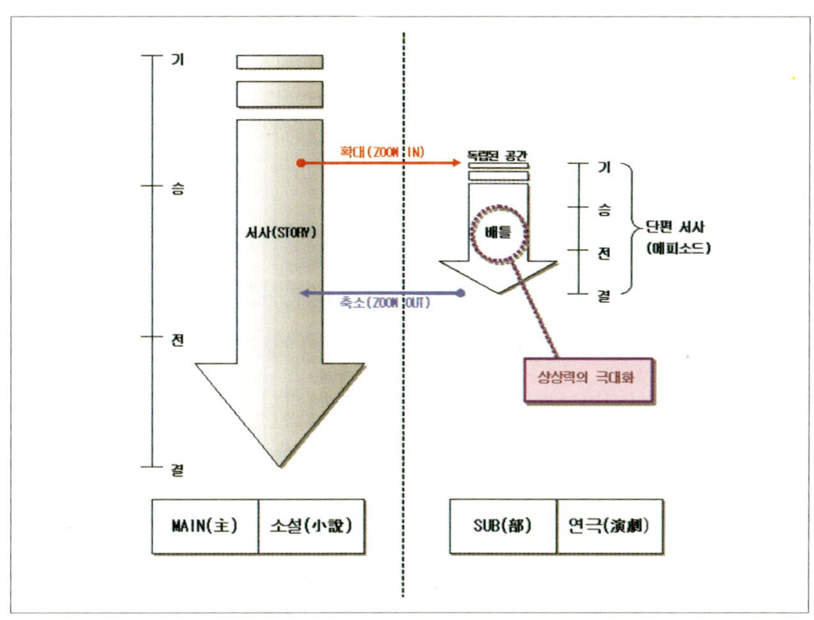

행의 쾌적함을 제공한 작품이다."

지금까지 〈파이널 판타지〉가 왜 그토록 오랫동안 최고의 RPG라는 찬사를 받고 있는지에 대한 근거로, 독립형 배틀 공간이라는 요소가 이룩한 서사적 완성도를 제시하여 설명히였다.

우수한 게임은 기본에 충실한 게임이다. 필자도 게임 제작에 참여해 본 사람으로서, 서사와 플롯, 스펙터클이라는 세 요소간의 균형에 게임의 성패가 달려 있음을 절감한 바 있다. 하지만 이 뻔한 진리를 제대로 실행하기란 절대 쉬운 일이 아니다. 왜냐하면 게임은 한 사람이 만드는 것이 아니고 여러 사람이 만드는 것이므로, 한 가지 결정에 대해 수많은 의견과 이견이 발생하기 마련이기 때문이다. 더군다나 앞에서 알아본 바와 같이 RPG 게임은 영화나 소설과 달리 플레이어가 직접 플롯과 스펙터클을 선택하여 경험하기 때문에,

그만큼 서사의 자극이 미약하게 된다. 그래서 〈파이널 판타지〉 이전까지의 거의 대부분의 RPG들이 서사를 약화시키거나 플롯과 스펙터클을 약화시키는 방식으로 제작되어 왔던 것이다.

〈파이널 판타지〉의 독립형 배틀 공간은 이러한 발상을 뒤집는 것이었다. 지금까지의 논의대로, 이 공간 구조는 각 요소가 자신의 역량을 최대한으로 발휘하게 하면서도 서로간에 충돌을 일으키지 않도록 배려한 윈윈WIN-WIN 전략의 결정체라 할 수 있다. 스토리도 기대되고, 배틀도 재미있고, 플레이어를 감동시키고, 때론 긴장되게 때론 평온하게 사람의 감정을 농락하는 게임. 〈파이널 판타지〉는 이것을 달성했기 때문에 유저들로부터 그토록 찬사를 받는 RPG 게임으로 자리매김할 수 있었던 것이다.

물론 〈파이널 판타지〉가 우수한 RPG 게임인 이유가 독립형 배틀 공간 하나뿐일 리 만무하다. 〈FF〉는 시스템과 세계관, 스토리, 그래픽, 사운드 등 거의 모든 방면에서 타 게임과의 비교를 거부할 정도로 짜임새 있는 논리와 알고리즘으로 중무장한 게임이다. 〈FF〉는 RPG 게임 업계의 표준이 되었고, 모든 제작사들이 〈FF〉의 '겉으로 보여지는' 시스템을 흉내 내고 있다. 하지만 그 중의 어떤 게임도 〈FF〉가 보여주는 '기본적인 충실함'을 능가하는 게임은 없었다. 수많은 게임이 나와도 여전히 〈FF〉가 최고의 자리를 고수하는 이유이다.

〈파이널 판타지〉는 앞으로도 계속 발전하는 게임이 될 것이다. 그리고 항상 발전의 바탕은 기본에 충실한 것이었다. 11편의 시리즈를 거치면서 계속 그래왔고, 조금의 주저함도 없었다. 앞으로 나올 이 게임의 시리즈가 더욱 기대되는 이유이다.

(박지훈)

참고 문헌

데이비드 보드웰, 크리스틴 톰슨 지음/주진숙 이용관 옮김 『영화 예술FILM ART:AN INTRODUCTION』, 이론과 실천.
게임 문화 『게임 비평』.

〈심즈〉

1. 〈심즈 2〉는 어떤 게임인가

〈심즈 2〉는 2004년 9월 14일 발매된 시뮬레이션 게임으로, 〈심시티〉시리즈로 유명한 맥시스 사[1] 에서 제작하였다. 제목으로도 알 수 있듯이 이 게임은 본래 〈심즈〉시리즈의 후속작으로 탄생하였다. 〈심즈〉는 2000년 1월 발매되었으며, 전 세계적으로 폭발적인 판매량을 기록하였고 일곱 개나 나온 확장팩은 모두 베스트셀러 대열에 올랐다. 이토록 〈심즈〉 시리즈가 인기를 끈 것은 "드디어 이런 게임이 나왔구나" 하고 감탄을 할 만큼 독특한 아이디어와 개발사에 대한 신뢰 등이 복합적으로 작용하였다고 판단된다.

우선 대체 〈심즈〉시리즈는 무엇을 하는 게임인가? '심' 이란 〈심시티〉의 세계에서 살고 있는 주민들을 가리키는 고유의 용어로, 〈심시티〉 이외에도 〈심콥터〉[2], 〈심팜〉[3] 등의 여러 가지 '심' 시리즈에 등장하는 인간들을 심으로 부른

---

1 공식 홈페이지는 http://www.maxis.com/

다. 그렇다면 제목에서 짐작할 수 있는 바, 〈심즈〉는 다른 소재가 아닌 바로 그 심들에 대한 게임이라고 할 수 있겠다. 그렇다. 이 게임은 바로 심들의 인생을 꾸려나가는 인생 게임인 것이다. 〈심즈〉시리즈에서 플레이어는 자신이 직접 자기만의 심을 창조해 내어 하나의 가족을 만들어 낼 수 있고, 그 가족에게 멋진 집을 지어줄 수도 있으며, 탄생부터 진학, 결혼, 출산, 죽음에 이르기까지 삶의 많은 일들을 체험시키면서 그들의 인생을 마음대로 꾸려 나가게 된다. 화장실에 가는 것도, 옆집 심에게 애정 표현을 하는 것도, 직장에서 승진을 하는 것도, 요리를 만들어 먹는 것도, 이웃을 불러 파티를 여는 것도 모두 가능하다. 〈심즈〉시리즈는 바로 인생 그 자체를 충실하게 게임으로 만들어낸 것이다.

사실 이미 〈심시티 2000〉이 큰 인기를 끌던 시절부터 플레이어들은 도시의 전경뿐만 아니라 그 안에 사는 심들의 일상을 더욱 가까이서 살펴보고 싶어 하는 경향이 있었다. 〈심시티〉의 멋진 디테일 그래픽에 이끌린 플레이어들 사이에서는 "화면을 계속 확대하면 건물 안에서 사람들이 움직이는 모습이 보이더라"는 전혀 근거 없는 루머까지 종종 돌곤 했다. 이러한 헛소문이 나온 것 자체가, 플레이어들은 도시, 마을, 농장, 빌딩이 아닌 더 세부적인 단위에서의 '인간의 삶' 그 자체를 체험하고 싶어 했다는 강력한 반증이 아닐까. 그런 와중에 이미 시뮬레이션 게임을 만드는 데 독보적인 위치에 있는 맥시스에서 발표한 〈심즈〉시리즈는 환호성을 듣기에 충분했다. 획기적인 아이디어를 최초로 구현해 낸 게임인 만큼 어떤 '무르익은' 게임을 기대하지 않

2 헬리콥터를 조종하여 심시티의 주민들을 재난으로부터 구출하는 시뮬레이션 게임
3 농장을 만들고 농사를 지으며 경영하는 시뮬레이션 게임

았음에도 불구하고 〈심즈〉자체의 치밀한 게임 구성과 완성도는 대단했다. 그 것은 〈심즈〉가 발매되고 대단한 인기를 끈 것이 벌써 4년이 흘렀음에도 불구 하고 비슷한 장르의 게임이 마구 튀어나오지 못하고 있다는 점에서 간접적 으로 입증 된다. 〈심즈〉정도로 재미있게 만드는 것이 쉽지 않다는 이야기이 기 때문이다.[4]

　〈심즈〉를 통해 새로운 게임을 체험한 플레이어들은 계속해서 '이것도 해 보고 싶다' '저것도 가능할 수는 없을까' 라는 요구를 해 나갔고, 맥시스는 그 에 발맞추어 다양한 확장팩을 발매하여 플레이어들을 기쁘게 했다. 그 소재 는 실로 무궁무진하였으니, 다양한 종류의 아이템을 추가하여 더 많은 행동 이 가능하게 한 〈별난 세상〉, 집에서 많은 사람들을 초대하여 파티를 즐기는 데에 초점을 맞춘 〈신나는 파티〉, 심들끼리 시내에 나가서 데이트를 즐길 수 있게 되었으며 상호작용 행동이 엄청나게 늘어난 〈두근두근 데이트〉, 휴가를 떠나 기념품을 사온다거나 심들을 만날 수 있는 〈지금은 휴가중〉, 애완동물 을 기를 수 있는 〈멍멍이와 야옹이〉, 연예계에 진출하여 활동할 수 있는 〈슈 퍼스타〉, 그리고 마지막으로는 마법을 부릴 수 있게까지 만든 〈수리수리 마 수리〉까지. 아무리 획기적인 아이디어라고 해도 〈심즈〉와 같은 종류의 게임 에서는 계속 비슷한 행동만 하게 해서는 금방 지루해지고 마는 법인데, 이러 한 확장팩들의 발매를 통하여 게임을 플레이하는 사람에게 그 흥미의 영역 을 계속해서 넓혀 준 것은 대단한 성공 전략이었다고 생각된다.

---

4 〈심즈〉 시리즈의 아이디어를 채용한 모방작으로는 〈싱글즈〉가 있다. 이 게임은 동거를 소 재로 성인 간의 연애와 성 생활에 초점을 맞춘, 다소 자극적인 소재의 성인 취향의 게임이 라고 할 수 있다.

그렇다면 이제 〈심즈 2〉는 어떤 점이 전작과 다른가. 우선 전작의 3D를 흉내 낸 2D 그래픽이 이번 게임에서는 완벽한 3D로 표현되었다. 카메라를 돌려가면서 이런저런 각도에서 심들의 생활을 지켜볼 수 있게 된 것이다. 또한 이제 심들은 나이를 먹는다. 신생아 단계, 유아, 어린이, 청소년, 성인, 그리고 노년 단계를 거쳐 심들은 천수를 누리고(?) 사망하기도 한다. (물론 사고나 병 등으로 요절하는 것도 가능하다.) 그러나 아쉬워할 것은 없다. 결혼을 해서 아이를 낳았다면 그 아이는 부모로부터 물려받은 유전자로 어머니와 아버지를 닮은 얼굴을 가진 채 세대를 이어나가게 된다. 2대, 3대 계속하여 집안의 족보를 이어나갈 수 있는 것이다. 게다가 단순히 욕구를 채우는 것이 전부였던 전작에 비해 이제 심들은 각자의 취향에 따라 승진을 한다거나, 스파게티를 먹는다거나, 안락의자를 구입한다거나, 특정한 심과 키스를 한다거나 하는 구체적인 행동을 하기 원한다. 또한 병이 든다거나, 도둑이 든다거나, 배우자가 죽는다거나, 프러포즈에 거절당한다거나 하는 등의 피하고 싶어 하는 상황들도 있다. 플레이어는 심들의 기본적인 욕구를 충족시켜 줄 뿐 아니라 그들의 인생 전반에 일어나는 여러 가지 이벤트들을 구성해 나가면서 그런 구체적인 행동들을 달성해 나가는 재미를 함께 누리게 된다.

2. 게임의 진행

〈심즈 2〉의 실제 게임 플레이는 어떠한 방식으로 이루어지는가. 게임을 시작하면 이미 존재하는 마을을 선택하거나 혹은 직접 마을을 만들어 볼 수 있다. 새로 만드는 마을의 지형은 〈심시티 4〉에서 만들었던 도시를 가지고 불러올 수 있다. 여기서는 가상의 마을을 상정하여 게임 플레이가 어떤 식으로 이루어지는지 살펴본다.

'e재밌는세상' 마을에 들어가니 빈 집들과 이미 살고 있는 사람들이 있는 집들이 보인다. 새로 가족을 만들어 보기로 했다. '가족 만들기' 모드에 들어가니 가족의 성을 입력하라고 한다. '박' 씨로 정하고 새 인물을 추가시켰다. 나는 이 가족을 어머니 밑에 자식 둘이 있는 형태로 만들고자 했다. 각각의 인물을 만들 때에는 얼굴의 세세한 부분까지 설정하여 자기만의 심을 창조할 수 있다. 어머니의 이름은 '갑순'이며 돈을 많이 버는 것에 관심이 있는 성인 여성이다. 첫째 아이의 이름은 '을희'이며 가정을 꾸려나가는 것에 관심이 있는 청소년 여자이다. 둘째 아이의 이름은 '병식'이며 지식을 축적하는 것에 관심이 있는 청소년 남자이다. 인물을 만든 뒤에는 가족관계를 설정해 준다. 을희와 병식을 갑순의 자식으로 설정하고 난 뒤, 다시 마을로 돌아간다.

이제 이 박씨가족에게 집을 마련해 주어야 한다. 이미 나와 있는 빈집 중에 탐탁한 것이 없었기에 새로 집을 짓기로 했다. 부지를 선택하고 건축 모드로 들어간다. 땅의 굴곡을 만드는 것도, 벽을 세우고 바닥을 까는 것도, 계단을 만들어 집을 2층, 3층으로 높이 올리는 것도 만들기 나름이다. 그러나 너무 크고 화려하게 짓는다면 박씨 가족의 재산으로는 구입할 수 없기 때문에 3인 가족이 살기에 무리가 없을 정도의 아담한 집으로 지었다. 집만 있으면 곤란하기 때문에 가재도구를 갖추기 위해 구입 모드로 들어갔다. 기본적으로 냉장고와 조리도구가 있어야 먹고 살아갈 수 있다. 냉장고와 조리대, 개수대,

오븐, 전자렌지 등을 구입하여 주방에 설치했다. 혹시라도 오븐을 사용하다가 불이 나면 큰일이기에 화재경보기도 달았다. 식당에는 식탁과 의자가 있어야 한다. 마찬가지로 화장실과 침실에도 각각 그에 필요한 가구들이 놓여 있어야 한다.

이제 박씨 가족을 이사시켰다. 재산이 거의 없어져 가기 때문에 무엇보다도 직업을 구해야 한다. 갑순이 '사업 분야에서 일자리를 구하고 싶다' 는 욕구를 가지고 있으므로, 그 분야의 일이 있는지 찾아보았다. 갑순은 신문을 뒤져 사업 분야에서 직업을 찾아냈다. 처음에는 낮은 직급으로 시작하여 월급도 많지 않지만, 점점 승진을 할수록 수입도 늘어날 것이다. 병식은 컴퓨터로 검색하더니 과학 분야에서 아르바이트 일자리를 구했다. 원하던 일자리를 구했기 때문에 두 사람의 열망 수치가 높아져 점수화되었다. 이 수치가 높을수록 심들은 무슨 일이든 더 잘 해낼 수 있으며, 요구를 채워주지 않거나 두려워하는 일들을 해 버려서 수치가 낮아지거나 할 경우에는 그 반대가 된다.

배가 고파진 병식은 요리를 만들어 먹기로 했다. 그러나 아직 요리 기술이 높지 못한 그는 결국 첫 요리를 태워 버리고 말았다. 그러던 중 이웃 사람들이 찾아왔다. 을희는 김씨집안의 '정미' 와 만나고, 대화를 나누었다. 서로의 관심사가 일치하는지 금세 호감도가 높아졌다. 갑순은 이씨 집안의 '무한' 과 대화를 나누었다. 무한은 갑순에게 친근감을 표현하기 위해 포옹을 하려고 했으나 아직 그가 별로 마음에 들지 않는지 갑순은 거절했고, 두 사람의 사이가 서먹해졌다.

그러는 동안에 을희도 배가 고파졌다. 요리를 해서 대접하는 것도 좋지만 오늘은 피자를 주문해 먹기로 했다. 전화를 걸어 피자를 주문하자, 잠시 후

피자배달원 '기태'가 피자를 들고 찾아온다. 주문을 받고, 기태와도 잠시 대화를 나누었다. 이웃이 아닌 NPC[5]들(가정부, 정원사, 수리공, 피자배달부, 상점 점원 등)과도 친구가 될 수 있는 것이다.

세월이 흘러, 을희와 병식은 성인이 되었다. 그 동안에 을희는 이씨 집안의 '경수'와 사랑하는 사이가 되었다. 을희는 경수에게 약혼을 제안했고 경수는 기쁘게 받아들였다. 얼마 후 두 사람은 결혼식을 올렸고, 많은 사람들을 초대했다. 사람들은 샴페인을 나누어 마시며 축배를 올렸다. 경수가 박씨 집안의 일원으로 들어와 이제부터는 박경수로 불리게 되었다. 다소 집이 좁아졌기에 건축 모드로 들어가 2층을 올렸다. 내친 김에 정원도 꾸몄다. 정원사를 고용하자 금발의 여성이 정원을 손질하러 왔다. 병식은 그녀에게 팁을 주며 말을 걸었고, 정원사가 올 때마다 꾸준히 대화를 나누자 어느새 친한 친구가 되어 있었다. 정원사와 병식은 급격히 가까워지고 곧 사랑에 빠졌다. 그러나 병식은 이전에 집에 도둑이 들었을 때에 만난 남성 경찰관과도 애인 사이가 되어 버렸고, 집에 그를 초대하여 키스를 하는 장면을 정원사에게 들켰다. 화가 난 정원사는 병식을 때렸고, 두 사람의 사랑은 비극적인 결말을 맞았다.

을희는 아이를 가지고 싶었고, 경수와 아이를 만들려는 시도를 했다. 얼마 후 을희는 구역질을 하기 시작했고, 배도 서서히 불러왔다. 경수는 뱃속의 아이에게 말을 걸었고, 부쩍 먹고 싶은 게 많아지고 잘 피곤해하는 을희를 위해 이것저것 요리를 만들어 주었다. 시간이 흐르고 을희와 경수를 반씩 닮은 듯한 여아가 태어났다. 아이에게 '신비'라는 이름을 붙여 주고 아기 침대와 기저귀 교환대를 샀다. 신비는 할머니와 부모님의 관심 속에 무럭무럭 자라났

---

5 플레이어가 조종할 수 없는 캐릭터Non-Player Character를 의미한다.

다. 갑순은 노년이 되었고, 집안에 제법 재산도 모였기에 직장에서 은퇴했다. 대신 경수가 직장을 찾았고, 두 맞벌이 부부 대신에 갑순이 신비를 돌보았다. 신비는 할머니로부터 걸음마를 배우고, 실로폰을 가지고 놀면서 창의력을 키워 나갔다. 학교에 다니게 된 신비는 많은 친구를 사귀었고, 할머니에게 숙제를 도움 받아 성적도 우수했다. 갑순은 수명을 다 하고 죽었다. 가족들은 큰 슬픔에 잠겼고, 그녀의 무덤 앞에서 애도했다. 정원에서 놀던 신비는 밤중에 갑순의 유령을 보고 깜짝 놀랐다.

이후로도 박씨가문의 세대는 계속 이어진다. 신비는 이웃집 여자와 동성 결혼을 해서 아이를 입양하고, 가정부와 불륜을 저지를지도 모른다. 범죄자가 되는 길을 선택할 수도 있고, 혹은 과학자로 이름을 날릴 수도 있다. 어떤 인생을 사느냐 하는 문제는 전적으로 플레이어의 선택에 달려 있다.

3. 〈심즈 2〉의 서사 구조

〈심즈 2〉는 〈심시티〉나 〈심팜〉 등이 그러하듯이 엔딩이나 구체적인 목표가 존재하지 않는 게임이다. 플레이어는 세대를 영원히 이어 나갈 수 있다. (게임 중에 가계도를 보면 지금까지 이 가족이 어떻게 이어져 왔는가를 그림으로 볼 수 있다.) 그럼에도 불구하고 〈심즈 2〉를 플레이하는 것은 기승전결 식의 이야기 구조를 반복하는 굴곡적인 서사 구조를 따르는 일이다.

단순히 식사를 하는 것도 가령 다음과 같은 이야기를 표현한다. 배가 고프다−요리를 만든다−불이 난다−요리 기술을 올리기 위해 공부한다−새로 요리를 만든다－맛있게 먹는다. 혹은, 배가 그다지 고프지 않다－냉장고에서 간식을 꺼내고 피자를 주문해 계속 먹어댔다－체형 수치가 내려가기 시작한다－결국 살이 쪘다.

〈심즈 2〉를 플레이하는 것은 끊임없는 선택의 연속이다. 찾아온 손님을 맞이할 것인가, 무시할 것인가? 정원사에게 팁을 줄 것인가, 말 것인가? 남는 시간에 체스를 할 것인가, 그림을 그릴 것인가? 이 심과 결혼할 것인가, 저 심과 결혼할 것인가? 아이를 만들 것인가, 말 것인가? 상한 음식을 먹을 것인가, 버릴 것인가? 각각의 선택은 문제를 해결하거나 새로운 문제를 만들면서 플레이어를 지속적인 긴장 상태에 둔다. 직장에서 승진하기 위해 열심히 능력치를 올려 두었지만 결정적인 상황에서 선택을 잘못하여 결국 강등된다든지, 밤새도록 아이와 놀아준 덕분에 둘 다 늦잠을 자서 직장과 학교에 가지 못하고 만다든지. 플레이어는 원하는 상황을 연출하기 위해 끊임없이 자신들의 심들을 관찰하며 이런저런 행동을 시켜야 한다. 피곤해서 못 일어나는 심들을 깨우고, 밥을 챙겨 먹게 해야 하고, 위생 수치가 떨어진 심들이 괴로워하기 전에 목욕을 시키고, 애인을 초대해 놓고 혼자 컴퓨터 게임만 하고 있는 심을 잡아끌어다 애인과 대화를 시켜야 한다.

중요한 이벤트들은 모두 심의 기억 속에 저장되며, 그들의 인생에 영향을 미치기도 한다. 어머니를 여읜 심은 한동안 아무리 노력해도 학교 공부를 제대로 해 내지 못한다. 기억을 뒤져보면 심들이 새 요리를 만드는 데 성공하거나 새로운 심과의 만남, 생명의 탄생과 죽음, 사랑과 결혼, 취직 등에 대하여 기억을 가지고 있는 것을 볼 수 있다. 각각의 이벤트들이 모여서 결국은 하나의 인생을 창조해 내는 것이다. 플레이어들은 긴장과 해결을 반복하면서 계속하여 정반합의 변증법적 구도를 밟아 나간다. 이전의 이벤트들이 심의 인생 여정으로 차곡차곡 쌓아나가면서 계속 새로운 영역을 만들어 나간다.

이와 같이 〈심즈 2〉의 서사의 핵심은 '다른 사람의 인생을 살기'로 요약할 수 있다. 심들이 밥을 먹고, 화장실에 가고, 너무 참으면 바닥에 싸고, 너무 졸리면 아무 데서나 쓰러져 자는 등의 행동을 하는 것은 지독하게 현실적이다. 인간처럼 행동하는 심들을 움직여 플레이어가 원하는 대로 드라마를 만들어 나간다. 인기 시트콤의 상황을 연출할 수도 있고, 아주 극단적인 불륜 관계를 만들거나 끔찍하게 사이가 나쁜 형제를 만들 수도 있다. 흥부와 놀부 이야기를 재구성하거나 신데렐라를 만들 수도 있다. 말하자면 〈심즈 2〉는 한 편의 기나긴 연극이다.

4. 〈심즈 2〉의 사회적 의미

맥시스는 이미 몇 년 전에 발매한 〈심콥터〉에서 남성 심끼리 포옹하고 키스하는, 그 당시로서는 충격적인 이벤트를 살짝 보여준 적이 있었다. 동성애에 관한 사회적 인지도가 높지 않던 그 시절에는 그 짧은 장면만으로도 상당한 화제가 되었던 것이 기억난다. 이 이야기를 하는 것은 이제 〈심즈 2〉의 동성애적 요소를 보기 위해서이다. 놀랍게도 〈심즈 2〉에서는 동성끼리 결혼을 할 수 있다. (물론 아이는 낳을 수 없기 때문에 입양을 하거나, 극단적으로는 다른 이성과의 사이에 불륜을 저질러서 아이를 만들 수는 있다.) 동성끼리의 진한 애정표현도 그대로 볼 수 있다. 등장하는 모든 심들은 이를테면 양성애자로, 동성애에 대하여 거부하거나 부담을 가지는 심은 없다. 미국에서는 아직 동성 결혼에 대해 인정하고 있는 주가 많지 않으며 결혼은 반드시 이성 간에 해야 한다는 헌법 수정안이 보수파를 중심으로 주장되고 있다. 그러나 〈심즈 2〉의 심들은 얼마든지 모두의 축복 속에 동성 결혼식을 올릴 수 있다.

온갖 피부색을 가진 심들은 피부색에 관계없이 친구가 되고, 사랑을 나눈다. 백인 부부가 흑인 아이를 입양할 때에도, 흑인 가족의 흑인 소년이 백인 소녀와 데이트를 시작할 때에도 아무런 장벽이 없다. 성별 분업이나 성차별은 끼어들 여지가 없다. 어머니가 정치계에서 활약하고 아버지가 집안 살림을 도맡아 하는 가족이 되는 것도 아주 자연스럽다. 남자가 여자의 집으로 들어오는 형태로 결혼이 이루어진다면 남자는 여자의 성을 따라 자신의 성을 바꾼다. 남자아이라고 씩씩하게 크는 것도 아니고, 여자아이라고 깔끔하게 크는 것도 아니다. 오로지 성향의 개인차에 따라 성격이 결정될 뿐이다. 심하게는 딸이 어디 가서 임신을 해 왔다고 해도 전혀 거리낄 것이 없다. 미혼모도 나중에 다른 사랑하는 남자와 아무 장애 없이 결혼할 수 있다. 게다가 전작에서는 가정부는 여성, 정원사는 남성 등으로 NPC가 표현되었으나 〈심즈 2〉부터는 남성 가정부와 여성 정원사, 할머니 수리공도 등장할 수 있다. 배우자에게 들키지 않을 자신만 있다면 가정부와 불륜을 저지르는 것도 가능하다. (하지만 불륜을 저지른 심들은 경우에 따라 심한 죄책감을 느낀다.) 이혼과 재혼도 가능하다. 심지어 로맨스를 추구하는 어떤 심들은 동시에 다섯 명과 사랑에 빠지거나, 세 명의 심과 우후를 즐기는 것을 원하고 그것이 충족될 때마다 점수를 얻는다.

이토록 성과 사랑에 대해 자유롭고 보수적인 윤리관에서 탈피한 〈심즈 2〉

를 '정치적으로 올바른' 게임이라고 불러도 좋을 것이다. 가장 즐거웠던 것은 우리말로는 아직도 가정부家政婦라고 불리는 메이드 서비스를 부탁하자 남성 가정부가 도착해서 앞치마를 입고 설거지를 할 때였다. 〈심즈 2〉가 구현하고 있는 양성 평등적 세계는 거의 완벽하다고 해야 할 것이다. 애정표현을 하는 것도 여성 쪽이 적극적이고 남성 쪽은 받아들이는 것으로 표현할 수 있다. 가령 여성 심이 남성 심을 무릎에 앉히고 키스를 나누는 모습도 가능한 것이다. 성에 대한 보수적 고정관념을 거부한 이 게임은 즐기기에 따라서는 얼마든지 '미성년자 관람불가'의 충격적인 드라마로 나아갈 수도 있다.

〈심즈 2〉는 이런 식으로 사람들 사이에 내재된 '정상성과 비정상성'의 경계를 훌쩍 뛰어넘는다. 게다가 비정상적인 것들을 완전히 드러내지 않고 그 선택을 오로지 플레이어에게 맡김으로써 아주 능숙하게 노골적인 비난의 화살을 피하고 있기도 하다. 과연 이성과 사랑하는 것만이 정상인가? 〈심즈 2〉에서 동성과는 친구 관계만 맺을 수 있다면 그것이 오히려 이상한 것이 아닌가? 가정부는 여자만 가능해야 정상인가? 그것은 성별에 대한 고정관념에서 비롯된 성차별이 아닌가? 〈심즈 2〉를 플레이하면서 진지한 플레이어들은 게임이 던지는 이러한 질문들을 마주치게 될지도 모른다.

여기서 〈심즈 2〉에 내포된 페미니즘적 의미를 찬양하고자 하는 것은 아니다. 〈심즈 2〉는 그저 플레이어가 원하는 모든 것을 가능하게 하는 시스템을 제공할 뿐이며, 다른 문화적인 요소가 게임 플레이에 영향을 주는 것을 거부하는 〈심즈 2〉만의 세계를 창조해서 플레이어들에게 던져 준 것 뿐이다. 극단적인 드라마에 관심이 없는 플레이어라면, 최고경영자인 아버지와 가정주부인 어머니 밑에 딸 하나 아들 하나가 있는 백인 중산층 가정을 만들어서 아주 무미건조한 하루하루를 보낼 수도 있을 것이다. 동성애를 추구하고 싶은 플레이어는 턱수염이 멋진 남성과 머리가 벗겨진 남성 심들을 부부로 설정할 수 있는 것이고, 성적으로 자유분방한 플레이어라면 남편이 출근한 사이에 그 아내가 남성 메이드, 옆집 아저씨, 강 건너 사는 젊은 남자 등을 하나씩 집으로 끌어들여 성관계를 한 뒤에 퇴근한 남편과 다정한 키스를 나누게 할 수도 있다. 단지 최소한의(?) 규제는 있다. 성인과 미성년자는 사랑하는 사이가 될 수 없으며 오직 친구만 가능할 뿐이다. 원조교제 따위는 불가능하다. 어쨌든 〈심즈 2〉는 그 자유분방한 게임 규칙을 따르라고 플레이어에게 강요하지 않는다. 이 점은 칭찬받을 만하다고 생각한다.

물론 이것이 옳기만 하다는 것은 아니다. 사실 〈심즈 2〉를 플레이하면서 건전한 방향으로만 이야기를 진행시키고자 하는 플레이어는 소수일 것이다. 플레이어는 얼마든지 나쁜 쪽으로 심들을 몰아갈 수 있으며 그것이 과연 정말로 단순한 체험, 그저 한 번 해 보고 싶은 일을 게임 속에서 해 보는 것뿐인가 하는 점에는 이견이 있을 수 있다. 마치 〈GTA〉[6]가 범죄를 조장한다는 면에서 그러하듯이 〈심즈 2〉도 비난의 여지를 충분히 담고 있다. 〈심즈 2〉에서는 범죄자도 당당한 직업이다(!). 단지 경찰에 붙잡힐 수 있다는 위험부담이 있지만, 사실 갑자기 실직할 수 있는 위험이 있는 것은 다른 직업들도 마찬가지이다. 불륜과 가정 파괴가 아무렇지 않게 일어날 수 있으며, 신생아를 바닥에 버려 굶길 수도 있다. 사실 심들을 죽이는 것은 플레이어들이 은근히 추구하는 자극적인 재미이기도 하다. 심들을 불에 타 죽게 만들고, 물에 빠뜨려 죽이고, 굶어 죽게 만드는 등의 잔인한 행위를 해 보지 않은 플레이어가 얼마

6 Grand Theft Auto의 약자로, 자동차를 이용해 범죄를 저지르고 다니는 것을 소재로 한 게임.

나 있을까? 이것은 마치 한때 〈다마고치〉[7]가 문제가 되었던 것과도 비슷하다. 다마고치를 플레이하는 주로 나이어린 아이들이 그 안의 가상 애완동물을 죽게 만드는 것을 더 좋아했던 것처럼, 〈심즈 2〉를 플레이하면서 자연스럽게 생명을 가볍게 여기고 일탈을 즐기는 성향이 키워진다는 우려도 나올 만하다. 게임이 미치는 사회적 영향을 심각하게 고려하는 사람들은 〈심즈 2〉를 〈GTA〉에 버금가는 잔인무도한 패륜 게임이라고 불러도 좋을 것이다. 어떤 사람들은 "그렇게 플레이하지 않는 사람들도 있는데 안 좋은 쪽만 부각하느냐"고 반론을 제기할지 모르나, 그 안에서 범죄 행위가 가능하다는 것만으로도 사실 〈심즈 2〉가 비난을 피할 수는 없다. 〈심즈 2〉를 플레이하는 사람들은 가능한 모든 행위를 다 해 보기 원하고, 간통과 살인은 플레이어들이 대개 거부할 수 없는 자극적인 재미 요소이다. 아내가 퇴근하기 전에 가정부와 정사를 벌인다는 것은 스릴 만점이 아닌가.

다른 각도에서 〈심즈 2〉를 비판하자면, 이것은 잘 포장된 관음증의 매개체라고 할 수도 있는 게임이다. 3D 그래픽을 이리저리 돌려보면서 플레이어들은 심들에게 이것저것 행동을 시키고 즐기이 관찰한다. 사실 첫 키스를 하는 것, 학교에서 A⁺를 받아 돌아오는 것, 결혼식, 임신과 출산 등등의 인생 과정을 지켜보는 것은 물론 감동적인 일이다. 개인적으로는 부모를 빼닮은 딸이 태어나서 자라가면서 말을 배우고, 걸음마를 배우는 과정을 보면서 진한 감동을 경험하기도 했다. 그러나 심들은 그런 행동만 하는 것이 아니다. 일부러 싸움을 붙이고, 이혼시키고, 불륜을 저지르게 만들고, 아이를 학대하게 만들고, 때로는 불에 태워 죽이는 식으로 이야기를 전개해 심들이 괴로워하는 모

---

7 작은 휴대용 게임기를 이용하여 동물을 키우는 게임.

습을 보는 것도 사실 대단한 재미 요소이다. 플레이어 내면의 새디즘[8]과 관음증이 모두 충족되는 것이다. 덧붙여 게임에서 용변을 보거나 목욕을 하는 모습은 모자이크 처리가 되지만, 플레이어들은 게임 출시가 되고 얼마 지나지도 않아서 모자이크 처리가 되지 않게 하는 패치를 제작하여 공유하였다. 모자이크가 사라진다고 해서 그다지 볼 만한 것도 없지만(?), 플레이어들은 자기 심들의 모든 것을 다 보고 싶어 하는 것이다.

여담이지만 맥시스는 심 시리즈의 인물들을 '심'으로 부를 뿐 절대로 '인간'이라고 부르지 않는다. 이것은 〈심즈〉와 같은 게임이 얼마나 인간 경시적이고 위험한 게임이 될 수 있는지 알고 있는 제작진들의 고려에서 나온 발상이 아닐까? "한없이 인간 같고 한없이 진짜 같지만 사실 플레이어가 조종하고 있는 것이 인간이라는 말을 우리는 하지 않았다. 그것들은 단지 '심'일 뿐이다. 당신들은 인간을 관찰하고 학대하는 것이 아니라 심에 대하여 그렇게 하는 것뿐이다." 정말로 제작사가 이러한 생각을 한 것인지는 알 수 없으나 플레이어의 한 사람으로서 〈심즈 2〉를 플레이할 때마다 그런 상상을 하게 되는 것이다.

5. 결론

〈심즈〉 시리즈는 전 세계적으로 가장 많이 팔린 게임 중의 하나이다. 게다

---

8 가학적인 행동에서 쾌락을 느끼는 성향을 의미한다. 광의의 새디즘은 성적인 가학 외에 사회적, 문화적인 가학 행위도 포함한다.

가 플레이어 층에 여성이 다수라는 것도 특기할 만한 점이다. 〈심즈〉가 처음 발매되었을 때, 때리고 죽이고 파괴하고 전쟁하는 내용이 주류를 이루는 게임들 사이에서 인간관계와 드라마를 소재로 한 게임이 어느 정도나 성공할 것인지 회의하던 평론가들도 〈심즈〉의 성공에는 입을 다물 수밖에 없었다. 남성들과 여성들은 이 인생 게임에 환호했고, 좀 더 다양한 이야기를 만들어 내어 즐기고자 했다. 팬 사이트가 넘쳐나고, 팬들이 제작한 인물, 아이템, 집 등은 쇼핑몰의 형태로 판매되기도 했다.

〈심즈〉시리즈가 이렇게 성공한 요인은 한 마디로, 재미있기 때문이다. 무엇이 그토록 재미있는가? 〈심즈 2〉는 플레이어가 게임을 하는 많은 이유들을 아주 직접적으로 충족시켜준다. 다른 이의 인생을 사는 것, 끊임없이 새로운 집을 만들어 공간을 확장해 가면서 새로운 서사와 스펙터클을 경험하는 것, 게다가 다소의 선정성과, 심들을 괴롭히고 죽이는 데에서 오는 파괴적인 즐거움까지.

거의 완벽하게 주어진 가상현실 공간. 그 안에서 어떠한 인생을 살아가느냐는 플레이어의 신댁이다. 죄의식도 양심도 사회의 전통도 버릴 수 있다. 아마도 새로운 인생의 역할을 맡아보고 싶어 하고, 놀이를 즐기기 좋아하는 인간이라면 〈심즈 2〉의 유혹을 피하기 어려울 것이다.

(허정은)

⟨스타크래프트⟩

1. ⟨스타크래프트⟩란?

⟨스타크래프트⟩는 1997년 미국의 블리자드에서 개발한 RTS(Real Time Strategy)게임이다. 1998년 12월 확장팩인 '브루드 워'의 발매, 그리고 꾸준한 밸런스 패치로 지금의 모습을 갖추게 된 ⟨스타크래프트⟩는 발매된 지 무려 7년이 지난 지금에도 다수의 유저층 확보 및 대규모 프로 리그 운영 등 꾸준한 인기를 유지하고 있다. ⟨스타크래프트⟩의 폭 넓고 꾸준한 인기는 ⟨스타크래프트⟩를 단순히 하나의 게임 타이틀을 뛰어 넘어 바둑이나 장기, 혹은 바둑에 비견될 정도의 놀이 문화로 성장시키게끔 만들었다. 따라서 이 글에서는 ⟨스타크래프트⟩가 어떠한 이유로 그러한 큰 인기를 끌 수 있었는지를 분석하고, ⟨스타크래프트⟩의 미래를 예상해보도록 하겠다.

2. RTS의 매력 요소

〈스타크래프트〉는 형식상 RTS에 속하는 게임이다. RTS란 Real Time Strategy(실시간 전략 시뮬레이션)의 약자로서, TTS(Turn Time Strategy) 에 비해 즉각적이고 빠른 게임 진행이 특징이다. 웨스트우드의 〈듄2〉를 모태로 시작된 RTS 장르는 크게 웨스트우드의 C&C 시리즈와 블리자드의 〈워크래프트〉 시리즈의 대결 구도를 통해 발전하게 되었다.

RTS는 제한된 시간과 자원 속에서 최선의 선택을 추구한다는 점에서 자본주의적 성격을 띤다. 상대의 기지를 점령하는 최종 목적을 달성함에 있어, 최초 게이머는 기본적으로 상대와 같은 시간대 속에서 같은 자원을 갖고 게임을 진행하게 된다. 이후 자원을 어떠한 방향으로 소모 할지는 전적으로 게이머의 판단에 달려있다. 상대 병력과 전투하기 위해 좀 더 많은 병력을 선택하는 게이머가 있을 수 있고, 상대보다 더 많은 자원을 바탕으로 장기전을 펼치기 위해 좀 더 많은 확장과 일꾼을 택하는 게이머가 있을 수 있다. 문제는 이러한 각각의 선택이 모두 같은 시긴 속에서 펼쳐지기 때문에 필연적으로 기회비용이 만들어 지는 데에 있다. 병력을 우선시한 게이머의 경우 후반이 되면 자원이 고갈되어 게임을 그르칠 수 있으며, 자원을 우선시한 게이머는 상대의 우수한 병력에 초반에 무너질 위험성을 감수해야 한다. 결국 RTS에서 승리하는 데 가장 중요한 요점은 게이머 본인의 기회비용을 상대보다 적게 만드는 데 있다. 끊임 없이 흘러가는 시간의 촉박함, 자원과 병력을 사이에 두고 매 순간 판단을 강요 당하는 긴장감, 서로 판단의 엇갈림 속에서 극대/극소화 되는 기회비용, 그리고 그것에 따른 승패의 명암이 바로 RTS라는 장르가 갖는 매력인 것이다.

3. 〈스타크래프트〉의 특징

그러나 〈스타크래프트〉가 RTS의 장르적 매력만을 가지고 있었더라면, 오늘날 이처럼 커다란 놀이 문화로 성장할 수는 없었을 것이다. 그렇다면 〈스타크래프트〉가 이토록 크고 꾸준한 인기를 끌 수 있었던 요인은 무엇일까? 그것은 바로 〈스타크래프트〉가 처음으로 보여주었던 수많은 혁신적인 신요소들 때문이었다. 〈스타크래프트〉 최대의 특징이자 게임의 가장 기본적인 골격을 이루는 요소는 바로 '특화된 3개 종족'이다. 인간을 상징하는 '테란', 괴물로서의 외계인을 상징하는 '저그', 그리고 지성체로서의 외계인을 상징하는 '프로토스' 3개 종족은 각각의 외모와 행동, 능력과 특징에 이르기까지 판이하게 다른 모습을 보여주었다. 이는 〈스타크래프트〉 이전의 RTS 게임들이 색상만 다를 뿐, 모양이나 능력이 동일했던 것에 비하면 실로 획기적인 변화였다.

〈스타크래프트〉의 개성화 된 3개 종족 시스템은 단순히 서로 다른 것에 머무르지 않고 게임을 통틀어 전반적으로 흐르는 상성을 유도하기에 이른다. 화력과 조합의 종족인 '테란', 확장과 물량의 종족인 '저그', 그리고 힘과 체력의 종족인 '프로토스'는 크게 테란 〉 저그 〉 프로토스 〉 테란의 서로간의 물고 물리는 구도를 만들어냄으로써 게이머들의 흥미를 자극했다. 〈스타크래프트〉는 유닛 간의 상성을 체계적인 시스템으로 확립 시킨 최초의 게임이기도 하다. 각각의 유닛 마다 사이즈, 공격 방식, HP 체계 등을 다르게 설정, 유닛과 유닛 간에도 상성을 만들어내어 이제까지 RTS가 갖고 있던 단순 물량전이 아닌 새로운 구도의 전투를 유도하는 데 성공한 것이다. 유닛의 사거리와 시야를 달리함으로써 좀 더 전술적이고 실제적인 전투를 가능하게 했다는 점도 〈스타크래프트〉가 〈C&C〉 시리즈와의 대결에서 승리할 수 있었던 가장 큰 원인 중 하나였다.

RTS 게임 중 가장 먼저 가로 인터페이스를 도입한 게임 역시 〈스타크래프트〉였다. 종래의 조작 아이콘이 화면 오른쪽에 길게 위치했던 세로 인터페이스였던 데 비해 〈스타크래프트〉가 제공한 가로 인터페이스는 넓게 트인 시야를 제공, 게이머들에게 호평을 받을 수 있었다. 최초로 본격 배틀 넷을 지원한 RTS 게임이라는 점 역시 〈스타크래프트〉가 갖고 온 새로운 개념이었으며, 동시에 〈스타크래프트〉 인기의 근간을 이루는 요소로 작용하였다. 항상 새로운 상대와의 대전이 필요한 RTS 게임에서 인터넷을 통해 타자와의 대결을 주선해주는 배틀 넷의 존재는 지금에 와서는 거의 필수 불가결한 요소가 되었지만, 〈스타크래프트〉 발매 이전에는 없었던 개념이다. 그 밖에 스다 크래프트가 도입한 신개념들은 다음과 같다.

- **버러우** 유닛이 땅 속으로 도망가 시야에서 벗어남.
- **유닛 속 유닛** 유닛 속에 유닛이 들어감, 캐리어와 리버로 대표됨.
- **건물 속 유닛** 유닛이 건물 속에 들어감, 벙커로 대표됨.
- **떠다니는 건물** 애드 온을 위한 개념, 이후 시야 확보 등 전략적 요소로 활용.
- **유닛의 변형** 유닛이 변태(저그), 변형(테란), 합체(프로토스)등을 통해

새롭게 탈바꿈.

- **일꾼과 건물 타입 분화** 종족의 개성을 강화.
- **사거리 & 시야 개념** 전략적 요소 증폭.
- **가로 인터페이스** 시야를 넓게 함으로써 '트인 느낌' 제공.
- **배틀넷** 본격적으로 배틀넷을 지원한 최초의 게임.
- **유닛 크기와 공격 형태 분화** 유닛간 상성을 유도.

4. 〈스타크래프트〉가 한국에서 성공할 수 있었던 요인

이러한 새로운 개념들의 도입은 〈스타크래프트〉의 세계적인 인기를 설명하기에 충분하다. 그러나 분명 〈스타크래프트〉는 대한민국 안에서 유별난 인기를 얻고 있는 게임임이 확실하다. 그렇다면 그 이유는 뭘까? 그것은 〈스타크래프트〉가 갖고 있는 특징이 '빨리 빨리'를 추구하는 한국인의 취향과 부합하는 면이 있기 때문이다. 구체적인 특징은 다음과 같다.

- **기본적 이동 속도** 기본적으로 빠른 이동 속도를 제공한다. 특정 유닛의 경우 여타 RTS 게임에서는 보기조차 힘든 스피드를 보여준다.
- **속전 속결 가능** 초반 운영에 따라 극단적으로 단시간 안에 승부가 결정되기도 한다. 이는 다른 RTS 게임에서는 쉽게 발견되지 않는 요소이다.
- **빠른 교전 결과** 유닛의 공격력과 체력이 상대적으로 빠른 교전 결과를 보여주게끔 구성되어있다.

5. 〈스타크래프트〉 인기의 외적 요인

〈스타크래프트〉의 인기 요인들이 전적으로 게임 내부에만 있는 것은 아니다. 특히 대한민국 안에서 인기를 끌 수 있던 요인 중에는 외부적인 것들도 많았는데, 그 중 가장 대표적인 것이 바로 게임의 발매 시기와 PC방의 활성화 시기가 거의 같았다는 점이다. 배틀 넷 지원의 RTS 게임이었던 이 게임은 바로 그 배틀 넷을 가장 쾌적하게 제공해 주었던 PC방과 공생 관계를 이루며 성장해 나갈 수 있었다.

또한 폭 넓은 유저 층을 바탕으로 한 수준 높은 프로 리그의 활성화 역시 이 게임 인기의 외부적인 요인 중 하나이다. 현재 국내에는 양대 게임 방송사를 중심으로 수많은 개인 및 팀 단위 〈스타크래프트〉 리그가 펼쳐지고 있으며, 리그를 통해 연출되는 프로 게이머들의 수준 높은 경기력은 이 게임이 아직까지도 인기를 유지하는 원동력으로 작용하고 있다. 이것은 인기의 빈익빈 부익부와 같은 효과를 낳게 되어서 스타의 인기를 한층 더 높여주고 또 인기가 상승함에 따라 게이머들의 인기도 더욱 높이지게 되었다. 그로 인해 스타를 모르는 사람들도 게이머를 쫓아서 스타를 접하게 되는 경우도 발생하게 된다.

6. 〈스타크래프트〉의 서사와 스펙터클

〈스타크래프트〉가 보여주는 스펙터클은 이 게임 발매 시기를 감안할 때,

매우 만족할만한 수준이라고 이야기할 수 있다. 단순하면서도 아름다운 그래픽과 훌륭한 사운드, 그리고 순간적인 대량 살상의 미학을 보여주게끔 유도된 시스템(마인의 폭사와 핵 폭발 등의 스플레쉬 데미지의 존재)은 〈스타크래프트〉가 보여주는 스펙터클적 요소라고 말할 수 있다.

반면 서사의 경우는 이야기하기가 조금 애매해진다. 분명 〈스타크래프트〉가 제공하는 배경 스토리의 치밀함은 여느 훌륭한 RPG 게임 못지않은 게 사실이다. 그러나 그러한 스토리상의 치밀함이 〈스타크래프트〉의 인기를 불러왔다고 이야기하기는 힘들다. 〈스타크래프트〉의 인기는 사실상 스토리를 즐기는 싱글 플레이 모드가 아니라, 다른 게이머와의 대결을 위한 멀티 플레이 모드에 있기 때문이다. 멀티 플레이 모드에서의 서사는 따로 정해진 스토리와는 관계 없이, 각각의 게이머의 순간적인 선택에 따라 그 흐름을 달리한다. 그야 말로 게이머들은 매 게임마다 새로운 자신만의 서사를 만들어 낼 수 있다는 것이다. 그러나 멀티 플레이 모드에서의 서사 역시 완전한 자유도를 갖지는 않는다. 대결을 펼치는 종족의 조합에 따른 정형적인 서사 구도는 이미 지난 몇 년간의 배틀 넷 플레이를 통해 어느 정도 만들어져 있다. 예를 들면, 테란과 저그의 대결에 있어 가장 대표적인 정형적 서사 구도는 '테란의 1차 바이오닉 병력 진출과 저그의 방어(기), 러커를 대동한 저그의 반격(승), 주력 병력간의 전투(전), 승패의 엇갈림(결)'이라고 말할 수 있는 것이다.

이렇듯 정형화된 서사 구도는 역설적인 미학을 제공한다. 즉 이미 정형화된 구도가 성립되어있기 때문에, 그 정형에 반하는 서사 구도가 드러나게 도와주는 것이다. 프로게이머들의 대결에 있어 정형화된 서사 구도를 깨뜨리는 독특한 서사 구도가 등장했을 때 관중들이 열광할 수 있는 것은, 바로 정형화된 서사 구도가 존재하기 때문인 것이다. 이렇게 정형적인 듯 보이지만 유기적으로 변할 수 있는 게임내의 서사 구조가 〈스타크래프트〉 인기의 주축이 된 것은 말할 것도 없을 것이다.

7. 공간으로서의 〈스타크래프트〉

맵Map이란 〈스타크래프트〉의 전투가 벌어지는 전장을 의미한다. 게이머는 수많은 게임을 통해 만들어진 모든 서사 구도를 기억하지는 못하지만, 그러한 서사 구도가 만들어진 맵의 모양은 정확히 기억하고 있다. 맵이라는 공간은 단순한 지형의 펼쳐짐이 아니다. 각각의 맵은 전투에서 필요한 중요한 요소를 지닌 서사 구도의 지침서와 같은 역할을 한다. 좁은 길목이나 언덕, 본진 간의 거리, 멀티의 수 등은 해당 맵에서 펼쳐지는 서사의 구도를 어느 정도 가늠케 해준다.

〈스타크래프트〉에서 맵의 밸런스가 중시되는 것은 이 게임 자체기 3개 종족의 밸런스를 기초로 하기 때문이다. 만약 어떠한 맵이 특정 종족에게 지나치게 유리하다거나 불리하다면, 해당 맵에서 펼쳐지는 게임은 분명 〈스타크래프트〉의 본질과는 무관한 것이 되어버릴 것이다. 최근 일부 프로 리그에서 유례 없는 맵에 대한 비난이 쏟아지는 것은 바로 이 때문이다. 그리고 밸런스가 잘 갖추어진 맵에서는 게이머들과 관중들이 열광하게 되는 명경기가 만들어 지게 된다.

8. 〈스타크래프트〉와 〈워크래프트 3〉의 비교

〈워크래프트3〉는 〈스타크래프트〉와 같은 제작사인 블리자드에서 개발한 최신 RTS 게임이다. 발매 시기가 다르니 만큼 〈스타크래프트〉에 비하면 그래픽이나 사운드 등 여러 가지 면에서 앞선 게 사실이다. 실제 〈워크래프트 3〉 발매 당시에는 〈워크래프트 3〉가 〈스타크래프트〉 인기의 아성을 무너뜨리라는 예상도 많았다. 그러나 〈워크래프트 3〉는 〈스타크래프트〉와는 달리 범국민적인 인기 놀이 문화로 성장하는 데에 실패했다. 그 이유는 무엇일까?

〈스타크래프트〉가 극단적으로 대중화될 수 있었던 것은 단순함의 미학에 기인한다. 다수의 아이템과 수많은 특수 능력, 영웅의 존재, 경험치의 존재 등 시스템적으로 지극히 복잡한 〈워크래프트 3〉와 비하자면 〈스타크래프트〉의 시스템은 단순 명료하기 그지 없다. 〈스타크래프트〉에 이미 익숙해져 있는 대중은 복잡한 〈워크래프트〉의 인터페이스와 게임의 조작방법에 약간의 거부감이 있었던 것이 사실일 것이다. 대중의 취향에 적절히 부합했던 〈스타크래프트〉의 단순함, 그리고 소수의 매니아를 지향한 〈워크래프트 3〉의 난해함은 두 게임의 최종 도착지를 대중화된 놀이 문화와 매니악한 컴퓨터 게임으로 갈리게 만든 것이다.

9. e-스포츠로서의 〈스타크래프트〉 전망

현재 e-스포츠로서 큰 인기를 끌고 있는 〈스타크래프트〉의 미래는 과연 어떠할까? 우리는 연구팀끼리 토론한 결과 e-스포츠로서 이 게임의 미래가 결코 밝지 못하다는 결론을 내리게 되었다. 물론 지난 몇 년에 걸쳐 프로 리그의 운영이 매우 성공적이었다는 것은 분명한 사실이다. 그러나 야구나 축구, 바둑 과는 달리 〈스타크래프트〉는 한 게임 개발사가 만들어낸 상업용 게임 타이틀이라는 태생적 한계를 가지고 있다. 그리고 그것은 〈스타크래프트 2〉라는 전혀 다른 규칙을 갖고 있을 테지만, 완전히 다르다고 말할 수 없는 또 다른 게임의 등장 가능성을 의미한다. 과연 〈스타크래프트2〉가 발매되었을 때에도 관중들이 〈스타크래프트〉 플레이에 환호를 보낼 지는 미지수이다.

비슷한 예로 제시된 것이 〈철권〉 시리즈의 인기와 몰락, 그리고 부활이다. 〈철권〉 시리즈는 일본의 남코에서 개발한 2인용 격투 게임으로서 국내에도 많은 유저층을 보유, 한 때(철권 TT 시절)는 유수의 배틀팀이 만들어져 팀 배틀을 즐기는 인기 e-스포츠 종목 중 하나였다. 그러나 〈철권 4〉가 발매되자 새로운 시스템에 기존의 게이머들이 적응하지 못하는 모습을 보이며 팀 배틀의 인기는 급속도로 사그라졌다. 최근 발매된 〈철권 5〉는 다시 종래의 게임성을 찾으면서 TT 시절의 인기를 만회하고 있으니, 이처럼 상용 게임의 e-스포츠화라는 것이 얼마나 각각의 작품의 특징을 타는 일인지, 쉽게 알 수 있을 것이다.

현재 〈스타크래프트〉가 프로 게임계를 이끌어나가게 된 두 개의 큰 원동력은 폭 넓은 팬 층과 수준 높은 경기력을 보여주는 프로 게이머들이다. 그러나 향후 〈스타크래프트2〉가 발매되었을 때 이들 두 요소가 그대로 지속될 수 있을지는 아무도 알 수 없으며, 지난 몇 년간 최고의 인기를 구가한 E-스포츠로서의 〈스타크래프트〉의 지속 여부도 역시 낙관하기 힘들게 되는 것이다.

10. 결론

〈스타크래프트〉는 분명 성공한 게임이다. RTS로서의 매력 위에 〈스타크래프트〉만의 수많은 신요소들을 적절히 섞어놓은 이 게임이 RTS의 새로운 장을 열었다고 말한들 과장이 아닐 것이다. 특히 우리나라에서 최고의 인기를 끌었던 〈스타크래프트〉가 앞으로도 그러한 인기를 계속 유지할지는 미지수이지만, 〈스타크래프트〉가 만들어낸 획기적인 발상들은 분명 추후 RTS, 나아가 컴퓨터 게임의 역사 전체를 되돌아볼 때 기억될 만한 가치 있는 것이었음에 분명하다.

(임정연, 안동섭, 이강윤, 장기백, 채수현, 서용석, 조재범, 박형준, 박창현)

〈리니지〉

동시접속자수 13만5천명, 활동 계정 130만개, 한국 온라인 게임 시장의 흔들리지 않는 아성. 이상은 모두 게임 〈리니지〉를 소개할 때 항상 따라붙는 수식어들이다. 컴퓨터 보급이 일반화되고 인터넷 전용선이 활성화됨에 따라 우리나라의 게임시장에서도 수많은 게임들의 각축전이 본격적으로 시작되 있다. 기술의 발전에 힘입어 불과 10년 전이라면 상상 속에서만 가능했던 그래픽, 디자인들이 시사각각 게임플레이들을 현혹시키며 무한경쟁을 반복하고 있는 틈바구니 속에서, 다소 촌스러워 보이는 2D그래픽에 캐릭터 수도 극히 제한적인 게임 〈리니지〉가 계속해서 선두다툼에서 밀리지 않고 있다는 사실은 다소 의외이다. 왜 한국의 게임 플레이어들은 〈리니지〉에 열광하는가? 이 글은 위와 같은 질문에서 출발해 게임 〈리니지〉가 갖고 있는 독특한 특성은 무엇인지를 분석하는데 그 목적이 있다. 이를 위해 먼저 게임 〈리니지〉에 대해 간략하게 알아보고, 그것이 갖고 있는 독특한 시스템들을 분석하고자 한다. 그리고 마지막으로, 이와 같은 국내에서의 성공에도 불구하고 해외에서는 번번이 쓴잔을 마셨던 이유, 즉 〈리니지〉의 한계는 무엇인지 점검해보는 식으로 이번 보고서를 마무리 지을 것이다.

〈그림 1〉〈리니지〉

1. 리니지란?

〈리니지〉는 혈맹이란 뜻을 가진 단어로 1998년 엔씨소프트에서 본격적인 서비스를 시작한 MMORPG게임이다. 이 게임의 배경이 되는 아덴 왕국은 10세기 전후 유럽의 이미지를 기본 모티브로 하고 있는 가상 세계이다. 만화가 신일숙씨의 작품「리니지」를 그 원작으로 하고 있으며, 원작의 표현을 빌자면 '용과 기사와 마법사와 요정의 시대-수많은 왕과 여왕, 왕자와 공주들이 있었던 메르헨의 시대. 모든 흉악한 것들과 그에 맞서 싸우는 정의로운 것들이 아직 존재하던 시대'라고 할 수 있겠다. 중세 유럽의 이미지를 강하게 따르고 있다는 것은 그 세계의 사회·경제적 제도를 받아들이고 있다는 것과 일맥상통한다. 때문에 〈리니지〉의 세계는 왕과 영주와 기사가 영토를 매

〈리니지〉의 연혁

Year	Month	Operator View	User View
1997		베타서비스	
1998	9	에피소드 1: 말하는 섬으로 상용서비스 시작	요정, 기사, 군주의 3클래스 등장
	11	에피소드 2:글루디오영지	동시접속자수 1천명, 대륙등장
	12		
1999	7	에피소드 3: 켄트성	공성전 시스템 도입
	9	에피소드 4: 마법의 미스터리	마법사 클래스 등장
	12	동시접속자수 1만 돌파, 누적회원 100만명	
2000	1	에피소드 5: 요정의 숲	채집/제작시스템 등장 및 종족 전용 마을 개념 도입
	3	에피소드 6: 윈다우드섬	켄트성에 이은 2번째 섬의 등장
	10	에피소드 7: 용의 계곡	지룡 안타라스 등장
	12		동시접속자수 10만명 돌파
2001	1	1천만 계정 돌파	
	2	원작자 신일숙의 '리니지 원작사용 계약 위반 행위'에 대한 게임서비스 중지 가처분 신청	
	5	에피소드 8: 기란	해킹차단시스템 도입
	7		동시접속자수 13만명 돌파
	8	리니지 모바일 서비스 개시	
	9	에피소드 9: 하이네	수룡 파프리온 등장
	12		동시접속자수 30만 돌파
2002	1	에피소드 10: 화룡의 둥지	화룡 발라카스 등장
	6	에피소드 11: 오렌	수룡 발라카스 등장
2003	2	에피소드 12 : 아덴	에피소드 완결

개로 계약을 맺는 봉건 제도를 그 사회 · 경제적 근간으로 하고 있다. 아래에서 보다 자세히 소개하겠지만, 이는 게임 내에서 여러 가지 시스템으로 구체화되어 나타나는데, 사실 이 점이 〈리니지〉가 가진 독특한 매력이자 그것의 특징의 근간을 이루고 있다고 봐도 무방하다.

〈리니지〉가 걸어온 길

앞의 연혁에서도 볼 수 있듯이, 게임 〈리니지〉는 발매 이후 지금까지 꾸준한 업데이트로 게임에 싫증을 내는 플레이어들의 발목을 계속해서 잡아두는 데 성공했다. 전체적인 큰 구조는 '에피소드'라고 부르는 것으로, 매 에피소드가 추가될 때마다 게임은 단순히 세부적인 변화를 겪는 것에 그치지 않고 대륙의 확장, 새로운 클래스의 추가나 보스급 몬스터의 출현 등으로 〈리니지〉가 하나의 세계로서 완성되어 가는 모습을 보여주고 있다. 1998년 처음 게임이 서비스 되던 때만 하더라도 게임의 영토는 고작해야 '말하는 섬'이라고 불리는 작은 영역에 불과했지만, 이제 완성된 에피소드에서 플레이어가 게임내의 끝에서 끝까지 다른 시스템을 사용하지 않고 걸어가기란 사실상 불가능하다. 한 플레이어의 실험에 따르면, 영토 끝에서 끝까지 캐릭터가 도보로 이동하는데 17시간 이상이 걸린다는 결과가 나오기도 했다. 또한 위의 표에는 자세히 언급하지 않았지만, 특히 2000년부터 2002년에 걸쳐 온라인 게임의 문제를 지적하는 여론들이 대두하기했고, 그 결과 〈리니지〉는 대표적으로 직격탄을 맞아 15세 이상으로 게임가능 연령을 조정해야 하는 시련을 맞기도 했다.

2. 원작 설명 : 게임의 배경 스토리

앞에서도 언급했듯이 〈리니지〉는 인기 만화가 신일숙의 동명 작품을 원작으로 하고 있다. 때문에 등장하는 몇몇 인물이나 아이템, 그리고 기본적인 정통의 왕/반왕 구도 등은 원작을 그대로 차용하고 있으나, 보다 게임적인 요소를 추가하기 위해 그 외에도 많은 창작 설정이 추가되어있다. 때문에 현재 〈리니지〉의 플레이어들은 사실상 그 원작에 대한 구체적인 지식 없이도 게임을 즐기는 것이 가능하다. 그러나 게임의 전체적인 구조가 무엇인지, 게임의 목적과 게임 내에 설정되어 있는 시스템이 왜 그렇게 구현되어 있는가에 대한 문제를 이해하고 게임을 즐길 경우, 그것이 제공하는 즐거움은 배로 커질 수 있고, 또한 비로소 〈리니지〉를 하나의 세계로 이해하는 것이 가능해진다. 그러므로 여기에서는 원작의 기본 플롯과 스토리를 간략하게 살펴보기로 한다.

그것은 흑마술과 백마술이 성행했던 그 시대.. 용과 기사와 마법사와 요정의 시대.. 수많은 왕과 여왕, 왕자와 공주들이 있있던 메르헨의 시대. 모든 흉악한 것들과 그에 맞서 싸우는 정의로운 것들이 아직 존재하던 그 시대. 역사책에서 아무리 찾아도 없는 게 당연한 '아덴' 이라는 한 왕국이 있었다.

아덴 왕국에 현명한 데컨이란 왕이 살고 있었다. 그는 현명하고 어진 왕이었지만, 항상 수많은 전쟁에 시달려야 했다. 그리고 그 전쟁으로 인해 그는 다섯 아들을 모두 잃고 말았다. 그러던 어느 날, 혜성처럼 나타난 한 영웅으로 인해 이 전쟁은 막을 내리게 되었으니, 그의 이름은 듀크 데필, 붉은 머리의 라이온이라 불리우던 영웅 중의 영웅이었다. 데컨왕은 그를 양자로 삼아

외동딸인 가드리아 공주와 혼인을 시키고, 그에게 왕위를 물려준다. 하지만 왕위를 이은 지 얼마 지나지 않아 듀크데필은 돌연 죽음을 맞이하게 되고, 3살인 아들 데포로쥬와 아직 20세도 되지 않은 왕비 가드리아만 남게 된다. 듀크데필의 장례식날, 폭풍우를 헤치고 나타난 한 기사가 있으니, 스스로 듀크데필의 사촌이라 밝힌 그의 이름은 켄 라우헬이었다. 그에게 첫눈에 반한 어린 왕비 가드리아, 곧 두 사람은 결혼을 하게 되고, 켄 라우헬은 아덴의 왕관을 차지하게 되니 사람들은 그를 반왕, 혹은 검은왕이라 부르기 시작한다. 그러나 두 사람의 결혼으로 인해 가드리아의 어린 왕자, 데포로쥬는 위험에 빠지게 된다. 켄 라우헬을 사랑했지만, 데포로쥬의 엄마이기도 했던 그녀는 데포로쥬를 듀크데필의 혈맹 5인중의 한명인 의리의 기사 발센에게 맡긴다. 그러던 어느 날, 달의 기사 질리언이 대마법사 하딘의 전언을 전해주려 데포로쥬 앞에 나타난다. 대화 도중 갑자기 켄 라우헬의 기사대가 들이닥치고, 발센은 데포로쥬를 피신시키면서 질리언과 계약을 맺고 죽으니, 그 계약은 영원히 데포로튜의 수호기사로서 남으라는 것과 그 조건으로 한명의 자식을 요정족에 바치는 것이었다. 그리하여 발센의 가족은 둘째아들 아툰만 남은 채 모두 몰살당하고 만다.

　무사히 대마법사 하딘에게로 도망친 데포로쥬. 그곳에서 하딘의 제자인, 특별한 행운이 따라다니는 조우를 만나게 된다. 한편 모든 것을 얻은 켄 라우헬은 그러나 데포로쥬와 듀크데필의 혈맹 5인들 때문에 언제나 불안을 느끼다가 흑마법사 케레니스에게 하딘을 죽일 것을 명한다. 케레니스는 사랑하는 켄 라우헬의 명을 받아 하딘을 죽음으로 이끌고, 하딘은 그의 제자 조우에게 데포로쥬와 함께 군터가 사는 말하는 섬에 갈 것을 명령하고 사라진다.

그리고 6년후, 반왕 켄 라우헬은 계속 영토확장을 해 나갔고, 단 한번도 패한 적이 없었다. 하지만 반왕에 대한 반감은 더욱 더 높아가니, 계속되는 전쟁에 필요한 군비 때문에 거두는 높은 세금과 자식을 잃은 수많은 백성들의 원성, 그리고 용병들의 아덴왕국 내에서의 횡포.

한편 데포로쥬의 운명의 끈에 얽힌 또 한 사람이 있으니, 그녀가 바로 인나드릴 영지의 영주의 딸인 이실로테 공주였다. 이실로테는 인나드릴의 공주들의 전통, 약혼자를 자기 스스로 심사한다는 전통에 따라 집을 나서서 정처없는 여행을 시작한다. 데포로쥬의 세 번째 기사, 백조의 기사이자 그의 약혼자인 이실로테의 여행은 이렇게 시작된다.

세월이 흘러 데포로쥬는 무사히 16세가 된다. 그는 말하는 섬 군터의 시험을 최연소로 통과하게 되고, 군터는 붉은 망토와 붉은 기사의 검을 주며 세상 밖으로 나갈 것을 명한다. 그리하여 친구이자 마법 연수생인 조우와 다시 아덴 왕국에 돌아온 데포로쥬. 반왕에 가장 강경하게 대응했던 글루디오 영지는 반왕의 엄명에 따라 시체조차도 손댈 수 없는 불모지로 변해 있었다. 핍박받는 글루디오 영지의 가련한 백성들을 본 데포로쥬는 비로소 자신의 목표가 무엇인지를 자각하게 된다. 그를 위해 데포로쥬는 자신을 도울 운명의 기사들을 모으기 위해 모험을 시작하게 되고, 결국 천신만고 끝에 그들을 모두 만나는데 성공한다.

결국 결전의 날, 어렸던 데포로쥬는 어느덧 장성했고, 드디어 반왕에게 복수의 칼을 겨눈다. 데포로쥬의 절규와 그의 칼은 마침내, 반왕의 목덜미를 꿰뚫게 되고, 반왕은 서서히 쓰러지며 아덴왕국에 새로운 날을 예고하게 된다.

이상의 이야기가 원작 〈리니지〉이다. 배신과 복수, 우정이라는 다소 진부해 보이는 이러한 소재를 기본 스토리로 채택하고 있는 게임 〈리니지〉가 어떤 신선한 재미를 부여할 수 있을 것인가? 그것은 위에서는 상세하게 설명하지 못했지만, 원작에 등장하는 각각의 캐릭터들의 특징과, 원작의 분위기를 효과적으로 구현하고 사소한 흥미장치들을 놓치지 않고 충실히 구현한 기술상의 지원 덕도 간과할 수 없다. 그러나 무엇보다도, 전통왕/반왕이라는 이분법적 구도와, 그것을 뒤에서 지원하는 혈맹 시스템이다. 게임 내에서 이것은 그 이전에 볼 수 없었던 독특한 시스템, 즉 공성전과 혈맹이라는 것으로 발현되어 플레이어들에게 엄청난 즐거움을 선사하게 된다. 이에 관한 내용은 뒤에서 자세히 살펴보고, 여기에서는 우선 게임에 등장하는 각 캐릭터들에 대해서 살펴보기로 하자.

3. 캐릭터 분석

〈리니지〉의 캐릭터는 판타지를 기반으로 하는 다섯 가지 종류의 클래스로 구성되어 있다. 군주(왕자/공주), 기사, 요정, 마법사, 다크엘프 이렇게 다섯 가지로 이루어져 있으며, 각각의 클래스는 비주얼 면에서 남성과 여성으로 이분되어 플레이어들이 단조로움을 피할 수 있도록 만들어져 있다. 기사는 주로 검을 다루며 근접공격을 하는 중세 기사의 모습을 담고 있는 클래스이며, 요정은 가벼운 방어구를 주로 착용하며 활을 이용한 원거리 공격을 하는 클래스이다. 또한 판타지 세계에서처럼 어느 정도의 마법도 구사 가능하며 요정 고유의 정령마법을 사용한다. 마법사는 직접적인 전투 능력은 매우 약하지만 그 대신 여러 가지 강력한 마법을 사용할 수 있는 클래스이다. 또한 다크엘프는 전체적으로 요정과 기사의 중간 정도의 능력치를 가지고 있는 클래스라고 이해하면 무리가 없다. 마지막으로 군주 클래스는 리니지에서만 찾아볼 수 있는 매우 독특한 스타일의 클래스로 전투능력에서는 특별한 점이 없다. 그러나 이 '군주'라는 클래스가 사실상 〈리니지〉 사회의 근간을 이루는 클래스로 그에게는 특별한 능력, 즉 '혈맹'이라고 불리우는 게임내의 조직을 구성할 수 있는 특권이 주어져 있다. 각각의 클래스의 특징은 아래와 같다.

· 기사 클래스

거의 모든 온라인 게임에서 대인전과 근접전에서 월등한 능력 을 보여주는 클래스가 바로 기사이다. 〈리니지〉에서도 역시 기사라는 클래스는 높은 공격력과 방어력이 있는 아이템을 제한없이 사용할 수 있는 클래스이다.

· 요정 클래스

중세 판타지를 배경으로 한 소설과 게임에서 빼놓을 수 없는 존재가 요정이다. 〈리니지〉에서의 요정을 요약하자면 '마법사의 좋은 점을 갖춘 기사'라고 할 수 있다. 적당한 힘과 체력으로 검을 들고 사냥하기 무난하며 중급 수준의 마법까지도 익힐 수 있다.

· 마법사 클래스

마법사는 육체적인 능력은 떨어지나 정신적인 능력으로 뒤떨어지는 그
것을 보완한다. 〈리니지〉에서는 선한 신 아인하사드를 추종하는 백마법
과 악한 신 그랑카인을 추종하는 흑마법으로 나뉘어진다. 대인전보다는
몬스터 사냥에서 탁월한 능력을 보인다.

· 다크엘프 클래스

〈리니지〉 파트 2 '빛과 그림자'가 시작되면서 새롭게 추가된 클래스인
다크엘프는 강인한 공격력과 재빠른 몸놀림을 가진 전투에 특화된 클래
스이다. 특히 개인 대 개인의 전투에서 그 능력이 빛을 발하며, 또한 암
살자라는 직업 설정이 의미하는 것처럼 대부분의 전용마법이 대인전에
유용한 공격마법들로 구성되어있다.

· 군주 클래스

〈리니지〉에는 혈맹이라는 독특한 형태의 길드 시스템이 존재한다. 단순
한 길드연합이라기 보다는 피로 맺은 맹세라는 뜻으로 이는 게임 내에
서 유저들의 소속감과 게임내 커뮤니티 활동을 한층 높일 수 있는 게임
의 핵심 구성요소라 볼 수 있는데, 이를 창설하고 그 구심점 역할을 하는
것이 군주 클래스의 역할이다.

이상의 캐릭터들을 플레이어가 선택하게 되면 본격적인 RPG 즉, 캐릭터
성장시키기를 시작하게 된다. 〈리니지〉의 캐릭터 성장방식은 온라인 게임의

대표적인 형식 중 하나인 레벨제 방식을 따르고 있는데, 레벨제 방식이란 몬스터의 사냥이나 게임속의 퀘스트를 통해 획득한 경험치의 증가에 따른 레벨 상승 방식을 말한다. 일반적으로는 레벨이 올라갈 때마다 특정 능력치가 상승하거나 임의로 상승시키는 것이 가능하다. 그러나 〈리니지〉의 레벨제 방식은 특이하게도 레벨이 상승될 때마다 H.P(Hit Point, 체력)와 M.P(Mana Point, 마법력)만 처음 정한 수치에 따라 일정 수준 상승될 뿐, 그 외의 추가적인 스태치의 증가는 없다. 이는 다른 스태치를 상승시키기 위해서는 그것을 가능케 해주는 아이템의 착용으로만 가능하다는 것을 의미하며, 이와 같은 특징은 〈리니지〉를 활성화시켜주는 대표적인 특징이자 동시에 단점으로 지적되고 있는 활발한 아이템 거래 풍토를 낳았다고 볼 수 있다. 이는 〈리니지〉 개발 당시부터 의도되었던 것으로, 게임 플레이어들의 자유도를 대폭 상향시키고 게임에 몰입하게 만드는 원인이 되기도 한다.

〈그림 1〉 〈리니지〉의 아름다운 캐릭터

4. 공간분석

   게임 〈리니지〉가 1998년 발매되었다는 점을 감안한다면, 이 게임의 영토가 광대함에는 놀라지 않을 수 없다. 물론 발매 당시에는 지금에 비해 지극히 협소한 공간뿐이었으나, 계속되는 업데이트로 방대해진 영토는 플레이어에게 거의 무한에 가까운 자유도를 제공한다. 또한 각각의 공간이 천편일률적으로 구성된 것이 아니라, 지리적 특색을 고유하게 살리는데 성공하고 이전까지의 온라인 게임에서 나타난 거의 모든 공간적 요소를 구현하고 있다는

〈그림 2〉 〈리니지〉의 세계

점에서 〈리니지〉의 매력요소로 꼽기에 손색이 없다. 〈리니지〉 세계는 통틀어 '아덴월드' 라고 명명되어 있지만, 이 게임의 플레이어들 중 이 사실을 인지하고 있는 사람은 매우 드물다. 그것은 〈리니지〉가 봉건제의 중세 유럽을 배경으로 하고 있기 때문에 전체 아덴월드가 다시 각각의 영지 단위로 나뉘어

〈리니지〉의 공간

구 분	세부지역	특 징
영지 포괄적인 의미에서 영지는 나라와 나라간의 선을 그어 놓은 것과 일맥상통한다. 즉, 글루디오 영지와 윈다우드 영지는 서로 막혀있지는 않지만, 그 사이에는 분명한 경계가 있다.	말하는 섬	유일한 섬으로 독립된 지역
	글루디오 영지	글루디오 던전관할. 켄트성 소속
	오크 요새	화전민 마을과 오크성 관리
	윈다우드 영지	우즈벡/은기사 마을, 사막 포함
	요정의 숲	요정클래스만 출입 가능
	기란 영지(용의 계곡)	가장 넓고 번화한 영지
	하이네영지	호수의 영지, 물의 신전관리
	화룡의 둥지	지저성 관할, 화룡 서식지
	오렌 영지	눈과 얼음의 영지
마을 〈리니지〉의 마을은 단순히 쉬어 간다는 휴식의 공간을 넘어서서 각각의 독특한 특색을 지니고 있는 공간이 많다. 각 마을은 상업, 교류, 애견육성의 장 등으로 특화되어 있으며 또한 특수 클래스만이 이용가능한 마을도 존재한다. 뿐만 아니라 마을이 활성화 되어 있는가에 따라 그 마을을 관할하고 있는 성의 수입이 달라지기 때문에 마을의 흥망여부는 플레이어들에게도 깊은 관심의 대상이 된다.	말하는 섬마을	독립된 마을
	글루디오 마을	가장 활성화된 시장 형성
	켄트성 마을	초중반 유저들의 집결지
	우즈벡 마을	애견기래시장
	은기사 마을	기사들의 마을
	요정의 숲 마을	요정족 아이템 제작
	화전민 마을	투견장을 갖추고 있음
	기란 마을	아지트와 콜로세움 위치
	하이네 마을	주변 경관이 매우 수려함
	에바의 도시	수중(물속) 도시
	오렌의 상아탑	마법사의 마을, 던전의 개념
	상아탑 마을	오렌 영지 소속
	국경 요새	아덴 월드의 북쪽 끝
	아덴 마을	아덴 대륙의 수도
	웰던 마을	화룡의 둥지 앞에 위치
	다크엘프 마을	다크엘프클래스 전용 마을

구　분	세부지역	특　징
던전 던전 안에는 어두운 배경과 함께 강력한 많은 몬스터들과 엄청난 공격력과 함께 좋은 아이템을 주는 보스급 몬스터들이 살고 있어 위험하지만, 경험치와 아이템을 얻기 위해 많은 플레이어들이 몰려드는 곳이다.	말하는 섬 던전	총 2층. 가장 오래된 던전
	본토 던전	많은 보스급 몬스터 출현
	윈다우드 성 내 던전	윈다우스 성 혈맹만이 출입가능
	사막 던전	총 4층. 중급 난이도
	요정의 숲 던전	총 3층. 중간 통로 역할
	용의 계곡 던전	총 7층. 지룡의 서식지
	기란 던전	총 4층. 마법사들의 주 사냥터
	모래지옥 던전	총 4층. 여왕개미의 서식지
	하이네 던전	총 3층. 지하수로형 던전
	오렌의 상아탑	총 8층. 4층부터 사냥터
	수정 동굴	총 3층. 얼음여왕의 서식지
	오만의 탑	총 100층. 최고난이도의 사냥터
성 리니지에서는 각 영지를 대표하는 성들이 하나씩 존재한다. 이 성들은 혈맹의 군주가 차지할 수 있으며, 각 성들은 그 해당 영지의 세금을 조율할 수 있다.	켄트성	글루디오 영지 관할
	오크성	오크 요새 관할
	윈다우성	우즈벡 마을과 오아시스 관할
	기란성	기란 마을 관할
	하이네성	하이네 마을 관할
	지저성	웰던 마을, 오렌 영지 관할
	아덴성	아덴 영지 관할. 수도성

져 있기 때문이다. 또한 각각의 영지에는 그곳을 관할하는 성이 존재한다. 그리고 그 성을 구심점으로 다시 여러 마을과 지역으로 세분되어 있다. 또한 특징적인 지형이나 모양/전설/유례 등에 따라 그 지역만의 고유 이름이 존재한다는 점도 특기할 만한 점이다.

이 외에도 〈리니지〉에서는 초보나 저레벨 캐릭터들만이 출입할 수 있는 공간들이 있다. 말하는 섬의 쌍둥이 섬인 '노래하는 섬'과 '숨겨진 계곡' 등이 이와 같은 개념으로 캐릭터의 빠른 회복과 치료, 변신 등 초반에 게임에 적응할 수 있도록 도움을 주는 곳이다. 또한 이곳에서는 PK라 불리우는 대인전이 불가하며 모두 12레벨 이하 캐릭터들만이 이용가능하다.

5. 리니지의 특징 분석

인터페이스 분석

〈리니지〉의 인터페이스는 발매 이후 지금까지 총 세번의 변화되었다. 계속 같은 화면만을 바라보느라 싫증이 나는 플레이어들을 위해, 또한 몇 번의 대폭적인 업데이트를 거치면서 보다 플레이어들에게 편리한 환경을 제공하게 된 것이다. 〈리니지〉의 기본적인 인터페이스의 구조는 다른 MMORPG와 크

〈그림 3〉 〈리니지〉의 인터페이스

게 다르지 않다. 여타의 다른 게임들이 그렇듯이, 기본적으로 〈디아블로〉의 그것을 본 딴 구조를 이루고 있다. 그러나 특이한 점이라고 한다면, 〈리니지〉의 인터페이스에서는 별다른 단축키를 사용하지 않아도 캐릭터에 관한 거의 모든 것이 표현되어 있다는 점이다. H.P와 M.P, 레벨 외에도 배고픔 게이지, 시간, 그리고 방어구의 수준까지도 한눈에 볼 수 있도록 구성해 두었다. 제한된 화면 안에 이 모든 것을 구현하다 보니 자칫 어지러운 인상을 줄 수도 있지만, 기본적으로 게임 그래픽이 2D인 까닭에 이러한 부분을 효과적으로 완충시켜주고 있다. 또한 위 그림에서 N이 가리키고 있는 아이콘을 움직여서 인터페이스의 크기를 조절할 수 있는 점은 〈리니지〉인터페이스가 가지는 특징이라고 볼 수 있을 것이다.

성향 시스템

〈리니지〉에서 주목할 만한 특징 중 하나가 바로 성향시스템이다. 성향시스템이란 말 그대로 캐릭터의 성향, 즉 선/악의 정도를 나타내는 것으로 이것은 플레이어가 게임을 진행해 나가는 데 적지 않은 영향을 미친다. 온라인 게임의 특성 상 다른 플레이어의 캐릭터와 사소한 충돌들이 없을 수 없고, 이경우 그것의 시시비비와는 상관없는 전투가 벌어지기도 하는데, 성향시스템은 자칫 일방적으로 치달을 수 있는 게임 내의 정의의 왜곡을 완화시키고 플레이어들에게 게임내의 매너를 지키도록 하는 역할을 담당한다. 위 그림에서 D가 가리키고 있는 숫자가 게임 내에서의 성향을 가리키는데, 이 숫자가 클수록 그 캐릭터는 Lawful수치가 강한 것이다. 따라서 게임을 즐기다가 캐릭터가 사망할 경우 그 숫자가 작은 경우보다 훨씬 약한 패널티가 적용된다.

이러한 특징은 플레이어들에게 많은 호응을 얻었으며, 〈리니지〉에서 도입된
이러한 시스템은 차후에 등장하는 한국형 온라인 게임인 〈뮤〉나 〈라그나로
크〉 등에서도 그대로 차용되어 지금까지 사용되고 있는 것으로, 사회성을 중
시하는 한국형 온라인 게임의 특징이라고 볼 수 있다. 게임 내의 성향은 크게
3가지로 분류할 수 있는데 구체적인 내용은 다음과 같다.

· 중립적인Neutral

모든 캐릭터는 처음에 시작할 때 중립적인 성향으로 시작한다. 게임을
진행하면서 준법적이거나 혹은 무질서한 성향으로 변화되며, 이때의 상
태에 서는 어떠한 패널티나 혜택의 적용도 받지 않는다. 또한 캐릭터의
이름이 하얀색으로 표시되어 그 캐릭터의 성향을 나타낸다.

· 준법적인Lawful

대부분의 몬스터들은 카오틱 성향을 가지고 있다. 따라서 사냥을 하다
보면 자신의 성향 수치가 오르게 되어 중립적인 성향에서 준법적인 성
향으로 바뀌게 되며, 이 수치에 따라 캐릭터의 이름색깔이 점점 파란색
으로 변하게 된다. 준법적인 성향이 강할수록, 캐릭터의 사망시에 아이
템을 떨어뜨릴 확률이 줄어든다.

· 무질서한Chaotic

다른 캐릭터를 공격하거나 사망시켰을때, 라우풀 수치가 떨어지며 이것
이 마이너스 값을 가지게 되면 무질서한 성향으로 바뀌게 된다. 이때 캐

릭터의 이름색깔이 빨갛게 표시되며, 게임내 NPC들에게 공격을 받거나 거래가 불가능해지고, 캐릭터의 사망시에 아이템을 떨어뜨린 확률이 매우 커지게 되는 불이익을 받게 된다.

혈맹과 아지트

게임 〈리니지〉의 꽃이라고 한다면 바로 이 혈맹을 들 수 있다. 원작의 데포르쥬 왕자가 반왕인 켄라우헬을 물리치기 위해 수호기사들과 피의 맹세를 한다는 개념에서 따온 혈맹은 〈리니지〉를 즐기는 플레이어라면 반드시 한번쯤은 경험해 보는, 또한 〈리니지〉가 여타의 다른 게임과 차별화 되는 고유의 특징이라고 할 수 있을 것이다. 혈맹 시스템은 사실상 오늘날의 〈리니지〉를 만든 일등공신이라고 볼 수 있는데, 이는 단순한 길드연합을 의미하는 것과는 그 차원을 달리한다. 특히 한국의 게임 플레이어들은 온라인 게임에서 단순히 혼자서 게임을 즐기는 것 이상의 매력에 크게 매료되는 성향을 보이는데, 〈리니지〉는 그러한 플레이어들의 욕구를 혈맹 시스템을 통해 효과적으로 담아내는 데 성공했다. 게임 내에서 혈맹은 비슷한 성향과 목적을 가진 사람들이 만드는 일종의 단체를 의미한다. 이것이 다른 게임의 그것과 가장 크게 다른 점은 게임개발사의 공식적이고 적극적인 지지를 받는다는 데 있다. 뒤에서 소개할 '공성전' 시스템 역시 혈맹을 위한 시스템이라고 볼 수 있으며, 각 혈맹은 능력에 따라 게임내에 구현된 자신들만의 공간, 아지트를 사용할 수도 있다. 이를 통해 플레이어들은 자신의 소속감을 확인받게 되고, 게임을 즐기면서 많은 활동을 소속 혈맹원들과 함께 해 나감으로써 게임에 더욱 몰입하는 것이 가능해진다. 또한 이른바 '적혈' 이라고 부르는 자신들과 뜻이

다른 혈맹과의 경쟁은 플레이어들에게 게임이 제공하는 것 이상의 재미를 느끼게 하며 게임에 임하는 동기를 더욱 자극하게 된다. 2D의 다소 촌스러운 그래픽에 가장 일반적으로 대중화되어 식상할 수도 있는 배경을 택하고 있음에도 불구하고 많은 플레이어들이 〈리니지〉에 열광하는 이유, 그것이 혈맹시스템이라고 말할 수 있다. 이렇듯 많은 플레이어들에게 환영받은 시스템은 당연하게도 그 후 다른 게임에도 차용되어 지금은 거의 모든 게임에서 단순한 길드 이상의 조직체를 운영, 지원하고 있는 것이 사실이다. 연대감과 소속감, 그리고 가족애를 중시하는 한국인의 특성을 제대로 간파한 놀라운 장점, 그것을 게임 〈리니지〉가 처음 시도하고 성공했다는 사실은 주목할 만한 점이다. 그러나 뒤에서 소개하겠지만, 이러한 시스템은 마치 동전의 양면처럼 외국, 특히 북미지역에서 플레이어들에게 외면당하는 결정적 동기로 작용하기도 한다.

혈맹은 그것을 창설할 수 있는 고유의 권한이 있는 클래스, 즉 군주로부터 출발한다. 당연히 위계적인 질서를 이루게 되며, 각 혈맹간 연합이나 파벌을 형성하기도 한다. 〈리니지〉가 모티브로 하고 있는 중세 봉건질서를 효과적으로 구현한 시스템이라고 볼 수 있다.

이들이 사용하는 공간, 즉 혈맹원들만이 사용할 수 있는 공간을 게임내에서는 '아지트'라고 부른다. 아지트는 기란성 업데이트와 함께 업데이트된 사항으로 기란, 하이네, 아덴 세 곳에만 존재한다. 이곳에서는 캐릭터의 수치들이 빨리 회복되는 등의 장점이 있으며, 이 외에도 친목의 목적으로 종종 사용되는 곳으로, 게임개발사가 혈맹을 지지하는 대표적인 시스템이라고 볼 수 있을 것이다.

혈전과 공성전

〈리니지〉의 근간을 이루는 혈맹, 그 혈맹의 활동에 가장 큰 비중을 차지하는 것이 혈전과 공성전이다. 혈전은 말 그대로 혈맹간의 전투를 의미하며, 공성전은 〈리니지〉상에 존재하는 7개의 성을 차지하기 위한 혈맹간의 전투를 말한다. 특히 공성전은 리니지 전투 시스템의 꽃이라고 볼 수 있는데, MMORPG의 특성상 자칫 지루하고 따분해지기 쉬운 개인만의 게임플레이에서 탈피하여 집단이 하나의 동일한 목적을 가지고 치루는 전투이다. 성의 수가 제한되어 있는 탓에 공성전은 매우 치열한 것이 사실이며, 성을 차지하는데 성공한 혈맹은 게임 내에서 소위 '강자'로 인정받게 된다. 하나의 사회로서의 〈리니지〉, 다른 이들의 선망의 대상이 될 수 있는 강자로 거듭날 수 있다는 점은 큰 매력이 아닐 수 없다. 이 역시도 집단주의적 성향에 근거한 한국의 온라인 게임의 특징을 형성한 것이라고 볼 수 있으며, 게임 내에 활력

〈그림 4〉 〈리니지〉 공성전의 모습

〈그림 5〉 〈어둠의 전설〉 공성전의 모습

을 불어넣는 가장 큰 요소가 된다. 〈리니지〉의 이러한 획기적인 발상은 후에 발매된 〈뮤〉, 〈임진록〉등과 같은 성공한 게임들에도 그대로 차용되어져 오고 있다.

애완견 육성 시스템

〈리니지〉의 또 다른 매력이라고 한다면, 이 애완견 육성 시스템을 들 수 있다. 즉 플레이어는 게임 내에서 굳이 집단에 가입하지 않더라도 혼자만의 외로운 사냥을 할 필요가 없다. 게임 내에 존재하고 있는 여러 동물들—도베르만, 늑대, 고양이 등—을 길들이고 이들과 함께 사냥하면서 자신의 캐릭터뿐만 아니라 자신을 충실히 따르는 동물들을 육성하고 그들을 친구로 삼을 수 있다. 이러한 시스템은 사람들의 정서를 효과적으로 자극할 뿐만 아니라, 〈리니지〉가 하나의 세계로서 세세한 부분에까지 얼마나 치밀하게 연구하였는가를 단적으로 보여주는 예가 된다. 또한 현실 세계에서와 마찬가지로, 여기에서 플레이어가 길들인 애완견의 거래도 가능하다. 뿐만 아니라 게임을 중지하고 로그 아웃할 경우, 자신이 길들인 애완견을 이른바 '동물 보관소'에 맡김으로서 단순히 온라인상에서의 펫으로 치부해버릴 수도 있는 단점을 효과적으로 차단한다. 현대사회가 점점 복잡다단해질수록 자신만의 고립된 성에 갇히게 되는 개인들이 늘어나고, 그 반증으로 애완동물에 대한 수요가 갈수록 늘어가고 있다는 사실에 주목한다면, 온라인상에서 그러한 정서를 효과적으로 간파한 게임개발사의 능력에 감탄하지 않은 수 없다. 필자의 경우도, 게임 〈리니지〉를 즐기면서 가장 만족스럽게 생각했던 시스템이 바로 이 점이었다.

아이템 인챈트 시스템

　기존의 온라인 게임에서의 아이템은, 주어진 특성 그대로에 머물러 있거나 플레이어가 이를 변형시킨다 하더라도 극히 제한적인 수준에 머물렀다는 점을 감안한다면, 〈리니지〉에서의 아이템 인챈트 시스템은 아이템에 있어서의 플레이어의 선택과 자유도를 크게 높이는데 기여했다. 〈리니지〉의 아이템은 그 종류에 있어서 〈디아블로〉와 같은 게임에 비해 매우 적은 편인데도 불구하고 플레이어들을 매혹시키는 것이 바로 이 시스템이다. 이것은 기존의 아이템에 특별한 조치를 가해 아이템의 성능을 대폭적으로 상향, 또는 하향 조정하는 것을 의미한다. 아이템의 성능이 좋아질수록 그것은 사라질 확률이 매우 높아지고, 때문에 계속해서 아이템이 누적되어 시간이 흐르고 나면 누구나 멋진 장비를 갖추게 되어 상대적으로 플레이어들의 흥미를 떨어뜨리는 여타의 게임들과 달리, 〈리니지〉에서의 아이템은 계속적인 공급에도 불구하고 항상 활발한 거래의 대상이 된다. 극한까지 상향조정된 아이템은 기존에 그것이 가지고 있던 성능과는 비교할 수 없을 정도의 위력을 발휘하게 되며, 그 희소성으로 인해 많은 플레이어들의 선망의 대상이 된다.

　아이템을 논하면서 또한 빼놓을 수 없는 〈리니지〉의 특성이라고 한다면, 아이템의 착용에 있어서 제한이 거의 없다는 점이다. 즉 고급의 아이템을 착용하기 위한 레벨이나 스태치 제한이 없기 때문에 게임을 처음 시작하는 플레이어라 할지라도 자신의 캐릭터가 기존의 캐릭터들에 대해 상대적으로 받는 불이익이 없다. 즉, 무한경쟁이 가능하다는 것이다. 이러한 〈리니지〉의 특징은 플레이어들이 한층 더 게임에 몰입하도록 만드는 반면, 한편으로는 과도한 경쟁으로 인한 문제점, 즉 아이템의 현금거래와 같은 폐단을 낳기도 했다. 그러나 이러한 단점에도 불구하고, 플레이어들의 입장에서는 제약이 감소되어 자유도가 높아진다는 점 때문에 크게 환영받을 수 있는 요소였다.

6. 맺음말

이상으로 게임 〈리니지〉의 특징, 사람들이 그것에 열광하는 요인이 무엇인가에 대해 분석해보았다. 외국에서 만든 게임이 게임시장을 거의 석권한 가운데 탄생한 〈리니지〉는 주변의 우려에도 불구하고 '유료 온라인 게임'의 가능성을 여는데 성공했다. 동시접속자 10만명이라는 경이적인 성공은 게임개발에서 후발국가였던 우리나라의 게임시장을 효과적으로 자극했으며, 〈리니지〉의 성공에 고무된 각 게임개발사들은 이후 저마다 완성도 높은 게임을 시장에 내놓기 위해 분투하고 있다. 그러나 〈리니지〉의 성공 이후, 국산 게임들이 그 노력 만큼의 성공을 거두지 못했다는 점은 시사하는 바가 크다. 〈리니지〉가 성공할 수 있었던 요인은 기존의 인기있던 외국게임을 그대로 모방하는 수준에 그치지 않고 장점을 차용하되 더 나아가 그것만이 가지는 고유한 특성들을 개발해내고 정기적인 업데이트를 통해 차츰 하나의 독특한 세계로서의 정체성을 가질 수 있었다는 점에 있었다. 그 선두에 서서 이러한 쾌거를 이룬 게임이었다는 점에서, 〈리니지〉에 관한 우려와 비난이 사회문제로 대두되기까지 하였지만 그것과는 별개로 그 가치를 인정하지 않을 수 없다고 생각한다.

그러나, 또 한 가지 간과하지 말아야 할 점으로, 국내시장에서의 성공에 힘입어 해외로 진출한 〈리니지〉가 번번이 쓴잔을 마셨다는 점이다. 이는 각 국가마다의 문화적 배경의 상이함과 그로 인해 게임플레이어들의 선호가 다른 점에 의거한 것이겠지만, 〈리니지〉가 거의 무한 '막노동' 게임이라는 오명에서 완전히 벗어날 수 없다는 점은 인정해야 할 것이다. 이 점을 단순히 하나의 게임이 가지는 한계라고 보기에는 무리인 까닭은 오늘날 사실상 대부분의 한국형 MMORPG가 〈리니지〉를 그 모범답안으로 삼아 개발되어 왔기 때문이다. 아쉽지만 국내 시장은 매우 협소하다. 때문에 해외에서의 실패를 간과하고 국내시장에서의 경쟁에만 머무른다면, 이것은 제 살 깎아먹기 외에 다른 결과는 낳을 수가 없다. 또한, 흐르지 않는 물은 썩기 마련이라는 점에서 우리는 해외의 게임 관계자들이 던지는 충고를 귀담아 들을 필요가 있다. 〈리니지〉가 매우 훌륭한 게임이라고 생각하지만, 그것을 뛰어넘으려는 시도가 없는 한, 한국의 MMORPG의 미래는 그다지 밝지 않다고 생각한다. 물론 이 점이 〈리니지〉가 게임으로서 가지는 매력도를 떨어뜨리는 것은 아니겠지만, 제2, 제3의 〈리니지〉가 탄생되기 위해서는 하나의 성공에 자분자족하지 않는, 보다 열린 사고와 겸허한 마음가짐이 필요할 것이라는 생각이다.

(강성현)

Ⅳ. 컴퓨터 게임의 여러 양상

스포츠 게임

1. 서론

  스포츠는 현대인들에게 매우 중요한 요소중 하나이다. 건강을 위하여 하는 신체활동 이상으로 경제적, 사회적인 의미와 가치를 지니고 있다. 이는 게임산업에서도 마찬가지이다. 지금까지 나온 게임들 중에서 스포츠를 다룬 것들은 매우 많다. 솔직히 말하면 이 세상에 존재하는 모든 스포츠들은 게임으로 이미 만들어 졌다고 해도 과언이 아니다. 그래서 게임의 장르를 구분할 때 스포츠를 다른 장르에서 분리하여 이야기 하는 사람들도 있다. 심지어는 스포츠게임으로 유명한 게임회사도 있다. 〈FIFA〉와 같은 게임의 경우 90년대 이후로 꾸준히 인기를 누리고 있다. 한때는 〈스타크래프트〉와 같이 전국적으로 대회가 열릴 정도의 관심을 받던 게임이었다. 최근에 우리나라의 게임 산업에서도 온라인 스포츠게임들이 많이 생겨나고 있는 것을 볼 때 스포츠게임은 게임제작자[1]나 게임참여자[2], 이 두 부류에게 모두 인기 있는 게임이라고 할 수 있을 것이다.

이렇게 스포츠게임이 인기가 있는 이유는 무엇일까? 나는 크게 두 가지로 그 이유를 설명하려고 한다. 한 가지는 규칙이다. 이것은 참여자와 제작자에게 각각 다르게 적용된다. 참여자의 경우 스포츠게임을 할 때 대체로 큰 어려움을 느끼지는 않을 것이다. 처음 조작이 조금 어려울 수는 있지만, 잘 알지 못하는 스포츠가 아닌 이상, 규칙을 몰라서 못하는 경우는 거의 없다. 그러므로 다른 게임들은 매뉴얼을 자세히 보고 메뉴를 하나하나 실행시켜가며 익히는 반면, 스포츠게임은 조작방법만 조금 익히면 바로 손쉽게 즐길 수 있다. 다시 말하자면 스포츠게임은 그 자체로 참여자들에게 친숙하다고 볼 수 있다. 제작자의 입장에서는 스포츠게임을 제작하는 작업이 다른 게임들보다 좀 더 쉽다고 볼 수 있다. 이미 공식적인 규칙은 현실세계에 정해져 있기 때문에, 각 게임의 제작의도에 맞게 수정 또는 그대로 사용하면 된다. 다른 게임들을 만들 때처럼 모든 부분에서 맨땅에 박치기하듯 고민할 필요가 없는 것이다. 또 한 가지 이유는 대리만족이다. 스포츠게임을 통하여 참여자들은 대리만족을 느낀다. 이 대리만족이라는 부분은 매우 다양하게 나타난다. 게임의 속의 인물들은 대체로 근력이나 민첩성 등의 육체능력이 현실세계의 참여자보다 월등하게 높다. 그렇기 때문에 참여자들은 자신들이 하기 힘든 수준의 경기를 게임 속 인물들을 통해 할 수 있게 된다. 이러한 기본적인 대리만족에 사실성이 추가된다면 좀 더 큰 효과를 거둘 수 있다. 게임 데이터의

---

1 이하 제작자.
2 통칭 게이머라고 한다. 이하 참여자.

사실성은 참여자의 상상력을 극대화 시킨다. 현실세계의 뛰어난 선수들을 게임에 대입함으로서 좀더 흥미와 몰입도를 높일 수 있는 것이다. 예를 들어 축구 게임에서 파랑과 주황 유니폼을 입은 인물들이 경기를 할 때, 경기화면 맨 위에 "A:B"라고 써 있는 것과, "ITA:HOL"라고 써 있는 것은 참여자의 인식에 큰 차이를 가져온다. 거기에다 인물 하나하나에게 실제 국가대표선수들의 이름을 넣어준다면(그래픽의 기술이 부족해서 외모가 실제 선수와 비슷하지 않더라도) 참여자는 이탈리아와 네덜란드의 실제 경기를 생각하며 게임을 진행하게 된다. 그리하여 이탈리아 또는 네덜란드 팀을 좋아하는 사람에게 이 게임은 큰 기대감을 갖게 해 준다.

2. 게임의 소개

여기서 소개하려는 게임은 축구에 관련된 게임이다. 축구는 세계의 거의 모든 나라 사람들이 즐긴다. 많은 청소년들이 세계적인 축구선수들을 우상으로 하고, 또 그들을 목표로 지금도 구슬땀을 흘리고 있다. 이제 축구의 경제적, 사회적 영향력은 무시할 수 없는 수준에 이르렀다. 게임계도 마찬가지이다. 〈피파FIFA〉와 같이 세계적인 인기를 얻고 있는 게임들을 포함하여, 셀 수 없을 만큼 다양한 축구게임들이 출시되고 있다.

〈챔피언십 매니저Championship Manager〉(이하 〈CM〉)는 스포츠 인터랙티브Sports Interactive사(이하 SI사)에서 만든 게임으로 축구를 소재로 하고 있다. 이 게임은 스포츠경영시뮬레이션게임으로 선수 개개인을 직접 조종하는 것이 아니라, 감독의 입장이 되어 선수들을 관리하고 팀을 운영하는 것이다. 〈CM〉은 매우 중독성이 높으며 매니아 층도 두텁다. 독자적인 주소를 갖고 있는 〈CM〉 관련 주요 사이트는 80여개가 넘는다고 한다. 우리나라에는 독자적인 사이트는 없지만 인터넷클럽 등에 3만 명 이상의 회원이 가입되어 있다. 또한 우리나라보다 중독도가 심한 유럽의 경우 〈CM〉때문에 이혼을 하게 된 경우도 종종 있다. 너무 중독성이 강한 나머지 게임 내에 간간히 "애완동물에게 먹이를 주세요"와 같은 일상생활을 빼먹지 말라는 내용을 넣기도 했다. 그만큼 이 게임은 사람을 끌어당기는 매력이 있다.

〈CM〉은 1992년 처음 〈CM1〉이 발표된 것을 시작으로 최근에는 기존의 제작진이 회사를 바꾸어 만든 〈풋볼 매니저Football Manager 2005〉(이하 〈FM5〉)와 기존의 회사에서 만든 〈CM5〉까지 총 16종류가 만들어졌다. 〈CM〉은 크게 두 가지로 분류할 수 있다. 한 가지는 〈CM1〉, 〈CM4〉와 같이 각 게임 사이에 큰 인터페이스의 변화를 보여준 것과 인터페이스 변화는 별로 주지 않고 약간의 보완만을 거쳐 만든 〈CM93/94〉나 〈CM03/04〉와 같은 것들이 있다. 여기서 중점적으로 다룰 〈K리그K-League〉는 후사에 속한다고 볼 수 있다. 〈K리그〉는 기본적으로 〈CM3〉의 인터페이스를 사용하고 있으며, 해외에서 〈CM01/02〉라고 발매된 게임에 약간의 수정을 거쳐 만들었다. 이때 당시 한일월드컵이 개최된다는 것을 감안하고서 타깃을 잡아 만들었다고 볼 수 있겠다. 내가 〈K리그〉를 분석한 이유는 다른 〈CM〉게임에 비해 우리나라에 대해 자세하고 높은 평가를 하고 있기 때문이다. 우리나라 선수들의 능력치가 이 게임에서는 높게 나온다는 것이다. 국가 대표팀의 능력치 뿐 아니라 프로팀, 심지어는 몇몇 아마추어리그의 선수들도 세계일류에 가까울 정도의 매우 좋은 능력치를 보여준다. 또한 게임이 출시될 당시의 아마추어 선수들의 정보 들까지 수록되어 있기 때문에 나에게는 나름대로 의미가 있었다. 이 글에서 는 〈K리그〉를 중심으로 〈CM〉의 매력을 이야기하려고 한다. 그래서 〈CM〉 전 반의 특징이 아니라 〈K리그〉만의 특징인 경우에는 따로 표시를 한다.

3. 게임의 진행

이 게임은 게이머가 실제 선수로 등장하는 것이 아니라 감독으로서 축구 팀을 운영하는 게임으로, 감독이 팀에서 해야 하는 역할을 게임 속에 잘 옮겨 놓았다. 감독은 크게 선수관리, 경기관리, 외부상황 대처의 세 가지 역할을 수행한다. 선수관리는 선수의 영입과 방출, 컨디션 관리와 같이 선수들을 직 접적으로 관리하는 것을 이야기 한다. 경기관리는 다른 팀과의 경기 날자 조 정과 같은 일에서부터 시작하여, 세부적인 팀의 전술까지를 말한다. 외부상 황대처는 구단주나 뉴스와 같은 외부의 평가에 적절하게 대처하는 것을 말 한다. 이러한 감독의 역할들은 게임 내에 세부적으로 구현되어 있다. 참여자 는 자기 팀의 상황에 맞는 행동들을 선택하고 실행한다. 실행은 실시간으로 진행되지 않는다. 여러 가지 일들을 다 한 후에는 반드시 '진행하기' 라는 버 튼을 눌러줘야 한다. 이런 부분에 있어서 턴 방식의 게임과 비슷하다고 볼 수 있다. 진행되는 시간은 상황에 따라 다르다. 게임 내 시간으로 약 일주일정도 를 계속 연산하기도 하고, 경기가 있는 날의 경우에는 몇 번씩 진행하기를 눌 러야하기도 한다. 이러한 진행은 게임 내 시간 2001년 8월 (한국프로팀의 경우 2002년 2월)에 시작하여서 약 10년 정도를 진행한다.

4. ⟨CM⟩의 재미?

이 게임의 중독성이 매우 높고 매니아의 층이 두텁다는 것은 그것이 그만큼 재미가 있는 게임이라는 것을 말해준다. 그렇다면 ⟨CM⟩은 왜 재미가 있는 것인가? 여기서는 크게 세 가지로 나누어서 살펴본다.

서사구조

일반적으로 시뮬레이션게임의 서사는 과정적 서사형식으로, 참여자의 행동누적이 서사에 매우 큰 영향을 준다. 또한 일반적으로 참여자는 어떤 고유한 사건에 제한받지 않고 자신의 의지대로 사건을 만들어 낼 수 있다. ⟨CM⟩도 마찬가지로 어떤 특정한 사건보다는 참여자의 의지로 만들어낸 사건이 강하게 작용된다. 물론 필수적인 경기(리그의 진행과 같은)들이 존재하기는

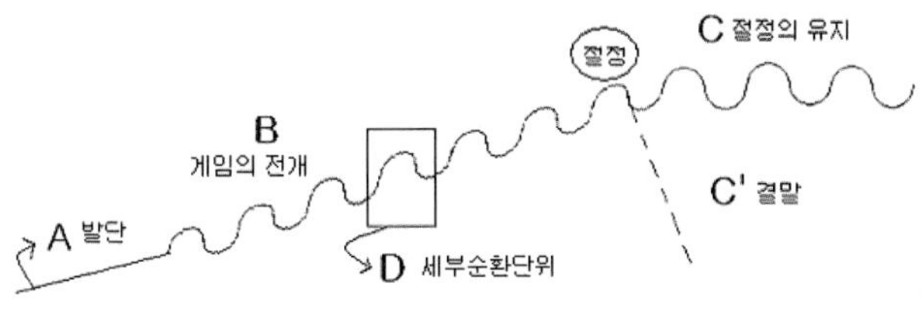

⟨CM⟩의 극적구조

하지만 참여자의 행동이 누적됨에 따라서 경기를 한다는 사실 외에는 모든 것이 변경될 수 있다. 예를 들어 게임시간으로 2001년에 시작하여 2004년 10월의 어느 날에 경기를 갖는 경우, 그 전에 참여자가 어떻게 진행하였나에 따라 만나는 팀은 물론 소속되는 리그가 바뀔 수 있으며 심지어는 날자가 변경될 수도 있다.

〈CM〉의 과정적 서사의 특징은 순환적이라는 것이다. 먼저 경기를 갖는 경우를 극적구조로 분석해 보자.

경기를 시작하기 전에 준비를 발단(A)으로 볼 수 있으며, 게임이 시작되면 실점(또는 실점위기)과 득점(또는 득점기회)이라는 과정이 아나운서의 멘트로 반복해서 나타난다.(B) 그렇게 경기는 절정으로 치닫게 되고 마지막으로 게임이 끝나는 순간 절정이 마무리 지어지며 결말에 도달하게 된다.(C´) 만나는 상대팀은 매번 다르지만 경기의 극적구조는 이 형태를 벗어나지 않는다. 극에서 위기의 순간과 그것을 극복하는 순간이 끊임없이 등장하면서 절정에 달하는 것처럼 경기에서의 두 장면, 즉 실점과 득점은 참여자를 끊임없이 긴장하게 만들고 또 반응하게 한다. 이러한 극적 구조는 시즌 중에서도 발견할 수 있다. 한 시즌 또한 경기와 비슷한 극적구조를 취한다. 이때 각각의 경기의 극적구조는 D에 해당하다고 볼 수 있다. 시즌의 경기가 시작하기 전(A)에 참여자는 돌아오는 시즌을 위해 선수를 보강하는 등의 준비를 하게 된다. 이는 발단부분이라고 볼 수 있다. 시즌이 시작되고 경기가 진행됨에 따라 클라이맥스로 치닫고(B) 시즌 내의 모든 경기가 끝나면 앞에서 말한 것과 마찬가지로 결말에 이르게 된다.(C´) 그렇기에 참여자는 각 경기의 승패에 관심을 갖게 된다. 특히 시즌의 경우 경기와는 달리 긴장을 높이는 요소가 등장하는데, 바로 구단주의 존재 때문이다. 만일 팀의 성적이 구단주의 요구에 비해 좋지 않을 경우 참여자는 감독 자리에서 밀려나게 된다. 물론 감독 자리에서 밀려나는 것 자체가 게임의 끝을 나타내는 것은 아니다. 다른 팀의 감독으로 계속 진행할 수는 있다. 그러나 감독에서 경질된 경험이 참여자의 게임 내 명성을 크게 떨어뜨리기 때문에 좋은 팀의 감독으로 들어가기는 어렵다. 그리고 참여자는 자신이 선택한 팀을 가지고 게임을 하기 원하기 때문이 이 경우 실질적으로 게임이 끝났다고 볼 수 있을 것이다. 이와 같은 방식으로 참여자의 게임 내 전체적인 서사를 나타내기도 한다. 이 경우 D는 한 시즌이라고 볼 수 있다. 앞에서 했던 방법과 마찬가지로 참여자가 처음 게임을 시작하며 팀과 국적, 이름 등을 선택하게 된다.(A) 본격적으로 게임을 시작하여 각각의 시즌을 거치면서 참여자는 절정을 향해 나아간다.(B) 절정에 도달하였을 때 앞의 경우들과는 다르게 (C)와 (C′)의 두 가지 결말이 나오게 된다. 물론 이것은 게임의 끝을 말하는 것이 아니다. (C′)의 경우는 앞에서 말한 것과 같이 이느 정도까지 진행히다가 경질된 것을 의미한다고 볼 수 있겠다. 반면 (C)은 팀을 최상의 상태로 운영하여 계속 감독직을 맡고 있는 것을 의미한다. 이는 참여자가 게임 내에서 계속적으로 최고의 성적을 거둘 때 가능하다. 그리고 이러한 상태는 게임이 강제적으로 끝나는 2010년까지 유지할 수 있다. 여기서도 구단주는 참여자에게 긴장을 준다. 연속적인 패배가 없더라도 점차적으로 팀의 성적이 저하될 경우 참여자는 감독에서 경질된다. 결론적으로 과정적이고 순환적인 극적 구조는 CM을 하는 참여자들을 지속적으로 긴장하게 만들어서, 오랜 시간 동안 게임을 하더라도 질리지 않고 재미있게 즐길 수 있도록 한다.

정교하고 방대한 자료

사실 〈CM〉은 앞에서 말한 서사적인 요인만으로도 충분히 재미있다. 그러나 재미라는 부분을 더욱더 부각시키는 것이 바로 자료이다. 여기에는 선수들에 대한 것뿐만 아니라 팀, 국가, 구장 등에 대한 모든 정보들이 자세히 들어있다. 〈K리그〉의 경우 실제로 존재하는 1만개 이상의 팀과 10만 명 이상의 선수들이 게임 내에 등록되어있다. 또 단지 들어가 있는 수준에서 그치는 것이 아니라 팀을 상징하는 색이나 선수의 특징, 일상생활에서의 성격까지도 최대한 살려서 게임 안에 집어넣었다. 예를 들어 지금 내가 진행하고 있는 리그에서 송종국 선수의 경우 다른 선수들에 비해 활동량과 지구력에서 높은 수치를 보여주었다. 이렇게 모든 선수들에 대한 자료가 상세하게 만들어져 있는데, 이렇게 방대하고 사실적인 자료는 참여자들이 좀 더 게임과 현실세계의 축구에 관심을 갖고 몰입할 수 있도록 만들어준다. 예를 들어 유로 2004에서 그리스라는 팀이 우승을 하였는데, 이것은 〈CM〉을 하는 참여자들에게 좋은 게임시작의 소재가 된다고 볼 수 있다.

자료에서 한 가지 특이한 사항은 수치들이 유동적이라는 점이다. 이 말은 앞의 설명을 뒤엎는 것과 같은 느낌을 주는 것 같지만 사실은 그와 별개의 문제이다. 어드벤처게임의 경우 단선적인 서사로 사건의 진행이 항상 고정되어있기 때문에 했던 게임을 여러 번 하는 경우는 드물다. 롤플레잉의 경우는 그보다는 덜하지만 아무리 분기가 있다 하더라도 명작이 아닌 이상 여러 번 하기는 힘들다. 그런 면에 있어서 무언가 변화가 필요하다. 〈CM〉에서는 자료를 통한 변화, 특히 인물의 능력치 자료를 통해 그러한 변화를 추구하였다. 그래서 게임을 새로 시작할 때마다 각 선수들은 매번 다른 능력치를 가진다. 그러므로 같은 선수를 기용하더라도 항상 같은 과정과 결과가 나오지 않고 다양한 경험을 가질 수 있는 것이다. 그렇다고 아무런 특징 없이 랜덤하게 능력치를 분배하는 것은 아니다. 앞서 예를 든 송종국선수의 경우 지금의 게임에서는 활동량이라는 능력치가 20점 만점에 17점이지만 새로 게임을 시작하면 15가 될 수도 있고 20이 될 수도 있다. 그러나 10이하로는 거의 내려가지 않는다. 또한 성장이라는 개념을 두어서 20이라는 능력이 세팅되더라도 선수의 설정, 예를 들어 나이가 어릴 경우 그보다 낮은 수치를 갖고 시작하게 된다. 이 능력치는 훈련에 따라 증감이 가능하다. 이러한 자료의 유동성은 매번 게임을 할 때마다 새롭다는 느낌을 주며, 여러 번 게임을 진행하더라도 질리지 않게 하는 안전장치와도 같다고 볼 수 있다.

적절한 주위환경

이 게임은 시뮬레이션 게임이나. 시뮬레이션 게임은 원인과 결과에 **충실**한 게임으로 합리적으로 게임을 진행해야 좋은 결과를 얻는다. 또한 축구경기의 감독은 감정에 치우치지 않고 현재 상태를 잘 분석하여 경기를 운영해야 한다. 〈CM〉의 주위 환경은 그런 부분에 있어서 비교적 충실하다. 반대로 화려한 그래픽이나 웅장한 사운드, 박진감 넘치는 게임 플레이를 추구하는 사람들에게 〈CM〉은 욕을 먹기 딱 좋다. 일단 〈K리그〉에서 게임 중에 나오는 소리라고는 경기에 들어갔을 때 배경음으로 들리는 관중들의 북적거리는 소리뿐이다. 이는 경기가 진행하여 득점을 하더라도 변하지 않는다. 또한 가장 화려한 그래픽효과는 경기도중 점수가 났을 때 아나운서의 멘트 부분이 반짝거리는 것이다. 어떻게 보면 매우 불성실하게 게임을 만들었다고도 볼 수 있겠지만(실제로 게임을 평가하는 기자 중 〈CM〉의 사운드와 그래픽에 대해 10점 만점에 각각 1점과 3점을 준 사람도 있다.), 어떻게 본다면 앞에서 말한 것과 같이 매우 합리적으로 게임을 즐기기에 최고의 조건을 만들어 주었다고 볼 수 있다. 게임을 진행하는 과정에서는 아무런 배경음도 존재하지 않는다. 참여자를 현혹시키는 그래픽도 없다. 단지 오른손(또는 왼손)에 마우스를 잡고 몇 번 클릭하면 게임은 진행된다. 이렇게 외부적인 요소들에 감정이 영향을 받지 않으므로 참여자가 게임진행에 있어서 매우 이성적인 선택을 할 수 있다. 즉 참여자가 주체적으로 게임의 서사를 만들어나가게 하기 위해 주위환경들을 최대로 절제했다는 것이다. 특이하게 경기화면에서만 사운드가 나오는 것은 유일하게 참여자가 피동적으로 게임을 '구경'하기 때문이다. 물론 전술의 변경이나 선수교체 등의 이성적이며 능동적인 감독으로서 있어야 하는 상황에서는 사운드가 사라지지만 경기를 재시작하면 다시 관중들의 소리가 들린다. 그래픽도 마찬가지이다. 게임화면은 대체로 정보, 특별히 텍스트를 전달하는 것에 매우 충실한 화면구성을 보여준다. 배경화면이 팀에 따라 변하는 것이 있기는 하지만, 보기 좋은 배경이라기보다는 현재 선택한 팀이 어느 팀이냐를 알려주는 정보에 좀 더 가깝다. 마지막으로 게임을 진행할 때 마우스만으로 게임을 진행할 수 있게 하여 몸의 동작을 최소한으로 하고, 두뇌의 활동을 활발하게 하도록 만들어 놓았다. 그러나 이러한 외부환경의 절제에도 불구하고 참여자는 다양한 내적 감정을 얻게 된다. 화려한 그래픽이나 웅장한 사운드 등으로 참여자를 억지로 흥분 시키는 것이 아니라, 단지 게임 상에서 참여자와 참여자의 팀이 겪는 경험들로 인하여 참여자가 내적인 변화를 갖도록 하는 것이다. 매우 이성적으로 게임을 접근하기에 오히려 더욱 몰입할 수 있고 감정적인 경험을 얻게 되는, 매우 진기한 일을 〈CM〉을 진행하면서 겪게 된다.

단점

아무리 좋은 게임이라 하더라도 단점, 즉 보완해야할 점은 존재한다. 〈CM〉, 특별히 〈K리그〉의 경우 아무리 좋게 보려고 해도 사운드와 그래픽의 빈약함은 단점이 아닐 수 없다. 깔끔하고 단정한 것을 매번 보더라도 질리지 않는 사람이 아닌 이상 아쉬워할 수밖에 없는 부분이다. 이러한 부분에 있어서 이후의 버전에서 꾸준히 고쳐지고 있기는 하다. 그 예로 〈CM4〉부터는 경기화면에 2D경기장이 나와서 게임진행을 대략적으로 보여준다. 사람이 하나하나 세밀하게 묘사되지는 않았지만 선수들의 움직임이나 득점상황 등을 잘 알려준다. 또 하나의 단점은 복잡하다는 것이다. 실제 축구게임의 전술과 전략을 기반으로 하는 게임이기 때문에 게임진행의 깊은 단계에 이르러서는 축구경기에 대한 이해와 지식이 필요하다. 그것이 부족한 사람들은 이 게임을 즐기기 위해 피나는(?) 연구와 많은 시행착오를 겪어야 하고, 그러지 못하면 결국 흥미를 잃고 게임을 접는 불상사가 일어난다. 대체적으로 〈CM〉을 즐기는 대다수의 사람들이 남성인 것은 아마도 축구에 대한 지식이 좀 더 많아서인지도 모르겠다. 또 시뮬레이션 게임이기 때문에 갖는 단점도 있다. 방대한 자료를 연산하다 보니 자동적으로 게임의 속도가 느리다. 뿐만 아니라 자료가 늘어난다는 것은 고려해야 할 부분도 늘어난다는 것이기 때문에 참여자들에게 많은 생각과 고민을 요구한다. 그러므로 단순하게 즐기는 것을 원하는 참여자들에게 〈CM〉은 골칫덩어리에 불과하다. 〈CM〉이 다른 유명게임들에 비해 대중성이 떨어지는 것은 그러한 이유 때문이다.

5. 결론

게임의 목적은 재미이다. 그 재미를 찾아가는 방법은 매우 다양하다. 어떤 사람은 신체적인 활동을 통하여 재미를 찾아간다. 또 어떤 사람은 논리적인 규칙 등을 통하여 재미를 찾아간다. 어떠한 과제를 성취하는 데서 재미를 찾기도 하고, 심지어는 아무것도 하지 않는 것으로 재미를 추구하기도 한다. 어떻게 보면 골치 아픈 게임인 〈CM〉을 하는 것도 결국은 재미를 얻기 위해서이다. 〈CM〉은 참여자의 흥미를 이끌어내고 또 긴장을 시킬 수 있는 요소를 충분히 가지고 있다. 참여자들이 능동적으로 찾아갈 때 진정한 〈CM〉의 재미를 느낄 수 있을 것이다.

(이승모)

비주얼 노벨 게임

1. 비주얼 노벨이란?

일본 특유의 독특한 게임 장르로서 비주얼 노벨Visual Novel이란 말 뜻 그대로 소설을 시각화 해놓은 종류의 게임을 말한다. 비주얼 노벨이란 용어는 리프Leaf사의 1996년 작인 〈시즈쿠〉에서 처음 사용되었고, 그 후로 같은 제작사의 〈키즈아토〉, 〈화이트앨범〉, 키KEY사의 〈원One〉, 〈카논Kanon〉, 〈에어Air〉 등이 대단한 인기를 끌면서 비주얼 노벨이라는 용어가 일반화되었다. 그러나 비주얼 노벨이란 용어의 연원은 춘소프트에서 패미콤용으로 제작한 사운드노벨 게임 〈카마이타치의 밤〉(1994년 작)까지 거슬러 올라갈 수 있다.

엄밀히 말하면 비주얼 노벨은 장르이름이라기 보다는 리프사에서 자사의 시리즈에 임의로 붙인 이름이다. 장르 명으로서는 비주얼 노벨보다, 텍스트 어드벤처라는 장르명이 더 객관적이고 일반적이어서 적합하다고 볼 수 있다. 그렇지만 플레이 방식이 게임의 성격도 가지는 동시에 그 대부분의 활동은 '읽는' 행위에 편중되어 있고, 또한 어드벤처 게임과는 게임 형식이 조금 다르다. 컴퓨터 게임의 일반적 특성인 상호작용성이 극도로 축소되어 있으며 게임의 여러 가지 요소들 중 서사를 제외한 다른 요소들은 거의 무시되다시피 하고 있기 때문이다.

하이퍼텍스트 문학과 마찬가지로 일종의 하이퍼링크를 통해 이야기가 전개되나, 하이퍼텍스트 문학이 무한한 확장성을 특징으로 삼고 있다면 비주얼 노벨은 미리 정해진 몇 가지의 엔딩에 도달하기 위한 선택을 위해서만 하이퍼링크를 사용한다는 차이가 있다. 그러나 그것은 이미 고정된 형태로 발매해야 하는 게임과 계속 써나갈 수 있는 하이퍼텍스트 문학의 성질 차이이며, 그 차이를 제외한다면 비주얼 노벨의 텍스트 구조는 하이퍼텍스트 문학과 완전하게 동일하다고 볼 수 있다.

비주얼 노벨의 내용은 일반적으로는 남성 성인을 대상으로 한 농도 짙은 연애담이며, 플레이어는 남성 주인공이 되어 게임에서 제시되는 여러 명의 여성 캐릭터들 중 하나와 사랑을 이루어야 한다. 예외적으로 남녀의 성 역할이 바뀐 게임이나 주된 내용이 연애담이 아닌 모험담인 비주얼 노벨 게임이 간혹 발매되기도 한다.

비주얼 노벨 게임의 주요 생산국은 일본이다. 국내에서도 소수의 작품이 만들어지고 있으나 상업적인 시장은 발달하지 못했다. 일반적인 분류에서는, 미연시(미소녀 연애 시뮬레이션) 등의 이름으로 불리는 〈동급생〉과 같은 연애 어드벤처 게임이나 〈도키메키 메모리얼(두근두근 메모리얼)〉로 대표되는 연애 시뮬레이션 게임과 묶여서 다루어지고 있다. 원산지라고 할 수 있는 일본에서도 우리나라와 비슷하게 에로게(에로틱 게임)라던가 걸게

(girl+game)라는 이름으로 묶여서 다루어지고 있는 실정이다. 그러나 비주얼 노벨류의 게임은 연애 어드벤처류의 게임과 비교하면 게임의 목적, 즉 원하는 상대와의 사랑에 성공해야 한다는 목표를 제외하면 게임 내적인 특성으로는 비슷한 점이 거의 없다.

비주얼 노벨은 모든 텍스트를 프로그램에서 제시하며 플레이어는 매우 제한된 수의 선택지를 이용하여 소극적으로 플레이 할 수밖에 없다. 이로 인해 플레이어는 게임을 '플레이' 한다기보다는 마치 소설이나 만화를 읽는 듯 한 느낌을 받게 한다.

한편 연애 어드벤처류의 경우 일반적인 어드벤처 게임과 동일하게 플레이어가 마음대로 움직일 수 있는 공간이 존재하며 또한 성격은 조금 다르지만 일종의 퀘스트를 연속해서 클리어 함으로써 최종 결과에 도달하는, 전형적인 어드벤처 게임의 구조를 따르고 있다. 따라서 비록 비주얼 노벨이 완전히 독립된 장르는 아니라고 할지라도, 그것을 분석할 때 연애 어드벤처 등과 같이 놓고 같은 방법을 적용하여 분석하는 것은 타당하지 않다.

2. 비주얼 노벨의 게임 구조

비주얼 노벨은 마치 1인칭 주인공 시점의 소설과 비슷하게 구성되어 있다. 비주얼 노벨의 주인공은 '나'로 제시되며 플레이어는 자신을 그 인물에 쉽게 감정이입할 수 있다. 이러한 특성은 게임으로서 몰입도를 가지는 데에 매우 중요한 요인이다.

비주얼 노벨의 서사 구조에는 일반적으로 연애 대상으로 설정된 여성 캐릭터와의 사랑에 성공하는 해피 엔딩과 그것에 실패하는 엔딩이 존재한다. 또한 대부분의 경우, 여성 캐릭터가 여러 명이고, 한 캐릭터를 두고도 방향이 다른 복수의 엔딩이 존재하는 경우도 있으므로 게임에서 도달 가능한 엔딩은 여러 가지가 된다. 따라서 비주얼 노벨의 서사 구조를 단순화하자면 시작 지점부터 여러 차례 주어지는 선택지로 인해 수십 가지의 경로를 거쳐서 종국에는 몇 가지의 엔딩으로 도로 묶여지는 서사 구조라고 할 수 있다. 이것은 무한 확장성을 특징으로 하는 하이퍼텍스트 문학과는 분명히 다른 특징이며, 게임의 측면에서 보자면 변형된 어드벤처 게임이라고 할 수 있다.

비주얼 노벨은 지금까지 살펴본 것처럼 텍스트가 매우 중요한 역할을 하는 게임이다. 하지만 비주얼 노벨에서 또 다른 중요한 요소가 있는데, 바로 그래픽과 사운드이다. 비주얼 노벨의 그래픽과 사운드는 마치 영화의 그래픽과 사운드가 가지는 역할과 비슷하다고 할 수 있다. 그래픽과 사운드를 텍스트와 조화시켜 한 장면을 만들어 냄으로써 플레이어는 좀 더 강력하게 게임에 몰입할 수 있는 것이다.

비주얼 노벨의 화면 구성은 마치 셀 애니메이션과 비슷하다. 공간은 한 장의 배경으로 제시되고, 인물을 그 위에 겹쳐 놓아 이리저리 움직일 수 있도록 투명종이와 같은 방식으로 그려진다. 그래서 비주얼 노벨에는 최근의 롤플레잉 게임이나 시뮬레이션 게임에서 찾아볼 수 있는 화려한 그래픽은 없다. 배경 그림 한 장에 인물 그림이 인물 수만큼 겹쳐 있을 뿐이다. 더구나 그것은 매우 정적이다. 한 배경 안에서 일어나는 변화라고 해봤자 인물이 등장했다 사라지거나, 인물의 표정이 변하는 정도이다. 물론 인물의 표정을 변화시킴으로써 시각화에 대단히 많은 도움을 주지만, 비주얼 노벨에서 그래픽은 요즈음 나오는 다른 게임들의 경우와는 매주 대조적으로 어디까지나 보조적인 역할에 머물고 있을 뿐이다.

장면 전환도 매우 정적이어서 제시되는 모든 공간마다 한 장씩의 그림으로 표시된다. 예를 들어서 학교에서 집으로 가는 길이라고 하면, 화면이 교실의 그림에서, 복도의 그림, 현관의 그림, 교문의 그림, 길거리의 그림, 집의 그림으로 전환되는 방식이다. 게다가 일반적으로 그 장소에서 어떠한 사건이 있을 때만 배경을 보여주고 있기 때문에 학교에서 집에 갈 때 까지 아무 사건도 일어나지 않았다면 교실 그림에서 바로 집의 그림으로 전환되는 방식이다. 이처럼 비주얼 노벨의 그래픽은 대단히 절제되어 있어 게임 텍스트에서 서술하는 이상의 정보를 좀처럼 주지 않는데, 그러한 면에서 비주얼 노벨의 그래픽은 텍스트를 보조하는 역할만을 수행한다고 볼 수 있다. 물론 몇몇 작품에서는 클라이맥스 등에서 동영상을 보여준다던가 하는 방법으로 그래픽을 강조하는 경우도 있지만, 그 경우에도 그래픽은 텍스트를 보조하는 역할에서 크게 벗어나지 않는다.

비주얼 노벨은 일반적으로는, 회상 장면 등을 제외한다면, 시간적 역전이 없이 주인공이 체험하는 순서대로 사건을 서술한다. 그러한 서술 구조 속에서 플레이어는 자신을 주인공과 동일시할 수 있게 된다. 또한 대부분의 비주얼 노벨의 경우 마치 일기를 쓰는 것과 비슷하게 오늘의 날짜를 계속 표시해주게 되는데, 이것도 감정이입을 위한 장치라고 할 수 있다.

3. 게임과 문학 사이의 경계

비주얼 노벨은 매우 특이한 게임이라고 할 수 있다. 그 때문에 이러한 텍스트 어드벤처 게임도 과연 게임이라고 할 수 있는가 하는 데 대한 논쟁이 계속 벌어졌다. 그렇지만 비주얼 노벨이 비록 매우 수동적인 선택지의 선택에 의하여 게임을 플레이한다고 할지라도 일반적인 게임 구분에 따르자면 어드벤처 게임이라고 할 수 있는 성질이 분명히 내재해 있다. 일본에서는 이 텍스트 어드벤처 게임을 AVG라는 장르 이름으로 부르고 있다. 과거 그래픽 기술이 발전하기 전까지 이러한 텍스트와 선택지만을 가진 게임들이 많이 제작되었는데, 예를 들면 텍스트 머드 게임이 그 경우에 해당한다. 모든 것은 글로 설명되며, 어떠한 순간마다 가능한 선택지가 존재한다.

이 '선택'의 개념을 확대 적용할 경우 대단히 처리하기 곤란한 문제가 발생한다. 가령 〈스타크래프트〉나 〈리니지〉 같은 경우도 극단적으로 본다면 플레이를 시작하고 나서 플레이어가 선택을 해나가는 구조이다. 따라서 선택지를 '선택'하는 것 자체가 비주얼노벨의 특성이라고 할 수는 없다. 그것은 컴퓨터 게임의 일반적인 특성이며 비주얼 노벨은 게임의 주된 재미 요소가 '서사'에 있는 게임이라고 정의할 수 있는 것이다. 이에 반해 다른 일반적인 게임들은 여러 선택들의 관계에서 발생하는 결과의 복잡성과 다양성을 주된 재미 요소로 삼는 게임이라고 할 수 있다. 다른 말로 하면, 서사를 수동적으로 받아들이느냐 혹은 능동적으로 만들어 가느냐의 차이라고 할 수 있다.

이러한 관점에서 보자면, 지금까지 보편적인 용어로 비주얼 노벨 대신 텍스트 어드벤처라는 용어를 사용했지만, 어드벤처 게임은 비록 준비되어 있는 스토리라고 할지라도 게이머가 스스로 플레이하여 스토리를 얻어내는 게 임이며 비주얼 노벨은 스토리가 주어지고 게이머는 선택의 행위를 통해 서 사의 방향만을 지시한다는 차이가 있다. 이렇게 프로그램에서 제시되는 서 사를 수동적으로 받아들이는 게임 방식은 기존의 문학과 대단히 유사한데, 그런 측면에서 이 비주얼 노벨을 분석할 때는 게임의 이론보다는 문학의 이 론이 더욱 유용하게 된다. 다른 요소가 없이 오로지 서사에 모든 것을 의존하 고, 기존 문학과 다른 점이라면 오직 시각화를 위한 그림을 사용한다는 점 외 에 다른 차이를 찾아볼 수 없기 때문이다.

따라서 비주얼 노벨은 문학이 게임 내부로 포섭된 형태라고 볼 수 있다. 컴 퓨터 게임은 대단히 광범위한 도구로 볼 수 있고, 게임이라는 형태를 가짐으 로서 컴퓨터 밖에 있는 여러 가지 놀이들을 포섭해왔다. 예를 들면 컴퓨터 카 드놀이나 컴퓨터 화투 등으로 대표되는 컴퓨터 보드게임이나 소꿉놀이 등이 그 사례다. RPG게임, 장기 등의 게임을 컴퓨터라는 환경에 맞게 옮긴 것이 전략게임이라고 한다면 문학이 컴퓨터 게임 안에 포섭된 것이 비주얼 노벨 이라고 할 수 있는 것이다.

4. 비주얼 노벨의 미래

비록 다른 여러 게임에서 '서사'가 대단히 중요한 역할을 한다고 해도, 서 사 그 자체는 게임 내에서 중심적인 역할을 하지 못한다. 게임에서 서사는 일 종의 사건의 필연성을 제시해주는 역할에 그치는 것이 대부분이다. 물론 그 서사 구조가 대단히 잘 짜여 있어 따로 소설 등의 다른 매체로 번역되어 나오는 경우도 있지만, 기본적으로 게임에서 서사는 보조적인 역할에 머문다.

이렇게 볼 때, 게임과 문학의 경계를 구분 짓는 것은 별 의미가 없는 일이다. 오히려, 문학이 컴퓨터 게임이라는 보다 거대한 세계 안에 들어감으로써 컴퓨터라는 매체, 그리고 이러한 디지털 매체에 익숙한 세대를 위한 새로운 형식의 문학이 등장할 수 있는 가능성이 열렸다는 점에 의미를 부여하는 것이 온당하다고 할 수 있다. 비록 지금까지 비주얼 노벨에서 다루는 소재들이 매우 한정된 것이었지만, 앞으로 보다 다양한 소재의 비주얼 노벨이 나오기를 기대해 볼 수 있다. 맨 처음에 언급했던 〈카마이타치의 밤〉의 경우 연애물이 아니고 공포물의 형태를 취하고 있는데, 공포물의 경우에는 〈카마이타치의 밤〉 이외에도 몇 가지의 작품이 출시되었었다.

물론 모든 형태의 문학이 게임으로 만들어질 수는 없으며, 좀더 직접적으로 독자들과 교감할 수 있는 소설이나 희곡의 형태만이 비주얼 노벨에 적합하다고 볼 수 있다. 시나 수필의 경우 그 분량 자체가 짧은 데다 그 주된 내용이 서사가 아니라는 점에서 비주얼 노벨에 적합한 형식이 되기는 어렵다. 따라서 앞으로 보다 다양한 문학 작품들이 비주얼 노벨이라는 틀 속으로 편입되고 그 결과가 성공적이라면 비주얼 노벨은 게임 장르로서 뿐만 아니라 하이퍼텍스트 문학과 같은 문학의 새로운 패러다임으로 등장할 수 있을 것이다. 하이퍼텍스트 문학이 처음에 등장했을 때는 대단히 새로운 패러다임의 문학으로 각광받았지만, 지금은 크게 주목받지 못하는 이유가 하이퍼텍스트 문학이 내걸었던 확장성과 자유도가 독자에게 너무 부담스러웠기 때문이라고 생각한다. 이러한 면에서 기존 문학과 같은 구조를 가지고 있으면서도 어느 정도 상호작용이 가능한 비주얼 노벨 게임에는 새로운 형식의 문학으로 인정받을 수 있는 가능성이 열려 있다.

마지막으로 비주얼 노벨의 새로운 가능성을 점쳐볼 수 있는 게임의 예를 하나 들어본다면, 타입문Typemoon사의 〈페이트/스테이 나잇Fate/Stay Night〉을 꼽을 수 있다. 이 게임은 연애담보다는 모험담 쪽에 비중을 둔 이야기로, 텍스트 분량만도 약 4메가바이트, 단행본 소설책으로 15권은 됨직한 분량의 거대한 게임이다. 이 게임에서 주목할 점은 수많은 인물 그림, 화면효과와 효과음들이다. 이 게임의 인물 그림은 다른 게임에 비해 대단히 많은 편이며 다른 게임이라면 텍스트로만 처리할 법한 '등을 돌렸다' 나 '가까이 다가왔다' 등의 행위도 모두 그림으로 표현하고 있다. 화면 효과와 효과음들은 특히 전투장면에 집중적으로 쓰였는데, 동영상을 전혀 사용하지 않고서도 오로지 잔뜩 몰입하게 하는 텍스트와 화면 흔들기, 일부분만 확대하기, 울렁거리게 하기, 여러 화면을 오버랩시키기 등의 수많은 화면 효과, 그리고 엄청난 수의 효과음을 조화시켜 마치 영화를 보는 듯한 착각을 불러일으키고 있다. 이러한 기술의 발전이 계속 이루어진다면, 비주얼 노벨에서 일반적인 RPG나 어드벤처 수준의 실시간 그래픽을 얻을 수 있을지도 모르는 일이다. 만일 비주얼 노벨에서 이러한 실시간 그래픽이 가능하게 된다면, 아직은 실험 단계에 머물러있는 인터랙티브 영화의 훌륭한 구현방법이 될 것이며, 그런 쪽으로 분화될 수도 있을 것이다.

(정동섭)

미소녀 게임

〈화이트 앨범〉은 지금은 무척 유명한 일본의 미소녀 게임 회사인 리프Leaf 가 처음에 내놓은 비주얼 노벨 시리즈 이후에 내놓은 4번째 작품으로 리프 작품 중에서 처음으로 비주얼 노벨 시리즈라는 타이틀이 제외된 작품이다. 1998년 출시된 작품으로 성인용 게임이며 국내에 정식으로 수입되지는 않았 지만 '백색 마약'이라는 별명으로 불리며 상당한 인기를 끌었고 동호인들을 통해 한글화가 진행되기도 했다.

1. 미소녀 게임

미소녀 게임이란 무엇인가? 〈화이트 앨범〉을 분석하기 앞서서 〈화이트 앨 범〉을 다른 많은 게임들과 구분을 짓는 하나의 분류인 '미소녀 게임'이 가지는 의미에 대해서 이야기할 필요가 있다. 〈화이트 앨범〉을 미소녀 게임으로 분류하였지만 미소녀 게임은 시뮬레이션, 어드벤처 등과 같은 하나의 게임 장르를 말하는 것이 아니라 어떠한 특징을 가진 특정 게임들을 묶는 개념으로 정확한 정의를 가지고 있는 단어가 아니다. 일본 학계에서 이러한 분야의 게임들에 대해 어떤 방식으로 접근하고 분석하는지에 대해서는 언어적인 한계 때문에 본인으로선 알 수가 없다. '미소녀 게임'은 국내에서 말하는 특정 분야의 게임들의 총칭이다.

미소녀 게임이라는 단어 자체가 정의가 불분명하기 때문에 미소녀 게임이라고 불리는 게임들의 특징 또한 무엇이라고 말하기가 힘들다. 하지만 미소녀 게임으로 특정 게임들을 분류하기 위해서는 무엇인가의 공통적인 '특징'이 필요하다. 미소녀 게임이 무엇인지를 이해하기 위해서는 이러한 공통적인 특징이 무엇인지를 생각해 볼 필요가 있다. 미소녀 게임이 가지는 여러 가지 특징 중에서 공통된 항목들을 축약하여 정리하면 다음과 같다.

A. 현실에 존재하지 않는 '미소녀'가 등장하는 게임이어야 한다.
B. 대부분 주인공과 이성 캐릭터 간의 관계가 게임의 목적이 된다.
C. 작품의 진행에서 이성 캐릭터 간의 대화가 차지하는 비중이 대체로 높다.
D. 게임 진행 과정에서 주인공과 밀접하게 관계를 맺는 캐릭터가 누구인가에 따라서 스토리가 통일되어 있지 않고 사건과 결말이 다르게 진행되는 경우가 대부분이다.

실제로 넓은 의미에서 미소녀 게임에 포함시키기 위해서는 A의 요소를 충족시킨다면 문제가 없다고 생각이 될 수도 있다. 하지만 기본적으로 '美' 라는 가치는 모든 인간이 추구하는 가치이며 미소녀 게임으로 분류되지 않는 게임에서도 미소녀가 등장할 가능성은 무척 높다. A는 특징이라기 보다는 일종의 전제에 가까운 의미이며 '미소녀' 가 등장하지 않는 미소녀 게임은 없다.

B는 미소녀 게임이 가지는 '관계 지향성' 을 말하는 것이다. 미소녀 게임으로 분류되는 대부분의 게임들은 이성간의 '연애' 라는 관계를 그 목적으로 하고 있으며 일부 게임의 경우는 성적인 관계를 목적으로 하기도 한다. 이는 게이머들이 미소녀 게임을 즐기는 대표적인 이유와 가장 밀접하게 관련된 특징이라고 할 수 있는데 현실에 존재하지 않는 이상형의 '미소녀' 와의 관계를 통한 대리 만족이 바로 그 이유이다.

B에서 연애를 목적으로 하는 대부분의 미소녀 게임은 작품의 진행을 위해 게이머와 캐릭터간의 대화라는 요소를 중시하며 C의 특징은 바로 그것을 말하는 것이다. 대부분의 미소녀 게임은 사건의 진행을 텍스트를 통해서 하고 있으며 캐릭터와의 대화 과정에서 음성이라는 추가적인 요소를 집어넣고 있다. 기본적으로 관계 지향적인 특성을 가지고 있기 때문에 작품의 진행 과정에서 대화가 차지하는 비중이 높고 그에 비해 다른 요소의 비중은 극도로 낮을 수 밖에 없다. 심지어 90년대 후반에 나타난 비주얼 노벨Visual Novel류의 게임에서는 대부분의 진행이 소설 형태의 텍스트로 이루어지고 몇몇 부분에서 질문에 대한 선택을 통한 분기가 이루어져 이를 통해 결말이 결정될 정도로 철저하게 텍스트에 그 초점을 맞추고 있다. 물론 일부 미소녀 게임의 경우 접근 방식을 차별화하여 이러한 특징이 낮게 나타나기도 하며 그 접근 방식은 다양한 방법으로 나타난다.

D는 미소녀 게임에서 캐릭터가 가지는 비중에 대한 것으로 관계 지향적인 특성을 가지고 있는 만큼 그 진행 과정이나 결과 또한 캐릭터와의 관계에 초점을 두어야 한다는 점을 언급한 것이다. 즉, 작품의 스토리가 철저하게 캐릭터에 맞추어져 있어야 한다는 것으로 하나의 커다란 스토리 구조 속에서 이성 캐릭터와의 연애 관계를 부수적인 요소로 집어넣은 게임과 미소녀 게임을 구분하기 위한 특징이기도 하다. D의 경우 다른 특징에 대해서 구별하기가 힘들다고 볼 수도 있는데 그 이유는 캐릭터가 중심이고 커다란 스토리 구조가 부가적으로 움직이는 게임과 커다란 스토리 구조를 중심으로 캐릭터라는 요소가 부가적으로 추가된 게임을 구분하는 것이 명확하지 않기 때문이다. 전자의 경우는 미소녀 게임에 속하고 후자의 경우는 속하지 않는다고 할 수 있는데 일부 게임의 경우 관점에 따라 개인차가 드러나기도 한다.

미소녀 게임을 위와 같은 식으로 특징짓는다고 해서 그 장르를 특정하는 것은 불가능하다. 여러 요소가 복합적이면서도 독특하게 나타나기 때문에

〈그림 1〉 비주얼 노벨 시리즈, Vol.3 〈투 하트To Heart〉

기존의 게임을 구분하는 장르를 적용하기도 힘들고 미소녀 게임 내에서 새로운 장르를 구분해내기도 힘들다. 예를 들자면 철저하게 텍스트 위주로 진행되는 비주얼 노벨의 경우도 이후 다양한 게임에 적용되어 비주얼 노벨의 요소와 다른 요소가 결합된 게임들이 상당히 많다는 점에서 구분이 애매하다. 게임의 소재나 내용으로 분류하려는 경우도 있지만 이러한 경우 그 기준을 명확하게 잡기 어렵다는 점 때문에 무리가 있다. 굳이 장르를 이야기하자면 기존의 게임의 장르 구분을 적용하기 힘들다는 점에서 '미소녀 게임'이라는 장르가 새롭게 존재한다고 말할 수 있을지도 모르겠다.

〈화이트 앨범〉의 시스템

〈화이트 앨범White Album〉은 리프의 전작인 비주얼 노벨 시리즈에서 약간 변형된 형태를 하고 있다. 기본적으로 주인공은 일주일이 시작하기 전날 저녁에 스케줄을 정하고 그에 따라 행동하다가 이벤트가 발생하면 이벤트 화면으로 넘어가는 구조를 가지고 있다. 말하자면 비주얼 노벨에 시뮬레이션의 요소를 추가한 것이라고 할 수 있다.

게임 시스템의 주요 특징들은 다음과 같이 정리할 수 있다.

스케줄의 설정

〈화이트 앨범〉에서 게이머는 일주일 단위로 스케줄을 정하고 해당 스케줄을 수행하다가 이벤트가 발생하면 이벤트를 진행하는 방식으로 게임을 진행한다. 주인공이 스케줄을 진행하다 보면 체력의 수치가 조금씩 떨어지는데 전부 떨어지면 며칠 간 행동불능이 되며 그것을 피하기 위해서 일정을 조절하면서 적절하게 휴식을 취해야 한다. 스케줄을 정하는 날은 대체로 주가 시작되기 전인 일요일 저녁이지만 강제 이벤트의 발생 여부에 따라 이벤트가 끝난 직후인 월요일이나 화요일 저녁이 될 수도 있다.

게이머가 선택할 수 있는 일정의 항목은 다음과 같다.

· 자유행동
· 대학
· 휴식
· 아르바이트 (가정교사, AD, 찻집)

각 날짜의 칸에 모두 행동을 정하면 '결정'을 눌러서 행동을 정할 수 있다.

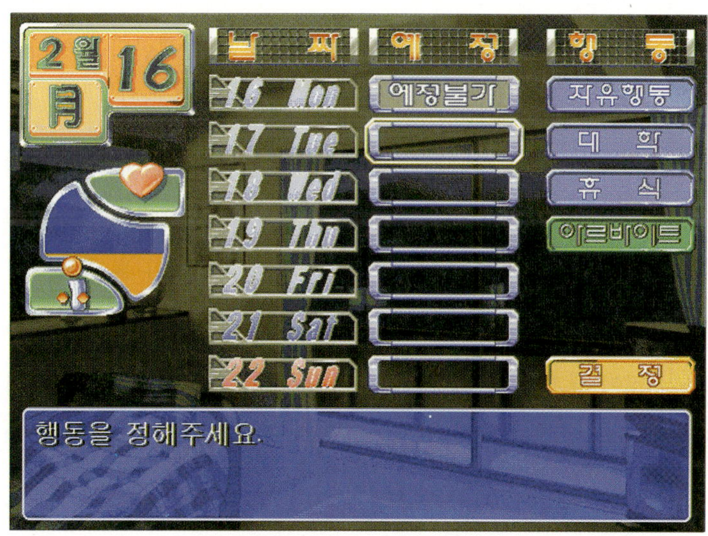

〈그림 2〉 화이트 앨범의 일정 관리 화면

〈화이트 앨범〉이 가지고 있는 시뮬레이션적 요소가 바로 이 스케줄 시스템으로 비주얼 노벨 시리즈와의 차별화된 요소이기도 하다. 하지만 이러한 요소만을 가지고 이 게임을 시뮬레이션이라고 하기에는 무리라고 할 수 밖에 없다. 앞에서 언급한대로 미소녀 게임을 기존의 특정 장르와 비교하는 데는 무리가 따른다.

랜덤Random 이벤트 시스템

〈화이트 앨범〉의 이벤트는 랜덤 이벤트와 강제 이벤트의 두 가지로 구분할 수 있다. 랜덤 이벤트는 스케줄을 실행하면서 캐릭터와의 랜덤하게 발생하는 대화 이벤트이다. 전작이었던 비주얼 노벨 시리즈 3탄 〈투 하트To Heart〉와 같은 작품의 경우 호감도와 시간, 장소가 일치되어야만 이벤트가 발생하는 시스템이었던 것과는 달리 〈화이트 앨범〉의 이벤트는 지정된 몇몇 장소 중에서 호감도나 시간과는 무관하게 대화 이벤트가 발생한다는 차이점을 보인다.

이러한 이벤트는 필수 이벤트가 아닌 호감도를 높이기 위한 이벤트이지만 일정 기간까지 호감도를 일정 수준 이상으로 올려야 강제 이벤트가 발생하므로 상당히 중요한 이벤트이다. 그렇기 때문에 게이머가 특정 캐릭터의 스토리를 진행을 시도하는 과정에서 원하는 만큼 랜덤 이벤트가 발생하지 않는 경우가 많이 생기는데 이는 다양성의 추구와 기존의 게임들에 비해서 게임 진행의 난이도가 올라갔다는 측면, 현실 상황에서의 인간관계는 원하는 대로 이루어지지 않는 우연의 산물임의 묘사 등으로 설명될 수도 있다. 하지만 실제 게이머는 세이브 & 로드를 반복하면서 게임을 진행하게 되기 때문에 게이머의 반복 작업으로 인하여 게임의 플레잉 타임이 자연스럽게 증가한다는 결과로 나타나고 그에 따라 〈화이트 앨범〉이 가진 중독성이라는 단점이 부각되기도 했다.

〈그림 3〉 〈화이트 앨범〉의 랜덤 대화 이벤트 화면

캐릭터와의 대화와 호감도

랜덤 이벤트로 발생하는 주인공과 캐릭터간의 대화 이벤트는 스토리의 진행과는 관계가 없는 일상적인 잡담을 그 소재로 하지만 이러한 일상적인 대화를 통해서 해당 캐릭터의 주인공에 대한 호감도를 높이는 것은 무척 중요하다. 기본적으로 대화를 많이 하는 것이 그 캐릭터와의 호감도를 높이는 가장 좋은 방법이며 다른 캐릭터와의 호감도가 지나치게 올라가는 것을 막기 위해 찻집 이외의 장소에서는 주인공이 스스로 발견한 캐릭터와의 대화를 거부할 수도 있다.

　각각의 캐릭터와의 특정 소재의 대화 이벤트 중에는 대화 상대가 주인공에게 질문을 던지는 경우가 발생하는데 이러한 질문에 잘 대답하는 것은 호감도에 큰 영향을 주기 때문에 무척 중요하다. 이러한 질문의 경우 그 캐릭터뿐만 아니라 그와 관련된 다른 캐릭터의 호감도에도 영향을 미칠 수 있는데 그렇기 때문에 특정 캐릭터 이외의 다른 캐릭터와도 대화도 필요하다. 또한 특정 질문의 경우 이후 해당 캐릭터와 약속을 잡는 연계 이벤트가 발생할 수도 있다.

〈그림 4〉 〈화이트 앨범〉에서 캐릭터의 질문

강제 이벤트의 발생

어떠한 캐릭터와의 호감도가 일정 기간까지 일정 수준 이상으로 올라가면 필수적으로 강제 이벤트가 발생한다. 이러한 강제 이벤트는 그 캐릭터와의 스토리 진행에 꼭 필요한 이벤트이며 강제 이벤트를 거부하면 해당 캐릭터와의 스토리는 더 이상 진행할 수 없다. 강제 이벤트는 특정 날짜에 무조건 발생하는 경우와 일정 기간 내에서 랜덤하게 발생하는 이벤트가 있으며 〈화이트 앨범〉에서의 최종 결말까지의 진행은 강제 이벤트와 유사한 형태로 진행된다.

강제 이벤트가 발생하는 경우에는 다량의 대화와 묘사, 이벤트 CG가 포함되는 등 리프사의 비주얼 노벨의 요소가 강하게 드러난다. 이러한 요소 때문에 〈화이트 앨범〉이 비주얼 노벨의 타이틀 없이 출시되었음에도 불구하고 비주얼 노벨 작품의 연장선상에서 보는 시각들도 있다. 하지만 기존의 비주얼 노벨 시리즈가 인물이나 주변에 대한 묘사, 혹은 주인공의 심리 묘사가 중심을 이루고 캐릭터와의 대화가 많지 않기에 한 편의 '소설'을 보는 듯한 진행 구조를 가지고 있었다면, 〈화이트 앨범〉의 경우는 주인공의 심리 묘사의 비중은 높은 편이었지만 캐릭터와의 대화가 전체적으로 가장 큰 비중을 차지하였기 때문에 한 편의 '드라마'를 보는 듯한 느낌을 주는 신행구소를 가지고 있다.

강제 이벤트의 내용은 초반에는 해당 캐릭터와의 친밀도 증가, 중·후반에서는 본격적인 연애 과정에서의 갈등을 그리고 있으며 그렇기 때문에 중반 이후의 강제 이벤트는 여러 캐릭터에서 동시에 발생할 수 없다. 강제 이벤트에서도 상대 캐릭터가 질문을 던지는 경우가 있는데 이에 대한 답변을 제대로 하지 못하면 해당 캐릭터와의 스토리의 진행이 되지 않는다는 점에서 무척 중요하다고 할 수 있다.

〈화이트 앨범〉의 스토리

　미소녀 게임을 평가하는 기준은 '음악', '캐릭터', '일러스트', '게임성' 등의 여러 가지 요소가 있지만 90년대 중반 이후 미소녀 게임이 부흥기를 맞아 전체적인 수준이 향상되면서 미소녀 게임을 '수작'이냐 '평작'이냐를 평가하는 결정적인 기준으로 자리잡은 것이 바로 스토리이다. 〈화이트 앨범〉이 인기를 끈 결정적인 이유 또한 스토리이기 때문에 이 게임의 스토리를 분석하는 것은 작품 분석에서 가장 중요한 요소이다.

　〈화이트 앨범〉은 주인공과 관계된 6명의 캐릭터를 중심으로 스토리가 전개되는 미소녀 게임이다. 이러한 각각의 캐릭터들은 전혀 다른 개성을 가지고 있으며 주인공과의 관계 설정 부분부터 전혀 다르기 때문에 스토리 구조 또한 천차만별이다. 이러한 각각의 캐릭터들의 스토리의 구조를 하나로 통일하여 분석한다는 것은 무리가 있으며 그렇다고 각각의 캐릭터들의 스토리를 하나씩 따로 분석하는 데도 문제가 있다. 따라서 스토리에 대한 분석은 각각의 스토리들이 가진 공통적인 특징에 대해 이야기하는 방식으로 접근하려고 한다.

　〈화이트 앨범〉은 위에서 언급한 대로 '소설'을 읽는 느낌이라기 보다는 '드라마'를 보는 느낌을 주는 작품이다. 그러한 느낌을 주는 가장 큰 이유는 캐릭터간의 대화 중심으로 이벤트가 진행된다는 점이지만 그 외에도 몇 가지 요소가 눈에 띈다. 스토리가 전개되면서 갈등 구조가 연속적으로 이어진다는 점, 스토리의 전개 과정에서 주인공의 심리 묘사가 현실적으로 공감이 가는 내용이라는 점, 스토리 전개 과정에서 다른 캐릭터와의 관계가 갈등 요소로 작용한다는 점 등등이다.

　이러한 스토리의 중심에 존재하는 캐릭터가 바로 히로인 ‘유키’이다. 〈동급생 2〉 이후에 대부분의 미소녀 게임에서 ‘히로인’이 존재하였지만 실제로 캐릭터를 중심으로 한 미소녀 게임에서 히로인이 다른 캐릭터와의 관계에서 영향을 주는 일은 거의 없었다. 캐릭터간의 관계가 복잡하게 설정되는 경우는 중심적인 사건이 존재하고 그 사건의 진행 과정에서 캐릭터와의 관계가 중요시되는 작품들의 경우였으며 캐릭터를 중심으로 한 작품에서 스토리에서 영향력을 주고받는 캐릭터들은 ‘가족’이나 ‘절친한 친구’와 같은 관계를 가진 캐릭터들이었으며 대부분의 캐릭터들이 독립적으로 스토리를 이끌어 갔다.

　이와는 달리 〈화이트 앨범〉은 시작부터 주인공과 유키는 서로 신뢰하는 연인 사이로 설정되어 있기 때문에 기존의 작품들에 비해 히로인의 존재가 가지는 비중이 매우 높을 수 밖에 없다. 유키의 시나리오가 아닌 다른 모든 캐

〈그림 5〉 〈화이트 앨범〉의 히로인 유키

릭터의 시나리오를 진행하는 과정에서 유키라는 연인의 존재는 결정적인 갈등 요소로 작용하게 되는데 이러한 결정적인 히로인의 존재는 〈화이트 앨범〉 이전의 작품들에서는 보여지지 않았던 특징적인 점이다.

주인공이 신뢰하는 연인이 존재한다는 것은 유키의 시나리오가 아닌 다른 캐릭터의 시나리오를 진행하는 경우 주인공과 공감대를 형성하는 게이머에게 부담스러운 요소로 작용한다. 특히 게이머들은 히로인인 유키의 시나리오를 가장 먼저 진행하게 되는 경우가 많은데 유키의 시나리오에서 나타난 주인공에 대한 유키의 지고지순한 사랑을 확인하고 나면 이후 다른 캐릭터와의 시나리오를 진행하는 과정에서 주인공뿐만 아니라 선택의 주체인 게이머에게도 갈등요소로 작용한다. 몰입도가 높은 몇몇 게이머의 경우에는 갈등의 정도가 심해지며 이러한 과정에서 게이머를 '폐인'으로 만든다는 '백색마약'이라는 별명이 생기기도 했다.

그러한 부담감을 가지게 하면서도 동시에 〈화이트 앨범〉에서는 어째서 주인공이 유키가 아닌 다른 여자를 바라보게 되는지에 관하여 주인공의 지속적인 내면적 갈등의 묘사를 제공한다. 히로인인 유키를 아이돌 스타로 설정한 것은 작품이 가지는 화려함을 증대시키는 측면도 있지만 그 이상으로 주인공의 내면 묘사 과정에서 중요성을 가지게 된다. 대학에 들어온 이후 아이돌 스타로 데뷔한 자신의 여자친구가 대중의 인기를 모으면서 만나기도 힘들어지기 때문에 과거 자신의 연인이었던 유키가 모두의 연인으로 자리잡으면서 가지게 되는 주인공의 상실감에 대한 지속적인 묘사가 바로 그것이다. 이러한 주인공의 내면적인 변화는 다른 캐릭터의 시나리오가 가능하게 되는 틈새이기도 하고 유키의 시나리오에서 결정적인 갈등구조로 작용하기도 한다.

〈화이트 앨범〉이 가지는 결정적인 매력인 '갈등'의 요소는 유키 이외의 다른 캐릭터의 시나리오에서 점점 그 강도가 심해진다. 〈화이트 앨범〉 이전의 캐릭터를 중심으로 한 미소녀 게임에서 대부분의 스토리가 친밀해지는 과정에 대한 묘사와 각각의 캐릭터들이 가진 내면적 갈등에 대한 해소를 중심으로 다루었다면 〈화이트 앨범〉에서는 캐릭터 본연의 내면적 갈등보다는 주인공과의 연애 과정에서 해당 캐릭터가 가지게 되는 유키에 대한 부담감, 그 캐릭터와의 연애 과정에서 주인공이 다른 캐릭터와 겪게 되는 마찰, 주인공이 유키에 대해 가지게 되는 죄책감 등의 요소들이 주를 이루고 있다.

말하자면 〈화이트 앨범〉에서는 모든 갈등 요소가 캐릭터간의 관계에 초점을 맞추고 있으며 그렇기 때문에 주인공과 게임을 진행하는 게이머에게 심각한 고민을 요구한다. 이러한 현실에 가까운 갈등 구조가 마치 한 편의 '드라마'를 보는 듯한 효과를 주며 게이머가 주인공의 선택에 직접적으로 관여

〈그림 6〉 히로인과 다른 캐릭터와의 마찰 발생

한다는 점에서 오히려 드라마 이상으로 게이머의 작품에 대한 몰입도를 증
가시킨다. 이러한 점 때문에 〈화이트 앨범〉의 스토리가 작품의 가장 큰 매력
이라고 할 수 있는 것이다.

〈화이트 앨범〉의 분석을 마치며

지금까지 미소녀 게임 〈화이트 앨범〉에 대한 분석을 하였다. 미소녀 게임에
대해 나름대로의 정의를 내리고 대표적인 작품들에 대해 조사해보았는데 국
내에서 자료를 구하기도 힘들고 지식도 부족하여 주관적인 판단이 많이 들어
갈 수 밖에 없었다. 대표적인 작품으로 〈화이트 앨범〉을 선정하여 게임 시스
템과 스토리에 대한 분석을 해 보았는데 기본적으로 '서사'가 중심이 되는 미
소녀 게임의 분석이기에 스토리에 대한 분석을 특히 신경을 쓰려고 했지만
결과를 놓고 보니 상당히 단편적이고 주관적인 분석이 되어버린 듯 하다.

미소녀 게임이라는 독특한 분야의 게임을 다른 게임들과 같은 기준에서
분석하는 것은 무척 힘든 일이었기에 나름대로 게임의 특성을 이해해서 분
석하려고 노력했는데 실제로 게임을 플레이 한 경험이 많지 않다는 점이 한
계로 느껴지기도 했다. 다른 분야의 게임들을 즐기는 유저들의 경우 기존의
잣대로 미소녀 게임을 평가하고 부정적으로 인식하는 경우가 많은데, 게임
을 좋아하는 사람이라면 좀 더 열린 시각으로 전혀 다른 분야의 게임을 다른
방법으로 이해하려는 노력이 필요하다고 본다.

(서웅석)

〈GTA〉

'GTA'란 'Grand Thief Auto'의 약자로 말 그대로 풀어 쓰면 '위대한 자동차 도둑'이라고 할 수 있다. 이 게임은 게임이라는 매체의 본래 목적에 충실한 자유도와 가상현실을 만끽할 수 있는 그래픽적인 요소에 충실한 매우 흥미 있는 게임이다. 제목에서 알 수 있듯이 이 게임의 기본적인 뼈대는 반사회적인 행동으로 말단 마피아 단원이 살인, 폭파, 암살 등의 임무를 통해 점차 갱단의 중심인물로 성장해 나가는 것이다.

현재까지 시리즈물은 총 일곱 개가 발매되었다. 여기서는 첫 번째 발매작인 〈GTA(London 1969)〉를 시작으로 게임에 대한 특징을 분석하고 그에 대해 평가를 한다. 〈GTA(London 1969)〉는 1969년의 런던을 배경으로 만들어졌다. 이 게임은 세간에서 큰 평가를 받지 못한 채 막을 내렸지만 기본적인 〈GTA〉 게임의 골격을 보여주고 있으며 폭력성과 대리만족의 효과는 충분히 있는 작품이다. 느린 게임진행과 매끄럽지 못한 그래픽적 요소로 인해 사라진 게임이다.

다음으로 출시된 〈GTA2〉는 본격적으로 〈GTA〉 시리즈가 성공가도를 달리도록 이끌어준 작품이다. 2D로 제작된 게임으로 1편의 단점인 느린 진행과 그래픽적 요소를 대폭 향상시켜 사용자로 하여금 매력에 빠져 들게 했다. 미션을 수행하는 기쁨과 함께 미션을 수행하지 않고 반사회적인 일탈행동을 함으로써 카타르시스를 느낄 수 있는 점도 강화되었다. 하지만 안타깝게도 PC용으로만 출시가 되었고 잔혹한 폭력성 덕분에 국내에서는 발매 금지 처분을 받아 큰 반향을 불러일으키지 못하였으며 다수의 매니아 층을 형성하는데 만족한 작품이다.

이제 본격적으로 〈GTA〉 시리즈가 전 세계적으로 히트를 치게 된 것은 바로 〈GTA3〉 때문이다. 이 작품에서 록스타 엔터테인먼트는 큰 변화를 모색한다. 그것은 3D로의 전향이다. 3D로 전향함으로써 더욱 사실적인 묘사와 몰입도를 높였다. 가령 예를 들어 〈GTA2〉까지는 탑뷰 방식의 2D로서 사실감이 떨어지는 점이 단점으로 꼽혔지만 3D로의 전향은 그런 단점을 완벽하게 보완할 수 있는 최선의 방법이 되었다. 또한 인칭변화도 큰 변화라고 할 수 있다 1인칭 시점뿐 아니라 3인칭 시점도 가능하게 되어 플레이어가 플레이를 하는데 있어 필요한 자유도를 충분히 주고 있고 훨씬 더 가상현실을 실제처럼 받아들일 수 있게 만들었다. 그 이외에도 가상현실 세계에서 훨씬 더 많은 일들이 가능해 짐으로써 큰 호평을 받은 작품이다. 이 작품이 전 세계에서 1800만 장이라는 판매고를 기록한 것만 보아도 얼마나 선풍적인 인기를 끈 게임인지 짐작할 수 있다.

〈GTA3〉 이후 〈GTA〉 시리즈의 입지를 더욱 공고히 만든 것이 바로 후속작인 〈GTA 바이스시티Vice City〉이다. 가장 큰 변화로는 역시 자유도가 더욱 상승한 것을 들 수 있다. 주인공이 도시를 배회하면서 〈GTA3〉에서 행할 수 있었던 것보다 훨씬 다양한 행동들을 펼칠 수 있게 되었다. 예를 들면 전 시리즈에서는 자동차와 탱크를 탈 수 있었던 데 비해 〈GTA 바이스시티〉에서는 헬기, 보트, 오토바이, 수십 종류의 자동차, 모형비행기 등 일상생활에서 보는 것은 거의 모두 할 수 있을 정도의 자유도를 가지게 되었다. 이와 함께 〈GTA〉 시리즈의 후속편이 발매될 때마다 배가되었던 잔혹성 역시 이 게임에서 더더욱 증대되었다. 무기의 다양화와 NPC를 살해할 때의 리얼한 묘사가 그 주된 특징이다. 하지만 반사회적인 스토리를 배경으로 하는 작품치고는 너무나 밝은 배경색을 띠고 있다는 지적이 있다. 〈GTA3〉의 어두운 색과 혼탁한 배경과는 너무나 다르게 햇볕 화사한 해변의 배경이 전체적인 스토리라인을 무디게 만든다는 지적이다. 그러나 이런 단점에도 불구하고 전 세계적으로 2000만 장에 육박하는 판매고를 올린 것은 이 게임이 단점을 극복하고 충분히 남을 만큼의 장점이 있기 때문일 것이다. 하지만 점차적으로 스토리라인이 잔혹화 되어가고 있는 것을 달가워하지 않은 일부의 사람들로 인해 대규모의 소송이 진행 중인 작품이기도 하다.

이런 사회적 반향으로 인해 〈GTA〉 시리즈의 제작사인 록스타사도 잔혹성에 대해 심도 있는 고민을 하기 시작했다. 그 결과 발매된 작품이 〈GTA 산안드레스SanAndreas〉이다. 이 작품은 기존의 잔혹한 스토리라인에 어느 정도의 완충적인 역할을 한 작품으로 평가된다. 오로지 살인, 암살, 방화 등을 일삼는 주인공에서 벗어나 일상생활이라든지 옷을 갈아입고 차량을 돈을 주고 사고 그 차량을 자신의 의지대로 꾸미거나 농구 경기를 한다든지 하는 아기자기한 노력들과 세세함이 돋보이는 작품이다. 하지만 역시 〈GTA〉의 기본 골격인 잔혹성과 뛰어난 자유도는 줄어들지 않았다는 평가를 받는다. 다만 자신의 의지대로 잔혹성을 조절할 수 있게 장치를 해 뒀다는 점이 가장 큰 변화이다. 아직 발매된 지 얼마 되지 않아 평을 내리기는 시기상조이지만 전작들 못지않은 흥행을 기록 할 것은 이미 자명한 사실로 보인다. 이 작품은 아직 PC용으로 출시되지 않았고 PS2용으로 발매되고 있다.

얼마 전 제작사인 록스타사는 〈GTA〉의 후속작에 대한 검토와 기획을 마치고 제작단계에 들어갔다는 사실을 공식적으로 발표했다. 8번째 작품은 〈GTA 도쿄 2010〉으로 일본의 수도 도쿄를 배경으로 하고 있는 것으로 알려졌으며 사실적인 묘사와 함께 기존의 게임보다 발전된 모습을 보일 것으로 기대되고 있다.

이제 본격적으로 가장 큰 히트를 쳤고 세간에서 최고의 작품이라고 평가를 받고 있는 〈GTA 바이스시티〉를 통해 〈GTA〉 시리즈의 특성을 알아보자.

1. 〈GTA〉의 특징

〈GTA〉의 새로운 혁신이라고도 불리는 〈바이스시티〉 시리즈는 〈GTA〉만의 특징을 대변해 주면서 그 특성을 더 강화시키고 있다. 그 특징을 구체적으로 살펴 보면 다음과 같다.

잔혹한 폭력성

잔혹한 폭력성이 무슨 특징이냐고 생각할 지 모르지만 〈GTA〉에서는 빼놓을 수 없는 부분이 바로 이 특성이다. 사실 이 폭력성이란 부분 때문에 〈GTA〉는 게임이 가지고 있는 '게임성'의 우수성까지 가려지는 경우가 많다. 이제 이 폭력성이 게임에 어떤 의미를 부여해주는지 살펴 보도록 하겠다.

〈GTA〉에서는 상상할 수 있는 거의 모든 폭력적인 행동을 할 수가 있다. 사람들을 차로 받는 다든지, 주먹으로 친다든지, 일본도와 같은 칼, 각종 총기류, 심하게는 전기톱으로 사람의 몸을 상하게 할 수 있다.

좀더 구체적으로 게임 내에서 드러나는 폭력성을 이야기 해 보겠다. 게임에서 주인공 토미는 도시의 부패한 변호사, 검은 돈을 만지는 부호, 갱단 들로부터 각종 미션을 부여 받는다. 그 미션을 수행하기 위해서는 사람을 죽이는 일부터 시작해서 차를 훔치거나 보호 장비 등을 구입하기 위한 돈을 강탈해야 한다.

사실 이 후에 소개할 자유도라는 특징 때문에 〈GTA〉란 게임은 자칫 밋밋한 게임이 될 수 있는 소지가 있다. 딱히 뚜렷한 목적이 드러나지 않기 때문에 게임을 하는 와중에 동기 부여가 힘들다는 말이다. 그렇지만 그런 단점을 보완해주는 것이 '폭력의 미학'이고, 그런 점에서는 〈GTA〉의 폭력성이 게임에서 빠질 수 없는 요소이다.

높은 자유도와 극적 구조

〈GTA〉란 게임에 대한 찬반 논란 중 가장 뜨거운 이슈가 되는 특징이 바로 이 자유도에 있다. 사실 〈GTA〉란 게임은 마피아나 갱을 주제로 하는 대부분의 게임처럼 시간 순서대로 일어나는 커다란 사건들로 이루어진 서사 구조를 탈피하고 있다. 〈GTA〉에서도 물론 미션이 존재 한다. 그렇지만 그 미션들은 어떤 순서로 진행을 하든지 상관이 없으며 중간에 수행하지 않고 포기해 버려도 된다.

사실 게임의 목적이란 것이 막연하게 도시의 비싼 건물들을 사들이면서 도시 전체에서 최고의 범죄자가 되는 것이기 때문에 돈을 모으기 위해서 미션을 하는 경우 (《GTA》에서는 사람을 죽여 모을 수 있는 돈 보다 미션 수행 후 들어오는 돈이 훨씬 많아서 비싼 건물을 사기 위해서는 미션 수행이 필요하다)가 많고 그 미션을 성공시키는 것 자체에 목적을 두는 경우가 드물다. 그렇기 때문에 게임 내에서 주인공이 어떤 행동을 하든지 상관이 없다. 그러나 이런 점은 달리 말하면 무엇을 해야 할지 모르겠다는 말로도 해석이 가능하다.

게임도 소설과 마찬가지로 어떤 극적 구조가 존재해서 절정의 긴장감을 제공을 해주어야 사용자로 하여금 흥미를 느끼게 할 수 있을 것이다. 그렇기 때문에 《GTA》에서도 이런 높은 자유도와 맞물려 게임 내 흥미를 잡아야 하는 극적 구조가 필요하다. 그 흥미를 끄는 방법 중의 한가지는 앞서 논의한 폭력성이 될 것이며 또 하나는 바로 주인공의 등장을 들 수 가 있다. 이 점은 〈바이스시티〉에 이르러 도입이 된 부분인데, 처음으로 《GTA》에서 사용자가 컨트롤을 하는 캐릭터에게 토미라는 이름을 부여해준다.

이것은 단순히 이름을 부여한 것이 아니라 교도소를 들락거리는 토미 베르세티라는 인물이 마약거래에 있어서 누군가에게 배신을 당하고 그 배신자를 찾기 위해서 도시의 거물이 되어야 한다는 작은 명제를 던져준 것이다. 이로써 사용자는 지나친 자유도에서 토미라는 인물에 호응하여 '배신자를 찾기 위한 거물로서의 성장기'에 동참할 수 있는 일말의 계기를 발견할 수가 있는 것이다. 그리고 미션을 수행해 가면서 드러나는 스토리들, 그리고 순간

순간 숨어있는 사회에 대한 풍자와 블랙코미디적 유머로부터 점점 그 시대 사항과 토미라는 인물에게 몰입을 할 수 있게 해준다.

또 다른 긴장감을 주는 요소가 존재한다. 〈GTA〉에는 수많은 미션이 존재 하지만 그 미션 자체가 목적이 되는 경우가 드물다고 설명을 했는데, 그렇기 때문에 미션 하나의 수행 시간이 짧은 편이다. 하나 하나의 미션은 사실 게임 전체의 플레이 시간에 있어 극히 일부에 불과하다. 그렇기 때문에 돈을 위한 미션 (돈을 위한 미션이란 게임 전체 스토리 구조에 전혀 영향을 미치지 않 아서 사실 상 수행을 할 필요가 없는 미션을 말한다. 〈GTA〉에는 이런 미션이 많이 존재한다.)을 하기 싫은 사용자들도 짧은 시간 내에 끝낼 수가 있기 때 문에 미션 하나 하나를 해나갈 수 가 있다.

〈GTA〉에서 게이머는 '죽음' 과 '미션 수행' 의 사이에서 극적 긴장감을 느 끼게 된다. 여기에는 〈바이스시티〉만의 인공 지능이 그 긴장의 정도를 더해 준다. 〈GTA〉에서도 무작정 폭력을 저지르면 되는 것이 아니라 계속해서 경 찰의 시선을 피해야 한다. 경찰은 사용자가 범죄를 저지를 때 마다 '원티드 레벨Wanted Level' 이라 하여 수배 레벨을 올리게 된다. 그렇기 때문에 총에 맞아 죽기 싫으면 무조건 경찰을 피해 미션을 수행을 해야 하는데 경찰은 단 순히 사용자의 뒤를 쫓아가는 것이 아니라 사용자가 가는 방향을 지름길로 앞질러 가서 막는다든지, 여러 대의 경찰차가 서서히 포위망을 좁혀가는 놀 라운 인공지능을 보여준다. 계속 도망을 치다 보면 차의 진로 앞에 압정과 같 은 바리케이트를 쳐놓아 차로 지나갈 수 없게 한다든지, 헬기, FBI, SWAP, 그리고 최종적으로는 군대까지 출동을 하기 때문에 일단 한번 눈에 띄게 되 면 경찰의 추격을 피하기란 불가능에 가깝다.

그래서 필드에는 경찰의 추격을 따돌리기 위한 몇 가지 장치들이 존재한다. 옷을 갈아 입는다든가, 도주 차량의 색깔을 도색을 하는 장소가 있는데 차의 색깔을 바꾸게 되면 또 경찰이 알아보지를 못한다. 그런 점에서 〈GTA〉에는 죽으면 다시 시작해야 되는 만기 시한이 존재하는 동시에 경찰의 추적을 피하기 위해 옷을 갈아 입는다든지 차를 도색을 하는 등의 행동을 하며 미션을 수행해야 하는 극적 구조가 있다고 말할 수 있다. 이렇듯 어렵게 미션을 수행하고 나서 느껴지는 흥분, 성취감은 높은 자유도를 가지고 있는 〈GTA〉란 게임에 있어 사용자로 하여금 미션 수행의 동기를 부여해주는 요소가 된다.

사실성과 세부적인 묘사들

〈GTA〉시리즈는 그 동안 계속적으로 사실성을 발전시켜왔다고 해도 과언이 아니다. 시리즈전체를 통해서 사용자로 하여금 현장감을 느끼게 하려고 최선을 다했고 그것은 〈바이스시티〉에서 정점에 다다른다. 그래픽적인 사실성은 사실 동 시대의 게임에 비해 극히 뛰어나다고 말할 수 없다. 그러나 이 게임에는 그 내용 혹은 게임 요소 면에서 많은 사실성을 가지고 있다. NPC의 행동은 정말로 살아있다는 느낌이 들게 만든다. 게임 내에서 소매치기가 존재하고 이 소매치기가 다른 NPC에게서 지갑을 훔치면 이것을 본 경찰이 소매치기를 쫓아 가기도 하며, 길을 가다 서로 부딪치면 서로를 잠시 쳐다본다든지 소리를 지르는 등의 행동도 하게 된다. 그리고 길을 가다 갱 무리 들이 마주치게 되면 그 즉시 총격전이 벌어지고 조금 후 경찰이 출동을 하게 된다. 사람을 때려서 다치게 하면 자동적으로 구급차가 오게 된다. 그러나 이것도 많은 사람들이 없는 골목이라면 오지를 않는다. 말 그대로 목격자가 있어야만 구급차가 출동을 한다는 것이다. 이 같은 일들이 게임을 하게 되면 자연스럽게 사용자의 캐릭터 주위에서 일어나게 된다. 이 것은 사용자에게 극적인 현장감을 부여해 준다.

그리고 〈GTA〉에 있어 빠질 수 없는 것이 바로 탈것이다. 이 게임에는 각종 자동차, 골프 카트, 오토바이, 구급차, 헬리콥터, 심지어 보트까지 탈 수가 있다.

이해를 돕기 위해 위 화면을 보자. 사용자는 자동차를 빼앗아 타듯이 탱크도 탈 수가 있다. 여기서 주목할 만한 점은 단순히 탈 것이 존재한다는 사실이 아니라 탈것의 탑승감을 사실적으로 묘사했다는 점이다. 각각의 차종은 핸들의 조작감, 충격시 느껴지는 진동이 다르다. 뿐만 아니라 각 차종의 내구성까지 구현을 했다. 이미 레이싱 게임을 즐겨 하는 유저에게서도 이 게임에서 구현하는 자동차의 조작감은 굉장히 사실적이라는 평을 받은 바 있다.

이 게임의 동작들은 모두 쉽게 키보드로만 조작할 수가 있으며, 사실 게임 전반적으로 키보드가 모든 조작의 틀을 이루고 있다. 따라서 이 게임을 하다 보면 키보드 따로 마우스 따로 번거롭게 조작을 할 필요 없이 마우스는 필요에 따라 잠깐 사용을 하고 키보드로만 조작이 되기 때문에 빠른 게임 진행을 할 수가 있으며 보다 쉽게 액션성을 느낄 수가 있다.

차를 타게 되면 차에서 라디오 방송이 나오게 되는데 이것도 그 시대에 대한 풍자나 블랙 코미디적의 내용을 담고 있으며 이는 시대성까지 고려했다는 것을 알 수 있게 해준다. 그리고 게임 중에 구급차를 빼앗아 타면 실제 구조를 요하는 방송이 나와서 사람을 구하러 가야 한다고 전달하고, 피자 배달 차를 빼앗으면 피자배달을 하는 미션이 생긴다든지 특수한 탈 것에 대한 설정도 빼놓지 않고 해주고 있다.

이런 요소들 때문에 사용자는 세밀한 세부묘사와 그에 따른 사실감과 현장감을 가지고 좀더 게임에 몰입을 할 수 있다. 잠시 사회 생활에서 벗어나 작은 일탈을 경험하도록 하는 게임으로서 사용자가 실제 그 현실에 있는 것과 같은 착각을 주는 것이 〈GTA〉의 매력인 것이다.

간편한 인터페이스

〈GTA〉가 가지고 있는 또 다른 특징으로는 간편한 인터페이스를 들 수가 있다. 사실 이 게임의 모든 인터페이스는 독특함을 살리기 보다는 게임이 가지고 있는 액션, 폭력, 긴장감을 최대한 느끼기 하기 위해서 최대한 한 눈에 들어오도록 배치되어 있고 조작도 간편하게 만들어져 있다.

간단히 이야기를 해보면 미션을 하러 가는 장소는 왼쪽 하단에 지도로 표기가 되며, 주인공의 현 위치 미션이 진행되는 위치가 바로 표시되어서 그 쪽으로 가기만 하면 미션이 진행이 된다. 죽여야 할 사람이 있으면 그 사람의 위치가 표시되며, 훔쳐야 할 차가 있으면 그 차가 있는 위치가 바로 표시가 된다는 것이다.

또한 현재 무기와 무기의 총알 수, 그리고 경찰의 수배 레벨, 나의 현재 체력을 숫자로 표기하는 등 사실 알아야 할 모든 정보를 화면에 다 표시해 주고 있다. 예를 들면 주인공의 생명력은 정확히 수치로 주지 않고, 긴 빨간 막대로 주어 생명력이 줄 때 마다 바가 줄어드는 형식으로 만든다면 정확히 내가 어느 정도 생명력이 남았는지 가늠하기가 힘들지만 정확히 수치로 표기를 해주기 때문에 상세히 알 수가 있다. 또 현재 무기의 총구를 동그란 원으로 표시를 해주고 있어서 사실 상 비껴 맞추기도 힘들게 해놓았다. 대부분의 3D 사격 게임은 시선 방향을 보고 어림잡아 총을 쏘는 것에 비하면 사람을 맞추기가 더 쉬운 구조이다.

간단히 인터페이스를 살펴보았는데 이런 인터페이스 때문에 사용자는 게임 내의 요소인 살인, 폭력 등에 더 쉽게 집중을 한 수가 있다. 조작이 어려운 것도 아니고 미션 위치를 찾기 힘든 것도 아니다. 쉽게 조작해서 그 위치에 쉽게 가서 어떤 형태로든 폭력적인 미션만 수행을 하면 되는 것이다. 결국 앞서 살펴본 모든 특징들이 귀결되어 보다 더 극적이고, 보다 더 폭력의 미학을 느낄 수 있게 잘 조율이 되어 있는 것이다. 그래서 각각의 특징들은 서로 맞물려 〈GTA〉만의 분위기를 만들어 내고 이런 점들이 이 게임의 성공을 가져오게 된다.

2. 〈GTA〉시리즈의 성공요인

〈GTA〉 시리즈의 1편에서 2편으로 이어지는 시기에 이 게임은 현재의 명성을 얻지는 못했고 일부 매니아들 사이에서만 인정을 받았다. 하지만 3편이 출시된 이후 〈바이스시티〉, 〈산 안드레스〉에 이르러서는 각종 게임 판매 기록들을 갈아치웠고, 북미와 유럽에서는 큰 사회적 이슈가 될 정도로 많은 이목을 끌었다.

〈GTA〉 시리즈가 이러한 성공을 거두게 된 배경에는 그 동안 여타 다른 게임에서 볼 수 없었던 이 게임만이 가지고 있는 독특한 특징이 많기 때문이고 이 독특한 특징들을 보다 더 선명하게 하는 요인이 게임의 높은 자유도라 할 수 있다.

객관적으로 평가할 때 〈GTA3〉 이후의 그래픽은 꽤 세밀하고 현실적이라고 할 수 있다. 그러나 최근의 게임에서는 그 이상의 그래픽을 가지고 있는 게임이 많이 있다. 하지만 〈GTA〉에서는 그 그래픽이 현실, 혹은 그 이상으로 느껴질 정도의 높은 자유도를 만나면서 여타 게임과의 차별성을 지니게 된 것이다.

또한 〈GTA〉 시리즈는 앞에서 언급한 바와 같이 시리즈를 거듭함에 따라 비약적인 발전을 해오고 있다. 매번 시리즈를 발표할 때마다 기술적인 발전에 힘입어 〈GTA〉만의 특징을 더욱 잘 살려내고 있다. 게이머들은 매번 게임에 대한 기대에 어긋나지 않는 만족을 느끼고 있다. 최근 출시된 〈산 안드레스〉는 이미 그 완성도에 있어 이전의 시리즈와는 비교할 수 없는 수준을 보이고 있다.

〈GTA〉의 다음 시리즈로 알려진 〈GTA 도쿄 2010〉은 이전의 시리즈가 과거 혹은 현실의 모습을 보인 것과 달리 미래를 배경으로 하고 있다. 비록 지금까지의 시리즈에 비해 현실성은 떨어질지 몰라도 『블레이드 런너』, 『제5원소』, 『토탈리콜』, 『마이너리티 리포트』등 친숙한 영화를 토대로 제작하고 있어 거리감을 느끼지는 않을 것이라고 한다. 또한 미래를 배경으로 한 만큼 하늘을 나는 자동차 등 〈GTA〉 시리즈의 자랑거리인 운송수단에서도 발전을 보일 것이며, 그만큼 게이머의 상상의 폭도 넓혀질 것이다.

3. 고찰

〈GTA〉 시리즈는 국내에서 발매되지 않았다. 높은 폭력성 때문이다. 〈GTA〉 시리즈는 그 장르를 구분 짓기 어려울 정도로 독특한 게임이기 때문에 국내에 들어오지 못했다는 사실은 많은 게이머들에게 아쉬움을 준다. 하지만 이미 국내에도 폭넓은 매니아층을 거느리고 있으며 입소문과 여러 가지 경로를 통해 많은 게이머들이 〈GTA〉를 즐기고 있다. 비록 높은 폭력성으로 인해 국내 판매가 금지되었지만 이에 반대하는 목소리도 크다. 이미 게임의 완성도에 있어서 세계적으로 인정 받은 게임인 만큼 〈GTA〉 시리즈가 국내 게임에 미치는 영향 또한 무시할 수 없는 것이다. 국내 게임은 아직까지 온라인 게임 위주의 발전을 해 왔지만 너무 특정한 장르에 투자가 집중된다는 한계점을 가지고 있다.

〈GTA〉 시리즈는 그 독특한 특성 때문에 성공을 거둔 게임이다. 이처럼 개성이 강한 게임이 들어온다면 국내 게임 제작사들에게 많은 영향을 줄 것은 당연한 일이다. 최근의 〈산 안드레스〉에서부터 현재 제작중인 〈도쿄 2010〉 등에서는 많은 논란거리가 되어온 짙은 폭력성이 줄어든다고 한다. 하지만 〈GTA〉 시리즈를 대표하는 폭력적 이미지 때문에 국내에서 발매될 기미는 보이지 않는다.

현대의 게임은 이미 하나의 문화로서 자리잡았다. 게임 산업은 날이 갈수록 발전하고 있는데 아직까지도 게임에 대한 등급제는 영화나 서적과는 다르게 엄혹하다. 그 부작용이 잘 나타난 게임이 바로 〈GTA〉 시리즈이다. 게임의 장르는 너무나 다양한데 그것을 한가지 법안으로 규제하려고 하다 보니 시행상에 부작용이 생기고 컴퓨터 프로그램이라는 매체의 특성상 불법 게임을 구하는 것이 일상적인 경로가 되어버리는 역기능이 생기게 된 것이다. 최근의 시리즈와 앞으로 출시될 시리즈가 폭력성이 낮다는 점을 감안하면 국내에서 발매되지 못할 이유가 없다. 단지 이전의 이미지 때문에 〈GTA〉와 같은 완성도 높은 게임을 국내 게이머들이 정식경로를 통해 접할 수 없는 것은 너무도 아쉬운 일이다.

(이승현, 곽봉석, 최낙준)

〈스타크래프트〉와 〈워크래프트3〉

1. 〈스타크래프트〉는 〈워크래프트3〉보다 재미있는 게임이다

〈워크래프트3〉는 약 10년 전 발매된 〈워크래프트〉의 후속작으로서, 〈스타크래프트〉로 RTS계의 위상을 공고히 다진 블리자드사에서 〈스타크래프트〉의 뒤를 이을 자품으로 2002년 7월 출시한 게임이다.

〈워크래프트3〉는 그래픽과 인터페이스 면에서 〈스타크래프트〉보다 훨씬 향상된 모습을 보여주며, 전략시뮬레이션이라는 고유의 장르를 벗어나 경험치를 통한 영웅의 성장, 다양한 종류의 아이템 등 롤플레잉 게임 요소를 도입하였다. 하지만 〈워크래프트3〉의 인기는 〈스타크래프트〉에 비교하자면 찻잔 속의 태풍에 그치고 말았다. 오리지날과 확장팩을 포함하여 100만장이나 판매되긴 하였지만, 배틀넷의 동시접속자 수(주말 저녁을 기준으로 20만 명 이상의 동시접속자수를 유지하는 〈스타크래프트〉와 달리 〈워크래프트3〉의 동시접속자수는 5만 명을 넘지 못한다), PC방에서의 점유율 감소에서 보듯 제작사의 기대에 훨씬 못 미치는 수준에 머물고 있다.

물론 〈워크래프트3〉는 〈스타크래프트〉의 전체적인 모습을 그대로 계승하면서도 자신만의 독특한 특징을 지니고 있기에 두 게임을 직접 비교하는 것은 무리가 있겠으나, 〈워크래프트3〉가 실패할 수밖에 없었던 이유, 즉 〈워크래프트3〉가 〈스타크래프트〉에 비해 재미가 떨어지는 이유는 〈워크래프트3〉가 〈스타크래프트〉와 차이점을 보이는 특징들과 연관시켜 이해해볼 수 있다. 두 게임의 서로 다른 특징은, 게임의 재미를 결정하는 두 가지 원인인 '긴장감의 조성'과 '스펙터클'의 차이를 가져왔다.

2. 긴장감 조성의 차이

〈스타크래프트〉는 마치 공포영화를 연상시킬 정도로 게이머로 하여금 불안과 초조를 느끼게 한다. 불안과 초조는 다른 말로 긴장감이라 표현할 수 있으며, 긴장감이 조성되는 원리는 '게임에 몰입하게 되는 상태' 또는 '현재의 경험에 능동적으로 참여함으로써 즐거움을 느끼는 상태'인 플로우flow 개념으로 설명될 수 있다.

반면 〈워크래프트3〉는 다음과 같은 이유로 인해, 〈스타크래프트〉에 비해 긴장감이 덜 느껴진다. 첫째 전투가 너무 잦다. 〈스타크래프트〉는 시간이 흘러 부대 단위의 유닛을 보유하게 되고 이 유닛들을 이용하여 한 합의 큰 전투를 치르며 그 전투의 결과가 곧 게임의 승패와 직결되는 흐름을 가진다. 게임의 결과를 결정짓는 한 번의 큰 전투는 게임의 흐름에 있어 대단원의 기능을 하게 되며, 게임에서 승리하느냐 패배하느냐의 여부가 한 번의 큰 전투로 결정된다는 사실은 게이머에게 긴장감을 불러일으키는 것이다. 반면에 〈워크래프트3〉는 〈스타크래프트〉에 비해 게임 진행과정 내내 수시로 교전을 벌이게 된다. 〈워크래프트3〉는 눈 깜짝할 사이에 서로의 병력이 소진되고 마는 〈스타크래프트〉와 달리 전투의 진행과정이 상당히 느리고, 자신의 기지로 한 번에 순간이동 할 수 있기 때문에 후퇴가 매우 용이하다. 이는 한 쪽이 무모하게 병력을 소진시키지 않는 한 승부가 계속해서 미뤄지는 결과를 낳게 된다. 결국 게이머 입장에서는 한 번의 전투에 모든 것을 걸지 않아도 되기에 위험부담을 덜 느끼게 되고, 자연히 전투에서의 긴장감도 덜 느끼게 된다.

둘째로 초반 공격이 어렵다. 〈스타크래프트〉에서 게임 시작과 동시에 게이머를 잔뜩 긴장하게 만드는 하나의 변수가 있는데, 그것은 바로 초반 공격의 가능성이다. 미처 눈치 채지 못했다가는, '4드론 러시'와 '벙커러시' 등의 극단적인 초반 공격에 의해 손 쓸 틈도 없이 당할 수 있다. 따라서 게이머는 상대의 기습적인 초반 공격을 의식하지 않을 수 없고, 게임 시작부터 미음을 놓을 수 없다. 이처럼 초반 공격의 가능성은 게임 시작과 동시에 긴장감을 유발하는 강력한 요소로 작용한다. 반면에 〈워크래프트3〉에서는, 일꾼을 비롯한 유닛 각각의 체력이 〈스타크래프트〉에 비해 3배 정도 높고, 공격에 견딜 수 있는 건물의 내구력 역시 매우 강하게 설정되어있기 때문에 초반에 유닛 몇 마리로 공격을 해 봐야 건물을 부수거나 일꾼을 죽이기가 쉽지 않다. 또한 방어건물의 위력이 무척 강하기 때문에 초반 공격에 의해 상대방에게 큰 타격을 입히는 것이 사실상 불가능하다. 따라서 〈워크래프트3〉의 게이머들은 〈스

타크래프트〉에서와 달리 초반에 별다른 위기의식을 느낄 필요가 없는 것이
고, 이는 사냥이나 아이템 구매 등 자신의 플레이에만 치중하는 경향을 가져
오는 등 게임 전체의 긴박감을 떨어뜨리는 요소로 작용한다.

셋째 기계적으로 반복되는 사냥이 흥미를 떨어뜨린다. 〈워크래프트3〉에서
는 대부분의 경우 전장의 곳곳에 도사리고 있는 중립유닛들을 찾아 죽이는
일명 '사냥'을 꾸준히 해주어야 한다. 사냥의 결과로 경험치를 얻어 영웅의
레벨을 높이고 아이템을 획득하며 주요 거점을 확보해야 하기 때문에 일반
게이머들의 경우, 상대방보다 강한 전력을 보유하기 위한 수단으로 사냥에
치중하는 경향이 있다. 하지만 중립유닛은 컴퓨터의 인공지능에 의해 움직
이게 되어있으므로 늘 똑같은 공격패턴을 구사한다. 즉 게이머는 예측하기
힘든 상대방(사람)과의 전투 대신, 매 번 같은 패턴을 보이는 중립유닛과 기
계적인 전투를 반복하게 됨으로써 팽팽한 긴장감 대신 지루함을 느끼게 되
고, 게임의 전체적인 양상이 산만해진다.

넷째로 〈워크래프트3〉에는 너무 변수가 많다. 〈워크래프트3〉에서 사용할
수 있는 유닛과 마법의 가짓수는 〈스타크래프트〉에 비해 월등히 많다. 이것
은 게이머 입장에서 훨씬 흥미롭게 게임을 즐길 수 있는 변화임과 동시에 선
택할 수 있는 전략과 유닛조합의 폭이 넓어졌다는 것을 의미한다. 〈스타크래
프트〉의 경우 자주 사용되는 유닛 조합의 종류가 종족 별로 3~4개 정도에
불과하고 주력으로 사용되는 유닛의 종류도 사실상 5가지 내외로 굳어져있
는 반면에, 〈워크래프트3〉는 각 종족마다 약 10여 종류의 유닛들이 모두 골
고루 사용되며, 일반적으로 활용되는 유닛조합의 종류도 훨씬 다양하다.

이처럼 〈스타크래프트〉에서는 똑같은 유닛이라도 누가 더 많이 생산하고

더 잘 컨트롤 해 주느냐에 따라 승부가 갈리는 데 반해 〈워크래프트3〉에서는 유닛의 선택 자체가 승부의 향방을 가를 수 있다는 측면에서, 두 게임은 100m달리기와 가위바위보의 차이를 지니게 된다. 선수들 모두 열심히 앞을 향해 뛴다는 것을 뻔히 알고 있지만 과연 누가 제일 먼저 결승점을 끊을지는 아무도 알 수 없다는 점에서 상당한 긴장감을 조성하게 되는100m달리기는, 상대 종족에 따라 사용할 수 있는 전략과 유닛조합이 거의 정형화 되어 있지만 누가 이길지 그 결과는 예측불허인 〈스타크래프트〉와 일맥상통한다고 할 수 있다. 반면 〈워크래프트3〉는 자신이 선택한 유닛조합이 상대가 선택한 유닛조합에 상성 상 우위에 있느냐 또는 그렇지 못하느냐에 따라 사실상 승부가 갈려버린다는 측면에서, 가위 바위 보 중 어느 것을 낼지 알 수는 없지만 양쪽이 서로의 패를 확인하는 순간 승부가 끝나버리는 가위바위보와 유사한 것이다. 이러한 점에서 가위바위보가 주는 긴장감은 100m달리기의 그것에 미치지 못할 수밖에 없으며, 설령 승부에서 이겼다 하더라도 치열한 경합 끝에 느껴지는 승리의 짜릿한 쾌감보다는 그저 운이 좋아서 이겼다는 생각이 들게 마련이다. 마찬가지로 〈워크래프트3〉에서도 선택할 수 있는 조합의 가짓수가 너무 많음으로 인해, 실력에 의해 좌우되는 정직한 승부가 전개되기보다는 순간의 선택 즉 운이 좋았느냐 나빴느냐의 차원에서 승부가 갈리게 되고, 이는 가위바위보의 예에서 보듯 긴장감과 길항하는 요소로 작용한다.

다섯째 자원 확보 및 생산의 제한이 흥미를 떨어뜨린다. 게임의 승패를 좌우하는 데 게이머가 개입할 수 있는 여지가 많다면 자연히 게이머는 게임에 더욱 집중하게 된다. 다른 말로 게임의 승패와 직결되는 부분에 있어서 게이머의 의지가 작용하는 정도가 크다면, 게임에서 느낄 수 있는 긴장감도 커질 것이다. 우선 〈워크래프트3〉에서는 멀티기지의 확보에 아무런 제한이 없고, 전략적인 목적 또는 종족의 특성을 이용하여 얼마든지 멀티기지를 건설해 자원을 확보할 수 있는 〈스타크래프트〉에 비해 확장에 제한이 따른다. 또한 유지비(업킵upkeep)라는 개념으로 인해 일정한 인구수가 넘어버리면 한 번에 채취할 수 있는 금의 양이 10에서 7, 7에서 4로 급감하게 되어 있고, 금광에 붙이는 일꾼이 5명을 넘어가면 자원채취의 효율성이 더 이상 증대하지 않아 결국 서로 간에 비슷한 자원을 확보한 채 싸울 수밖에 없다.

이와 같은 자원 확보의 제한은 생산성의 제한으로 직결될 수밖에 없으며, 유닛을 확보할 수 있는 인구수의 한계 역시 100으로 한계가 200인 〈스타크래프트〉에 비해 절반 밖에 되지 않음으로 인해, 결국 게이머에게 소규모이되 상대방과 비슷한 숫자의 병력을 강요한다. 이는 언뜻 종이 한 장 차이의 아슬아슬한 승부를 유도하는 경향도 없지 않지만, 게이머의 의지에 상관없이 비슷한 조건을 강요받는다는 점에서 게이머의 정직한 승부가 불가능해진다. 또한 전략시뮬레이션 게임에서 승부를 가르는 핵심요인인 자원 확보와 생산 양자에 대한 제한은 게이머가 개입할 수 있는 여지가 확연히 줄어드는 것을 의미하는 것으로서, 긴장감의 상실을 가져올 수 있다.

3. 스펙터클의 차이

현재 발매되는 게임들은 너나 할 것 없이 3D 또는 그에 상응하는 현란하고 화려한 그래픽을 보여준다. 단순한 시각적 차원, 즉 그래픽이 곧 스펙터클

이라는 관점에서 생각해본다면 현재 발매되고 있는 3D 그래픽의 게임들은
확실히 훌륭한 스펙터클을 구현하고 있다. 하지만 그래픽과 음향효과 등 감
각적 요소가 뛰어나다고 해서 그것이 반드시 스펙터클로 이어지는 것은 아
니다. 게이머 입장에서는 단순히 게임의 그래픽이 좋다고 해서 게임의 세계
에 빠져들지는 않을 뿐더러, 화면이 너무 화려하고 현란한 경우 오히려 스펙
터클은커녕 산만하고 어지러운 느낌만 받게 된다. 이런 관점에서, 〈스타크래
프트〉와 〈워크래프트3〉에 특징적인 각각의 감각적 요소들이 스펙터클로 얼
마나 잘 이어지고 있는지 비교해보도록 하겠다.

첫째 강화된 그래픽의 역효과이다. 일반적으로 3D 그래픽은 2D 그래픽에
비해 거칠고 딱딱한 느낌을 주는 데 반해 〈워크래프트3〉에서 유닛들의 움직
임은 매우 부드럽고 자연스러운 느낌을 준다. 하지만 부드럽고 자연스러운
화면은 오히려 긴장감의 조성에 역효과를 불러올 수 있다. 〈스타크래프트〉에
서 유닛들의 움직임은 〈워크래프트3〉에 비해 다소 딱딱하기는 하되 빠르고
박진감 있게 느껴진다. 반면에 〈워크래프트3〉의 경우 화면의 움직임이 너무
부드럽게 처리된 나머지 유닛의 전반적인 움직임이 느리게 보이고, 이는 타
격감을 훼손시키는 결과로도 이어져 공격에서 오는 짜릿함과 통쾌한 기분
즉 총체적인 스펙터클을 훼손시키게 된다. 색채에 의한 화면의 분위기도 마
찬가지인데, 〈스타크래프트〉가 다소 어두운 색채로 인해 음침한 분위기를 연
출하는 반면 〈워크래프트3〉의 화면은 원색의 화려한 색채와 파스텔 톤의 화
사한 배경을 특징으로 한다. 따라서 〈워크래프트3〉의 화면은 세련되고 화려
할지언정 가벼운 분위기를 연출하게 되는 것이고, 이는 스펙터클 특유의 웅
장한 느낌을 감소시킨다.

둘째 협소한 규모의 문제이다. 〈스타크래프트〉에서 종종 볼 수 있는 다섯 부대를 넘나드는 대규모 병력끼리의 접전과 물량공세는, 영화 『반지의 제왕』에서 수만 명의 대군이 성을 함락시키기 위해 들이닥치는 장면처럼 시각적으로 강력한 스펙터클을 유도한다. 반면 게임 구조상 기껏해야 한 부대 반 정도에 불과한 소수 병력끼리 맞붙을 수밖에 없는 〈워크래프트3〉에서의 전투는 방대한 우주전쟁을 연상시키는 〈스타크래프트〉의 스펙터클한 대규모 전투에 비해 협소한 느낌이 들며, 이는 〈워크래프트3〉가 가진 스펙터클의 한계로 볼 수 있다.

셋째 지나치게 많이 제시되는 시각정보가 낳는 효과이다. 세 종족을 모두 합친 마법의 종류가 24가지에 불과한 〈스타크래프트〉에 비해 〈워크래프트3〉의 총 마법수는 160개를 상회하며, 아이템에 의한 특수효과 역시 상당히 많다. 실제 〈워크래프트3〉의 전투 상황에서는 다양한 마법과 특수기술들이 화려한 효과를 동반하여 난사되는 것을 볼 수 있다. 이는 게임을 관찰하는 사람은 물론, 게이머 스스로 자신이 사용하고 있는 마법과 특수효과의 종류를 한 번에 파악하기 힘들 정도로 혼란스러운 상황을 연출한다. 이처럼 〈워크래프트3〉에서는 한꺼번에 지나치게 많은 시각정보가 제시됨으로써 게이머에게 혼란과 산만함을 느끼게 하며, 이는 과유불급이라는 말처럼 오히려 스펙터클을 감소시킨다.

www.starcraft.co.kr

www.warcraft.co.kr

xp1.chol.com

www.frozenthrone.co.kr

www.gamemeca.com

gamespot.zdnet.co.kr

www.mbcgame.co.kr

www.battle.net/war3

〈에일리언 대 프레데터 2〉

1. 게임의 특징

섬세하고 화려한 그래픽

이 게임의 가장 뛰어난 점은 그래픽 부분이다. 조금 지나칠 정도로 사실적이고 적나라하며, 사용자가 미처 생각하지 못하는 부분까지도 세밀하게 묘사해 놓은 정밀함은 경탄을 금할 수 없게 한다. 이러한 요소는 근래 FPS에 있어서 가장 중요한 요소이다. 이 게임의 차별성으로 독창적 인터페이스와 서사의 도입과 같은 요소가 있지만 스펙터클이라는 요소가 만족되지 않으면 그것은 이야기조차 되지 않는다.

이 게임은 고난도의 두뇌 회전보다는 단순한 조작과 파괴의 쾌감을 추구한다. 그러므로 이 게임에서 가장 중요한 요소는 게임의 '스펙터클'이다. 폭력의 행사에서 오는 쾌감은 뭔가 '실감날 때'에야 가능하기 때문이다. 정말

리얼한 상황 속에서 뭔가 하나를 부수어도 실감나게 산산조각 날 때, 그럴 때에야 정말 스트레스가 해소되는 느낌이 들지 않을까? 이러한 점에서 이 〈에일리언 대 프레데터 2〉라는 게임은 사실 '지나치게' 사실적인 게임이다. 머리를 쏘면 머리가 날아가고, 다리를 쏘면 다리가 날아간다. 제대로 본체가 파괴되지 않고 다리만 날아간 괴물들은 피를 흘리면서 기어온다. 심지어 에일리언 미션은 머리를 먹어야 체력이 보충되고, 프레데터는 머리를 수집하면 점수가 되는, '머리를 자르는 것을 권장' 하는 제도까지 도입하고 있다.

이런 사실적인 효과와 섬세한 그래픽은 때로는 다소 지나치다 싶지만, 스트레스를 한방에 날려주는 데에는 그 이상이 없다.

〈그림 1〉 에일리언 미션에서 인간의 머리를 먹어치우는 모습

스토리 라인의 존재

이 게임에는 치밀한 스토리 라인이 설정되어 있다. 여태껏 필자가 해온 모든 FPS 게임들은 아무리 떠올려 보아도 제대로 된 서사구조를 가진 게임이 하나도 없었다. 모두 최소한의 배경 설정이나 상황만이 주어졌으며 기껏 생각해볼 수 있는 서사구조는 미션을 클리어하기 위한 조건이나 절차에 불과할 뿐이었다. 아마도 FPS 게임은 스펙터클 하나로 승부한다는 신념이라도 있는 것인지 여태껏 FPS 게임에서는 서사구조가 전혀 중요하게 다루어지지 않아 왔다. 대부분 생존을 위한 살상이라는 설정에만 초점이 맞추어져 있었고 별다른 상황의 반전이나 부가적인 설정 없이 단선적인 스토리의 진행만

〈그림 2〉 프레데터의 적외선 모드는 어둠속에서도 인간을 쉽게 감지해낸다.

이 이루어졌다.

　참고로 필자가 본 게임을 하기 이전에 했었던 FPS 게임이 바로 〈퀘이크 3〉이다. 처음에는 화려한 그래픽과 스펙터클에 크게 만족했지만 얼마 지나지 않아 질리고 말았다. 각 스테이지는 어떤 미로라든가 목적을 향해 나아가는 형식이 아닌, 그냥 지정된 다른 플레이어들을 주어진 던전 안에서 죽이고 1등이 되는 것이 모든 스테이지의 내용이다. 단지 맵만 변화하고 조금 더 화려한 무기가 추가되는 것일 뿐, 아무런 목적의식도 없이 그저 쫓고 쫓기며 죽이기만 하는 게임 진행은 전혀 할 만한 것이 못되었다. 화려하긴 하지만 그 화려함은 쉽게 익숙해지고 게임 진행 자체가 따분할 뿐이다. 결국 재 플레이는커녕 마지막까지 채 가보지도 못하고 게임을 그만두었다.

　하지만 이 게임은 종래의 FPS 게임을 완전히 뛰어넘은 서사구조를 채택하고 있다. 사실 필자가 게임을 선택할 때 기대한 것은 〈둠〉 정도의, 최소한 게임이 어떤 방향으로 진행되고 있다는 것을 알만한 정도의 서사구조였으나 이 게임은 전면적으로 특정한 스토리를 채택하고 그것을 게임과 접목시키고 있다. 이러한 서사적 요소는 게이머에게 게임 진행의 의지를 갖도록 하는 데 크게 기여하고 있다.

세 가지 다른 인터페이스

　이 게임의 주목할 만한 특징 중 하나는 세 종족에 따라 서로 다른 인터페이스를 채택하고 있다는 점이다. 다른 게임들이 캐릭터마다 체력이나 스피드, 무기의 종류를 다르게 설정하는 데 그쳤다면 이 게임은 근본적으로 다른 조작방식과 기술을 제시함으로써 〈스타크래프트〉에 버금갈만한 독창성을 가지고 있다.

인터페이스라 함은 상호작용이며, 이는 자신이 상대방에게 미칠 수 있는 영향과 상대방으로부터 받는 정보를 모두 포함하는 개념이다. 종족간의 특성에 따라 그에 걸맞는 다양한 기술이나 기능을 부여한 것도 크게 평가할 만하지만 그보다 더 뛰어난 점은 종족에 따라 화면으로부터 받아들이는 정보 자체가 달라진다는 점이다. 예컨대, 에일리언은 본래 어둠에서 생활하는 종족이기 때문에 나이트 비전을 사용하면 대낮처럼 환하게 어둠 속에서도 사물을 볼 수 있다. 프레데터의 경우 상황에 맞는 비전을 사용하면 같은 사물이라도 게이머에게 있어서 화면이 다르게 지각된다. 이에 따라, 게이머는 한 게임 안에서 세 가지의 독창적이고 독립적인 다른 조작과 지각 방식을 경험할수 있다.

한 이야기, 세 스토리

이미 이 게임이 탄탄한 서사구조를 전반에 채택하고 있음은 언급한 바 있다. 하지만 거기에 그치지 않고 더 놀랄만한 것은 그 스토리가 서로 같은 장소에서 공유된다는 점이다. 사실 필자가 한 종족의 미션을 마치고 다른 미션을 수행하기 전까지는 상상도 못했던 부분이었다. 하지만 왠지 미션이 진행되면서 등장하는 장소가 낯설고 뭔가 반복된다 싶은 느낌이 들었는데, 알고보니 세 종족 각각의 탄탄한 스토리가 한 장소에서 서로 맞물려 서로 상호 영향을 주는 것이었다. 그것을 처음 발견했을 때의 신선함이란 이루 말할 수가 없다.

하지만 스토리와 장소가 공유된다고 해서 적당히 재탕하는 식으로 장소나 사건을 우려먹는 것은 아니다. 어디까지나 각자의 고유한 스토리가 최우선이기 때문에 각각 철저하게 자신의 시선으로만 그 사건이나 장소를 바라보고 있고, 종족의 특성에 따라 같은 장소라도 얼핏 보기에만 같은 곳일 뿐, 상당히 자세한 부분이 재구성되어 있다. 이렇게 같은 장소를 그다지 적나라하지 않게, 스치듯 활용하는 것은 마치 영화 속에서 까매오를 찾는 것과 같은 소소한 즐거움을 제공해 준다.

2. 세 종족의 독자적 인터페이스

기본 인터페이스

이 게임에는 인간에 해당하는 마린Marine과 프레데터Predator, 에일리언Alien 등 세 종족이 등장한다. 세 종족은 사용하는 기술과 이용하는 도구가 서로 다르며, 이에 따라 사용자에게 기본적으로 제공하는 기술 또한 다르다.

대부분의 게임에서 그러하듯, 이 게임에서도 인간은 기본적으로는 나약한 동물이지만 화려하고 다양한 무기들을 가지고 있다. 종래의 FPS들이 무기 하나당 한 가지 기능, 한 가지 탄약만을 고집하였다면 이 게임에서는 ALT-Fire라는 키를 도입하여 한 가지 무기임에도 불구하고 굉장히 다양한 기능을 구사하도록 하고 있다. 예컨대, 유탄 발사기는 그 무기 자체는 하나이지만 어떤 유탄을 사용하느냐에 따라 폭발형, 타이머형, 유도형, 전자파형의 네 가지 무기를 사용할 수 있게 된다. 스나이퍼 건의 경우는 얼핏 단순히 위력이 센 장총 같아 보이지만 ALT-Fire의 기능을 사용하면 아무리 먼 거리의 적이라도 줌이 되어 정확히 조준해 처치할 수 있다.

마린의 화면에서 가장 특징적으로 등장하는 것 중의 하나가 바로 좌측 하단에 위치한 탐지기이다. 에일리언 영화를 한번이라도 본 사람이라면 영화에 등장하는 움직임 감지기를 알고 있을 것이다. 이 장치를 이 게임은 마린의 미션에 그대로 차용하고 있다. 시종일관 어두운 미로 속에서 에일리언이 언제 어디서 튀어나올지 몰라 긴장하고 있는 플레이어에게 갑자기 울리기 시작하는 탐지기의 소리는 소름을 돋게 하기에 충분하다. 이는 어둠 속에서 적의 위치를 파악하기 쉽게 해주는 도구이지만 오히려 게이머의 긴장을 증가시키며 동시에 영화의 음향효과와 같은 소리를 차용함으로써 에일리언 영화에 익숙한 게이머들에게 또 다른 몰입감을 제공해 주고 있다.

프레데터는 외계의 지적 생물체로서 첨단의 과학 문명을 보유하고 있으면서도 한편으로는 정신적인 가치와 무사도를 매우 높게 평가하는 종족이다. 그리고 기본적으로 맷집도 좋고 전투력도 좋다. 가끔은 레이저 포 두 방에 쓰

〈그림 3〉 마린의 미션화면, 적은 보이지 않지만 소리를 내며 울리는 탐지기가 인상적이다.

러지는 적 두 마리가 펀치 한 방에 동시에 날아가는 경이로운 경험을 하게 되기도 한다. 영화에서 보면 항상 종반부에 가서 상대 인간을 전사로 인정한 프레데터가 자신의 무기와 갑옷을 버리고 맨 주먹으로 싸우게 되는데, 그러한 부분을 차용한 것이 아닌가 싶다. 프레데터가 가지고 있는 무기들은 첨단 무기답게 대부분 유도 능력을 기본적으로 탑재하고 있다. 이는 한 번에 만능으로 이루어지는 것은 아니고, 자신이 주적으로 삼고 싶은 종족에 따라 시각 모드를 바꾸면 그에 해당하는 적들에게 자동적으로 무기가 날아가게 되어있다. 특히 원반은 영화에서도 등장하는 프레데터의 특징적인 무기인데, 지정에 따라서 원반이 적을 쫓아 날아감은 물론, 나중에 회수하는 과정에서도 적을 살상할 수 있는 묘미를 제공한다.

기본적으로 맷집이 강한 종족이라서 그런지 별도로 장갑은 제공하지 않으며 오른쪽에는 에너지가 표시되어 있다. 이는 프레데터가 사용하는 각종 특수기술에 관련된 에너지를 표시하는 곳으로 특정한 무기를 사용하거나 원반

〈그림 4〉 프레데터의 미션 화면. 이들은 타 생물체의 두개골을 수집하는 것이 취미이다.

<그림 5> 에일리언의 미션화면. 에일리언은 화면에 주어지는 정보가 거의 없다.

을 회수할 때, 클로킹(모습 감추기) 기능을 사용할 때 에너지가 사용된다. 특히, 프레데터는 마린과 같이 땅에 떨어진 구급약을 줍는다든지 하는 것이 아니라 이 에너지를 사용하는 방식으로 자신의 체력을 회복한다. 에너지는 에너지 충전기를 사용하여 충전할 수 있게 되는데, 에너지를 충전하는 동안에는 빠르게 이동할 수도 없고 공격할 수도 없다.

마지막으로 에일리언은 우리들에게 굉장히 친숙한 괴물이기 때문에 몸 하나로 승부하는 종족이다. 이들은 총알도 쉽게 관통하지 못하는 강인한 피부를 갖고 있으며 몸에는 어떤 사물이든 녹여버릴 수 있는 산성의 피가 흐른다. 기본적으로 공격력이 엄청나기 때문에 손으로 한번 할퀴기만 해도 사람의 몸이 떨어져 나간다. 하지만 에일리언은 다룰 수 있는 무기가 전무하다. 그에게 주어진 것은 처음부터 끝까지 강력한 발톱과 꼬리 공격, 달려들기 공격뿐이다. 이러한 이유 때문에 에일리언의 화면에는 체력 외에는 아무런 정보도 나타나지 않는다. 다만 상황에 따라서는 다소 다른 공격 방식을 취할 수도 있는데, 상대의 머리를 겨냥하면 화면에 입 모양이 표시되어 머리 뜯기 공격을 할 수 있다.

아무리 아이템이 필요 없는 에일리언이라 하더라도 가끔 체력 보충은 필요하다. 에일리언은 역시 괴물답게 사람을 먹어치움으로써 체력을 보충하는데, 그것도 입 속의 입을 통해 사람의 머리를 뜯어 먹을 때에야 체력이 보충된다. 영화에서 보면 에일리언이 사람과 얼굴을 마주 대하고서는 입을 서서히 벌리다가 그 안에 또 다른 입이 튀어나와 머리를 가격하는 것을 볼 수 있는데, 이 게임에서도 그것을 아주 효과적으로 잘 표현하고 있다.

각 종족에 어울리는 기술

이 게임의 특징 중 하나는 종족마다 고유한 인터페이스를 바탕으로 그 종족의 특성에 어울리는 특별한 기술들을 결합했다는 것이다. 이러한 기술들의 차이는 단순히 조작의 차이뿐만이 아니라 게임을 진행하는 게이머의 공간지각을 완전히 뒤바꾸어 놓는다.

비록 체력적으로는 약하고 별다른 힘을 보유하고 있지 못하지만 대신 다양한 기술을 보유하고 있는 마린은 잡기의 종족이다. 기본적으로 마린에게는 문이나 서랍을 열거나 어떤 스위치, 버튼을 조작할 수 있는 능력이 있으며 이들에게 가장 두드러지게 나타나는 기술은 해킹툴과 용접기(토치torch) 사용 기술이다. 해킹툴은 게임 도중에 표면에 드러난 회로 기판이나 어떤 뚜껑을 열었을 때 발견되는 회로 기판에 해킹툴을 적용하여 문을 열거나 특정한 작동을 유도할 수 있는 기술이다. 용접기는 어떤 문이나 덮개, 금고 등의 접합되어 있는 부분을 녹여 열 수 있는 기능을 가지고 있다.

<그림 6> 프레데터는 자신이 점프하여 닿을만 한 곳을 유심히 살펴보아야 한다.

실질적으로 마린 미션을 수행하면서 뭔가 진행이 안 된다 싶으면 십중팔구 용접기의 이용과 연관되어 있을 가능성이 크다. 마린은 다른 종족과는 달리 이동할 수 있는 범위가 매우 제한적이다. 그러므로 능력 내에서 이동할 수 있는 통로를 더 많이 만들어 내야하는 것이 마린의 이동 전술의 기본이다. 따라서 마린의 미션 진행은 어딘가 통로 바닥에 잠겨 있는 비밀 통로를 발견하는 것이 핵심이다. 어두운 곳일수록 더 주의 깊게 구석구석을 누비며 어딘가 숨어있을 지 모르는 비밀 통로를 유심히 살펴보아야 한다.

한편, 영화에서 나무 사이를 방방 뛰어다니던 프레데터는 게임에서도 잘 뛰어 다닌다. 그냥 점프하면 별로 높게 뛰지 못하지만 잠시 웅크린 후 점프하면 엄청난 도약력을 자랑하게 된다. 따라서 마린에게는 별로 의미를 가지지 못하였던 높은 곳에 위치한 사물들이 프레데터에게는 의미 있는 존재로 다가오는데, 특히 이 게임의 제작자는 프레데터 미션을 높은 곳에 있는 나무나 지형을 이용하지 않으면 진행을 할 수 없도록 구성해 놓고 있다. 스토리의 전개 상 마린이 답사한 장소를 또다시 가보는 일이 있는데, 이 때 마린이 주로 봐야할 것이 땅의 접합부 같은 것이라면 프레데터는 쌓아 올려진 상자라든가 천장의 난간 등 점프를 통해서 올라갈 수 있을 만한 공간이다. 같은 공간이라 하더라도 두 종족이 가진 특성에 의해서 공간의 지각 방식이 전혀 달라진다.

프레데터도 나름대로 지적 생물체이기 때문에 드러나 있는 회로기판에 대해서 해킹툴을 사용하여 문을 열거나 조작할 수 있는 능력을 갖는다. 하지만 기氣가 넘치는 것인지, 마린의 회로 조작과는 달리 조작 후 키판이 불타 엉망이 되어 있는 모습을 발견할 수가 있다. 하지만 마린과 같이 바닥이나 벽에 있는 봉인을 제거하는 기능은 가지고 있지 못하다.

무엇인가 문을 연다든지, 글을 읽고 심지어는 해킹까지 하는 다른 두 종족에 비하여 에일리언은 무엇인가 외부환경을 조작할 수 있는 능력이 전혀 없다. 스위치만 하나 눌러 열고 들어갈 법한 문도 지나가지 못하여 우회하는 길을 찾아봐야 하는 것이 에일리언의 숙명이다. 하지만 그렇다고 하여 열린 공간만을 찾아다녀야 하는가 하면 그렇지도 않다. 특정한 환기구를 부수고 그 안으로 지나다닐 수 있고 얇은 바닥이나 문도 발톱 공격으로 부수고 지나다닐 수 있다.

이렇게 아무런 기술도 없어 보이는 에일리언이지만 다른 어느 종족과도 차별화된, 에일리언만의 특별한 능력이 하나 있으니 바로 '벽 타는 기술' 이다. 일단 이 기술이 사용되는 상태가 되면, 어떤 벽이든 이동하는 대로 바닥이 된다. 쉴 새 없이 화면의 위아래가 뒤바뀌면서 처음 플레이하는 게이머는 자신이 어디로 가고 있는지, 무엇을 하고 있는지 모를 정도로 현기증을 일으키기도 한다.

이러한 에일리언의 특수 기술은 게임에서의 공간 지각 능력을 또 한 번 완전히 뒤흔들어 놓는다. 마린이 땅만 보고, 프레데터는 자신이 점프할 수 있는 하늘을 보고 플레이한다면 에일리언은 열려있는 모든 공간으로 이동할 수 있다. 천장에 있는 조그만 환기구 또한 에일리언이 이동할 수 있는 통로가 되는 것이다. 그리고 게임 제작자 역시 이렇게 공간과 공간을 차단하는 수단 - 그것은 물리적인 것이 될 수도 있고, 쉽게 찾을 수 없는 곳에 있다는 논리적인 것이 될 수도 있다 - 을 에일리언의 퍼즐의 요소로 도입하고 있다. 따라서 게이머는 바닥에서 끝까지 공간을 구석구석 살피며 이동하거나 부술 수 있는 곳이 있는지를 꼼꼼히 살펴야 한다. 처음에는 이런 공간 지각 방식이 굉장히 낯설지만 조금만 지나면 플레이어는 곧 쉽게 구석에 위치한 환기구 통로 같은 것들을 찾아내게 된다. 이렇게 플레이하는 종족의 기본 이동 능력에 따라 공간 지각 능력 자체가 뒤바뀌게 되는 점은 이 게임에 있어서 각 종족의 독립성을 더욱 확고히 하는 매우 매력적인 요소이다.

종족 고유의 시각 모드

이 게임의 매우 특이한 점 중의 하나는 '조명'이라는 요소를 게임을 풀어나가는 매우 중요한 요소로 도입했다는 점이다. 특히 음산하고 공포스러운 분위기를 조장하고자 하는 게임이라면 조명의 요소를 굉장히 중요시하며 가끔은 숨 막힐 정도로 화면을 음산하게 구성 해 놓는다. 보일 것 같으면서도 보이지 않는 어두운 조명에 답답하지만 오히려 그 답답함 속에서 더 큰 몰입감을 느낄 수 있다. 이러한 조명 효과는 몰입 효과뿐만 아니라 적이 언제 어디서 튀어나올지 모르게 함으로써 게이머를 시종 긴장하게 만드는 장치이기도 하다. 이러한 원칙은 FPS 게임 장르에서 〈둠〉 이후에 거의 정석으로 자리 잡았으며 이 게임 역시 그러한 원칙을 충실하게 따르고 있다. 하지만 기존의 게임이 주어진 환경을 그대로 받아들이고 순응하도록 만들었다면 이 게임은 게이머에게 갖가지 도구와 장치를 사용하여 그 환경을 재구성하도록 한다. 그것은 단순히 '10초간 화면 밝게 보이기'와 같은 일시적인 아이템이 아니라 게임의 전반에 자리 잡고 있는 하나의 조작 방식이다. 똑같은 물리적 환경일지라도 조명이라는 요소를 어떤 식으로 컨트롤하느냐에 따라서 게이머가 상황을 전혀 다르게 지각하게 만든다. 삼차원 공간에 조명이라는 차원이 추가된, 한층 더 고차원적인 세계가 구축되었다고 말할 수 있다.

마린은 기본적으로 환경에 순응할 수밖에 없는 신체 조건을 가지고 있지만 다양한 도구들을 사용하여 자연을 극복해 나아간다. 게임에서 어두운 분위기가 너무 지나치면 오히려 플레이를 하는 데 방해가 되지만 그렇다고 그러한 분위기를 함부로 제거하면 플레이의 긴장감 자체가 사라지게 된다. 이 장애를 마린은 조명탄, 손전능, 적외선 렌즈 등을 동원하여 해결하는데, 이들은 게이머에게 조명을 제공함과 동시에 앗아가면서 사실감을 더해주는 가장 탁월한 도구들이라고 할 수 있다. 조명탄은 주위를 가장 효과적으로 밝혀주는 도구 중의 하나이지만 수가 제한되어 있고 광원이 발사된 지점에 고정된다. 또한 시간이 지나면서 점점 사그라져 꺼진다. 손전등은 비교적 조명의 밝기가 세지만 제한된 공간만을 밝혀주는 도구이다. 조명이 화면의 일부분만을 비춰 주기에 게이머는 끊임없이 시선을 이동하며 주변을 살펴보지 않으면 안 된다. 마지막으로 적외선 렌즈는 모든 사물을 적나라하게 보여줄 수 있는 장치이다. 단순히 멋없게 화면을 밝게 한 것이 아니라 적외선 렌즈 특유의 화면을 도입하여 윤곽선이 잘 드러나지 않는 탁한 녹색 화면 속에서 사물들의 움직임이 명확하게 눈에 잡힌다. 하지만 적외선 렌즈의 사용은 배터리를 순식간에 고갈시키고 게이머는 같은 배터리의 양으로 비교적 장시간 사용할 수 있는 손전등조차 당분간 사용할 수 없게 된다. 종족의 특성상 다른 종족이 기본적으로 어둠을 극복할 수 있는 시각 모드를 지니는 데 비해, 마린은 어둠의 분위기에 가장 잘 몰입하며 동시에 이와 연관된 다양한 조작을 수행하여 현실감을 경험할 수 있는 종족이다.

프레데터는 발달된 과학 기술을 바탕으로 조명에 구애받지 않고 환경을 지각할 수 있는 능력을 가지고 있다. 그들은 일반적인 시각 모드 이외에도 '인프라비젼 스코프' 라 부르는 세 가지의 다른 시각 모드를 가지고 있다. 이 시각 모드를 사용하면 어떤 모드에서는 전체적으로 파란 색조에 사람들이 빨강, 노랑색의 얼룩으로 감지되며 어떤 모드에서는 빨간 색조에 에일리언을 하얀색으로, 마지막 모드에서는 프레데터를 어떤 빛나는 모양 형태로 지각할 수 있게 된다.

각 상황에서 어떤 시각 모드를 선택할 것인가 하는 문제는 굉장히 전략적으로 중요한 요소가 된다. 무작정 주위를 환하게 밝혀주는 비전이 좋아보일지 모르지만 이 모드에서는 주변에 다가오는 적을 쉽게 감지해내지 못한다. 인간 혹은 에일리언을 쉽게 감지해내는 각 비전에서도 다른 종족은 쉽게 감지해내지 못한다. 프레데터는 다양한 유도무기를 보유하는데, 그것은 목표물과 시각 모드가 일치되어야만 제대로 추적이 가능하다. 따라서 프레데터는 상황에 따라 수시로 시각 모드를 바꾸지 않으면 안 되며, 이것은 같은 장소, 동일한 상황 하에서도 설정에 따라 주변 환경을 다른 방식으로 지각하고, 다른 정보를 받아들이게 되는 것을 의미한다.

에일리언 역시 워낙 어둠을 벗 삼아 사는 종족이다 보니 이들에게는 어둠이 지각에 문제가 되지 않는다. 에일리언은 기본적으로 '나이트 비전'이라는 것을 가지고 있는데, 이것을 사용하면 아무리 짙은 어둠 속에서라도 사물을 환하게 지각할 수 있다. 하지만 그렇다고 해서 이 시각 체계 역시 절대적인 우위를 점하고 있지는 않은데, 그것은 평상시의 시각 모드가 인간은 파란 빛으로, 에일리언은 붉은 빛으로, 프레데터는 녹색 빛으로 두드러지게 하여 감지하기 쉽게 하는 기능을 제공하기 때문이다. 화면을 지각하기 쉽다고 해서 나이트 비전만 사용하다가는 적을 발견하지도 못한 채 공격당하기 십상이다. 또한 이 게임의 시각적 분위기를 만끽하고자 하는 게이머라면 나이트 비전의 사용을 그만큼 자제할 것이다. 게임 내에서는 각종 실내등과 벽의 비상등이 어우러져 멋진 분위기를 연출하고 있는데, 나이트 비전을 사용한다면 그러한 조명들은 단지 벽에 부착된 작은 박스에 불과한 것이 된다.

이러한 시각 모드의 도입은 에일리언의 공간 지각 체계를 다시 흔들어 놓는다. 에일리언의 미션 수행에서 핵심은 천장이나 벽 구석에 숨어 있을만한 환기구 통로를 찾아내는 것이다. 하지만 일반적으로 이러한 것들은 주변 환경과 잘 어우러져 쉽게 눈에 띄지 않는다. 이러한 상황에서 나이트 비전을 사용하면 사물의 윤곽이 뚜렷이 드러나기 때문에 그나마 쉽게 통로들을 찾아낼 수가 있다. 따라서 게이머는 같은 상황 속에서도 일반 시각 모드와 나이트 비전을 번갈아 사용하면서 새로운 길을 탐색해야 한다.

3. 게임의 서사

세 가지의 탄탄한 스토리

기술이나 인터페이스의 차이가 게임을 풍성하게 하는 부가적 요소라면 이 게임의 잘 짜여진 서사 구조는 차별성의 뼈대를 이룬다. 일반적으로 FPS 게임에서는 기껏해야 "B 장소로 이동하기 위해서는 A 장소를 거쳐야만 한다"라는 개념 정도의 서사만이 존재하였고 게임에 이야기라는 요소가 있다면 그것은 싸움이 시작되는 경위와 종결되는 시점에 대한 배경 설명 정도에 불과하다.

하지만 이 게임은 전면적으로 하나의 이야기 구조를 각 종족의 미션마다 할당해 놓고 있다. 단순히 상황 설정뿐만이 아니라 진행에 따라 대화가 있고, 인물 간의 상호 작용이 있으며 어떤 등장인물의 과거사라든지 배신이라는 다분히 드라마적인 요소도 결합시키고 있다. 또한 스토리와 주인공의 신상

〈그림 7〉 마린 미션에서는 이동할 수 있는 사다리를 찾고 조작하는 것이 키포인트다.

변화가 긴밀한 관계를 맺는다. 일반적으로 FPS 게임은 무기의 획득이 하나의 캐릭터의 성장이므로 한번 얻어진 무기가 사라지는 경우는 거의 없는데, 이 게임에서는 스토리상에서 일어난 배신이라든가 함정에 빠지는 상황에 의해서 무장해제 된 자신을 발견할 수 있다.

그리고 또 한 가지 이 게임의 서사가 지닌 묘미는 각자 독립적인 세 종족의 이야기가 한 장소, 동일한 시간에 벌어지는 일이라는 것이다. 별다른 생각 없이 플레이하고 있던 게이머는 다른 종족의 미션을 수행하다가 한 순간 "이거 언제 한번 와 봤던 곳 아니야?"라는 생각이 든다. 그러다가 더 놀라게 되는 것은 이 전에 한번 겪었던 상황이 다시 연출되거나, 더 나아가서는 자신이 다른 미션에서 일으켰던 상황이 지금 현재의 자신에게 영향을 주고 있으며, 자신이 그때 어리둥절했던 상황을 지금 자신이 발생시키려 하고 있다는 사실을 발견하게 되기 때문이다. 이러한 특징들은 게임의 또 다른 재미를 제공하는 요소로서 게이머에게 "혹시 그 장면이 이렇게 연결되어 있었던 것은 아니

〈그림 8〉 프레데터 미션에서는 점프해 올라갈 수 있는 상자를 유심히 찾아보아야 한다.

었을까"라며 게임을 재 플레이하게 만드는 장치가 되기도 한다.

이렇게 시간과 장소를 공유하는 가운데서도 특이한 점은 같은 상황에 맞닥뜨리는 것 같으면서도 그것이 다른 세계가 된다는 점이다. 마린과 프레데터, 에일리언은 각각 이동 방식이 다르기 때문에 공간의 지각 방식이 다르다. 같은 장소라도 그 종족의 능력에 부합하는 장치를 중심으로 공간을 재구성하게 되는 것이다. 예를 들어 프레데터가 감금되어 있던 실험실의 환기구는 분명히 마린이나 프레데터 미션을 수행할 때에는 지각되지 않지만 에일리언 미션에서는 버젓이 구석에 위치해 있음이 파악된다. 화물 적재소 분위기가 나는 어느 층층의 공간에서 마린은 여기저기 존재하고 있는 사다리를 인지하고 그것을 이용해 이동하지만 프레데터 미션의 경우 같은 공간임에도 불구하고 여기저기 점프해서 올라갈 수 있는 발돋움이 될 상자들을 인지하는 것에 초점을 맞추게 된다. 이에 따라 마린 미션에서 사용하였던 사다리가 막히고, 그때 존재하지 않았던 상자들이 프레데터 미션에서는 존재한다.

서사구조의 한계

이 게임이 기존의 FPS 게임의 서사구조를 완전히 탈피하여 탄탄한 스토리를 바탕에 두고 있음은 이미 충분히 설명이 되었으리라 믿는다. 이러한 스토리는 굉장히 혁신적인 것이 사실이지만 그와 동시에 여전히 몇 가지 한계점을 가지고 있다.

첫째 그것은 단선적인 구조이다. RPG에서 찾아볼 수 있는 멀티 엔딩 같은 것은 기대하지 않더라도 미션 수행에 있어서 어떤 한 조건이 만족되지 않으면 다음 단계로 진행 자체를 할 수가 없다. 어디까지나 전형적인 FPS 게임의 골격에 서사구조를 결합한, 서사에 아주 크게 비중을 두지는 않은 종래의 패턴을 반복하고 있는 것이다. 더욱이 한 미션을 수행하면서 본부로부터의 교신이나 주변 사람의 말소리를 음성과 자막을 통해 전달하는데, 이것이 정확하게 미션의 진행 순서와 일치한다는 것은 다소 넌센스이다. 이는 어떤 말소리가 들리는 지의 여부가 자신이 게임을 정상적으로 진행하고 있는지에 대한 척도가 됨을 의미한다. 한편, 한 미션 안에서 한번 지난 곳을 다시 찾는 경우가 거의 없다는 것 또한 스토리의 진행을 단선적으로 만드는 데 크게 한 몫한다. 이런 단선적인 구조로 말미암아 게임을 다시 플레이하더라도 고스란히 지난 플레이의 전철을 밟을 수밖에 없는 것이다.

둘째로 서사 구조가 '게임의 형태'이기에 가질 수밖에 없는 호소력의 한계이다. 영화 〈파이널 판타지〉는 실사에 버금가는 화려한 그래픽에도 불구하고 악평을 피할 수 없었는데, 그것은 바로 캐릭터의 연기 때문이었다. 스펙터클 자체는 타의 추종을 불허하지만 인물들이 대화하는 장면, 특히 남녀 주인공이 키스하는 대목은 무미건조하기 그지없었는데, 이것은 아무리 3D 그래픽이 발달하더라도 실물의 감동을 그대로 전달해술 수 없는 태생적 한세를 가지고 있기 때문이다. 아무리 그것이 잘 짜여지고 실물과 유사하더라도 기본적으로 3D 그래픽이라는 것 자체가 관객에게는 '스펙터클'의 대상이기 때문에 감정을 이입한다는 것이 그리 쉽지 않다. 차라리 짤막한 한편의 글이라든가 컴퓨터 그래픽 요소가 없는 삽화와 애절한 음악이 어우러진 장면이 게이머에게 훨씬 더 감정이입을 쉽게 해준다.

이런 면에서 3D 그래픽으로 표현된 사건의 전달은 스토리 전달 이상의 어떠한 호소력도 가지기 쉽지 않다고 말할 수 있다. 하지만 그런 태생적 한계를 간과하고 다양한 드라마적 요소를 시도하는데 이는 오히려 게이머의 눈살을 찌푸리게 한다. 각 인물의 과거 이야기야 그렇다고 하더라도, 주인공의 심리적 내면을 표현하는 부분이나 마린의 미션에서 토미코가 에일리언의 서식지와 함께 자폭하는 장면은 실로 어이없다. 이런 부분은 게이머에게 심리적인 공감대를 형성하거나 감동을 주기는커녕 어리둥절하게 만든다. 게임 제작자는 공연히 어설픈 시도를 하기보다는 게이머가 기대하는 정석의 이야기를 유지하려고 노력하는 것이 더 나을 것이다.

4. 게임의 스펙터클

그래픽

기본적으로 〈에일리언 대 프레데터2〉는 컴퓨터의 사양에 비해서 완벽하고 높은 해상도의 그래픽을 효율적으로 제공하고 있으며, 등장하는 인물들을 살상할 때는 내장이나 뇌 같은 파편들이 사방에 튀는 장면을 지나치다 싶을 정도로 섬세하게 묘사하여 게이머들에게 쾌감을 전달해준다. 때로는 그런 섬세함과는 다르게, 방대한 스케일로써 게이머들의 눈을 즐겁게 하기도 한다. 대부분 FPS 게임들이 좁은 던전 안에서만 아옹다옹 미로를 풀어내는 데 급급하였다면, 이 게임은 종종 하늘과 사방이 탁 트인 개방형 공간을 제시한다. 물론, 이러한 환경 속에서도 이동해야할 곳은 어느 정도 결정되어 있는 것이 사실이지만, 끝이 보이지 않을 정도로 거대한 공간을 여기저기 누비는 재미도 꽤 쏠쏠하다.

하지만 이 게임에서 더 높이 평가받는 그래픽의 핵심은 단순히 화려하거나 섬세하다는 측면만이 아니라 '조명'이라는 것을 게이머가 수동적으로 받아들여야 하는 대상이 아닌, 능동적으로 컨트롤 하고 조작할 수 있는, 게임의 제 3요소로 끌어들였다는 데 있다. 섬세하게 잘 표현된 그래픽으로 게임의 분위기를 효과적이고 사실적으로 전달하는 것은 물론, 이러한 조작을 바탕으로 게이머에게 다른 공간 지각을 요구하고 있다. 이에 따라 종래의 마냥 음침하기만 했던 다른 FPS 게임들과는 달리, 이 게임에서는 '조명'이라는 것이 게임 진행에 있어서 굉장히 중요한 전략적인 요소가 되기도 한다.

효과음

과거 게임들과는 달리 최근의 게임은 오감을 총동원하는 생생한 체험을 요구하며, 이에 따라 게이머는 청각적인 요소가 결핍되거나 부실하면 게임의 플레이에 있어서 굉장히 허전함을 느끼게 된다. 다른 게임 장르와는 달리 FPS 게임, 특히 공포와 음침한 분위기로 무장한 FPS 게임에서는 청각적 요소가 매우 크게 작용한다. 박지원의 '일야구도하기'라는 글에 "요하가 울지 않는다"라는 대목이 있다. 이것은 시각적인 요소가 현란할수록 다른 감각의 지각이 무뎌짐을 암시한다. 하지만 그 반대 상황은 어떠한가? 밤중에는 온몸을 휩쓸어 버릴 것 같은 거대한 소리를 내며 요하가 울어 댄다. 이것은 시각 정보가 부족한 만큼 청각 정보에 많이 의존하게 되기 때문이다.

게임 역시 마찬가지이다. 제한된 화면과 어두운 조명으로 게이머의 시야를 크게 제한하기 때문에, 자연적으로 게이머는 청각 정보에 매우 예민하게 된다. 이런 효과음의 중요성을 바탕으로, 이 게임은 청각적인 요소의 꽤 세세한 부분에까지 주의를 기울이고 있다. 좁은 복도를 거닐 때 들려오는 벌레 푸드덕거리는 소리, 물방울 떨어지는 소리, 어딘가 모르게 들려오는 비명 소리 등은 게임에 몰입감을 더해주기에 안성맞춤이다. 게이머가 움직일 때 나는 발자국 소리, 물을 지나가면서 들리는 첨벙거리는 소리 역시 게이머의 움직임 하나하나에 생생함을 더해준다. 아울러 영화에서 차용해 온 캐릭터들이나 특수 장치의 소리는 마치 영화를 직접 경험해 보는듯한 부수적인 효과를 제공해 준다.

배경 음악

초창기 〈울펜스타인〉 3D에서 〈둠〉을 거쳐 이어져 내려오는 FPS 게임의 정석 중의 하나는 배경음악을 거의 사용하지 않는 것이다. 적이 어디서 언제 튀어나올지 모르기 때문에 생기는 긴장감과 게임의 세계 속에 의지할 수 있는 것이 자기 자신밖에 없다는 고독감이 게임의 심리적 장치의 핵심인데 어설픈 배경음악의 도입은 이런 몰입감을 깡그리 앗아갈 수 있기 때문이다. 이러한 원리에 따라 이 게임 역시 일반적으로 배경음악을 거의 채택하지 않고 있다. 다만 종족에 따라서 잔잔한 특유의 음악이나 음향이 조금씩 들려오는 것 같기도 하다. 대신에 그 배경음악의 빈자리를 공간을 구성하고 있는 하나하나의 작은 요소들의 소리가 채우고 있다. 주인공의 발자국 소리, 손전등의 치직거리는 소리, 어디선가 떨어져 내리는 물방울 소리, 주변을 날아다니는 벌레 소리... 이런 것들만으로도 충분히 훌륭한 배경 음악이 된다.

하지만 전투 중에는 사정이 달라진다. 괴물이나 적에게 긴박하게 쫓기는 상황 속에서 그런 정적인 소리들만 들려온다면 이는 전혀 어울리지 않는다.

마치 요하가 낮에는 울어대지 않았던 것처럼, 이번에는 시각적으로 쫓기는 상황이 주主가 되고 청각적인 요소는 그 분위기라든가 긴박함을 적절하게 감싸 안아 주어야 한다.

따라서 이 게임은 적이 등장하고, 그 적이 나를 발견하고 쫓아 올 경우, 그 적의 특성에 적합하게 긴박한 배경 음악을 틀어 주고 있다. 분명 그러한 상황에서 정적이 깔리는 것보다 박진감 넘치는 음악이 제시되는 것이 게임을 플레이하는 즐거움을 더해주지만, 가끔가다가는 적을 발견하지 못했음에도 불구하고 벌써 전투가 시작되었음을 알리는 배경 음악이 흘러나오기 시작할 때 게이머는 어이없어 실소하지 않을 수 없다.

5. 결론

이상에서 우리는 게임 〈에일리언 대 프레데터 2〉를 인터페이스에 대한 자세한 분석에서부터 시작하여 서사, 스펙터클적 요소까지 세밀히 분석해 보았다.

필자는 그다지 중독성 없이 쉽게 즐길 수 있는, 스펙터클적 요소가 강한 게임으로 FPS 게임을 찾았고 그 중에 발견한 이 게임은 스펙터클적 요소를 충분히 만족시키면서도 탄탄한 서사구조를 채택한, 굉장히 다채로운 게임이었다. 이 게임은 게다가 세 가지 독창적인 인터페이스와 기술을 가진 종족을 등장시키고, 각각의 종족이 가진 스토리를 같은 시간, 같은 장소에 결합함으로써 게임을 즐기는 사람들에게 또 다른 재미를 제공해주었다.

이 게임은 이렇게 스펙터클적인 요소와 서사적인 요소가 한데 결합했을 때 그 효과가 얼마나 극대화될 수 있는가를 이야기해준다. '멀티미디어' 라는 이름으로 각각의 감각과 지각적 요소가 하나로 묶이고, 게임에 있어서도 한 가지 정통적인 장르를 탈피한, 퓨전 형태의 장르가 계속 출현하고 있다. 이 게임을 통하여 기존의 액션만을 고집했던 FPS 게임 장르가 서사 구조의 게임 장르와 효과적으로 결합할 수 있음이 확인되었다. 이에 따라 게임을 구성하는 다양한 요소를 한데 묶은, 새로운 장르의 게임들이 조만간 우리들 곁에 다가오지 않을까 하는 기대를 해본다.

(김의열)

Ⅴ. 컴퓨터 게임의 사회적 영향

컴퓨터 게임의 환상성과 '몰입'

1. 놀이로서의 컴퓨터 게임

호이징하에 따르면 놀이는 '현실을 이미지로 전환시키는 형상화 작용에 근거한 것'이다.[1]

컴퓨터 게임은 〈퐁〉이나 〈팩맨〉 같은 추상적이고 상징적인 이미지에서 시작되어 오늘날에는 〈스타크래프트〉나 〈디아블로〉처럼 보다 구체적인 이미지와 화려한 영상으로 발전해갔다. 이 같은 게임의 진화는 바로 게임을 즐기는 게이머의 증가와 보다 '환상적인' 게임을 요구하는 게이머가 증가했음을 의미한다. 게이머는 컴퓨터 게임을 단순히 컴퓨터라는 기계를 작동하게 하는 프로그램이라고 생각하지 않는다. 그것은 "실제의 생활을 벗어나서 아주 자유스러운 일시적인 활동"인 것이다. 이 같은 놀이는 어떠한 다른 목적이 있

| 1 J. 호이징하, 『호모 루덴스』, 김윤수 옮김, 까치, 1998, p.23.

거나 필연에 의해 진행되는 것이 아니라 자기목적성을 갖는다. 즉 놀이는 "순수하게 자발적인 행위로 성립하는 가상세계의 창조행위"이다.[2] 컴퓨터 게임을 즐기는 것 역시 놀이를 즐기는 것과 마찬가지이다. 그렇다면 놀이로서의 컴퓨터 게임에 게이머들이 몰입하게 되는 이유는 무엇인가.

『시학』에서 아리스토텔레스가 비극을 정의한 바를 토대로 놀이로서의 컴퓨터 게임이 갖는 문학적 특성을 살펴보자.

> 비극은 진지하고 일정한 크기를 가진 완결된 행동을 모방하며, 쾌적한 장식을 가진 언어를 사용하되 각종의 장식은 작품의 상이한 제부분에 따로따로 삽입된다. 비극은 드라마적 형식을 취하고 서술적 형식을 취하지 않으며, 연민과 공포를 환기시키는 사건에 의하여 바로 이러한 감정의 카타르시스를 행한다.[3]

여기서 모방mimesis은 단순한 의미의 모방, 재생reproduction이 아닌 예술적인 모방, 재현representation이다. 훌륭한 비극은 자연을 대상으로 하며 그 자연을 그대로 복사해내는 것이 아니라 창조된 자연을 재창조하는 것이다. 즉 예술은 "보편적인 것을 모방함에 있어서 이상적인 것을 모방한다. 그리고 우리는 이제 예술 작품을 인간생활-성격, 정서, 액션-의 이상화된 재현으로 기술"하는 것이다.[4] 세계를 어떻게 파악하고 어떻게 이해했는가에 따라 재구성되는 세계는 달라지게 마련이다. 컴퓨터 게임 역시 세계에 대한 파악

---

2 J. 호이징하, 같은 책, p.12.
3 아리스토텔레스, 『시학』, 천병희 역, 문예출판사, 2000, p.47.

과 이해를 바탕으로 한 사상을 표현한 것이다. 쉽게 말해 컴퓨터 게임은 컴퓨터라는 기술 공학적 매체를 이용한 게임을 말한다. 때문에 컴퓨터 게임을 만드는 일 역시 여느 창작물과 마찬가지로 세계에 대한 파악과 이해를 전제로 하며, 단지 컴퓨터라는 도구를 이용해 기술적으로 조작할 뿐이다.

컴퓨터 게임은 가상현실을 창출해 낼 때 혹은 새로운 게임을 제작할 때 기술적 물리적으로 조작하는 프로그램이 존재해야 한다. 이는 아리스토텔레스의 문학 장르의 분류에서 거론 된 '모방의 대상, 매재, 방식'을 대체할 수 있는 게임 프로그램에서의 '규칙, 소재, 테마'를 의미한다.[5] 여기서 규칙은 게임의 성립 조건이라는 점에서 '대상'에 해당한다. 즉 〈스타크래프트〉에서는 일꾼이 캐낸 미네랄과 가스로 건물을 짓고 유닛을 생산하는 규칙이 적용되고, 〈디아블로〉에서는 각각의 전사가 싸움을 통해 돈과 아이템을 획득해 그것으로 필요한 장비를 구입하는 규칙이 적용된다. 각각의 게임에 따라 그 게임이 성립 되도록 하는 각각의 고유한 규칙이 있는 것이다.

게임들은 이를 실현시키는 물질적 매재를 가지며 이는 '소재'에 해당한다. 그리고 모방의 '방식'에 따라 〈철권〉같은 액션 게임, 〈스타크래프트〉 같은 전략시뮬레이션 게임 등의 테마가 결정된다. 소설 『삼국지』를 예로 들면, 〈한중영걸전〉은 영웅들이 격투를 하는 게임이며 전략 시뮬레이션 〈삼국지〉는 삼국이 패권을 다투는 내용을 시나리오로 구성한 게임이 되는 것이다. 이상의 세

---

4 Butcher, Theory of Poetry and Fine Art with a Critical Text and Translation of the 'Poetics' pp.152–153 : 이경식, 『아리스토텔레스의 「시학」과 신고전주의』, 서울대학교출판부, 1997, pp.143–144에서 재인용.

5 최유찬, 『컴퓨터 게임의 이해』, 문학과학사, 2002, p.35.

가지 요소들을 갖춤으로써 컴퓨터 게임 프로그램은 놀이로 기능하게 된다.

2. 컴퓨터 게임의 게이머와 캐릭터의 동일시

문학 텍스트는 배경과 등장인물이 주어지고, 등장인물이 어떠한 행동을 취하거나 어떠한 상황에 놓여지면서 플롯이 엮인다. 이 장에서는 가상 세계에 해당하는 게임의 배경에서 어떠한 행동을 하는 등장인물 즉 게임의 캐릭터character에 대해 살펴보자. 영어로 'character'는 작품의 등장인물이라는 일반적 의미와 함께 '특징, 성질, 성격'을 나타낸다. 게임의 캐릭터는 인간을 포함하는 것은 물론 이야기에 나오는 모든 존재를 가리키는 데 적합한 말이다. 특히 롤플레잉 게임(RPG: Role Playing Game)에서 게이머는 게임 시작 전 배경 스토리를 통해 등장하는 캐릭터를 파악할 수 있으며 자신이 원하는 캐릭터를 선택한다. 선택 가능한 캐릭터들은 각각 그들의 특유의 강점과 약점, 그리고 고유의 기술 등이 있다. 게이머는 자신이 원하는 캐릭터를 선택하여 그 캐릭터의 역할을 함과 동시에 게이머의 명령에 따라 역할을 수행하는 캐릭터를 만들어 나가게 된다.

육성 시뮬레이션 게임의 캐릭터는 상황과 성장에 따른 다양한 모습의 변환 데이터를 갖고 있다. 롤플레잉 게임의 캐릭터는 상황 해결 및 아이템 습득에 의한 변화 그리고 경험치 등의 변화에 따른 다양한 데이터를 보유하고 있다. 전략 시뮬레이션 게임 역시 그러하다. 이러한 게임 제작에 의해 생성된 캐릭터는 게임 상황과 게이머를 연결시켜주는 중간자적 역할을 함과 동시에 그 게이머만의 캐릭터라는 의미를 갖게 된다.

게이머는 자신의 캐릭터와 대화하며 또 다른 캐릭터와 대화하기도 하고, 낯선 공간을 탐험하고 싸운다. 또 자기만의 방을 만들어 아이템을 모으기도 하고 의상 및 무기로 외양을 꾸미기도 한다. 또한 위험을 감행하여 도전하기도 하고 이에 실패하여 캐릭터의 죽음을 경험하거나, 저장을 통해 다시 특정 캐릭터와의 재회가 가능하다. 그리고 이러한 경험을 통해 더 강한 유대감으로 게이머와 캐릭터는 합심하여 게임 상의 적대자를 공격하기도 한다. 게이머는 캐릭터를 통해 현실 세계에서는 실현 불가능한 욕구를 충족시킬 수 있다. 때문에 캐릭터는 게이머의 동반자이자 '또 다른 나'로 인식된다. 그래서 게이머가 캐릭터를 키워나갈 때 그들 사이에 객관적 거리가 유지되기란 매우 힘들다. 이 때 컴퓨터 게임은 단순히 오락이 아닌, 또 '다른 나'와 만나는 공간이면서 동시에 풍부한 대리 경험을 제공하는 가상의 공간이다.

즉 캐릭터는 게이머의 아바타avatar인 것이다. 아바타는 힌두어 'avatara'에서 나온 말로, '하강'을 뜻한다. 신성神性이 인간이나 동물의 형태로 '내려와' 환생했다는 의미이다. 즉 본래의 아바타는 세상의 악으로부터 선을 보호하려고 출현했는데, 요즘 사이버상의 가상공간에서는 '또 다른 나'를 의미하는 캐릭터로 변용되고 있다.[6] 즉 게이머가 게임에 몰입하여 캐릭터와 함께 호흡하고 감정의 변화를 경험함으로써 그는 캐릭터와 자기를 하나로 인식하게 되는 것이다.

특정한 방향이나 최종의 목표 달성, 게임의 엔딩을 경험할 수 없는 롤플레잉 게임을 하는 동안 게이머와 캐릭터의 관계는 더 가까워지는데, 이런 종류

6 류현주, 『컴퓨터 게임과 내러티브』, 현암사, 2003, p.202.

의 게임에서 게이머는 탐험의 즐거움을 경험하게 된다. 다른 말로 항해의 즐거움이라고 할 수 있는데, 이 항해와 미로의 경험은 '해결 가능한 미로'와 '복잡하게 엉켜 있는 리좀rhizome(들뢰즈의 용어로, 칸나의 지하경처럼 도중에 덩어리를 만들면서 임의로 이동해 가는 것. 즉 중심을 갖지 않고 상호 이질적인 선이 교차하고 다양한 흐름이 방향을 바꾸며 뻗어가는 현상을 가리킴)'의 공간 모두를 포함한다. 이 탐험에서 중요한 것은 그 공간에서 게이머가 캐릭터와 자신을 동일시 한다는 것이다. 게이머는 캐릭터와 함께 길을 잃고 헤매지 않을까 하는 두려움이나 갑자기 대적할 수 없는 적의 공격을 받지 않을까하는 두려움을 경험하기도 하고, 그를 막아냈을 때의 자신감과 몰랐던 길을 찾았을 때의 기쁨 등의 복합적인 감정 역시 경험하게 된다. 위니코트에 의하면, "놀이의 쾌락적 요소는 본능적인 자극이 과도하지 않을 경우에만 생길 수 있다."[7] 즉 이 같은 자극의 적절한 조절은 몰입적 환상의 세계를 깨뜨리지 않기 위해 중요하다는 것이다. 이러한 자극들은 지극히 추상적이거나 비현실적이어서는 안 되며, 게이머가 실제 상황임을 느낄 만큼의 긴장감과 자극이 되어야 한다.

컴퓨터 게임에서 캐릭터를 선택한 뒤 게이머가 그 캐릭터에게 명령을 내리고 작업을 수행하는 과정을 일컬어 '캐릭터를 키운다'고 한다. 흔히 캐릭터를 만드는 과정인 캐릭터라이제이션characterization을 '인물이나 성격 창조'라고 부른다.[8] 여기서 캐릭터를 키우는 일은 단순히 캐릭터의 성격을

---

7 자넷 머레이, 『사이버 서사의 미래 인터랙티브 스토리텔링』, 한용환 변지연 공역, 안그라픽스, 2001, p.137, p.151.

8 류현주, 같은 책, p.191.

만드는 과정뿐만 아니라 캐릭터의 경험치를 높이는 캐릭터 나름의 독특한 능력에 치중하는 것도 포함된다. 〈디아블로〉에서 캐릭터는 경험치 획득을 통해 레벨 업을 할 수 있다. 이것이 바로 캐릭터를 키우는 방법이다. 가령 〈디아블로〉는 현재 레벨, 경험치 포인트, 다음 레벨(다음 레벨을 올리기 위해서 얻어야 하는 경험치를 말한다), 힘, 공격 데미지, 민첩성, 생명력, 에너지, 능력치 향상 포인트, 파이어 저항력, 콜드 저항력, 라이트닝 저항력, 포이즌 저항력 등을 통해 캐릭터를 키운다. 그리고 캐릭터 키우기는 전투뿐만 아니라 마을 사람들과의 접촉을 통해 새로운 정보를 얻거나, 의뢰받은 일의 해결 등을 통해 가능하다. 게임에서는 캐릭터를 선택한 뒤 캐릭터를 키우는 것이 곧 캐릭터를 게이머가 구성해 나가는 과정이다. 게임 개발자나 컴퓨터 시스템은 처음부터 캐릭터를 구성하여 게이머에게 제시하지 않는다. 게이머는 캐릭터를 생성하여 능력을 높임으로써 캐릭터를 키운다.

또 다른 캐릭터의 유형으로 육성 시뮬레이션 게임 〈프린세스 메이커〉가 있다. 게이머는 자신이 택한 캐릭터의 외모를 선택하며, 캐릭터의 이름을 지어줄 뿐만 아니라, 생년월일과 혈액형까지 선택할 수 있다. 이렇게 선택된 캐릭터는 별자리 혹은 혈액형 등의 요소에 따라 그 고유의 성격을 갖게 되고, 게이머는 그 캐릭터의 고유 성격을 감안하여 명령을 내려야 한다. 가령 자기주장이 강하고 활동적이며 놀기 좋아하는 성격의 캐릭터에게 교회와 학교 교육만 반복하여 시킬 경우 그 캐릭터의 신앙심과 능률지수는 떨어지고 반항지수가 크게 올라가 결국 게이머의 명령을 거부하고 가출을 하게 된다. 때문에 캐릭터 고유의 성격을 염두에 두고 캐릭터를 키운다면 캐릭터는 게이머의 목적에 맞는 '프린세스'로 성장하게 될 것이다.

3. 〈디아블로〉의 몰입 요소

액션 롤플레잉 게임 중 가장 유명한 게임 〈디아블로Diablo〉를 보자. 1996년에 출시된 〈디아블로〉에 나타난 캐릭터의 작업별 유형화를 살펴보면, 〈디아블로Ⅰ〉의 캐릭터에는 전사, 마법사, 도둑이 있고 〈디아블로Ⅱ〉에는 야만인, 성전사, 여마법사, 소환술사, 여전사가 있다. 〈디아블로Ⅱ〉에 등장하는 새로운 캐릭터들은 각기 아마존, 소서리스, 네크로맨서, 팔라딘, 바바리안, 어쌔신 그리고 드루이드라는 이름의 전사들이다. 특히 〈디아블로Ⅱ〉에 추가된 드루이드는 자연을 지배하는 점에서 평범한 인간에겐 없는 초자연적 힘을 가진 마법사에 속한다. 〈디아블로Ⅱ〉 확장판에서 마법사 캐릭터가 추가됐다는 점은 게이머들이 초자연적 힘을 가진 캐릭터를 요구함을 의미한다. 즉 현실에 존재하지 않는 마법사 캐릭터의 선호는 게이머들이 컴퓨터 게임이라는 가상공간에서 초자연적 힘을 지닌 존재로 자신의 잠재된 무의식을 표출하고 한계를 극복하고자 하는 욕구가 강하다는 점을 반영한다.

〈디아블로〉 게임을 즐기기 위해서는 캐릭터를 만들어야 한다. 우선 게이머는 캐릭터의 직업Class을 선택한다. 이때 화면은 캠프파이어 주위에 서 있는 5명의 영웅들을 보여주는데, 이들이 각각의 캐릭터 유형을 나타내는 것이다. 각각의 직업에 따라 그들은 특유의 강점과 약점, 그리고 고유의 스킬셋Skill set을 가지고 있다. 각각의 캐릭터 중 하나를 선택해 이름을 작성하면 본격적인 롤플레잉 게임이 시작된다. 디아블로는 게임의 캐릭터를 선택하는 데서부터 게이머를 몰입하게 만든다. 즉 기존의 다른 게임들에서는 이미 정해진 하나의 캐릭터를 통해 게임의 미션을 수행하지만, 〈디아블로〉에서는 자신이 선호하는 특성을 갖는 캐릭터를 자율적으로 선택할 뿐만 아니라, 그에게 이름을 지어주어 게이머가 캐릭터에 특별한 애착을 갖도록 만드는 것이다.

앞서 살펴본 게임의 성립 조건 중 '규칙' 역시 게이머가 게임에 몰입 할 수 있게 만드는 중요한 요인 중의 하나이다. 〈디아블로〉에는 마을 내에서는 누구도 게이머를 해칠 수 없으며, 게이머의 캐릭터 역시 아무도 공격하지 못한다는 규칙이 있다. 또한 게이머는 마을 주민을 통해 의뢰받거나 모험 중에 이벤트로 발생하는 퀘스트를 수행해야 한다는 규칙이 있다. 퀘스트를 수행함으로써 게임 속의 미스터리들을 하나 둘 씩 풀어나가는 것, 그것이 바로 〈디아블로〉의 규칙이며 게이머를 몰입하게 만드는 요인이다. 그러나 이러한 의미의 게임 내의 '규칙 지키기' 는 반면 현실의 '규칙 깨버리기' 라는 의미 또한 내포하고 있다. 다시 말해 게임 진행을 위한 규칙은 현실의 법과 지배적 가체 체계의 밖에 존재하는 것으로 현실과 다른 방식으로 운영된다. 때문에 가상공간으로서의 특정한 게임 내에서 유효한 게임의 규칙은 현실에서 금지하는 행위를 자유롭게 허용하기도 하고, 현실에서 실현 불가능한 것이 실현되기도 한다. 이 같이 현실에서 벗어난 규칙은 바흐친의 카니발적 의미를 갖는 것으로 게이머는 게임을 통해 현실에서 제약하고 배제되어 왔던 욕망을 표출할 수 있다.

〈디아블로〉 게임을 하다보면 자기 캐릭터의 현 위치를 확인하기 위해 '오토맵' 을 사용해야 한다. 오토맵은 화면 상에 캐릭터 주변의 지엽적인 상황과 함께 캐릭터가 이동 중인 모든 지역의 전체 지도가 겹쳐져 나타나는 것을 말한다. 이를 통해 게이머는 현재 캐릭터를 둘러싼 상태와 캐릭터의 위치를 확인할 수 있다. 특히 마을에서 오토맵을 실행시키면 게이머가 이미 방문했던 모든 지역들이 맵에 나타나게 된다. 그래서 게이머는 이 같은 오토맵을 통해 목표달성을 위한 효율적 이동 경로를 확인하기도 하고 자신의 현 위치를 확인하기도 한다. 즉 게임을 즐기는 동안 게이머는 부분으로서의 화면을 경험함과 동시에 오토맵 기능을 통해 전체의 인지가 가능해지는 것이다. 다시 말해 게이머는 부분과 전체를 동시에 지각해야 게임의 목표를 효과적으로 달성할 수 있게 되며, 이는 캐릭터의 레벨 업을 쉽게 할 수 있다는 의미가 된다.

또한 컴퓨터 게임이 게이머를 몰입하게 만드는 원인 중 하나로 밸런싱이라고 하는 적대 세력 간의 힘의 균형을 들 수 있다.[9] 칙센트미하이는 '과제와 실력의 함수 관계에 따른 경험의 질'에서 최적의 경험, 곧 몰입은 과제와 실력 두 변수가 모두 높을 때 나타난다는 사실을 설명한 바 있다.[10] 〈디아블로〉를 하면서 게이머는 퀘스트의 난이도가 높아질수록 캐릭터의 레벨을 높이는 데 집중하게 된다. 이러한 몰입의 상태는 주로 그 일에 대한 도전감이 생기거나, 이를 해결할 수 있는 능력을 가졌을 때 경험하게 된다.[11] 또한 캐릭터의 레벨이 높아질수록 마을 사람을 통해 의뢰받는 퀘스트의 난이도가 높아지게 된다. 곧 〈디아블로〉는 과제의 수준을 적절하게 조절하여 게이머가 캐릭터의 실력 연마에 집중하도록 만들어진 게임인 것이다.

컴퓨터 게임 〈디아블로〉의 기본적인 목적이 캐릭터의 발전과 성장임을 상기시켜 본다면 게임 몰입을 유도하는 핵심적인 요소는 바로 캐릭터의 레벨 업이다. 즉 이상과 같은 게이머의 몰입 요소는 모두 캐릭터의 레벨 업이라는

---

9 최유찬, "컴퓨터 게임의 문학적 특성", 『국제어문』23, 2001, p.7.

10 미하이 칙센트미하이, 같은 책, p.49.

11 이 같은 '몰입'에 관해서는 최인수가 번역한 미하이 칙센트미하이의 『FLOW; 미치도록 행복한 나를 만들다』,(한울림, 2004) 참조.

'게임 목표'를 달성하기 위한 요소들로 설명되는 것이다. 게임 진행 중 몬스터를 물리치면, 캐릭터의 경험치를 얻게 되고 일정량의 경험치를 얻게 되면 레벨이 상승한다. 또한 레벨이 오를 때마다 스트렝스Strength, 덱스테러티Dexterity, 바이탈Vital, 에너지Energy 등의 4가지 능력치를 향상시킬 수 있다.[12] 이 같은 각각의 능력치 향상을 위해 게이머는 다양한 기술을 습득하고 퀘스트를 수행한다. 몬스터와의 반복적인 전투, 그리고 아이템의 거래 등의 과정은 게임이 진행되는 동안 끊임없이 반복되며, 지금도 게이머들은 몬스터를 공격하고 아이템을 구입하고 있다. 그리고 캐릭터 키우기라는 목표 달성을 위해 수많은 게이머들이 〈디아블로〉라는 게임에 몰입하게 된다.

사실 현실 속에서는 몰입의 단계로 넘어가기가 어렵다. 왜냐하면 몰입은 "명확한 목표가 주어져 있고, 활동의 효과를 곧바로 확인할 수 있으며, 과제의 난이도와 실력이 알맞게 균형을 이루고 있어야" 가능하기 때문이다.[13] 그러나 게이머는 〈디아블로〉라는 컴퓨터 게임을 통해 몰입을 경험할 수 있다. 〈디아블로〉의 가상공간에서는 그 순간마다 정확한 목표가 설정되어 있을 뿐만 아니라 그 목표의 달성 여부 역시 그 자리에서 확인 가능하다. 이러한 목표달성과 관련하여 게이머와 퀘스트 사이의 힘의 균형, 즉 밸런싱이 잘 갖추

12 스트렝스는 캐릭터의 공격데미지와 관계한 것으로 방어구나 무기를 착용하기 위해 필요한 능력치이다. 이 수치가 클수록 몬스터에게 주는 피해율이 커지게 된다. 덱스테러티는 원거리 공격용 무기를 착용하는데 필요한 능력치이다. 캐릭터가 몬스터의 공격을 방어하는 수치를 높여주기도 한다. 바이탈은 캐릭터의 라이프와 스태미나의 양을 결정하는 중요한 수치이다. 에너지는 캐릭터가 스킬을 사용할 때 필요한 마나mana의 양과 밀접한 관계를 갖는 게임의 필수적인 요소이다.

13 미하이 칙센트미하이, 같은 책, p.50.

어져 있다. 게다가 게임이라는 가상공간에는 현실의 엄격한 규칙에서 억제된 욕망을 표출 할 수 있는 새로운 형태의 규칙이 존재한다. 뿐만 아니라 게이머의 현재 상태와 과거의 궤적, 그리고 미래의 퀘스트 수행 등을 동시에 인지해야 하는 상황 속에서 항상 긴장된 상태로 현재 화면에 보여 지는 지도의 한 부분과 전체 지도를 동시에 인지해야 한다. 이러한 요인들 덕분에 게이머는 게임에 쉽게 몰입할 수 있다.

4. '환상성', 컴퓨터 게임 몰입의 중추

하나의 이야기가 성립되기 위한 조건으로 츠베탕 토도로프는 다음과 같이 말한 바 있다. "이상적인 이야기는 안정한 상황에서 시작하여, 그 안정한 상황이 어떤 힘에 의해 어지럽혀지고, 그 결과로 불안정한 상태가 이루어지는데, 그 힘과 반대방향으로 다른 또 하나의 힘이 작용하여 안정이 회복되는 것"이다.[14] 이 설명을 〈디아블로〉에 적용해 보면 첫 번째 단계는 게이머의 캐릭터가 마을 안에서 마을 사람에게 퀘스트를 의뢰받기 전의 상태이다. 이야기가 진행되듯 게임 상에서는 마을 사람에게 퀘스트를 의뢰받고 게이머는 퀘스트 수행을 위해 마을 밖으로 나가게 된다. 이때 자신의 레벨보다 높은 몬스터를 만나면 시련을 당하다가 죽을 수도 있다. 그러나 게임에서는 자기의 캐릭터가 죽더라도 문제가 되지 않는다. 저장 기능을 통해 다시 게임이 연속되기 때문이다. 이제 게이머는 자기의 캐릭터의 레벨 업을 위해 비슷한 수준

| 14 츠베탕 토도로프, 『구조시학』, 곽광수 옮김, 문학과지성사, 1981, p.101.

의 다른 몬스터와 싸워 경험치를 높이고, 마을에서 보다 강력한 아이템을 살 것이다. 그리고 게이머의 캐릭터 레벨 수치가 일정 수준이 되어 퀘스트를 수행하게 되면 다시 마을로 돌아와 안정이 회복된 상태가 된다. 이는 마지막 단계에 해당하는 것이다. 즉 게이머가 〈디아블로〉의 퀘스트를 수행해 나가는 과정 하나하나가 한 편의 흥미진진한 이야기가 되는 셈이다. 다시 말해 게이머가 게임을 하는 행위 자체가 바로 한 편의 이야기를 만드는 것이다. 그리고 이 과정 속에서 게이머는 캐릭터와 대화를 하는 등 캐릭터와의 자기 동일시를 경험할 수 있다.

흔히 컴퓨터 게임이 현실을 '초월하고' 인간의 조건으로부터 '벗어난' 세계를 형성하는 보다 완전하고 통합된 현실에 대한 욕망을 충족시켜주는 가상공간으로 '환상적' 세계라고 한다. 톨킨은 이러한 인식에 바탕을 두고 환상문학을 대리 만족을 제공하는 예술 형식으로 규정하였다.

비현실성의 문학으로서의 환상문학은 늘 '나'와 '나 아닌 존재' 즉 자아와 타자 사이의 상호관계를 탐색한다. 초자연적 질서 또는 마술적 사고방식 내에서 타자성은 인간을 넘어서는 혹은 인간의 바깥에 존재하는 것으로 간주된다. 신화, 공상과학 소설, 요정문학(톨킨)을 통한 이차 세계의 창조된 공간처럼 〈디아블로〉라는 게임 공간은 현실 세계에서 충족되지 못한 욕망을 보상해주지만, 불안을 해소시켜주는 가상의 공간이다. 때문에 〈디아블로〉의 캐릭터와 게이머의 관계는 나와 나 아닌 존재의 관계가 아니다. 즉 이 공간에서의 타자는 자아의 일부가 밖으로 드러난 것이다.[15] 가상공간은 현실의 엄격한 규범에서 제한된 욕망을 표출할 수 있을 뿐만 아니라, 그것을 대리해주는 캐

15 로즈메리 잭슨, 『환상성—전복의 문학』, 서강여성문학연구회 옮김, 문학동네, 2001, pp.75–77.

릭터는 강력한 무기와 초자연적 힘을 가지고 있다. 마법의 사용이 가능하며, 현실에 존재할 수 없는 다양한 무기가 존재하는 공간인 것이다. 다시 말해 이 같은 컴퓨터 게임의 기본틀은 '환상성'이다. 특히 마법사 같은 초자연적 힘을 가진 캐릭터들은 '나'의 환상을 게임 속에서 충실히 실현시켜 주게 된다. 환상적인 것은 "'실재적인' 것과의 대화로 들어가고 그 대화를 자신의 필수 구조의 일부로 통합하는" 쓰기 양식이다.[16] 즉 게임에 몰입한다는 것은 게임이 과제와 실력이 균형을 이루는 대화적 글쓰기 양식이기 때문에 가능하다. 이는 흔히 성공한 게임이라고 불리는 게임들이 환상소설을 배경으로 만든 것들이라는 사실에서도 확인할 수 있다.

그런데 여기서 흥미로운 것은 환상성이 욕망을 표현하는 방식이다. 환상은 다음의 두 가지 방식으로 욕망을 표현한다. 하나는 묘사, 재현, 기술한다는 의미에서 욕망을 그대로 보여주는 방식이다. 다른 하나의 방식은 욕망이 문화적 질서와 연속성을 위협하는 하나의 장애 요소일 경우, 그 욕망을 압박하고 배제한다는 의미에서 욕망을 추방하는 방식이다. 많은 경우 환상 문학은 이 두 기능을 동시에 수행한다. 즉 "욕망은 '애기되고' 그리하여 작가나 독자의 대리 경험을 통해 '추방'된다."[17] 이러한 방식으로 환상문학은 문화적 질서가 의존하고 있는 토대를 지적하거나 제시하게 되는데, 이는 컴퓨터 게임 〈디아블로〉의 성립과 관계된다. 컴퓨터 게임의 가상공간은 현실의 법과 지배적 가치 체계 바깥에 놓여 있으며 그것들에 대해 순간 개방되어 있는 환상적인 곳이다.

16 로즈메리 잭슨, 같은 책, p.53.
17 로즈메리 잭슨, 같은 책, pp.11-12.

여기서 흥미로운 것은 환상성이 지니고 있는 카니발적, 전복적 성격이다. 컴퓨터 게임 디아블로를 하는 게이머는 캐릭터를 키우는 과정을 통해 바흐친이 설명하는 카니발적 자아와 공식적인 자아를 경험하게 된다. 즉 게이머가 경험하게 되는 환상성은 바흐친 식으로 말하면 현실의 관계와 관념들을 수용함과 동시에 "모든 범상한 연결관계 및 사물과 관념의 습관적인 틀을 파괴하고, 예상을 불허하는 틀과 연결관계를 창조해"낸다는 것이다.[18] 즉 게임에 몰입하는 동안 카니발적 단계로 돌아가려는 게이머의 욕망이 사회적 · 공식적인 자아를 통해 지탱되는 가치를 전복시킨다는 것이다. 로즈메리 잭슨에 의하면 "자본주의에 의해 생산된 세속문화 속에서 문학적인 환상형식으로 나타난 현대의 환상물은 전복적인 문학"이라는 것이다.[19] 때문에 컴퓨터 게임 〈디아블로〉가 지니고 있는 '환상성'과 '현실 전복성'의 관계에 대해서도 주목해야 할 것이다.

(최지현)

---

18 미하일 바흐친, "소설 속의 시간과 크로노토프의 형식", 『장편소설과 민중언어』, 창작과비평사, 1988, p. 363.

19 로즈메리 잭슨, 같은책, p. 237.

〈프린세스 메이커〉에 나타난 여성의 사회적 위상

1. 왜 〈프린세스 메이커〉인가?

나는 〈프린세스 메이커〉(이하 〈PM〉) 시리즈를 매우 좋아한다. 처음 〈PM2〉를 접하고 화려한 그래픽과 탄탄한 서사구조, 엔딩을 볼 때의 성취감에 흠뻑 빠진 나는 한동안 밤을 새다시피 하며 게임을 했다. 내가 원하는 대로 딸을 키울 수 있다는 기쁨, 원하는 엔딩이 나왔을 때의 희열, 성장하는 딸의 모습과 딸과의 대화에서 느끼는 뿌듯함과 부성애(!)까지. 〈PM〉은 나를 사로잡기에 충분한 게임이었다. 91년 〈PM〉의 등장 이후 수많은 육성 시뮬레이션 게임이 등장하였으나, 〈PM〉은 아직도 최고의 육성 시뮬레이션으로 평가받는다.

처음 〈PM〉시리즈가 남성 게이머들에게 어필하려고 했던 의도와 달리 시간이 지나면서 딸과 대화하고, 옷을 갈아입히고, 왕자 캐릭터를 만나는 등의 재미로 인해 수많은 여성 게이머들까지 컴퓨터 앞에 앉게 되었다. 물론 발매

예정이던 〈PM4〉의 행방이 묘연해지면서 점차 인기가 시들어 간 것도 사실이지만, 그 당시의 인기는 가히 폭발적이었고 출시된 지 10년이 지난 지금도 여전히 많은 게이머들이 〈PM〉시리즈를 즐기고 있다. 과연 〈PM〉의 매력은 무엇이기에 사람들이 그토록 열광하는가. 수십 수백 개의 〈PM〉까페가 생겨나고, 고난이도 엔딩을 보기 위해 공략집까지 나오는 등 사람들의 마음을 사로잡은 〈PM2〉의 매력을 짚고 넘어가려 한다. 그리고 〈PM〉에서 나타나는 딸의 모습을 통해 우리 현대 사회의 여성의 위상의 변화에 대해서도 생각해 보려 한다. 〈PM〉시리즈는 각각 5년 정도의 기간을 두고 시리즈가 개발되었는데, 나는 게임을 하면서 '게임이 우리의 현실을 반영한다' 는 재미있는 사실을 생각하게 되었다. 〈PM1〉의 딸이 고분고분하고 딸의 모든 행동을 아버지가 결정해주었던 것에 비해 〈PM3〉에서는 발랄하고 자기표현이 확실한 딸이 등장한다. 시간이 지나면서 우리 현실에서 신세대가 등장했듯이 게임에서도 아버지에게 이것저것 요구하고 자신을 표현할 줄 아는 신세대 딸이 등장하게 된 것이다. 이는 지난 세월동안 우리 사회에서 여성의 위상이 크게 변화한 것을 반영하고 있다고 생각한다. 진정 아름다운 여성은 어떤 여성인가. 좋은 남자를 만나서 결혼하는 것이 여자의 행복이라고 말하던 〈PM2〉는 〈PM3〉에 와서 더 이상 부모님의 말씀을 잘 듣는 요조숙녀만이 최고의 여자는 아니며 자신의 직업을 갖고, 꿈을 위해 노력하는 여성이 진정 아름답다고 이야기하고 있다. 과연 〈PM〉에서 여성은 어떠한 모습으로 나타날까. 우리 사회에서 여성의 위상과 그 변화를 〈PM〉과 연계하여 생각해 보고자 한다.

2. 〈PM〉이 즐거움을 주는 이유는 무엇인가?

〈PM〉시리즈는 뛰어난 서사구조를 지닌다. 가장 큰 틀은 아버지가 딸을 성인이 될 때까지 무사히 키우는 것이며, 그 와중에 아르바이트, 교육, 휴식을 결정하고 바캉스를 가거나 수확제에 보낼 수도 있다. 〈PM2〉에서는 1년에 한 번 10월마다 수확제가 열리는데, 이때 딸은 무투회, 댄스파티, 왕국예술제, 요리대회 중에서 하나에 참여할 수도 있고, 휴식을 취할 수도 있다. 딸을 용사나 마법사로 키우고 싶다면 무투회에 내보내는 것이 좋고, 공주나 귀부인 쪽 사교 엔딩으로 키우고 싶다면 댄스파티에 보내는 것이 좋다. 왕국예술제에서 우승하면 화가가 되기 쉽고 요리 대회에서 우승하면 딸이 평범한 가정주부가 되거나 요리사가 될 가능성이 커지게 된다. 기본적으로 10월 수확제에서 우승하면 딸의 평가가 오르게 되고, 3000G정도의 돈(이는 딸이 1년 내내 아르바이트를 해도 쉽게 벌 수 없는 돈이다)을 받게 되므로 10월 한 달을 제외한 열한 달은 거의 대부분 수확제의 우승을 위한 노력이라고 해도 과언이 아닐 것이다. 예를 들이, 딸이 10월에 댄스파티에서 우승하게 하고 싶다면 미리 아르바이트로 돈을 벌어 필요한 교육을 받도록 해야 한다. 딸의 체력, 매력, 예술 패러미터가 중요하므로 농부 아르바이트를 해서 체력을 기르고 무용 공부로 매력과 예술을 키우도록 해야 한다. 또한 드레스가 없으면 댄스파티에 나갈 수 없으므로, 수확제에 맞추어 미리 드레스도 구매해야 하며 드레스에 맞는 몸매를 만들기 위해 다이어트도 시켜야 한다. '수확제 댄스파티 우승'이라는 커다란 목표를 이루기 위하여 체력과 매력, 예술 패러미터를 올리도록 작은 목표를 설정해야 하고 그에 맞도록 딸을 교육시켜야 하는 것이다. 일단 10월의 수확제 우승 목표가 정해지면 게이머에게는 오직 딸을 우승시켜야 하겠다는 생각뿐이다. 따라서 10월이 가까워짐에 따라 게이머는 초조해지기 시작한다. 7월, 8월에 다다라도 딸의 능력치가 자신이 원하는 만큼 높지 않을 경우, 게이머는 원하는 능력치만큼 높이기 위해 더욱 열중해서 게임에 빠지게 된다. 그리고 10월 수확제에 나가고 우승을 하던 하지 않던 절정에 달했던 게이머의 긴장은 해소된다. 그래서 11월이 되면 우승을 한 상금으로 교육을 시킬 것인가, 다음 해의 우승을 노리기 위해 다시 도전해야 할 것인가를 결정한다. 그리고 다시 다음 10월까지 게이머의 긴장 상태가 높아지기 시작한다. 서사의 흐름에 따라 갈등과 해소를 반복할 수 있다는 점에서 〈PM〉은 손을 놓지 못하게 만드는 게임임에 분명하다.

〈PM〉시리즈는 아버지가 딸에게 어떻게 대하느냐에 따라 딸의 반응이 달라지는 게임이다. 따라서 아버지가 어떻게 키웠느냐에 따라 약 100개가 넘는 엔딩이 존재한다. 게이머는 자신이 원하는 엔딩이 나왔을 때는 성취감을 느끼고 다른 엔딩이 나왔을 때는 실망하며 다시 엔딩을 보기 위해 게임을 하게 된다. 이는 〈PM〉의 가장 큰 매력이며 패러미터가 조금만 달라져도 전혀 다른 엔딩이 나올 수 있기 때문에 게이머의 흥미를 끈다. 마법사로 키우기 위해 모든 패러미터를 마법사에 맞게 조절해 놓았다 하더라도 업보와 도덕성 패러미터의 약간의 차이로 딸은 마법사가 될 수도 있고 거리의 약장수가 될 수도 있다. 또한 〈PM3〉에는 게이머가 완성한 엔딩을 따로 모아서 볼 수 있는 갤러리 부분을 만들어 게이머가 모든 엔딩 만들기에 도전할 수 있도록 부추기고 있기도 하다.

〈PM〉의 또 다른 재미는 곳곳에서 발생하는 이벤트이다. 〈PM〉에는 백가지에 육박하는 이벤트가 등장하며 딸이 커가면서 의도적으로 또는 우연적으로 이벤트를 치르게 된다. 공부하는 곳에서 생기는 라이벌과 친구들, 무술이 뛰어나면 길에서 만나게 되는 도전자들, 현상범을 잡았을 때의 포상, 시험에서 100점 받았을 때 받는 특별 장학금, 프라이드가 높을 때 학교에서 만나게 되는 불량배, 성적이 좋을 때 받는 장학금, 성품이 높을 때 키우게 되는 고양이 등 그 수는 이루 헤아릴 수 없다.

예를 들면 딸에게 검술이나 마술을 가르쳐서 무사수행을 보내면 서부 사막지대에서 드래곤을 만나게 된다. 드래곤은 이 곳은 자신들의 영역이니 들어올 수 없다며 통행료 200G를 내라고 한다. 그 때 드래곤에게 싸움을 걸어 이기면 길을 비켜 주는데, 드래곤을 이겼을 때의 나이가 13살보다 어리면 나중에 딸이 16살이 되었을 때 드래곤이 나타나 청혼을 한다. '누님의 강한 모습에 반했습니다. 결혼해주십시오' 라고 말하면서... 이 때도 역시 게이머의 의지대로 결정된다. 결혼을 승낙하면 엔딩 때 드래곤과 결혼한 모습을 볼 수 있고 거부하면 또 다른 엔딩을 맛볼 수 있는 것이다.

〈그림 1〉 〈PM3〉의 장학금, 친구 이벤트.

〈PM〉시리즈는 〈PM1〉에서 〈PM3〉까지 발전하면서 그 스펙타클 역시 엄청나게 발전하였다. 가장 주목할 만한 것은 〈PM2〉에서 〈PM3〉로 넘어가는 단계에서 3D가 등장했다는 사실이다. 이는 게임을 훨씬 실감나게 즐길 수 있게 하는 요소이며 육성 시스템까지 지원하여 모든 대사의 육성화가 이루어져 실제로 딸을 키우는 듯한 느낌을 갖게 한다. 또한, 딸은 나이가 들면서 모습이 변화한다. 키가 커지고 살이 찌고 머리가 길어지는 모습이 화면에 나타나는데 이 역시 게이머가 게임에 더욱 몰입할 수 있게 하는 요소이기도 하다. 또한 딸에게 아르바이트나 교육을 시켰을 때 진행되는 화면의 구성은 게이머의 눈을 사로잡는다. 〈PM2〉에서는 아기자기하고 귀여운 모습이 웃음을 짓게 만들었음에 반해 〈PM3〉에서는 더욱 정교한 화면으로 게이머를 감탄시킨다. 귀여운 딸의 캐릭터가 여기 저기 움직이면서 공부를 하고, 때론 아르바이트에서 실수를 할 때의 모습은 아기자기함을 좋아하는 소녀들의 마음을 사로잡았다.

〈PM〉게이머들은 〈PM〉의 스펙타클 가운데 오프닝 화면에 대해서도 많은 이야기를 한다. 판타지 RPG를 연상시키는 그래픽은 육성 시뮬레이션의 그

〈그림 2〉 나이와 계절에 따라 다양한 옷으로 갈아입는 딸의 모습.

것이라고 하기에는 너무 웅장하다. 〈PM1〉의 오프닝은 지금 보면 조금 떨어지는 수준이라고 할 수도 있으나 〈PM1〉이 1991년에 발매되었음을 생각해 볼 때 그 당시로서는 매우 화려한 스펙터클 이었음을 알 수 있다. 게임의 첫 시작은 항상 두근거린다. 게임에 대해 전혀 알지 못할 때, 어떤 화면이 나올까 어떤 스토리일까 하는 마음으로 두근거리며 게임을 시작하게 된다. 〈PM〉의 오프닝은 그 두근거림에의 기대를 충분히 만족시켜줄만 하며 기쁜 마음으로 게임을 시작할 수 있게 한다는 점에서 매우 성공적이다.

또한 딸은 업보에 따라 불량소녀가 되기도 하고 프라이드가 높으면 거만한 상태, 돈이 없으면 가난을 걱정하는 모습을 보이기도 한다. 스트레스가 쌓이면 병이 나게 되고 매력이 높으면 매력상태의 모습을 보인다. 〈PM〉 1,2,3으로 나아가면서 딸의 표정은 더욱 다양해졌고, 딸의 표정뿐 아니라 몸짓까지도 변하면서 더욱 발전된 모습을 보이고 있다. 불량상태의 딸은 팔을 꼬고 아버지를 노려보며 '내 일에 상관하지 말아요' 라고 소리치고, 병에 걸린 딸은 잠옷을 입고 아파하는 모습을 보이는데 이런 변화들이 게이머에게는 작은 즐거움이 된다. 수채화 기법인 〈PM2〉에서의 딸의 불량상태가 애교스러웠다면 〈PM3〉에서 딸의 불량스러운 표정은 게이머를 화나게 하기도 하고 빨리

〈그림 3〉 딸의 표정의 변화. 왼쪽부터 '정상', '거만', '가난', '불량', '병이 난 상태'.

정상인 상태로 고치고 싶은 의지를 불태우기도 한다.

3. 〈PM〉에 나타난 여성의 사회적 위상과 변화

우리 사회에서 여성의 위상은 하루가 다르게 변하고 있다. 조신한 요조숙녀로 있다가 좋은 남자 만나서 시집 잘 가면 그게 여자의 행복이라던 시대는 지났다. 요즘은 여성도 남성과 어깨를 나란히 하며 직업을 갖고 자신의 꿈을 이루기 위하여 노력한다. 이제는 여성도 능력이 있어야 인정받으며 대부분의 남자들도 전업주부보다는 맞벌이로서의 아내를 원한다. 여성은 더 이상 남성에게 수동적인 존재가 아니며 적극적으로 자신의 의사를 표명하고 있다. 이러한 현대 여성상이 〈PM〉시리즈의 여기저기서 발견된다는 점이 흥미로운데, 여성의 사회적 위상의 변화를 〈PM〉는 어떻게 반영하고 있는지 알아보고자 한다.

오프닝

〈PM1〉

"검은 달이 세상을 가릴 때 사악한 마왕이 되살아나 마물을 이끌고 세상을 휩쓸었다. 그러나 모두가 절망하고 몸을 숨길 때 1명의 용사가 나타나 군대를 이끌고 마왕과의 결투에 나섰다. 그리하여 마왕은 힘을 잃고 멀리 변경으로 몸을 감추었으니... "라는 평범한 판타지 RPG와 같은 느낌의 오프닝으로 시작된다. 그러나 장군직을 맡아달라는 국왕의 요청에 용사는 은퇴하겠다고 말하며 포장을 전쟁으로 인해 늘어난 고아들을 위해 써달라고 말하며 스스로 한 명의 소녀를 맡아서 키우겠다고 말한다. 이로써 딸을 키우는 아버지로서의 삶이 시작된다.

〈PM2〉

"지상의 나라에 있어 왕은 위세만을 중히 하고 백성은 풍족에 겨워한다. 하늘을 경시하여 제를 아니 지내고 주색에 빠져 헤어나지 못하니 천제 이에 노하여 천명으로 마왕을 불러 세워 마왕, 지하왕이 되어 하늘의 뜻으로 지상을 멸한다. 그것은 일방적인 싸움이었다., 평화로움에 익숙해진 왕국의 군대는 막강한 마왕군의 공격에 나무토막처럼 쓰러져 갔다. 성벽은 무너지고, 마을은 붉은 화염으로 뒤덮였다. 성이 함락되는 것은 이제 기정사실이라고 사람들은 흐느꼈다. 그 때 떠돌이 전사는 마을의 비참함을 보고 묵묵히 전장으로 뛰어들었다. 보름날 밤, 마왕의 거처로 숨어든 용사는 보초들을 제압하고 드디어 마왕과 겨루게 되었다. 마왕) 으으윽...! 내가 졌다. 용사여 너는 왜 싸우는 것인가? 성이 함락되는 것은 하늘의 뜻. 너와는 관계없지 않은가? 우둔한 자들이 소멸되는 것일 뿐. 그 질문에 용사가 어떤 대답을 하였는지는 알려지지 않았다. 결국 마왕은 상처를 입은 몸으로 마군을 이끌고 땅 속으로 사라졌다." 국왕과 왕국의 대신들은 용사에게 감사하며 왕과 왕비의 적극적인 부탁으로 그 곳에 거처를 정하고 왕의 녹봉을 받게 된다. 그리고 어느 날, 밖으로 나간 용사는 환한 빛에서 요정 여왕을 만나게 된다. 요정 여왕은 용사에게 한 아이를 맡기며 그 아이를 잘 키워달라고 부탁한다.

〈PM3〉

"요정은 아침 이슬의 반짝임에서 태어난다. '귀여운 아이들아. 오늘은 너희들의 생일. 너희들의 소원을 내게 말해주렴…. 남은 것은 너뿐이구나. 너의 소원을 나에게 들려주렴' 난 인간이 되어 인간의 프린세스가 되고 싶어요. '너의 꿈은 전례가 없는 일. 너의 꿈은 이뤄질 수 없는 꿈일 거란다.' 하지만 난 꼭 인간의 프린세스가 되고 싶어요. '어쩔 수 없는 아이구나. 요정의 꿈은 누구도 막을 수 없는 일. 자신이 하고 싶은 대로 하렴. 다음 날 눈을 떴을 때 너는 요정의 아이가 되어 있다. 자신의 힘으로 너의 꿈을 이루거라."

이러한 오프닝에서 달라진 점이 있다면 아버지가 딸을 키우게 되는 계기이다. 처음 〈PM1〉에서는 세상을 지킨 용사가 버려진 전쟁고아를 스스로 키우겠다고 하면서 게임이 시작된다. 그러나 2편으로 옮겨지면서 세상을 구한 용사는 요정 여왕에게서 '빛에서 태어난 순수한 여자아이'라며 요정을 맡아 키우게 된다. 그리고 3편으로 넘어오면서 아이는 아버지가 원해서도, 누군가의 부탁으로서도 아닌 아이 스스로 원해서 아버지와 함께 살게 된다. 요정 여왕이 요정 아이의 소원을 들어주겠다고 하자, 인간의 '프린세스'가 되고 싶다고 당당하게 말하는 요정의 여자아이. 요정 여왕은 어려운 부탁이지만 들어주겠다고 하며 눈을 뜨면 네가 인간의 아이가 되어있을 것이라고 말한다. 물론 아버지는 딸이 요정인 것을 모르는 상태에서 게임이 진행되며, 아버지의 직업까지도 아이가 고를 수 있도록 되어 있다. 처음에는 아무것도 모르는 고아 소녀에서 자신의 의지와 상관없이 오갈 곳 없는 아이를 아버지가 키워준다는 설정이었으나, 2편에서는 요정이 아버지에게 맡겨진다는 설정으로 바뀐다. 그러나 2편에서도 역시 아이 자신의 의지는 없으며, 전혀 나타나지도 않는다. 아버지에게 맡겨지는 과정만이 설명될 뿐이다. 하지만, 3편으로 오면서 아이는 스스로 자신의 삶을 선택한다. 인간의 프린세스가 되고 싶다는 꿈을 이루기 위해 스스로 노력하겠다며, 자신의 아버지가 될 사람을 결정하는데 퇴직기사, 상인, 여행승려, 떠돌이, 몰락귀족, 방랑예술가 중에서 직업을 선택할 수 있다. 시대가 변하면서 〈PM〉의 딸도 자신의 의지와 상관없이 아버지의 교육에 따르는 것이 아니라 스스로 프린세스가 되기 위해 선택한 삶을 산다는 설정으로 바뀌게 된 것이다.

딸과 대화하기 & 딸의 행동

〈PM〉시리즈에서는 공통적으로 딸과 대화하기가 가능하다. 상냥하게 이야기하기, 엄격하게 이야기하기, 설교하기 중에서 선택할 수 있는데 아버지가 어떻게 딸한테 이야기하느냐에 따라 딸의 특정 능력치가 올라가기도 하고 떨어지기도 한다. 〈PM1〉과 〈PM2〉는 한 달의 스케줄이 끝날 때마다 대화를 할 수 있도록 되어 있는데 아버지가 대화를 요청하기 전에 딸이 먼저 이야기를 할 수는 없다. 하지만 〈PM3〉는 다르다. 딸은 각각의 패러미터가 올라감에 따라 즉각적인 반응을 보인다. 퇴직기사의 딸이 도덕성이 200이상이 되었을 경우 "아빠, 나 요즘 도덕성의 중요함을 알게 되었어요. 아빠는 원래 왕국의 기사였으니까 도덕성이 당연히 높겠죠? 아~ 아빠가 훌륭한 사람이라 다행이야. 우후훗~" 등의 이야기를 하며 자동으로 아버지에 대한 신뢰도가 증가한다. 매력이 200이상이 되었을 경우 딸은 "있잖아. 아빠. 길가다가 '체리양 귀엽네' 라는 소리를 들었어. 응? 전혀 모르는 사람이야. 걱정이라구? 괜찮아 전혀 신경 안 써요."라고 말하며 도덕성이 하락한다. 이는 〈PM〉 1,2에서는 전혀 찾아볼 수 없었던 딸의 반응으로 아버지의 직업이 무엇이냐에 따라, 패러미터가 어떻게 진행되어 가고 있는가에 따라 또는 랜덤으로 일어난다. 경우에 따라 힘들게 올려놓았던 딸의 도덕심 30이 하락하는가 하면 스트레스가 80이 늘어 갑자기 불량소녀가 되기도 한다.

〈PM〉 1,2와 달리 〈PM3〉에서의 딸은 아버지가 정해준 스케줄대로 움직이지도 않는다. 전편에서는 병이 났거나, 스트레스가 너무 높아 아르바이트 주인에게 거절당하더라도 딸은 아버지가 시키는 스케줄대로 행동한다. 그러나 〈PM3〉에서 딸은 스케줄을 실행하다가도 갑자기 "아빠. 나 요리교실에 다니고 싶어. 괜찮지?" 하고 묻는다. 아버지가 거절하면 딸은 크게 상심하며 스트레스가 증가한다. 또한 딸이 불량상태이면 아르바이트를 보내도 스스로 "내가 가도 어차피 받아주지 않을 거야"라면서 집에서 빈둥빈둥 놀면서 시간을 보낸다. 딸에게 휴식시간을 주었을 경우에 〈PM〉 1,2는 "다녀오겠습니다"라며 나가고 용돈은 아버지가 주면 받고 주지 않으면 받지 못한다. 그러나 〈PM3〉에서의 딸은 휴식시간에 자기 스스로 결정하여 행동한다. 쇼핑을 하면서 돈을 쓰기도 하고, 산책을 하기도 하고, 맛있는 것을 먹기도 한다. 이는 딸의 기분 상태에 따라 일어나는 이벤트이기 때문에 아버지가 관여할 수 있는 부분이 아니다. 〈PM3〉에서 딸은 더 이상 아버지가 말을 걸어 주기를 기다리는 존재가 아니다. 아버지가 상냥하게 대하면 좋아하고 엄하게 대하면 삐지는 정도가 아니며, 어디로 튈지 모르는 럭비공같은 반응을 보인다. '네가 제일 예뻐'라고 딸에게 말해 주어도 '치, 거짓말.'이라며 프라이드가 30이 하락하기도 하고 생일 선물을 사주지 않았다는 이유로 신뢰도, 도덕심, 기력이 한꺼번에 하락하기도 하여 아빠를 당황하게 한다. 이는 실제로 확실하게 자신을 표현하고, 자기표현이 당당한 신세대의 특징적 모습을 보이는 것이라고 할 수 있다. 이는 〈PM3〉만의 매력이며 게이머를 긴장하게 하는 요소이다.

아르바이트

〈PM〉시리즈에는 수많은 아르바이트가 존재한다. 집안일, 아이보기, 농부, 미용사, 시장, 가정교사, 메이드, 목수 등이 있는데 딸에게 아르바이트를 시키면 어떤 아르바이트냐에 따라 특정 패러미터가 올라가기도 하고 내려가기도 한다. 〈PM2〉에서는 아이보기, 가정교사, 묘지기 아르바이트를 하면 딸의 매력이 내려간다. 보통 매력수치를 올리는 것이 가장 어렵기 때문에 웬만하면 매력이 내려가는 아르바이트를 시키지 않지만, 도대체 왜 아이보기, 가정교사, 묘지기, 미장이를 하는 딸은 매력 수치가 내려가는 것인가 분석해 보았다. 이는 아이보기나 가정교사 아르바이트를 하는 딸은 모성 수치가 증가하는데 좋은 어머니가 될 수 있는 수치를 나타내는 것으로 매력과는 반대되는 개념으로 설정되었기 때문이다. 또 묘지기나 미장이 아르바이트는 보통 남자들의 직업이기 때문에 딸에게 그 아르바이트를 시키면 여성으로서의 매력이 떨어진다고 생각했기 때문이다. 이는 예전에 착하고 참한 여성은 여성으로서의 매력이 떨어진다고 생각했던 것을 나타내는 것이다. 마찬가지로 남성다운 여성은 매력이 없다고 생각했기에 묘지기, 미장이 일을 하면 매력이 떨어지도록 해놓았을 것이다.

하지만 〈PM3〉에서는 딸의 매력을 떨어지게 하는 아르바이트는 존재하지 않는다. 아이보기를 해도, 가정교사를 해도, 광부나 목수 일을 해도 매력수치는 변하지 않는다. 일하는 여성의 모습은 그 모습 그대로 당당함이 아름답다고 사람들의 생각이 변했기 때문일 것이다. 또한 〈PM3〉에서는 새롭게 경비와 시장 아르바이트가 생겼는데 경비 아르바이트를 시키게 되면 딸은 술집을 관리하고 주정을 부리는 손님들을 혼내주게 된다. 주정꾼과 싸워서 이기면 프라이드가 올라가게 되고 함께 일하는 아르바이트생은 "어머 체리양. 너무 멋지다. 반할 것 같아"라고 이야기한다. 여자로서의 강함도 매력으로 인정받을 수 있다는 것을 보여주는 것이다. 또 시장 아르바이트를 하고 있으면 도둑이 등장하는데, 이 때 기력이 높으면 도둑이 든 것을 알아챌 수 있고, 체력까지 높으면 그 도둑을 잡을 수 있다. 도둑을 잡게 되면 주인아줌마에게 칭찬을 받으며 특별 보너스까지 받게 된다. 불과 몇 년 사이에 똑같은 행동을 하더라도 평가하는 기준은 매우 바뀌었음을 알 수 있다. 현대 사회는 남성, 여성의 직업이 따로 정해져 있지 않다. 남자들만의 직업이라고 여겨지던 여성 경호원, 여성경찰 등도 점차 증가하는 추세이다. 따라서 〈PM3〉에서는 경비나 광부 일을 해도 매력이 떨어지지 않는데 이는 여성의 사회적 지위 변화를 느끼고 반영했기 때문이라고 할 수 있다.

〈그림 4〉〈PM3〉에서는 아이보기나 가정교사 아르바이트를 해도 매력 패러미터는 떨어지지 않는다.

몸무게 & 건강관리

〈PM〉시리즈에서는 딸에게 여러 가지 옷을 갈아입힐 수 있다. 기본적으로
평상복을 입고 있으며 여름과 겨울에는 하복과 동복을 입을 수 있고, 나무결
드레스, 왕국의 로보, 미인드레스, 호화스런 드레스 등이 있어 이를 딸에게
입히면 매력이나 기품, 성품 등이 상승한다. 그러나 〈PM2〉에서는 이런 예쁜
옷들이 거의 그림의 떡이다. 딸의 몸무게가 40Kg을 넘어가게 되면 너무 뚱
뚱해서 사이즈가 맞지 않아 옷을 입지 못한다. 딸이 드레스를 한 번 입으려면
다이어트를 시켜줘야 하고, 여름 바캉스를 보내 살을 빼야 한다. 예뻐지려면
그 정도의 노력은 당연히 필요하다고 이야기 하는 듯 하다. 또한 딸이 몸무게
가 늘면 매 달 딸의 매력이 2씩 감소한다. 이렇게 매력이 주는 것을 방지하기
위해 지속적으로 딸의 몸매를 관리해줘야 하는데 건강관리 방침에는 "튼튼
하게 한다. 무리하지 않는다. 품위를 유지한다. 다이어트를 시킨다"가 있다.
딸의 몸무게를 40Kg 이하로 만들기란 여간 어려운 일이 아닌데, 딸이 뚱뚱
할 때 딸과 대화를 하면 "난 엉덩이가 너무 큰 것 같아." "아버지가 보시기에
제 몸매는 어때요?"라면서 울상을 짓기 때문에 어쩔 수 없이 지켜줘야 하는
부분이기도 하다.

하지만 〈PM3〉는 다르다. 딸의 몸무게가 50Kg정도를 넘어갔을 때 "아. 너
무 살찐 거 같아. 이래서는 아무것도 하고 싶지 않아"라며 스트레스를 받지
만 그 전에는 아무런 제약이 없다. 또한 호화스런 드레스, 예쁜 드레스 등을
입을 때도 몸무게와는 상관없이 자유롭게 입고 벗을 수 있다. 건강관리 방침
도 존재하지 않는다. 딸이 자유롭게 먹고, 맛있는 것을 사먹도록 내버려둘 수
있고 너무 살이 쪘을 때만 단식도장에 보내서 살을 빼도록 해준다. 물론

<PM2>와 <PM3>의 발매는 상당한 시간이 흘렀고, 청소년들의 체격도 증가했기 때문에 이를 반영한 것도 있겠지만, 여자는 무조건 날씬해야 하고, 다이어트를 시켜서라도 살을 빼야 한다는 강박관념에서 벗어나게 했다는 점에서 의미 있다고 생각한다.

매력 이벤트

<PM>에서는 매력 패러미터가 가장 올리기 어려운 만큼 매력 패러미터가 상승하면 여러 가지 이벤트가 발생하게 된다. <PM2>에서 딸의 매력이 250이상이 되면 여러 남자들이 접근한다. 첫째는 딸에게 데이트 신청을 하는 남자인데 딸이 집에 가는 길에 같이 식사나 하자고 딸에게 이야기를 건넨다. 이때 딸의 도덕심이 낮으면 승낙하고 도덕심이 높으면 승낙하지 않는다. 이는 마치 남자와의 단순한 식사 한번에도 도덕심을 생각해야 한다고 강요하고 있는 듯 하다. 둘째로 청혼을 하는 사람이 있다. 다른 패러미터는 어떻더라도 매력 수치가 300이 넘으면 한 중년의 남자가 돈을 들고 찾아와 딸을 달라고 한다. 남자가 돈을 두고 가면 집사는 난처한 표정을 지으며 "아가씨, 알고 보니 인기 많네요?'라며 걱정스런 표정을 짓는다. 이 역시 여자는 첫째가 '외모'로 평가받는 다는 인식을 심어줄 수 있다. 마지막으로 돈을 줄 테니 자신의 이야기 상대가 되어 달라는 아저씨가 등장한다. 이때도 딸이 도덕심이 높으면 거절하고 도덕심이 낮으면 허락한다. 이로부터 <PM2>에서 딸의 매력을 바라보는 시선은 곱지 않음을 알 수 있다.

하지만 <PM3>에서는 다르다. 매력 패러미터가 높아졌을 때 발생하는 이벤트를 보면 알 수 있는데 매력이 높을 때 보모 아르바이트를 하게 되면 아이들

이 와서 "언니가 너무 좋아. 언니는 너무 예뻐."라고 말해 딸이 흡족한 표정을 짓게 만든다. 메이드 아르바이트를 가게 되면 저택의 안주인은 "어머, 오늘은 너무 예쁘네요. 젊다는 건 참 좋은 거네요…"라며 부러워한다. 물론 오로지 매력 패러미터만이 높을 때 등장하는 캐릭터는 〈PM3〉에도 존재한다. 학교에 가거나 휴식을 취할 때, "저기, 이거 읽어주세요"라며 러브레터를 건네고 가는 남학생. 하지만 그때 집사 요정의 반응은 '아가씨 대단해요~' 라면서 축하해준다. 다른 패러미터의 상승으로 일어나는 이벤트와 다르지 않은 집사의 반응이다.

엔딩

〈PM2〉와 〈PM3〉에는 백 여 가지가 넘는 엔딩이 존재한다. 재미있는 사실은 〈PM2〉는 엔딩이 딸의 직업과 결혼이 비슷한 비중으로 다루어진다는 것이고, 〈PM3〉의 엔딩은 순수하게 직업에만 관련된다는 것이다. 〈PM2〉를 우선 살펴보면 "딸이 성인이 되어서 과연 무엇이 되었을까…" 후의 물음 뒤에 상인의 아내, 농부의 아내, 부호의 아내, 이혼녀, 신부수업 등의 엔딩도 나오게 된다. 물론, 장군이나 병사, 마법사, 학자, 무용가 등의 직업 엔딩도 있지만 상인의 아내, 이혼녀 등을 그와 똑같은 엔딩으로 만들었다는 것은 문제가 있다. 이혼녀는 그녀가 이혼을 한 여자라는 것일 뿐 그녀의 직업이 아니다. 그러나 이혼녀의 엔딩이 나오면 수호신은 "도덕심이 나쁘고 성품이 나빠 이혼녀가 되었으니 손 쓸 방도가 없네. 평생 그렇게 살게 되겠지…"라며 게이머를 비난한다. 이혼녀에게는 어떠한 직업도 없으며 단지 이혼을 한 실패한 인생일 뿐이다. 체력이 좋고 적당한 매력이 있고 다른 패러미터가 낮으면 농부의 아내가 되고, 그보다 매력이 더 높고 약간의 지력이 있으면 상인의 아내가 된다. 상인의 아내를 좀 더 고급 엔딩으로 설정한 것은 상인은 돈이 많은 사람이기 때문에 그 부인이 되려면 그만큼 더 아름다워야 한다고 설정해놓았기 때문이다. 또한 부호의 아내가 되려면 그보다 더 높은 기품과 매력을 필요로 한다. 이때 도덕심이나 신앙심은 문제되지 않으며 오로지 기품과 매력만으로 엔딩이 결정된다. 〈PM2〉에서는 무엇보다 딸이 누구와 결혼했는가가 중요하게 다뤄지는데 딸이 아무리 장군이나 왕국박사 같은 고급엔딩이 되었더라도 결혼을 하지 못하면 마지막에 수호신이 나타나 "여자의 일생은 결혼에서 결정되는 것. 어쨌든 결혼하지 못한 것은 불쾌하구나."라며 결혼이 여자의 전부인 것처럼 이야기한다.

그러나 〈PM3〉로 넘어오면서 순수하게 결혼으로만 끝나는 엔딩은 모두 사라졌다. 농부나 농장실업가는 될 수 있지만 농부의 아내라는 엔딩은 존재하지 않는다. 더 이상 여성의 인생이 결혼으로 결정되는 것이 아니라는 것을 보여준다. 대신 〈PM3〉에서는 농장실업가, 건축실업가, 금융가, 연금술사, 경비, 화학자 등 현대적인 여성의 모습을 보여주는 엔딩이 새롭게 등장한다. 마지막에 딸이 아버지에게 쓰는 편지에서도 결혼에 관한 언급은 전혀 없다. 왕자와의 결혼, 아버지와의 결혼 등 특수한 경우에만 결혼에 대한 언급이 있으며, 그 외에는 자신이 어떤 직업을 가지고 살아가게 되었는지에 대해서만 이야기한다. 딸이 농부가 되면 "아버지, 저도 내일이면 이 나라의 새 일꾼이예요. 공주가 되지 못한 것은 아쉽지만, 그래도 열심히 해볼게요."라고 말하며 자신의 직업에 대해 기뻐하며 이야기한다. 더 이상 여성의 행복은 결혼으로 결정되지 않으며, 요즘은 여성도 자신의 직업을 가져야만 인정받는 것이 현실이다. 그 현실을 반영해 일하는 여성의 모습을 아름답게 여겨 〈PM3〉에서는 현대 사회의 여성의 위상의 변화를 잘 나타내고 있다고 할 수 있다.

〈PM〉시리즈에 공통적으로 나타나는 엔딩들에도 문제는 존재한다. 공통적으로 프린세스, 왕비, 여왕 같은 엔딩이 존재하는데 이 때는 모든 패러미터를 거의 정확하게 맞춰 놓아야 엔딩을 볼 수 있기 때문에 이런 엔딩을 보기는 매우 어렵다. 우선 프린세스가 되려면 왕자와의 관계가 100을 유지해야 하고 매력이 700이상 기품이 700이상 그 외의 다른 패러미터도 350을 넘어야 한다. 이는 모든 엔딩 중에 가수, 배우 등과 같은 수준의 가장 높은 매력을 요구하는 엔딩이다. 일국의 프린세스가 되려면 역시 예뻐야 한다는 것을 이야기하는 듯 하다. 그리고 여왕이 되려면 일국의 통치자이므로 기본적으로 지력은 500이상이 되어야 한다. 기품은 700이상 다른 패러미터도 400이상이 되어야 하고 왕자와의 관계가 높지 않아야 한다. 이 때 중요한 점은 매력이 400에서 500사이여야 하며 500이 넘을 경우에는 왕비가 된다는 것이다. 왕비는 여왕과 모든 패러미터가 같고 매력은 500이상이어야 한다. 아무리 똑같은 능력을 가지고 있다고 하더라도 매력이 높으면 왕의 부인이 될 수밖에 없고, 매력이 좀 낮으면 여왕이 된다는 것은 우리 사회를 반영하는 웃지 못 할 일이다. 아무리 능력이 있어도 예쁜 여자는 능력 있는 남자의 부인으로 만족해야 하고, 좀 덜 예뻐야 그 능력을 마음껏 쓸 수 있다는 뜻이니 말이다.

(박세은)

게임 속의 전쟁과 폭력

1. 게임 속의 전쟁과 폭력의 양상

현대사회를 흔히 정보화 사회라고 한다. 그 정보화 혁명과 함께 인터넷을 비롯한 가상현실의 세계가 생겨났고 현대인이라면 직접적이든 간접적이든 가상현실의 세계에 관여하고 있는 것이 현실이다. 그리고 정보화 시대가 막을 올리기 전부터 경고되어 왔던 가상세계의 폭력성은 실제 그 모습을 드러내고 있다. 그 가상세계가 정부 공식 홈페이지의 게시판이든, 단순한 채팅이든, DC폐인(DC inside[1]라는 사이트를 중심으로 자기들만의 특수한 언어와 문화를 가지는 네티즌)들이 테러하고 다니는 곳이든, 〈리니지〉와 같은 온라인 게임 상이든, 현실세계의 도덕적 마지노선을 넘는 폭력이 당연하다는 듯이 난무하고 있다.

| 1 http://www.dcinside.com: 디지털 카메라 동호회

　　이름 모르고 얼굴 모르는 사람들이 서로 교차하게 되는 사이버 공간에서 기본적인 에티켓의 선을 조금이라도 넘게 되면 이미 사태는 수습 불가능한 국면으로 치닫는다. 토론 게시판에 서로를 향한 욕설이 도배되고, 자기들 마음에 안 든다 싶은 사이트를 떼거리로 몰려가 다운시키는 행위가 악즉참惡卽斬의 원리[2]라며 정당화되는가하면, 해킹 프로그램을 사용해 타인의 사이버 머니나 아이템을 훔치고, 심지어는 빼앗는 일이 허다하다. 이런 현상에 대해서 여러 가지 이유가 제시될 수 있지만 가장 중요한 원인은 익명성이다. 현대 사회 전반의 도덕성 부재 역시 이러한 사이버 폭력의 중요한 원인이겠지만 현실상의 폭력보다 훨씬 발전된 형태라는 점을 생각해보면 그 차이는 결국 익명성이 만들어낸 것임을 알 수 있다. 사실 이 익명성에 대한 지적은 수도 없이 나온 것이었지만 실제로 현실세계에서처럼 노출성이 보장되지 않는 이상 이런 익명성에 의한 폭력이 언제까지나 계속될 것임은 부정할 수 없다.게임은 단순한 시간 때우기 용 놀이로 시작되었던 것이 아니다. 우리가 현재 떠올리는 게임들의 효시는 대부분 간단한 전쟁의 형태를 취하고 있다. 이것은 다시 말하자면 인류의 삶에서 끊임없이 계속되어 왔던 전쟁, 그리고 그 전쟁을 통해서 생존해야 했던 모든 이들에게 게임은 실전에 앞서 중요한 전략을 연구·개발하고 실습할 수 있는 중요한 도구였던 것이다. 대표적인 전쟁 게임이라 한다면 역시 체스와 장기를 들 수 있을 것이다. 체스는 서양의 전쟁을 모티브로 했다면 장기는 동양의 전쟁을 모티브로 하고 있다. 체스를 간단하게 들여다보자. 여러 가지 룰이 있지만 가장 중요한 사실은 자신의 왕King을 살리기 위해서는 먼저 상대편의 왕을 쓰러트려야 한다는 것이다. 상대편 왕

2　노부히로 와츠키 『流浪の 劍心』의 등장인물 사이토 하지메의 말.

을 한 수 앞에 두고 있으면 이를 체크메이트Checkmate라 하고 더 이상 도
망갈 곳이 없는 왕이라면 플레이어가 직접 손으로 쓰러트리면서 게임은 종
료된다. 결국은 죽으면 끝이라는 것. 그리고 죽이면 끝이라는 것. 보다 더 중
요한 사실은 살기 위해 죽여야 한다는 것. 물론 이것이 완전한 전쟁의 양상이
라고 하기엔 너무나도 단순하다. 아무리 고대의 전쟁이라 하더라도 협상과
전략적 제휴, 휴전 등은 존재했을 것이나 이를 모두 고려해서 게임에 반영하
는 일은 쉽지 않았을 것이다. 고전적 게임의 법칙은 물론 현실에서 파생된 것
이지만 되려 현실세계에 원색적 모습으로 재적용 되기도 한다. 간단하게 말
하자면, 어려서 누구든지 체스나 장기 안 뒤본 사람 없고, 전쟁놀이 안 하고
자란 사람 드물다는 것이다. 과잉해석일 수도 있지만 사람들은 어려서부터
이런 간단하지만 잔혹하고 냉철한 생존 게임의 법칙을 받아들이는 것이다.
국제관계에 있어서도 이러한 간단한 법칙이 적용되는 사례들은 많이 있다.
다른 집단과의 공생이 불가능하다고 느끼는 순간 바로 전쟁으로 이어지는
르완다 내전이라든지 현재까지 이어져온 한국의 분단 상황이 그런 예이다.
다른 한쪽이 사라지지 않으면 이쪽이 사라지리라는 암시가 깔려 있는 것이
다.흔히 오락실이라 불리는 공간에는 비디오 게임(콘솔 게임console game)
들이 많이 비치되어 있다. 컴퓨터가 게임 이외에도 여러 가지 작업을 복합적
으로 수행하는 기능을 한다면 이 장치들은 단순히 게임만을 위해 제조된 '게
임기'이다. 컴퓨터와 피시방이 보급되기 이전 다양한 종류의 게임들이 존재했
지만 이제는 컴퓨터용 게임으로는 제작하기 힘든 건-슈팅Gun-shooting게임
이라든지 댄스, 래프팅 게임과 같은 활동적인 게임들이 주를 이루고 있다.
  특히 많은 것이 건-슈팅 종류의 게임들인데, 물론 각각에 전제되어 있는

상황들은 차이가 난다. 어떤 게임은 마피아의 음모를 파헤치는 비밀요원의 모험으로, 또 어떤 게임은 방사능으로 오염되어 좀비들이 출몰하는 지역을 하나씩 되찾아가는 시민들의 이야기로, 또는 거대한 전쟁에 이등병으로 참가하는 이야기로 설정되어 있을 수도 있다. 그러나 여기엔 공통적인 특징들이 있는데, 적이 먼저 나에게 상처를 입히기 전에 죽여야 한다는 것, 그 적들이 플레이어의 숫자에 비해 압도적으로 많다는 것, 그리고 가장 중요한 것은 죽으면 그 자리에서 바로 게임 오버라는 사실이다. 이는 아무래도 미국식의, 혹은 일본식의 전쟁관이 삽입되어 있는 것이 아닌가하는 의문을 갖게 한다. 그리고 그것은 내 옆에 서 있는 플레이어 이외의 모든 사람은 적이고, 내가 살아남기 위해서는 동지가 아닌 모든 이를 멸해야한다는 생각일 것이다. 그리고 플레이어는 자기가 무엇을 쏘는지, 정확하게 몇을 죽이고 몇을 파괴했는지 신경 쓰지 않는다. 단지 점수를 더 많이 얻고 옆에 있는 사람보다 많이 죽이기 위해 노력할 뿐이다. (마치 『반지의 제왕』에서 레골라스와 김리가 '누가 더 많이 죽이나'를 놓고 경쟁하듯이 말이다.)

이렇게 이야기를 한다고 해도 결국은 "게임은 게임일 뿐이다." 또는 "스트레스 해소에 전자파 몇몇이 조작된 게 도움이 된다면 좋은 거 아니냐."라는 것으로 정당화될 뿐이다. 하지만 중요한 것은 플라스틱 소총으로 쏘아죽인 프로그램 속의 병사들이 아니다. 그것이 아무리 게임이라 하더라도, 아무리 스트레스 해소용 '놀이'라 하더라도 무의식 속에 남게 되는 것 아닐까. 사실 오락실용 게임들이 짧은 순간에 강력한 효과를 주어야 인기를 얻는 것이 현실이다. (코인 하나로 엔딩을 보는 사람들은 흔치 않기 때문이다.) 그래서 다른 게임들에 비해 비쥬얼적 폭력성이 심한 것이 그 특징이라 할 수 있다. 그리고 컴퓨터와 비교해보았을 경우, 컴퓨터의 주변기기로는 커버하기 힘든 사실감을 충분히 소화해내기 때문에 더욱 주목해야할 필요성이 있다.

그리고 이제 거의 게임이라 하면 주류로 인정받는 컴퓨터 게임들을 살펴보자. 그 중 프로 리그까지 개최되며 열광적인 인기를 얻고 있는 전략 시뮬레이션 게임들은 다음 장에서 따로 다루기로 하고, 여기서는 온라인 게임을 잠시 살펴보도록 하자. 온라인 게임과 폭력성이 겹치는 지점에서 한국 지성인들의 뇌리를 스치는 이름이 있다. 〈리니지〉. 수많은 폭력성 논쟁 끝에 미성년자 이용금지 판정까지 받았다가 PK(다른 플레이어의 캐릭터를 살해하는 행위)가 가능한지 가능하지 않은지에 따라 각각 [19세 이용가]와 [15세 이용가]로 나뉜 상태다. 피를 흘리는 것이 잔인하다 하여 피를 모두 파란색으로 처리한 게임들도 있다.

컴퓨터라는 매체의 특징을 생각해보자. 최근 몇 년 들어 컴퓨터는 이제 단순히 기능이 많은 만능 기계에 멎어 있지 않다. 온라인이라 하는 새로운 세계와 개인을 연결해주는 가장 기본적인 도구가 되기도 한 것이다. 그와 동시에 오프라인 세계와의 일시적 단절을 의미하기도 하는데, 이것이 오묘한 오프라인과 온라인의 임계지역을 만들어낸다. 온라인의 장점을 최대한 활용한 온라인 게임은 현실 세계와는 전혀 다른 새로운 세계를 만들어 낸다. 〈아스가르드(신의 세계라는 뜻의 바이킹족의 고어古語)〉라는 온라인 게임의 제목에서 알 수 있듯이 온라인의 세계에서는 미드가르드(인간의 세계)의 삶과는 전혀 다른 모습이 펼쳐진다. 사이버 세계에서 자아가 실제 인간의 분신이라고 할 수 있다면 온라인 게임 안에서의 자아는 100% 다를 수도 있다. 그만큼 다양한 선택의 기회가 주어지고 플레이어들은 그것을 받아들인다.

플레이어에게 주어지는 자유도가 극히 낮다고 평가되는 국산 온라인 게임들에 대항하여 새로운 MMORPG의 개념을 도입한 게임들을 잠시 살펴보자. 실제로 〈리니지〉, 〈라그나로크〉 등의 국산 대작 온라인 RPG들은 '이미 있는 온라인의 세계에 RPG를 도입했다'고 볼 수 있는 반면, 〈월드 오브 워크래프트World of Warcraft〉 혹은 〈길드 워Guild War〉 등의 새로운 형태의 온라인 RPG들은 '1인, 혹은 2인에 국한된 콘솔 RPG에 온라인의 세계를 창조해준 격'이다. 이 구분을 정확하게 알게 해주는 것이 두 종류 게임에 나타난 '퀘스트quest'의 형태이다. 퀘스트(모험)란 말 그대로 어떤 주어진 목적을 달성하기 위해 그에 따르는 과정을 모두 수행하고 완료시 보상을 받는 것이다. 이것이 많은 온라인 게임의 장르를 단순한 '액션'이 아니게 만드는 중요한 요소이다. 싱글 플레이용 RPG들은 이 퀘스트의 연속이다. 그리고 MMORPG는 그런 PC용, 혹은 콘솔용 RPG에 방대한 멀티플레이 속성을 부여한 것이고 따라서 게임의 진행이 거의 퀘스트를 통해 이루어진다.

그렇다면 MMORPG가 기존의 게임과 다른, 또 이 글의 논점과 일치하는 중요한 특성은 무엇일까. 그것은 바로 '죽음'과 '전쟁'에 대한 패널티다. 온라인에 RPG가 부여된 기존 게임에서는 죽음의 대가는 굉장하다. 물론 죽임(PK)에 대한 대가 역시 마찬가지다. 그것은 아무래도 '이미 형성되어 있는 공동체, 사회'를 전제하기 때문이다. 죽을 경우 경험치를 잃는 것은 물론, 상황에 따라서 자신의 아이템, 머니 역시 잃게 된다. 그리고 다른 유저를 PK했을 경우도 게임체계에서 자체적으로 불이익을 당하게 된다. 하지만 이는 MMORPG의 관점으로 봤을 경우 굉장히 불합리하다. 그도 그럴 것이, 혼자 게임하다 죽는 게임들에서는, 세이브 지점으로 자동 귀환하면 그만이지 않은가. 패널티가 있다면 단순한 시간의 문제일 것이다. 〈월드 오브 워크래프트〉를 보면 확연히 차이를 알 수 있다. 이 게임에서 유저들은 얼라이언스와 호드 두 진영으로 나뉘는데, 게임 시나리오 상의 궁극적 목표가 어느 한 진영의 승리이다. 따라서 PK와 결투는 너무나 당연한 것으로 인식되고 죽음으로 인해 받는 패널티는 사실상 없다.

두 방식 중 어느 쪽이 더 '바람직하다'는 평가를 내리자는 것은 아니지만, 점점 사이버의 세계에서 전쟁이 차지하는 의미가 변해간다는 것만은 이야기할 수 있을 것이다. 또한 온라인 게임 유저들이 평화적인 캐릭터보다는 현실 세계의 스트레스를 해소하고 그들의 감정을 방출할 탈출구만을 찾는다는 점이 어느 정도 작용했을 것이다. 소비자들이 그런 성향을 가지고 있으니 공급자들은 맞춰주는 수밖에 없다. 그리고 실제로 MMORPG 게임들은 기존의 게임들을 누르고 엄청난 수의 유저들을 모으고 있다.

전략 시뮬레이션 게임이란 무엇인가? 전략과 시뮬레이션이란 개념이 합쳐진 말인데 그렇다면 어떤 종류의 게임을 지칭하는가? 이는 바로 전략을 사용하여 가상적인 전쟁을 하는 게임을 말한다. 이때 중요한 것은 '전쟁' 자체를 모티브로 하고 있는 게임 장르라는 것이다. 어떻게 생각하면 체스의 발전 형태라고 볼 수도 있겠으나 훨씬 다양한 가능성이 주어지고 훨씬 다양한 전략이 주어질 수 있는 게임들이다. 여기에는 몇 년 전부터 꾸준히 인기를 이어가는 〈스타크래프트〉라는 게임도 포함된다. 그리고 전략시뮬레이션 게임의 효시가 되었던 〈워크래프트〉시리즈의 세 번째 판도 전략시뮬레이션의 최신판으로 많은 인기를 얻고 있다. (물론 블리자드사의 전략시뮬레이션 게임 인터페이스와 타사의 그것과는 많은 차이가 있고 전자를 두고 전략 시뮬 게임의 모든 것이라 말하는 것은 어폐가 있다.) 또 중요한 의미를 가지는 게임이라 한다면 웨스트우드사의 〈커맨드 앤 퀀커(C&C)〉가 있다. 이들 게임에서의 전쟁의 양상을 간단하게 살펴보자.

〈스타크래프트〉와 〈워크래프트Ⅲ〉는 블리자드Blizzard Entertainment사의 대표적인 전략 시뮬레이션 게임이고 미국에서뿐만 아니라 한국을 비롯한 전 세계에서 선풍적인 인기를 끌고 있는 게임들이다. 〈스타크래프트〉는 미래의 인류가 우주 공간에서 2개의 다른 종족과 벌이는 전쟁에 관한 이야기이고, 〈워크래프트Ⅲ〉는 판타지적 요소가 첨가된 게임으로 (『반지의 제왕』의 영향을 받았다) 암흑의 마법과 그에 대항하는 세력들의 이야기를 기본 바탕으로 하고 있다. 세세한 차이에 앞서 먼저 전반적인 차이를 따져본다면 아무래도 미래의 엄청난 파괴력과 화력으로 무장한 〈스타크래프트〉는 〈워크래프트Ⅲ〉보다 속도감 있는 플레이와 많은 유닛Unit으로 싸우는 소위 '물량·힘 싸움'이 매력인 반면, 〈워크래프트Ⅲ〉는 중세의 강하지 않은 칼과 갑옷, 또는 화살과 화약의 세계를 표방하여 속도감은 조금 떨어지지만 세세한 유닛 컨트롤과 고도의 심리전, 다양한 전술을 구사할 수 있다는 장점을 가진다. 서로 생산 가능한 유닛의 한계치도 다른데, 〈스타크래프트〉는 200단위까지 지원하는 반면 〈워크래프트Ⅲ〉는 100단위까지밖에 지원하지 않는다. 다시 말하자면 〈스타크래프트〉는 다량으로 생산하고 그를 많이 소비하는 형태의 게임을 추구한다면 〈워크래프트Ⅲ〉는 많지 않은 숫자로 얼마나 관리를 잘하고 오래 살려서 많은 효율을 얻느냐에 초점을 맞추었다는 것이다.

웨스트우드사의 〈커맨드 앤 퀀커(C&C)〉시리즈는 블리자드사의 게임들과는 성격이 판이하게 다르다. 〈C&C〉는 주로 현실적으로 '실제 존재했던' 전쟁들을 모티브로 제작되어왔다. 〈C&C: 레드 앨러트Red Alert〉라는 게임은 2차대전 이후의 미·소 냉전 시대를 무대로 했고, 최근 발매된 〈C&C: 제너럴General〉은 최신 중화기로 무장한 미국과 그에 대항하여 게릴라 전술에 능한 G. L. A (지구 방위대: 중동을 지칭)와 군사적, 경제적 다크호스인 중국의 세력 다툼을 모티브로 취하고 있다. 미래의 전쟁이라든지 중세의 마법이 난무하는 전쟁들과는 사뭇 다른 느낌이다. 게임 밸런스game balance[3] 를 맞추려 노력하지도 않는다. 실제적으로 중동보다 미국의 화력이 더 세고, 실제적으로 미군보다 중국군의 머리수가 더 많은걸 왜 인위적으로 바꿔야하는지 되묻는 것이다.

이들 게임에서는 보통 시작 때 가장 기초적인 본부건물과 일꾼 몇이 주어진다. 그들을 이용하여 자원을 채집하고, 그 자원을 최대한 효율적으로 활용해서 적을 꺾을 군대를 형성하여 전쟁을 하게 된다. 그리고 전쟁은 상대방 진영이 전멸할 때까지, 혹은 상대 플레이어가 게임을 포기할 때까지 계속된다. 소위 말하는 '전멸' 룰이다. 그리고 프로게이머들은 실제 국가의 수장 못지않게 이들 군대를 얼마나 효율적으로 활용하여 전쟁을 승리로 마무리 지을 것인가를 고민한다. 하지만 여기서 가장 큰 차이점을 많은 이들이 간과하는데, 바로 '전멸'이란 개념이다. 실제 '전멸'을 전제한 전쟁은 현실 세계에 흔치 않다. 인류 역사에 전쟁이 처음 생긴 계기 역시 다른 부족의 인력, 자원을 얻기 위함이지 단순히 그들을 '전멸' 시키고자 함은 아니지 않았던가. 이 점을

---

3 전략 시뮬레이션 게임 안의 여러 종족(power)들 간의 세력 균형. 이를 제대로 맞추지 못하면 일방적인 승리 또는 일방적인 패배로 이어지기 때문에 개발자들이 가장 신경쓰는 부분 중 하나이다.

생각해보면 전략 시뮬레이션 게임 안의 전쟁은 다분히 비현실적이라는 것을 알 수 있다.

〈C&C〉에선 항상 부상당한 병사는 이동속도와 공격속도가 느려진다. 손상된 탱크나 전투기 역시 마찬가지이다. 하지만 〈워크래프트Ⅲ〉나 〈스타크래프트〉에서는 체력이 전체의 10%가 남았든 반이 남았든 아니면 완전하든 그 유닛의 효용성은 같다. 〈워크래프트Ⅲ〉에 관련된 우스갯소리가 있다. 팔라딘이라는 인간족 영웅이 있고, 그는 '홀리라이트Holy Light' 라는 아군의 체력을 채워주는 마법과 동시에 자신을 몇 초간 무적으로 만들어주는 '디바인 쉴드Divine Shield' 스킬을 지니고 있다. 그리고 또 등장하는 풋맨(보병)과 그가 참전한 전쟁에 관한 이야기[4] 이다.

풋맨 : "으악! 죽겠어요. 악! 내 다리가 !!!"

팔라딘 : "조금만 더 버텨라! 홀리라이트!"

풋맨 : "으윽; 내 팔이 뜯겨 나갔어…"

팔리딘 : "아직 몸빵은 끝나지 않았다! 홀리라이트!"

풋맨 : "아,아악…제길…으헉…"

팔라딘 : "이제 거의 다 됐다, 홀리라이트 !!"

풋맨 : "으,으허…차라리 죽여줘…"

팔라딘 : "쿨 다운Cool Down[5] 이 끝났군, 디바인 쉴드!"

풋맨 : "악, 도망치지 마요 !!!"

---

4 WarcraftXP 홈페이지 www.warcraftxp.com 유머 게시판의 눈썩동 시리즈 41.

5 어떠한 스킬이나 마법을 사용한 후 다시 사용할 수 있기까지 걸리는 시간

팔라딘 : "수고했다. 이젠 죽어도 좋다."

풋맨 : "야 !!!"

이 유머는 실제 상황과 게임 상황의 불일치를 날카롭게 꼬집는다. 게임 상에서는 단순히 '힐heal'만 되면 새것처럼 다시 유닛을 전쟁에 사용할 수 있다. 실제 전쟁에서도 그러한가. 사실 거의 죽어가던 병사의 에너지를 모두 회복시킨다는 일 자체가 현실 세계에서는 불가능하지만 팔 다리가 뜯겨 나갈 수도 있는데, 싸우다 칼이 부러질 수도 있는데, 체력만 채우면 완벽하게 재생될 수 있다는 이 게임의 전제를 비웃고 있는 것이다.

〈스타크래프트〉든 〈워크래프트III〉든 가만히 들여다보면 다소 비현실적인 요소들이 많이 개입해 있다는 것을 알 수 있다. 물론 게임이 무조건 현실 전쟁의 모습을 반영해야 한다는 것은 아니다. 마법과 미래의 세계이니 말이다. 그러나 필자가 말하는 비현실성이라 함은 바로 전쟁 양상의 비현실성이다. 피가 파란색이던가? 피를 한번도 실제로 본적 없는 사람이라 할지라도 피가 빨간색인건 다 알지 않을까. 이러한 비현실적인 전쟁은 사실 이들 게임 속의 전쟁을 엄격한 의미에서 전쟁이 아니라고도 말할 수 있게 하는 근거가 되고, 플레이어들의 전쟁관에 심각한 영향을 줄 수도 있기 때문이다.

도대체 어디까지가 사실이고 어디까지가 비사실인가. 팔 다리가 찢겨나가는 것이 눈에 보이고, 내장이 튀어나온 시체들이 겹겹이 쌓여 있는 모습? 아니면 그냥 단순한 프로그래밍에 의해 작동하는 인형 같은 컴퓨터 모델들? 일정한 쿨다운을 가지고, 일정한 공격 속도와 이동속도를 가지며, 그것이 달라질 경우 제작자들에게 욕설이 퍼부어지는 그런 게임들? 사실 어디까지 사실적으로 만들어야하며, 사실적인 것이 플레이어들의 정신에 좋은 것인지, 아니면 비사실적인 것이 오히려 더 나은 것인지에 대한 대답을 '이거다!' 라는 식으로 내놓기는 쉽지 않다.

하지만 이것만은 분명하다. 전쟁의 양상 자체는 현실세계를 은폐 · 왜곡하지 않는 것이 바람직하다. 서로가 죽고 죽이는 그 대상이 사람이나 감정을 가진 어떤 것이 아니라 단순한 '물건' 이라는 인식을 주어서는 안 되기 때문이다. 다시 말하자면, 게임 속의 전쟁이 현실을 최대한 반영해야 한다는 것. 그러나 여기서 또 생각해보아야 할 것이, 실제의 전쟁은 상당히 참혹하다는 것. 잔인한 만큼 인간적인 냄새도 물론 나겠지만 게임 회사들은 '되는' 장사를 하기 위해서 어쩔 수 없이 현대의 내재적 폭력을 게임에 담을 수밖에 없는 것이다. 그렇다고 전쟁의 모든 추악함을 그대로 드러낸다면 아무도 그 게임을 하려 하지 않을 것이고, 그들은 결국 어느 정도 수준 에서 타협점을 제시하게 되는데, 그것이 현재까지 어떠한 '정석' 으로 받아들여진 것이다. 최대한 혐오감은 피해야 하기 때문이다.

이렇게 태어난 것이 바로 혐오감 없는 전쟁. 그것이 게임 속의 또 다른 전쟁이다. 초등학생들부터 직장인들까지 별 느낌 없이 게임이라 받아들일 수 있는 것. 자신들이 죽이는 상대편의 유닛들과 이라크 전쟁에서 죽어간 아랍인들을 전혀 연관지어 생각할 수 없다. 이 전쟁에 수백만의 국민이 열광하고 있다. e-스포츠라는 이름으로 프로 리그까지 개최해서 중계까지 하는 전혀 다른 세계의 전쟁인 것이다. 온라인 커뮤니티 또한 MMORPG의 파격적인 전쟁 개념을 도입함으로써 변하고 있는 것이 현실이다.

실제 많은 이들은 한번도 게임이 무엇인지, 자신이 하고 있는 게임이 무엇을 바탕으로 하고 있으며 어떤 의미를 가질까에 대해서는 그리 깊게 생각하지 않는다. 단지 놀이에 지나지 않는다고 생각하고, 심지어는 컴퓨터를 좋아하는 까닭에 단순히 게임을 많이 접할 뿐이라고 여긴다. 다른 모든 것은 양보해도 이 질문 하나만은 꼭 해야 하지 않을까. 지금 들여다보고 있는 모니터 속의 전쟁은 과연 전쟁 그 자체일까 하는 질문.

그리고 실제로 아이가 보아도 아니란 걸 알 텐데 사람들이 이를 전쟁에 대입하고 그에 열광하는 이유는 다음과 같다. 현대인들은 복잡한 무언가를 싫어한다. 가령 〈에이지 오브 엠파이어Age of Empire〉 시리즈의 게임은 물론 전근대의 전쟁을 다루고는 있지만 '킬 투 윈kill to win(이기기 위해 죽인다)'이라는 논리 외의 여러 가지 다양한 요소들을 제공하고 있어 진정한 '전략가의 게임'이라고 불린다. 반면 〈스타크래프트〉나 〈워크래프트〉 시리즈의 게임들은 그러한 룰에 가장 충실한 게임이라 할 수 있고 그렇기에 전자보다 쉽고 재미있다는 반응이 나온다. 내가 살기 위해서 적을 죽여야 한다는 것. 최상의 방어는 공격이라는 말이 가장 많은 호응을 얻는 세계인 것이다. 그리고 더 중요한 것은, 죽이고 이기는 것이 그다지 어렵지 않다는 것.

물론 사람들이 이것이 실제 전쟁이 아님을 '알기' 때문에 더 빠져 들 수도 있다. 실제로도 그럴지 모르니 말이다. 이 세상에 그 누가 실제 전쟁이라고 생각하면서 게임을 하겠는가. 사활을 건 프로게이머들의 혈투에서 그들은 그렇게 자기암시를 할지도 모른다. 그렇지만 이런 조잡한 컴퓨터 프로그램이 잠시라도 실제 전쟁이라고 생각한다면? 아주 잠시나마 말이다. 분별력이 떨어지는 어린아이들의 경우는 말할 것도 없고, 어느 정도 지성인이라고 자부하는 대학생, 일반인들조차 그렇게 느낀다면? 가상 세계와 현실 세계를 혼동하는 경우의 예는 수도 없이 보아오지 않았는가. 바보가 아닌 이상 그렇지는 않을 것이라는 안이한 생각은 버리는 게 좋다. 게이머들의 무의식 속에 스며들은 전자 모형의 폭력성은 현실 세계의 전쟁에 대한 가치관을 형성함에 있어 중요한 역할을 하는 것에 틀림이 없다. 그렇다면 어떻게 해결해야 되는가.

실제로 "이렇게 하면 된다!"라는 족집게 강의식의 헛소리 대신 게이머들을 위한 간단한 충고를 하고 싶다. 당신이 지금 마주하고 있는 전자파보다 훨씬 중요한 것이 당신의 삶에 더 많다는 것. 게임은 게임으로 즐기되 그것이 제공하는 가치관을 그대로 받아들이지는 말라는 것. 너무나 단순하다고 생각된다면, 복잡하게 살아라. 아니면 더욱 간단하게 게임을 하지 않는 방법도 있겠지만 하던 게임을 멈추라는 뜻은 아니다. 게임 속의 전쟁과 폭력성에 대한 답은 사용자들 스스로가 가지고 있다. 그것은 블리자드나 EA 스포츠와 같은 거대 게임사들이 주는 것이 아니다. 그들은 소비자의 입맛을 맞춰야 하는 입장일 뿐. 게임 세계의 미래는 바로 게이머들 스스로에게 달려 있다. 그들이 확고한 가치관을 가지고 게임을 접하지 않는 이상 게임은 게임 이상의 그 어떤 것으로 삶을 지배하고, 결국은 현실에 영향을 주게 되지 않을까.

(최승진)

게임의 사회적 폐해와 대책

1. 온라인 게임의 강대국, 한국

현재 한국 게임시장의 가장 커다란 특성을 꼽으라고 한다면 바로 '온라인 게임의 강세'라고 할 수 있다. 서비스되고 있는 온라인 게임의 숫자뿐만이 아니라 온라인 게임을 즐기고 있는 유저의 수도 수십만을 웃돌고 있다. 단순히 게임을 구입하여 그 안에서 홀로 게임을 즐기는, 이른바 '패키지 게임'이 대세를 이루고 있는 개인주의적 서양 게이머들의 취향과는 달리, '커뮤니티성'을 중시하고 다른 사람과의 어울림 속에서 큰 즐거움을 느끼는 한국 게이머의 성향이 이러한 온라인 게임의 발전을 불러온 것이다. 자연스레 온라인 게임 안에서 이루어진 게이머들의 인간관계는 오프라인으로도 이어지고 있으며, 최근에는 온라인 게임 상에서 처음 만난 커플이 결혼에 성공하는 사례도 나타났다. 지금 이 시간에도 수많은 게이머들이 온라인 게임 안에서 하루의 스트레스를 풀고 있으며, 친구끼리 혹은 게임에서 친구가 된 사람끼리 즐거운 시간을 보내고 있다.

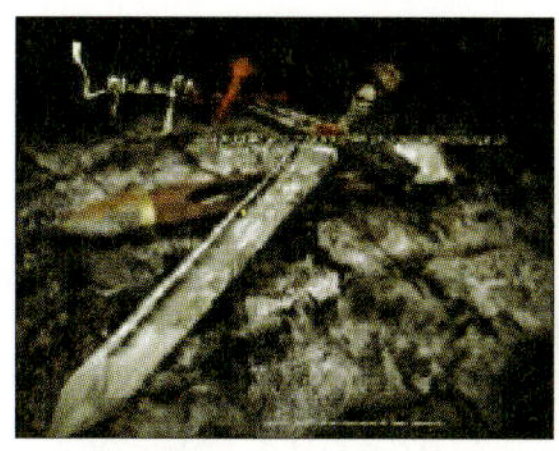

〈그림 1〉 현재 수없이 많은 온라인 게임이 서비스되고 있다. 〈리니지〉, 〈리니지2〉, 〈로즈온라인〉의 로고

하지만 이러한 온라인 게임에 대한 사회적 우려가 나날이 커지고 있는 것 역시 사실이다. 많은 수의 게이머가 온라인 게임을 즐기느라 본업에 지장을 줄 만큼 시간을 많이 빼앗기고 있으며, 청소년 게이머들의 정신적 장애를 일으키기도 하고, 아이템의 현금 거래와 관련하여 많은 사건 사고가 일어나고 있다. 이로 인해 흔히 '폐인'이라고 하는, 제대로 끼니도 챙겨먹지 않으면서 오로지 하루의 일과를 게임하는 데에만 쏟는 사람들이 생겨났다. 온라인 게임에 너무 몰두한 나머지 자신을 게임 속의 한 주인공으로 착각하여 손도끼로 자기 동생의 머리를 때려 중태에 빠뜨린 중학생의 소식은 사회에 큰 충격을 불러일으킨 바 있으며, 아버지를 졸라 100만원이라는 거금을 들여 장만한 아이템을 실수로 잃어버려 끙끙 앓다가 자살을 한 초등학생의 예도 우리는 잊지 않고 있다.

필자도 컴퓨터 게임을 즐기는 사람 중 한 명으로서 가끔은 "스트레스를 풀려고 한 게임에서 스트레스를 더 받는다"고 말하곤 한다. 놀이를 위해 생겨난 게임에서 왜 이러한 폐해가 나타나고 있으며, 그 해결책은 무엇인가.

2. 온라인 게임의 대명사, 〈리니지〉

한국 사람의 심리를 교묘히 이용하여 크게 성공한 게임이 있다. 바로 엔씨소프트NC Soft가 개발하고 서비스하고 있는 〈리니지〉 시리즈이다. 한국에서만 200만명이 넘는 유저 수를 확보하고 있고, 2004년 3분기 매출 637억원이라는, 게임사로서는 이루기 힘든 성과를 거두고 있으며, 한국뿐만이 아니라 일본, 대만, 중국, 태국 등지에서 성공적으로 서비스 중인 온라인 게임의 대작이다. 한국 게임 시장에서 온라인 게임이라는, 기존에는 취약하기 그지없던 분야를 제 1위의 위치로 등극시킨 선구자적 게임이기도 하며, 한국 컴퓨터 게임의 질과 수준 향상에 크게 이바지 한 게임이다. 〈리니지2〉로 넘어오면서 온라인 게임 기술의 극치라고 평가받는 아름다운 그래픽과 캐릭터, 박진감 넘치는 전투 장면, 대규모 전쟁 시스템 등은 최대 동시 접속자 20만명을 가능케 하는 노련한 서버관리와 어우러져 세계 최고라는 평가를 받고 있다. 온라인 게임에 있어서 다른 어떤 게임에게도 인기 순위 1위를 내준 적이 없는 게임이다.

하지만 이러한 명성에 걸맞지 않게 많은 폐해와 사건사고를 일으키는 것이 또한 〈리니지〉이다. 워낙 게임을 잘 만들고 재미가 있기 때문이겠지만, 〈리니지〉에 중독된 게이머의 수는 헤아릴 수 없을 만큼 많다. 앞서 언급한 '폐인'이라는 개념이 처음 대두된 것도 바로 리니지를 통해서였다. 게임 속의 가상에 지나지 않는 '아이템'이나 '돈'을 실제로 현금을 주고 사고파는 '온라인 게임 아이템 현금거래'라는 새로운 개념이 생겨난 것도 바로 〈리니지〉에서 비롯된 일이다. 갖고 있는 사람이 한두 명에 지나지 않는 진귀한 아이템은 몇 백만 원을 호가하고, 하루에도 셀 수 없이 많은 현금거래가 이루어지고 있다. 심지어는 게임이 목적이 아닌, 직업적으로 게임 상에서 돈을 벌어 이를 현금을 받고 다른 사람에게 파는 비공식 전문업체도 상당수가 존재한다. 또한 이러한 아이템 거래를 전문적으로 중개하는 인터넷 사이트까지 생겨난 실정이다.

3. 온라인 게임의 문제점은 무엇인가

앞에서 언급한 사회적 폐해들은 〈리니지〉 시리즈만이 갖고 있는 것은 아니다. 현재 서비스되고 있는 수많은 온라인 게임들은 각기 고정적인 유저층을 보유하고 있으며, 어느 정도 중독된 '폐인'들에 기대어 수입을 얻고 있는 것이 사실이다. 또한 아이템에 대한 현금거래 역시 대부분 온라인 게임에서 없어서는 안 되는 필수적인 요소로 인식될 정도로 활성화되어 있으며, 대부분의 게임이 갖고 있는 '폭력성'도 온라인 게임에서 유독 심한 문제로 대두된다. 그렇다면 이처럼 온라인 게임에 여러 가지 폐해들이 심하게 나타나는 원인은 무엇일까.

우선, 온라인 게임은 단순히 혼자서 즐기고 마는 게임이 아니라, 그 안에서 같이 게임을 즐기고 있는 수많은 다른 사람들과 관계를 맺는 특성을 지닌다. 즉, 패키지 게임과 같은 경우에는 자신이 게임을 즐기면서 맺어지는 커뮤니티란 것이 없고, 싫증이 나면 쉽게 그만둘 수 있는 반면에, 온라인 게임에서는 그 안에서 맺어지는 유저들 사이의 보이지 않는 끈이 아주 강력하게 작용하여, 쉽게 접속을 끊지 못하게 만드는 작용을 하는 것이다. 실제로 온라인 게임을 즐기다 보면 "게임보다는 게임에서 맺어진 친구들과 채팅하는 데에 하루를 다 보낸다"라거나, "길드(뜻이 맞는 사람들끼리 모여 만들어진, 좀 더 친밀한 모임) 사람들과 헤어질 수 없어 게임을 끊을 수 없다"고 말하는 사람들이 의외로 많다. 다시 말해, 온라인 게임에는 패키지 게임에서 찾아볼 수 없는 강력한 유인책이 있는 것이다. 이로 인해 수많은 게이머들이 온라인 게임에 '중독' 되는 것이며, 커뮤니티 형성과 인간관계의 연습이라는 긍정적인 측면에도 불구하고, 수많은 폐해를 낳고 있는 것이다.

둘째로, 온라인 게임을 즐기는 유저들은 자연스레 자신의 캐릭터에 몰입하게 된다. 온라인 게임 속에서 내가 '홍길동' 이라는 캐릭터를 생성하여 플레이한다고 가정해 보자. 내가 게임에서 만난 모르는 사람에게 "전 홍길동이라는 캐릭터를 플레이하긴 하지만, 제 실제 이름은 이태용이니 '이태용님' 이라고 불러주세요" 라고 말할 리는 없다. 자연스레 다른 유저들은 나를 '홍길동님' 이라고 부를 것이고, 이것이 반복되고 또 홍길동의 시점에서 계속 플레이를 진행하다보면 '내가 곧 홍길동' 이라는 생각에 빠져들게 된다. 게임에 접속한 이후부터는 나는 곧 홍길동이 되며, 홍길동이 레벨업을 하면 내가 좀 더 강해졌다는 생각을 하고, 홍길동이 죽게 되면 같이 고통을 느끼기도 한다. 이 상태가 좀 더 심해지면, 게임 속의 세상이 가상인지 현실인지 구분이 모호해져버리는 것이다.

셋째로, '캐릭터와의 동일시' 에 이어지는 지존지향주의라는 것이 있다. 온라인 게임을 개발한 개발사의 선택이긴 하지만, 거의 대부분의 게임에서는 캐릭터간의 대결이 필수불가결한 요소로 등장한다. 몬스터를 잡아 경험치를 올려 레벨업을 하고, 좀 더 강한 상대와의 대결을 통해 성장을 반복하며, 험난한 모험을 하는 것이 보통의 온라인 게임이 갖고 있는 구조이다. 그 안에서 반복적이고 무료한 몬스터 사냥에 지친 유저들을 위해 'PvP(Player versus Player) 시스템'을 만들어 놓아 유저들 간의 대결도 가능하게 하는 것이다. 즉, 조금이라도 더 강한 무기와 방어구를 착용하여 남이 가진 캐릭터보다 나의 캐릭터가 강하게 되길 갈망하기 때문에, 결국에는 운과 노력보다도 현금을 사용하여 좋은 아이템을 사는 극단적인 행동을 하게 된다는 것이다.

모 회사의 온라인 게임 시리즈는 이러한 지존지향주의에 이어지는 아이템 현금거래 문제 측면에서 가장 악독한 면을 보이는데, 현금 거래를 이용하지 않고 오로지 운과 노력에 기대어 성장을 하는 정상적인 게임 플레이로는 아이템을 장만할 만한 능력을 절대로 갖출 수 없게 만들어 놓고 있다. 돈을 주고 사서 장만한 번듯한 아이템을 가지고 있지 않는 캐릭터는 제대로 된 게임을 즐긴다기보다는 시켜운 막노동을 반복한다는 느낌을 받게 되는 것이다. 번듯한 아이템은 게임 상에서 너무나 비싸기 때문에 정상적인 플레이로는 절대 장만 할 수 없다. 이미 화려하고 아름다운 그래픽에 매료되고, 수많은 플레이어들이 공존하고 있는 세계에 빠져든 유저로서는, 게임을 떠나기보다는 현금 거래를 통해서라도 번듯한 캐릭터를 만드는 선택을 하게 되는 것이다.

게임에서 가장 중요하면서도 해결하기 힘든 문제점은 바로 '중독성'이다. 이는 앞서 말했듯이 온라인 게임이 갖고 있는 가장 필수불가결한 요소인 '커뮤니티성'에서 비롯된다. 이 문제를 해결하기 위해 커뮤니티 자체를 만들지 못하게 할 수는 없다. 온라인 게임이 존재하는 이유가 다른 유저들과의 상호관계를 통해 게임에 활력을 불러일으키는 점이므로, 커뮤니티 구성을 금지한다는 것은 빈대 잡으려고 초가삼간 다 태우는 일이다. 그리고 게임을 서비스하는 회사 입장에서도 자사의 이익을 극대화하기 위해 유저들이 은근히 중독되기를 바라는 심정이 전혀 없다고 할 수는 없다. 넥슨 사의 '마비노기'라는 게임은 하루에 두 시간 이상 플레이하는 유저들에게서만 요금을 받는 제도를 시행하여, 긍정적인 반응을 얻고 있지만, 그렇다고 모든 게임 회사가 그렇게 해줄 리는 만무하다. 그렇다면 유저들 개인에게 온라인 게임 중독의 폐해를 알리고, 스스로 자제할 것을 권유하는 것이 해결책인가. 온라인 게임에 빠져본 수많은 사람들은 게임 중독의 심각성을 충분히 알고 있다. 그렇지만 흡연이 건강에 나쁘다는 것을 알면서도 담배 피우는 사람이 있는 것처럼 온라인 게임도 마찬가지이다. 따라서 이러한 캠페인을 통해 문제해결을 시도하는 것은 무의미하다.

그렇다면 남아있는 해결책은 아마 제도적인 방법이 아닐까 싶다. 즉, 나라에서 관련법 제정을 통해 게임 퍼블리셔에게 제재를 가하든, 개인에게 제재를 가하든 주일별, 월별 가능 플레이 시간을 정한다거나 하는 식의 방법이다. 게임을 서비스하는 게임회사가 각 유저별로 게임에 접속할 수 있는 시간을 일주일에 10시간 정도로 제한하도록 한다거나, 개인 가정의 IP제공업체와 연계하여 해당 게임 서버에 접속할 수 있는 시간을 제한한다거나 하는 것은 극단적이기는 하나 좋은 방안이 될 수 있다. 물론 개인의 기호라고 할 수 있는 게임에 대해 법으로 제한을 둔다는 것 자체가 자유주의 국가에서 용납될 수 없는 문제이기는 하다. 하지만 개인의 자유를 중시하여 온라인 게임의 폐해를 이대로 방치한다면, 자유주의 국가 한국의 밝은 미래는 없을 지도 모른다. 아직 학업도 마치지 않은 채 미래에 대한 진지한 고민 없이 모니터 속의 세상에만 푹 빠져 있는 학생들의 숫자는 절대로 우리가 무시할 만한 숫자가 아니다. 또한 이러한 온라인 게임의 폐해가 상식적인 수준이라면 이러한 논의 자체가 불필요했을지도 모를 일이다.

둘째로, 게임 제작자들의 마인드가 바뀌어야 한다. 게임을 서비스하는 이유가 돈을 벌기 위해서라는 사실은 누구도 부정할 수 없는 것이기 때문에, 이러한 대책은 무의미할지도 모른다. 하지만 이제 게임은 기술과 예술의 조합으로서 장인匠人적 성격을 가진 산물로 인정을 받고 있고, 단순히 퍼블리싱됐을 때의 수익성만을 생각하며 게임을 만드는 시대는 이미 지났다. 즉 단순한 수치 놀이를 통해 교묘하게 유저들을 잡아둘 수 있는 게임을 만드는 것이 아니라, 멋있고 재미있는, 그야말로 게임다운 게임을 만드는 데에 주력해야 한다는 것이다. 비록 게이머들이 심각하게 중독되지 않아 많은 돈을 벌지는 못할지언정, "악독한 게임이다", "치사한 게임이다"라는 평을 받지 않도록 하는 것이 이 시대 게임 제작자들의 윤리가 되어야 한다. 이미 오랜 기간 동안 클로즈베타테스트 서비스(선택된 유저들을 대상으로 상용화 이전에 테스트 의도로 진행하는 게임 서비스)를 진행해오다 지난 11월 오픈베타 서비스

(공개된 대상을 상대로 마지막 테스트를 거치는 기간)를 시작한 블리자드사의 〈월드 오브 워크래프트World of Warcraft〉라는 게임이 있다. 기존의 국산 온라인 게임과 자주 비교되는 〈월드 오브 워크래프트〉는 그야말로 게임을 즐기는 게이머들이 재미를 느낄 수 있도록 충분한 컨텐츠를 제공하고, 아이템은 하루에도 수십 개를 얻을 수 있게 만들었으며, 여러 측면에서 게이머들의 중독을 막는 장치가 되어 있다. 캐릭터의 최고 레벨은 60으로 한정되어 있는 데다가 그나마 60레벨까지 캐릭터를 키우는 데 소요되는 시간이 극히 짧아서 '지존이 되겠다'라는 생각으로 무리한 게임 플레이를 할 필요가 없다. 또한 모든 아이템은 각 캐릭터에게 귀속되어 전혀 게임 상에서 거래를 할 수 없

〈그림 3〉 블리자드사의 〈월드 오브 워크래프트〉

게 되어 있어 아이템 현금 거래에 대해 원천적으로 봉쇄해 놓은 것도 높게 평가받고 있다. 말 그대로 "역시 블리자드이다"라는 평가를 받는 것이다. 필자는 문화적 사대주의자도 아니고, 블리자드 예찬론자도 아니다. 하지만 게임 제작자들이 가져 주었으면 하는 마인드가 정확하게 블리자드사의 제품에 나타나 있는 것이다.

마지막으로, 게임을 즐기는 유저들의 각성이 필요하다. 서두에 개인의 각성을 바라는 것은 근본적인 해결책이 아니라고 말한 바 있지만, 앞서 제시한 두 가지의 대책이 빛을 발하기 위해 반드시 필요한 것 역시 개인의 자각과 각성이다. 게임을 즐기는 유저들이 이러한 온라인 게임의 폐해가 가지고 있는 심각성을 깊이 인지하지 않는 한 어떠한 노력도 허사가 되고 만다. 따라서 온라인 게임과 관련된 사건사고를 청소년들이 자주 접하는 매체를 통해 홍보하고, 학교에서 교육을 통해 온라인 게임의 심각성에 대해 꾸준히 각인시키는 것 등이 좋은 방법이 될 것이다.

(이태용)

〈리니지〉의 다른 세계

1. 도입

세계 최초의 MMORPG(온라인 RPG)게임인 〈바람의 나라〉의 뒤를 이어 이 장르의 왕좌에 올랐던 〈리니지〉는 지난 6년간 후속 개발자들의 벤치마킹과 극복의 대상이었다. 그렇게 〈리니지〉가 국내 온라인 게임계를 석권하고 있을 때 엔씨소프트는 〈리니지〉의 후속작인 〈리니지 2〉를 내놓았다. 〈리니지 2〉는 〈리니지〉와는 또 다른 게임성으로 게이머들의 사랑을 받고 있다. 우리나라 최고의 동시 접속자를 자랑하는 〈리니지〉... 라고 서두를 시작하면 이제 지루할 정도로 〈리니지〉의 인기와 명성은 이미 국내는 물론 해외에도 잘 알려져 있다. 〈리니지〉 1, 2는 현재 상용 온라인 게임 부문에서 1,2위를 랭크하고 있으며, 미국보다 인구도, 땅덩어리도 작은데 동시접속자 수는 타 게임과 비교가 안 될 정도로 많으니 해외인의 눈에는 기현상으로까지 보일 것이다.

이러한 〈리니지〉의 선전에 엔씨소프트의 대대적인 홍보와 마케팅이 가세하면서 〈리니지 2〉가 미국 본토에 정식으로 출시되었다.

하지만 지금 현지 언론의 반응은 상당히 차가운 편이다. 게임스팟, 게임스파이와 같은 유명 해외 웹진들의 점수는 6점(10점만점), 3점(5점만점) 등으로 공개하기 미안할 정도이고, 간혹 80점대 이상의 좋은 점수가 나온 리뷰도 읽어보면 좋은 얘기보다 나쁜 얘기로 더 많이 채워져 있다. 도대체 무슨 이유일까? 우리나라에서 대성공을 거둔 게임이 왜 북미에서는 냉대를 당하는 것일까? 정말 한국 게임은 우물 안 개구리밖에 되지 못하는 건가?

2. 〈리니지〉의 실패 요인

'재미'가 없다

〈리니지2〉 게이머들이 말하는 '재미'는 우월감과 성취감이다. 고되고 힘든 시간을 이겨내고 얻은 아이템을 자랑하는 재미. 아이템을 팔아 돈을 모으는 재미, 상대방과 싸워 이기는 재미. 다르게 얘기하면 결과에서 재미를 얻는다는 뜻이다.

하지만 북미 게이머들이 말하는 '재미'는 과정에서 얻어진다. 재미있는 퀘스트, 눈에 보이는 캐릭터 성장, 주위 사람들과의 즐거운 대화, 화기애애한 게임 분위기, 서로 도우면서 얻는 즐거움 등 무엇을 하든 결과보다는 과정에서 얻는 즐거움이 더 큰 부분을 차지한다. 북미 지역에서 인기를 끌고 있는 〈에버퀘스트〉와 〈다크 에이지 오브 카멜롯〉은 물론 최근 베타 테스트 중인

<월드 오브 워크래프트>도 파티 플레이와 길드, 퀘스트 등을 통해 과정에 치중하고 있다.

게임 스파이의 <리니지 2> 리뷰에서 "Players who are looking to just run around, do quests, kill monsters, and go on adventures by themselves or with a small group of friends are going to be dramatically disappointed.(친구들과 돌아다니고, 퀘스트하고, 몬스터 죽이고, 모험을 하고 싶은 플레이어들은 크게 실망할 것이다)"라는 문구만 봐도 쉽게 알 수 있다. 과정을 즐기는 플레이를 하고 싶다면 <리니지 2>에서는 실망할 수 밖에 없다고 인식해 버리는 것이다.

막노동은 싫다

더 나은 미래를 위해 막노동을 '근성'으로 참아내는 한민족과 달리 근성이 부족한 북미인들은 막노동을 극도로 싫어한다. 그래서 아무 변화 없는 똑 같은 일을 반복적으로 하면 바로 흥미를 잃어버리는 것이다. 물론 북미 온라인 게임들도 이런 노가다 작업을 전혀 수반하지 않는다는 것은 아니다.

하지만 초반부터 중반 레벨까지는 '막노동'이라고 느낄만한 일이 그다지 많이 존재하지 않는다. 퀘스트가 많고, 사냥할 몬스터가 다양하고, 아이템들이 다양해서 흥미를 잃지 않는 것이다. 때문에 중반이 지나면 많은 유저들이 떨어져 나가고, 남는 유저들은 커뮤니티를 형성했거나 국내 게이머들처럼 근성이 있는 유저들인 것이다.

여기서 <리니지 2>의 막노동에 대한 해외 웹진 게임존의 평가를 살펴 보자. "It is a treadmill supported by an economic system that is inane.(황당한 경제 시스템이 유도하는 물레방아(반복적인 막노동)이다)"

무한 PvP

PvP는 Player vs Player의 약자로서 게임상에서 플레이어끼리 서로 공격을 할 수 있도록 해주는 시스템이다.

어릴 때부터 개인주의를 습득하며 크는 북미인들은 자신이 원하지 않는데 다른 사람이 자신의 일을 방해하는 것을 무척 싫어한다. 또한 방해하는 행위 자체도 상당한 실례로 인식된다. 이런 이유로 〈리니지2〉가 가지고 있는 무한 PvP 시스템은 많은 북미인들에게 게임을 꺼리게 만드는 요소가 된다.

〈에버퀘스트〉, 〈다크에이지 오브 카멜롯〉, 〈월드 오브 워크래프트〉 등 그 어느 것도 무한 PvP를 지원하지 않으며, 이를 원하는 소수 유저들을 위해선 별도의 PvP 서버를 운영하는 예가 많다. 타인으로부터 방해 받지 않는 평화로운 게임을 원하는 사람들이 압도적인 것이다.

〈리니지 2〉 Vs 〈파이널 판타시 11〉

〈리니지 2〉에 대한 이런 혹평과 달리 북미에서 비교 대상이었던 스퀘어-에닉스의 MMORPG, 〈파이널 판타지 11〉에 대한 평가는 〈리니지 2〉와 극명하게 엇갈렸다. 일단 게임스파이의 경우 〈리니지 2〉에 대해 6점을 준 반면 〈파판11〉은 8점을 주었고 유저평가 역시 '그레이트Great(최고에서 두 번째 단계)'를 받았으며, 게임스팟 역시 8.2점이라는 비교적 높은 점수를 주었고 유저 평가 역시 8.9로 상당히 높게 받은 상태이다.

혹자는 어떻게 이제 북미에 진출한 엔씨소프트의 〈리니지〉와 미국인들에게 조차 최고의 일본개발사로 인식되고 있는 스퀘어-에닉스를 비교할 수 있느냐고 반문할지도 모른다. 하지만 미국에서의 서비스 시기는 두 게임이 거의 비슷했고(《파이널 판타지》가 몇개월 빨랐지만), 〈리니지 2〉가 보여주는 멋진 비주얼과 웅장한 음악 등을 감안한다면 〈리니지 2〉와 〈파판 11〉의 비교 자체는 무리가 아니라고 생각된다.

일단 해외 미디어들의 〈파판 11〉에 대한 평가를 살펴보면 게임스파이는 〈파판 11〉이 '직관적이지 못한 인터페이스'를 가지고 있음에도 불구하고 독특한 '직업(클래스) 시스템'과 체계적인 게임 디자인, 화려한 그래픽 등이 이를 상쇄시켜 줄 정도라고 언급하고 있다.

게임스팟 역시 〈에버퀘스트〉의 장점을 계승하면서도 기존 〈파이널 판타지〉 시리즈의 특징을 잘 살린 게임이라 극찬하면서 〈파이널 판타지〉 시리즈의 팬이거나 MMORPG의 매니아라면 반드시 해봐야 할 명작이라고 평가했다. 또한 IGN에서는 다양한 할 거리가 게이머들로 하여금 항상 무언가 하도록 만드는 게임이라며 창조성을 높게 평가했다. 특히 IGN은 월 12.95 달러가 아깝지 않은 MMORPG라 극찬을 아끼지 않았다.

반면 〈리니지 2〉에 대해 게임스팟은 그래픽과 음악면에서 훌륭한 게임인 것은 사실이지만 몬스터 사냥을 제외하면 할 것이 없어 지루한 게임이라고 평가했고, 게임스파이 역시 앞서 언급한 것처럼 친구들과 돌아다니고, 퀘스트하고, 몬스터 죽이고, 모험을 하고 싶은 플레이어들은 크게 실망할 것이라고 평가했다. 다만 IGN만이 〈리니지 2〉에 대해 평가를 내리고 있는 것을 미루고 있지만 특별한 이변이 없는 한 다른 미디어의 평가에서 크게 벗어나지 않을 것으로 보인다.

북미에서 게임스팟, 게임스파이, IGN의 게임미디어로서의 파워는 일본의 게임잡지 패미통의 위력에 버금갈 만큼 큰 비중을 차지하고 있다. 특히 앞서 언급한 세 매체는 미국의 게이머들 뿐 아니라 전 세계 모든 게이머들의 인식을 바꾸어 놓을 만큼 그 영향력이 크다. 그런 점을 감안할 때 〈리니지 2〉의 평가는 엔씨소프트에 대한 평가로 인식되고 결국 아시아에서만 1위인 게임 업체라는 고정관념을 뛰어넘고 싶어 하는 엔씨소프트의 야망에 찬물을 끼얹을 가능성이 높다.

코드를 이해하지 못한 〈리니지2〉

결론적으로 〈리니지 2〉에 대한 북미 언론의 차가운 냉대는 북미 게이머들의 코드를 이해하지 못하고 별다른 밸런스 조절 없이 출시되었기 때문인 것으로 생각된다. 마치 아랍권의 히트곡을 우리나라 사람들에게 그냥 들려준 경우라고 할 수 있다. 물론 그 중에는 이에 좋아하고 열광할 사람들도 있겠지만 대부분은 고개를 돌려버리지 않을까 하는 생각이 든다. 우리나라에서 성공하니까 당연히 해외에서도 성공할 것이라 믿어버린, 안일한 생각이 지금의 결과를 만들어 버린 것이다. 다음은 게임스파이에 나온 핵심을 찌르는 말이다. "But if you fall into that camp, there's really nothing in this game for you anyway." (네가 그런 것(퀘스트, 모험 등)을 즐기는 사람에 속한다면, 이 게임에선 사실 게이머가 즐길만한 요소는 없다)

게임과 현실의 관계?

앞에서 살펴 보았듯이 한국에서 제일 유명한 온라인 게임 〈리니지2〉가 북미 지역에서 인기가 없는 것은, 한국 온라인 게임 자체가 목적 지향적이며 그 것이 북미 지역의 게이머들에게 '재미'를 제공하지 못하기 때문이다. 똑같은 수준의 스펙터클을 제공하는 게임이지만 이렇게 지역적인 차이가 나는 것은 각 게이머들이 인식하는 서사의 차이라고 생각이 되며, 게이머들이 인식하 는 서사는 그들이 속해있는 문화에 영향을 받을 것으로 생각된다. 결국 이러 한 사례를 통해 귀납적으로 '게임은 그 나라와 그 시대의 문화를 반영한다' 는 명제를 도출 할 수 있을 것이다.

3. MMORPG와 현실의 관계

온라인 RPG는 많은 게이머들에게 이미 하나의 현실이 되고 있다. 실제 세 계에서 온라인 게임 머니나 아이템 시장이 형성되어 있고, 실제로 이들은 고 액에 거래되고 있다. (itembay.com같은 중개사이트는 15%의 수수료로 월 4~5000만원의 매출을 올린다.) 또한 온라인 게임에 관련된 각종 범죄도 증 가하고 있으며, 많은 게이머들에게 여러 가지 중독 현상들이 나타나 사회적 인 이슈가 되고 있다.

이제 '단지 게임에 불과한 온라인 게임이 왜 현실에 영향을 행사하는가?' 하는 데 대한 물음을 가지고 논의해 보자.

서사와 스펙터클의 정의

먼저 온라인 게임이 현실을 반영하는 요소를 찾기 위해 온라인 게임의 구성 요소를 분류해 보았다. 온라인 게임도 다른 게임과 마찬가지로 서사와 스펙터클로 이루어진다. 게임에서 서사는 다음 세 요소로 이루어진다.

첫째, 게임의 규칙. 즉, 에너지가 0이 되면 사망한다든지 경험치가 어느 정도 되면 레벨이 오른다든지 하는 게임의 전반적인 규칙. 둘째, 게임상의 스토리. 게임 전반에 흐르는 스토리로서 게이머에게 목적을 제공하고 사건의 인과관계를 제공하는 스토리. 셋째, 게이머가 게임 시작으로부터 자리에서 일어날 때까지 느끼고 경험하는 모든 과정을 의미하는 과정.

이에 비해 스펙터클은 그래픽, BGM, SOUND등의 각종 효과들을 의미한다. 스펙터클은 관련 기술의 눈부신 발전으로 인해 비약적인 성장을 거듭해왔다.

온라인게임의 중요 구성 요소가 서사와 스펙터클이라면, 이 안에 현실에 영향을 미치는 요소가 존재할 것으로 생각된다.

서사와 스펙터클은 어떻게 현실에 영향을 미치는가?

이제 국내 최고의 MMORPG인 〈리니지〉를 분석하여 게임의 서사와 스펙터클이 현실에 영향을 미치는 양상을 살펴보자

〈리니지 1〉의 그래픽은 2D로서는 비교적 완성도가 높았다. 당시로서는 화려했던 마법 이펙트나 아름다운 배경 등을 사례로 들 수 있다. 그러나 이 때는 아직 사람들에게 현실감을 느끼게 하기엔 불충분한 요소가 많았다. 예를 들어 공격하는 모션이 일정하여 시각적으로 지루함을 준다든가 아이템을 착용하는 모습이 모두 같다던가 하는 식의 한계가 있었다. 〈리니지2〉로 넘어오면서 그래픽 부분은 눈부시게 발전했다. Full-폴리곤의 3D 그래픽과 광원효

과, 세밀한 부분의 묘사는 현존하는 MMORPG중 최고라고 말할 수 있으며 이러한 진화로 인해 한층 높은 현실감을 제공하는 것으로 생각된다.

결론적으로 스펙터클의 발전은 더 높은 현실감을 제공할 수 있다. 그러나 아직도 2D를 사용하고 있는 〈리니지1〉이 3D로 제작된 여타의 게임들이 출시되었음에도 불구하고 여전히 온게임넷 선정 상용 온라인게임에서 2위를 차지하고 있으며 여전히 실생활에서 〈리니지1〉의 아이템의 거래나 〈리니지1〉 관련 범죄가 속출하고 있는 것으로 보아, 현재까지는 스펙터클이 현실성에 주는 영향은 그다지 크지 않은 것임을 알 수 있다.

〈리니지〉의 규칙에서 다른 RPG게임과 다른 특별한 점을 발견할 수 없다. 하지만 이 중 현실에 영향을 미치는 데 가장 중요한 요소라 생각되는 점은 바로 지금까지의 거의 모든 RPG가 그랬지만 캐릭터의 성장 시스템이라 할 수 있을 것이다. 캐릭터의 성장은 주로 아이템과 경험치를 이용해서 달성되며, 성장이 되면 더 강한 몬스터를 이기고 더 좋은 아이템을 얻을수 있다. 이러한 성장 시스템의 측면에서 온라인RPG만의 특성이라 볼 수 있는 것은 '경쟁' 이다. 뒤에 언급하겠지만 온라인 게임은 채팅, 혈맹(그룹)형성, PvP등의 상호작용이 가능하며 이런 시스템은 캐릭터의 성장시스템과 맞물려 '경쟁' 을 유도하게 된다. '경쟁' 을 통해 성장에 대한 욕구를 더욱 키워낼 수 있는 것이다. 이러한 '경쟁' 은 게이머들에게 '현실' 그 자체이다. RPG만큼 오랜 노력이 들어가고 그 노력의 결과가 누적되어 나타나는 게임은 없다. 그렇기 때문에 온라인게임 개발사들은 RPG라는 장르를 선택하고 있는 것으로 생각된다.

다음으로 리니지의 스토리를 살펴보면, 기본적으로 인기만화가 신일숙씨의 동명 만화와 배경세계를 공유하고 있지만 보다 매력적인 게임이 되기 위해 많은 창작 설정이 추가되었다.

게이머들은 정당한 혈통을 깨뜨리고 왕좌에 군림하고 있는 반왕反王을 물리치기 위해 왕자나 공주가 되거나, 혹은 그를 보좌하는 기사나 요정, 또는 마법사가 되어 그가 왕위를 되찾을 수 있도록 도와주게 된다. 물론 게이머들이 이러한 임무를 수행하는 데에는 많은 역경이 기다리고 있다

게임의 배경세계가 되는 아덴 왕국에는 오크나 골렘 등 인간을 위협하는 몬스터들이 서식하고 있으며, 반왕도 게이머가 자신의 지위를 위협하는 것을 방관하지는 않는다. 그리고 무엇보다도, 게이머 이외에도 자신이야말로 진정한 왕국의 후계자라 자칭하는 무리들이 여기 저기에 존재한다. 게이머는 목적을 이루기 위해 이 모든 난관을 극복해야 한다.

특징적인 것은 '에피소드'의 개념이다. 〈리니지〉 사용자가 많아지면서, 아덴 왕국 내에 새로운 세계를 창조하기 위해 엔씨소프트는 '에피소드'라는 개념을 집어넣었다. 에피소드는 현재까지 12개가 나와있는데 이러한 '에피소드'를 추가함으로써 업데이트를 이뤄내고 있다.

그러나 이러한 스토리는 실제의 게이머들에게 최소한으로 공유될 뿐이며, 현재 게이머들이 갖는 현실적 목표와 괴리되는 것으로 생각된다. 실제 게이머의 목표는 '최강이 되는 것'이라 할 수 있다.

다음으로 게임진행과정이란 측면에서 〈리니지〉를 살펴본다. 〈리니지〉는 MMORPG이며, 'MMORPG'의 가장 큰 특징은 역시 다른 사람들과의 상호작용이 가능하다는 점이다. 사람들은 리니지 안에서 다른 살아있는 캐릭터를 만나며, 상호작용을 통해 경쟁하고, 상호작용을 통해 〈리니지〉만의 사회와 문화를 형성시켜 나가며, 상호작용을 통해 시장을 형성한다. 이는 현실 세

계의 발전 단계와 흡사하다. 대화와 거래, 그리고 경쟁, 전쟁 등을 통해 이 세상은 발전해 왔으며 MMORPG인 리니지의 세계도 이런 식으로 발전해왔기 때문이다.

게이머들은 MMOPRG의 시스템을 이용하여 〈리니지〉라는 게임을 즐겼고 거기서 현실과 비슷한 황금 만능주의 등의 문화가 생겨났으며, 그 안에는 전쟁과, 범죄, 심지어는 색다른 언어마저도 존재한다. 게이머들은 이렇게 자신들이 만들어낸 규칙과 문화 안에서 우월감과 성취감을 느끼기 위해 현실에서의 경제적, 시간적 비용을 기꺼이 지불하며 전력을 다하고 있다. 결국 이렇게 무한한 과정의 서사를 통해 MMORPG는 현실을 부분적으로 대체하고 있는 것이라 할 수 있겠다.

3. 게임의 다른 세계

국내의 온라인 RPG이용자 수는 늘어가는 추세이며, 전 세계적으로도 온라인 게임의 열기는 기존 게임들의 인기를 크게 능가하고 있다고 해도 과언이 아니다. 앞서 살펴본 바와 같이 MMORPG는 스펙터클을 통해 현실감을 제공하고 서사적 구조에 의해 현실과 교류하며 이로 인해 제작사의 의도와는 상관없이 게임 내에서 게이머들의 상호작용을 통해 게이머들 스스로 새로운 세상을 만들어 내고 있다.

무어의 법칙에 따르면 컴퓨터의 성능은 18개월마다 2배로 발전한다. 향후 가상 현실Virtual Reality 등의 기술이 확대되고 온라인 기술이 더욱 향상되어 시스템의 렉 현상 등이 없어지게 되고, 지금보다 더 방대한 데이터의 교류가 가능해진다면, 현실과 똑같은 듀플렉스duplex방식의 음성교환이나 현실과 흡사한 인터페이스를 갖추는 것도 가능해 질 것으로 생각된다.

이렇듯 향후 MMORPG의 플랫폼인 컴퓨터 및 텔레커뮤니케이션telecommuncation 인프라가 지속적으로 발전해 나간다면, 자유도가 높고 상호작용이 가능한 MMORPG는 완전한 또 하나의 현실세계를 탄생시킬 가능성이 있다.

(박정인)

김원보

온라인 머드게임 「단군의 땅」 개발 참여. 콘셉트 디자이너.

계간 『문학과 의식』에 단편소설 「마왕의 기원」 발표.

나우누리에 장편소설 『엑시드맨』을 연재하고 현재 출간 준비 중.

경희 사이버대학 문예창작과에서 게임창작론을 강의한 바 있고

현재 연세대학교에서 「컴퓨터 게임과 문화」 강의를 하고 있다.

최유찬

연세대학교 국문과를 졸업하고 연합통신, 동아방송, 한겨레신문 기자, 전주대학교 교수를 역임했다. 현재 연세대학교 국문과 교수.

저서로 『리얼리즘이론과 실제비평』, 『컴퓨터 게임의 이해』, 『컴퓨터 게임과 문학』, 『문예사조의 이해』, 『한국문학의 관계론적 이해』, 『문학 · 텍스트 · 읽기』 등이 있다.

| 필자 |

김문정 : 동국대학교 대학원 국문과 박사과정

예상배 : 연세대학교 자연과학부

채덕성 : 연세대학교 행정학과

김성권 : 연세대학교 화학공학과

고현국 : 연세대학교 사회계열

강정우 : 연세대학교 컴퓨터공학과

김성진 : 연세대학교 기계전자공학부

서충원 : 연세대학교 기계전자공학부

이석원 : 연세대학교 기계전자공학부

장진영 : 연세대학교 상경계열

이승모 : 연세대학교 화학공학과

서융석 : 연세대학교 기계전자공학부

손제관 : 연세내학교 기계진자공학부

이태용 : 연세대학교 상경계열

김유한 : 연세대학교 사학과

서동환 : 연세대학교 신학과

정재훈 : 연세대학교 경영학과

이선수 : 연세대학교 기계전자공학부

현명욱 : 연세대학교 기계전자공학부

박광우: 연세대학교 신학계열

권지용: 연세대학교 컴퓨터산업공학

허정은: 연세대학교 정치외교학과

김택수: 연세대학교 물리학과

박헌민: 연세대학교 경영학과

이강윤: 연세대학교 생활디자인학과

박지훈: 연세대학교 교육학과

허정은: 연세대학교 정치외교학과

임정연: 이화여자대학교

안동섭: 연세대학교 철학과

이강윤: 연세대학교 생활디자인학과

장기백: 연세대학교 기계전자공학부

채수현: 연세대학교 사회학과

서용석: 연세대학교 경영학과

조재범: 연세대학교 도시공학과

박형준: 연세대학교 도시공학과

박창현: 연세대학교 화학공학과

강성현: 연세대학교 사회과학계열

이승현: 연세대학교 전기전자공학부

곽봉섭: 연세대학교 기계공학부

최낙준: 연세대학교 세라믹공학부

김의열: 연세대학교 기계전자공학부

최지현: 동국대학교 대학원 국문과 박사과정

박세은: 연세대학교 경영학과

최승진: 연세대학교 정치외교학과

이태용: 연세대학교 상경계열

박정인: 연세대학교 경영학과

컴퓨터 게임과 문화

ⓒ 김원보 · 최유찬, 2005

초판 1쇄 인쇄일 | 2005년 2월 22일
초판 1쇄 발행일 | 2005년 2월 25일

엮은이 | 김원보 · 최유찬
펴낸이 | 김현주
펴낸곳 | 이룸

편집 | 김승완
디자인 | 김경미

출판등록 | 1997년 10월 30일 제10-1502호
주소 | 121-210 서울시 마포구 서교동 395-172 상록빌딩 2층
전화 | 편집부 (02)324-2347, 영업부 (02)2648-7224
팩스 | 편집부 (02)324-2348, 영업부 (02)2654-7696
e-mail | erum9@hanmail.net
homepage | http://www.erumbooks.com

ISBN 89-5707-138-5 (03690)

값 27,000원

* 잘못된 책은 교환해 드립니다.

* 저자와의 협의하에 인지는 생략합니다.